# ¿De quién somos hijos?
# Qué futuro nos espera

*La oración del Padrenuestro*
*y las raíces cristianas de la vida, de*
*la familia y de la sociedad*

## STEFANO TARDANI

Presentación de Giovanni D'Ercole

WESTBOW
P R E S S®
A DIVISION OF THOMAS NELSON
& ZONDERVAN

*Titulo original:*
Figli di chi?
Quale futuro ci aspetta

© Ancora, 2012

*Traducción:* Juan González Ayesta
Adaptación del texto al español de México: Edgar Sánchez
Asistencia de redacción: Liz Maria Figueredo y Susanna Ciriello

Puede hacer pedidos de libros de WestBow Press en
librerías o poniéndose en contacto con:

WestBow Press
A Division of Thomas Nelson & Zondervan
1663 Liberty Drive
Bloomington, IN 47403
www.westbowpress.com
1 (866) 928-1240

ISBN: 978-1-5127-5815-3 (tapa blanda)
ISBN: 978-1-5127-5814-6 (libro electrónico)

Número de Control de la Biblioteca del Congreso: 2016915994

Información sobre impresión disponible en la última página.

Fecha de revisión de WestBow Press: 02/08/2017

*¿Quién será sabio para comprender estas cosas,*
*Inteligente, para conocerlas?*
*Porque los caminos del Señor son rectos:*
*los justos los transitan,*
*pero los traidores tropiezan en ellos.*
*Biblia.* Libro del profeta Oseas 14, 10

# Contenido

# Presentación

La crisis económica y financiera que se extiende por el mundo, especialmente en los países más desarrollados, obliga a todos a ser conscientes de que se va cerrando una era, la era fácil de la felicidad *low cost*, con la que se comercia y que está desvinculada de principios, ideales y valores. La felicidad vista como satisfacción de cualquier deseo, un derecho y placer que no debe ser contrariado nunca. Con la angustiosa búsqueda de esta felicidad, con frecuencia engañosa, la cultura del consumismo desenfrenado ha traído consigo un persistente sentido de frustración che ha empujado a muchos –con frecuencia jóvenes desligados de toda referencia de valores- a una huida hacia paraísos artificiales, que se han revelado como un verdadero infierno de tristeza y de muerte. Las drogas, la violencia, solo por citar algunos ejemplos, son síntomas y no causas del extendido malestar de los jóvenes. Si tratas de comprender más, si te adentras en el análisis de esta sociedad postmoderna saciada e insatisfecha, adviertes que la inquietud y el vacío se difunden en el ánimo de tanta gente. ¡Se tiene tanto y, sin embargo, no es suficiente! Hay tristeza. ¿Por qué? ¿Qué falta?

Si se desea escuchar con honestidad y atención el "grito de vida" que se levanta desde la presente generación, es obligado no detenerse en un superficial análisis de la crisis que marca hoy en día a la familia, ya casi desmantelada a causa de un asedio concéntrico; no cabe limitarse a denunciar la decadencia de las instituciones que parecen haber perdido toda referencia a la riqueza de nuestro patrimonio de valores; no se puede asistir pasivamente al suicidio virtual de nuestras tradiciones, que han hecho del Occidente cristiano, especialmente de nuestro país, de Italia, un faro de civilización y de una espiritualidad de amplias miras. Es una crisis general, una crisis de la civilización occidental.

¿Va todo mal? ¿Nos encontramos al borde de una catástrofe planetaria que la vasta red telemática e informática que envuelve el globo terráqueo ha hecho más perceptible? Es legítimo preguntárselo, pero dejarse llevar por un resignado y cínico pesimismo resulta tan peligroso como inútil. Aunque parezca que todo se desintegra, no por eso hay que rendirse. Al contrario, este es el tiempo de provocar la esperanza, una esperanza que se transforma en compromiso de volver a dar aliento a quien corre el peligro de hundirse en un mar tempestuoso. Pero para tener esperanza es indispensable volver a las raíces, recomenzar desde las "certezas" de la vida, redescubrir la novedad siempre antigua y siempre nueva que vive en el corazón del hombre, de toda persona humana. Este es el tiempo en el que hay que afrontar con coraje la esperanza, hay que perseguirla con la consciente osadía de quien desafía el peligro y está dispuesto a jugarse el todo por el todo, con tal de no perderse a sí mismo. Y toca a todo el que siente dentro de sí mismo este deseo de luchar para construir una nueva humanidad "antes de que se rompa el hilo de plata, y se destroce la copa de oro y se quiebre el cántaro en la fuente y se raje la polea del pozo" (Ecl. 12, 6).

Quien toma entre sus manos este libro de D. Stefano Tardani, que lleva el sugerente título *¿De quién somos hijos? Qué futuro nos espera*, se sumerge en los porqués y en el malestar de nuestro tiempo y debe dejarse guiar para preguntarse sobre los motivos más íntimos y profundos del fracaso de la humanidad, que ya muchos se ven obligados a aceptar con amargura. La humanidad va a la deriva porque es como una pequeña nave zarandeada en medio del océano de la historia sin un timón firme y un timonel experto. Nuestra generación y, ya antes, la que nos ha precedido, han ido rechazando paso a paso, de manera consciente y con frecuencia irresponsable, el abrazo de Dios, con la pretensión de crear una fraternidad humana sin Él. Pero la exclusión de Dios, la crisis de autoridad, el rechazo ideológico de cualquier tipo de reglas, han dado lugar a una generación de hijos perdidos, atemorizados y desorientados, como "ovejas sin pastor". Pero no se ha perdido todo; más aún, la crisis que estamos atravesando constituye una buena, providencial, oportunidad para recomenzar desde el principio, para renacer y construir nuevos horizontes de vida y de progreso. Sin Dios, el hombre se pierde. Con Él, nada es imposible. Con razón dice D. Stefano: "En la relación sincera con Dios crecen el sentido del bien y el verdadero sentido de la vida"

En las páginas de este libro, que el lector atento leerá con pasión y con la curiosidad de quien se deja fascinar por la trama de una novela, el autor traza un camino humano y espiritual que entra en el yo, para que seamos capaces de abrirnos a esos "tú" con los que constantemente estamos llamados a relacionarnos. El lector advertirá, a medida que avanza en la lectura, una invitación y un estímulo en orden a asumir sus propias responsabilidades para construir, junto con las demás personas de buena voluntad, una sociedad que actúe mirando al bien común y a la felicidad de todos. En efecto, construir el "nosotros" familiar y social presupone una toma de conciencia y un deseo de bien que podemos reencontrar.

¿Cómo? ¿Cuál es el secreto? Para vivir en plenitud la propia vida no se puede excluir a Dios. Al contrario, hay que mantener un contacto constante con Él. Es necesario aprender a rezar. ¡Qué actual es la oración! "En la oración –hace notar D. Stefano- crece nuestro amor a Dios y a la humanidad". Jesús enseñó a rezar a los apóstoles; Él rezó con ellos. En la oración por excelencia –el *Pater noster*- les enseñó a llamar a Dios con el nombre de Padre. En esta oración encontramos la síntesis y el modelo de cualquier otro modo de orar. Es una oración que abraza la vida y predispone el corazón para la ternura filial. Por esto el *Padrenuestro* se convierte en una escuela de vida para toda comunidad cristiana. Especialmente en esta época nuestra, es una oración para redescubrir y traducir en vida.

Como fruto de las catequesis y de la experiencia pastoral con parejas de novios y familias, D. Stefano traza en este libro un itinerario formativo configurado precisamente sobre el modelo del *Padrenuestro*. Me parece una opción particularmente eficaz. Leyendo estas páginas, descubrimos la interrelación entre doctrina y experiencia, Palabra de Dios y búsqueda del hombre, enseñanzas permanentes de la Iglesia (sobre todo el Magisterio de los Pontífices posteriores al Concilio Vaticano II, muy especialmente, el de San Juan Pablo II y Benedicto XVI) y resultados de la ciencia que investiga sobre los secretos del espíritu humano. Cada invocación del Padrenuestro constituye una ulterior profundización en el descubrimiento de uno mismo –el conocimiento del yo- en búsqueda de la verdad del bien. D. Stefano presenta aquí de manera sistemática toda la experiencia de años de un serio trabajo pastoral dentro del Movimiento del Amor Familiar y la pone a disposición de todos.

Se trata de un camino útil para todos, especialmente recomendado para las familias, que son las células vitales de la sociedad y forman el variado cuerpo místico de la Iglesia. Un itinerario formativo, pero también una verdadera propuesta de santidad para todos. Quien se declara no creyente o se considera ajeno a la práctica religiosa, no se sentirá excluido del proyecto de vida que este libro presenta. En efecto, recuperar las raíces cristianas de nuestra sociedad es útil para todos los que son parte de un mundo modelado en el curso de dos milenios por el rico patrimonio cultural y espiritual del Evangelio.

Ningún árbol puede continuar viviendo y dar fruto si se le separa de sus raíces. La oración del *Padrenuestro*, tal y como la entiende el autor, nos ayuda a volver a nuestras raíces y, precisamente por eso, nos hace capaces de construir el futuro con esperanza.

Doy las gracias al autor y a sus colaboradores por haber escrito este libro que aconsejo vivamente a sacerdotes y educadores, a padres y a profesores, así como a los jóvenes que buscan un verdadero sentido para su vida. Un libro en el que la verdad del Evangelio, iluminada por el Magisterio de la Iglesia y por el testimonio de los Santos, es presentada con un método de investigación antropológica, fruto del estudio y la experiencia contenidos en estos diecisiete capítulos. Aquí hay algo muy interesante para la nueva evangelización que a todos incumbe. Es una aportación útil para profundizar en el plan pastoral de la Conferencia de los Obispos italianos para este decenio, dedicada a la educación en la fe de las nuevas generaciones: "Educar en la vida buena del Evangelio". El texto, traducido a diversas lenguas, podrá ser útil para la nueva evangelización también en otros países. La perspectiva en la que se mueve es clara desde la introducción. "Cuando la confusión se extiende –escribe D. Stefano- es completamente necesario volver a echar mano de la luz de la sabiduría del Evangelio, del que la oración del *Padrenuestro*, también llamada «La Oración del Señor», es como una síntesis. Nos damos entonces cuenta de que sus palabras contienen realmente el programa para nuestra vida y para nuestra supervivencia: la sabiduría y la belleza, tanto del ser humano, como de la familia y del modo de vivir en sociedad". Es preciso, en definitiva, volver a Dios y hablar con Él, no como a un lejano y omnipotente artífice de nuestro destino, sino como a un Padre lleno de ternura y de amor. Dios es Padre, Padre nuestro.

S. E. Mons. GIOVANNI D'ERCOLE
OBISPO DE ASCOLI PICENO

# Introducción

"En principio", toda realidad que se sitúa en la historia, se revela en sus manifestaciones y en su desarrollo cada vez con mayor claridad. Al "comienzo", como en el caso de una semilla de una planta o también en los inicios de la vida de un embrión humano, resulta patente el hecho de su existencia, pero dentro está presente también el modo de existir y madurar.

Cuando en la vida de hoy surgen una confusión y unas contradicciones que ponen en crisis el desarrollo y el progreso humano; cuando el hombre, en cuanto responsable, se ve superado y "degradado" por la existencia de aquello que ha producido, entonces la decisión más sabia es volver al "principio". En efecto, allí reside, como en su "Fuente", no solo el inicio de la vida, sino también el misterio, el sentido de la vida: es allí donde encontramos el fundamento y las raíces de la vida humana, de la familia y de la sociedad.

Esto es lo que enseñaba San Juan Pablo II en muchas de sus catequesis, en especial las del amor humano, que quieren ser una respuesta a muchas preguntas del mundo de hoy: "Las plantean personas solteras, cónyuges, novios y jóvenes, pero también escritores, publicistas, políticos, economistas, demógrafos, y, en resumidas cuentas, la cultura y la civilización contemporáneas. Pienso que entre las respuestas que Cristo daría *a los hombres de nuestros tiempos* y a sus interrogantes, a menudo tan impacientes, *todavía sería fundamental la que* Él dio a los fariseos. Al responder a esos interrogantes, Cristo *se remitiría sobre todo al «principio»*"[1].

El problema de la cultura y de la vida de hoy parece ser sobre todo este: la cuestión de las "raíces profundas". Por más que estemos asistiendo a los increíbles avances del progreso de esta era postmoderna, que en todos los campos se orientan hacia nuevos y más lejanos confines, parece cada vez más evidente para todos la "inconsistencia" de esta "torre", de este "poder" de la ciudad de los hombres, una especie de gigante con pies de barro[2] de la que habla la Biblia. De hecho, hasta los imperios económicos caen y las mismas crisis financieras son una de las manifestaciones de los desequilibrios y desigualdades presentes en el "sistema", cuya gestión, cada vez más global y compleja, corre el peligro de "colapsar" y volverse contra la vida humana misma.

---

[1] *Magisterio.* Cfr. Juan Pablo II, *Hombre y mujer los creó: catequesis sobre el amor humano*, Ediciones Cristiandad, Madrid 2000, cap. XXIII, p. 163 (el texto en Apéndice, n. 1, es disponible en el sitio web figlidichi.altervista.org).
[2] *Biblia.* Cfr. Libro del Profeta Daniel 2, 27-45.

En efecto, en la mayor parte de la cultura y la visión de la vida de hoy parece faltar, sobre todo, el fundamento.

Uno se acuerda de las palabras del Evangelio, cuando Jesús habla de la casa construida *sobre roca*, es decir, fundada sobre la verdadera seguridad, que es Dios; y de la otra casa construida, en cambio, *sobre arena*, es decir basada en el oportunismo, la falsa seguridad, la mentira, la locura. Como dice Jesús en el Evangelio: "El que escucha estas palabras mías y no las pone en práctica, se parece a aquel hombre necio que edificó su casa sobre arena. Cayó la lluvia, se desbordaron los ríos, soplaron los vientos y rompieron contra la casa, y se derrumbó. Y su ruina fue muy grande"[3].

Hoy somos testigos de la destrucción interior de las personas, de las familias y de la sociedad. Se han perdido o están perdiendo con el tiempo los valores más grandes, o peor aún, se están transformando. No se quieren ver las raíces de la vida y de la cultura cristiana y están progresivamente en el caos cultural, en la "subcultura" y en la "dictadura cultural". Hoy en día estamos asistiendo a un proceso de relativismo imperante, de materialismo y de gran confusión acerca de los valores, que repercute en el desorden de la vida familiar y social. Por un lado, se lamenta la falta de sentido de la vida, pero, por otro, se hace todo lo posible para ocultar los verdaderos puntos de referencia y de certezas seguras. Jesús nos señala en el Evangelio, la gran tentación que corrompe la vida y la cultura del hombre de hoy y de siempre: "mammón", la riqueza, con poder y placeres mundanos. Por eso, Jesús nos advierte: «No podéis servir a Dios y al dinero»[4].

A causa del aumento del bienestar cultural y económico, a causa de la amplitud del conocimiento y de las posibilidades humanas, el mundo, en su desarrollo, dirige cada vez más su mirada y su corazón al poder y a la engañosa fascinación de "mammón". Continuamente, tanto la humanidad entera, como cada conciencia singular, deben elegir entre Dios y "mammón", entre Dios Padre, por un lado, y la riqueza, el poder y los placeres mundanos, por otro.

Cabe entonces preguntarse: ¿conseguirán los cristianos, junto con tantas personas de buena voluntad, reconducir la vida personal y social a los caminos de Dios Padre y del amor verdadero, devolviendo al mundo un rostro humano y fraterno? En efecto, si, por una parte, aumentan cada vez más el poderío y la cantidad de recursos disponibles y, por otra parte, disminuyen los valores de la conciencia y del espíritu, ¿en qué se convertirá nuestra vida? Y si el "poder" de sentirse bien, "mammón", se convierte en el ídolo, la regla y el fin de la vida humana, sustituyendo así a la voluntad de Dios Padre, ¿en qué se convertirá nuestra existencia?

En definitiva, en un mundo que quiere vivir como si Dios no existiera, tarde o temprano, el hombre y, en consecuencia, la familia, pierden el sentido de la vida, su dignidad más verdadera y los valores más profundos. Entonces, surge en el espíritu humano un sentido de nostalgia, de desconfianza, de frustración y, más tarde, también de indiferencia hacia todo y hacia todos; pero, también, un sufrimiento interior, una especie de vacío, de ausencia de bienestar, que

---

[3] *Biblia*. Evangelio según Mateo 7, 26-27.
[4] *Biblia*. Evangelio según Lucas 16, 13.

la satisfacción corporal y las recompensas de la vida no pueden colmar. Por eso, Jesucristo, Hijo de Dios e Hijo del hombre, a la luz del *Padrenuestro*, nos acompaña y nos introduce en el misterio de Dios y, al mismo tiempo, en el misterio de la vida humana, de sus fundamentos y sus raíces.

Estas páginas sobre la oración del *Padrenuestro*, que nos ha enseñado y entregado Jesús, ofrecen la oportunidad para un gran redescubrimiento del rostro misterioso de Dios y, juntamente, también del rostro precioso del hombre: se trata de un viaje a través de las palabras del *Padrenuestro*, explicado frase por frase. Esas palabras nos restituyen esperanza y fuerza, luz de sabiduría y verdad de vida y, finalmente, nos desvelan el misterio de Dios, junto con los valores más profundos de la vida humana y con las raíces cristianas de nuestro modo de vivir y obrar. Con la expresión "raíces cristianas" nos referimos a las raíces profundas de la vida humana. Las definimos como "cristianas", por ser precisamente Cristo quien nos ha revelado su existencia más verdadera y misteriosa, y por ser Él quien nos guía siempre hacia ellas, para caminar, ya aquí en la tierra, con la plenitud de la vida.

Uno debe entonces preguntarse: ¿qué "yo" está en la base de nuestras relaciones? ¿Por qué esas relaciones son cada vez más complejas y poco auténticas? Y ¿por qué hay confusión sobre la identidad de género? ¿Cuál es el fundamento de la familia? ¿Qué tipo de sociedad estamos construyendo? Estas son algunas de las cuestiones sobre las que la oración del Señor nos abrirá horizontes y nos da respuestas verdaderas y extraordinarias. Quedará entonces claro por qué las palabras del *Padrenuestro* son como la "brújula" de nuestra vida y de nuestra existencia.

Cuando la confusión se extiende, resulta realmente necesario retomar la luz de la sabiduría del Evangelio, del cual la oración del Padrenuestro, también llamada "La Oración del Señor"[5], es como un resumen[6]. Nos damos cuenta entonces de que sus palabras encierran en realidad el programa de nuestra vida y de nuestra supervivencia: la sabiduría y la belleza, tanto del ser humano, como de la familia y de la manera de vivir en sociedad. La oración del Señor nos revela esa profunda sabiduría de la que hoy hay tanta necesidad y que sólo podemos pedir a Dios

De lo contrario, el hombre en busca de sí mismo muchas veces termina por perderse, por engañarse y engañar, porque se desorienta a causa de las "nuevas luces" que pueden deslumbrarlo y hacerle perder el rumbo. Esto es lo que está sucediendo. El hombre, al perder de vista a Dios y el misterio de Dios, también se pierde a sí mismo y pierde su propia identidad personal; pierde la fuerza para construir desde la verdad una familia que se mantenga en el tiempo y en la que perdure el amor; y, aun valiéndose de todos sus recursos, incluidos los medios tecnológicos, pierde la capacidad de construir una sociedad en la que esté presente el verdadero bien y el verdadero bienestar para todos y cada uno.

Estas páginas son una gran oportunidad para encontrar respuestas a los mayores problemas de la vida personal, familiar y social. La explicación

---

[5] *Magisterio.* Cfr. *Catecismo de la Iglesia Católica,* n. 2765.
[6] *Magisterio.* Cfr. *Catecismo de la Iglesia Católica,* n. 2761.

profunda, palabra a palabra, de la estupenda oración que el Señor nos ha enseñado, nos señala así un vasto itinerario para una renovación de la mente y del corazón, y para encontrar esas respuestas que, de otra manera, nunca encontraríamos: precisamente Jesucristo nos las ha entregado y confiado en el *Padrenuestro*.

El cristianismo tiene algo grande y valioso que ofrecer a todos, cristianos y no cristianos. Tenemos que reencontrarlo, redescubrirlo y difundirlo con la nueva evangelización: es el Evangelio de siempre, presentado de un nuevo modo, con una fe que no prescinde de la vida del mundo, sino que la incluye. Es lo que pretendo a hacer en estas páginas, confiando en la sabiduría de Dios.

El libro ha nacido de una serie de catequesis sobre *La oración del Padrenuestro*, que tuvieron lugar en Roma, en el año 2010. Una vez transcritas y ampliadas, se ofrecen al lector con un estilo comunicativo e inmediato que mantiene la expresividad de las meditaciones habladas.

Es conveniente señalar que, en el texto, *La oración del Padrenuestro* puede aparecer indicada, de manera abreviada, con el término *Padrenuestro*, en cursiva, mientras que cuando aparece escrito Padre nuestro, hace referencia a Dios Padre.

Las citas a pié de página, por claridad y para que resulte más práctico, se hacen siempre de manera completa.

Me pareció útil también agrupar las citas en tres grandes categorías: Biblia, Magisterio y Tradición. Con el término *Biblia*, se indican al Lector, de manera sencilla y con su nombre completo, los libros del Antiguo y del Nuevo Testamento, que componen la Sagrada Escritura.

Con el término *Magisterio*, se hace referencia los Documentos con Enseñanzas del Papa, Sucesor del Apóstol Pedro, y de los obispos en comunión con Él, sin necesidad de distinguir ulteriormente entre el Magisterio ordinario y el extraordinario.

Bajo el término *Tradición*, aunque sea necesario distinguir entre la Tradición apostólica propiamente dicha y las diversas "tradiciones" a través de las cuales se manifiesta esa Tradición Apostólica, hemos querido indicar algunas fuentes de especial relevancia para nuestra exposición, inspiradas en la Tradición y el Magisterio de la Iglesia: al estar situadas al comienzo de las notas a pié de página, aparecen con la "T" mayúscula.

Las citas de la sagrada Escritura están tomadas del texto de la Biblia de Nuestro Pueblo. América Latina, de Luis Alonso Schökel.

Para escribir este libro, he tenido presentes muchos textos y muchas referencias, también de otras ciencias, pero dado lo delicado y comprometido del tema, me ha parecido preferible no citarlas en concreto, optando por hacer referencia sólo a fuentes oficiales de la fe cristiana.

El lector encontrará en el Apéndice en el sitio web figlidichi.altervista.org una interesante y práctica colección de textos del Magisterio especialmente claros para profundizar en los temas.

Doy las gracias a los laicos que han contribuido a la realización de este libro en particular, Gabriella Briganti, Denise Biscossi, Alessandro Di Stasio, Laura Lenzi y todos los que han apoyado su difusión.

Agradezco al Obispo, S. E. Mons. Giovanni D'Ercole su preciosa Presentación.

Agradezco a todas las personas que con generosidad se han encargado de las varias traducciones, en alemán, español, francés, inglés, polaco y portugués, asi como tambien árabe y en chino.

Doy las gracias a mis padres, por el ejemplo de fe y por su generoso "sí" al Señor y al amor por la vida, a mi familia; doy las gracias también a las muchas familias del Movimiento y a tantos amigos con los que he podido aprender a mirar y a comprender.

A los lectores, les deseo de corazón que estas páginas sean un regalo para sus vidas.

A todos mi más sincero agradecimiento.

# 1

# Padre

Si miramos a nuestro alrededor, vemos no solo una gran diversidad de ideas y opiniones, sino también una gran confusión. Estamos siendo testigos de un sucederse de generaciones que se ignoran, con valores que van unos detrás de otros y terminan por anularse. Somos testigos de grandes decepciones, especialmente en el ámbito de la familia, que debería ser precisamente lo más estable: el lugar privilegiado para los afectos, para el amor del hombre y la mujer y para el florecimiento de la vida humana, donde el calor y la certeza de ser amados, escuchados y sostenidos, deben tener la primacía. Pero sabemos que muchas veces no es así. A pesar de los importantes avances de la civilización humana en muchos campos, a menudo es difícil no sólo vivir, sino a veces también sobrevivir y los logros alcanzados corren peligro de quedar en nada.

No siempre es fácil escuchar un diálogo constructivo entre marido y mujer, como tampoco un diálogo serio y constructivo entre padres e hijos: mientras son pequeños, el diálogo es más fácil; pero cuando crecen, las situaciones cambian, sobre todo al empezar la escuela, al descubrir la amistad, al usar Internet y *las redes sociales*, con todo lo que eso lleva consigo.

También los novios, al principio, tienen grandes sueños, grandes planes, pero les preocupa que algo imprevisto pueda suceder y minar su felicidad. En las parejas y en las familias, incluso si están contentas y logran, de una manera u otra, superar las dificultades de la vida, late una cierta inseguridad. Los enamorados, aunque estén seguros de su amor, perciben un cierto "vacío" dentro de sí y se plantean muchas preguntas. Son un poco como las pesadillas del mundo de hoy. Para escapar, algunos caen en la indiferencia. En otros tiempos no era así. La vida era más estable y quizás también más fácil.

¿Qué está sucediendo? Tenemos que preguntárnoslo, si queremos ser personas que están en la sociedad y son capaces de llevar adelante la vida y de transmitirla a las nuevas generaciones. ¿Qué tipo de vida estamos construyendo juntos? ¿Qué estamos transmitiendo a los niños y jóvenes? ¿Qué está pasando con la familia? ¿Qué está cambiando en la gente y a nuestro alrededor? Una de las cosas que nos hacen pensar es precisamente la figura del padre.

Algo está cambiando. Se trata de un cambio lento pero continuo y, a veces, rápido e inesperado.

Jesús, en la oración del *Padrenuestro* nos confía secretos nunca antes revelados. La oración del *Padrenuestro* es como un rayo, como una luz penetrante en la oscuridad de la noche. Quizás nos hemos acostumbrado a rezar con la oración del *Padrenuestro*. Pero si le prestamos atención y la observamos como a contraluz, somos más conscientes de la situación actual y ¡comenzamos a comprender muchas cosas! Jesús nos ha dado esa oración, nos la ha entregado: en ella está el misterio profundo de nuestra vida y de nuestro modo de vivir, que debemos retomar, si no queremos perdernos del todo.

Una buena parte de las consideraciones que haré, las transmito todos los años a parejas de novios y a matrimonios: muchos de ellos me han dado las gracias, a veces después de años, por su eficacia y por el bien que esas enseñanzas han producido en su vida y en su amor; muchos se han vuelto a acercar a la verdad, otros se han convertido profundamente al cristianismo. Incluso algunos agnósticos y ateos se han encontrado con Dios. Estos mensajes fuertes nacen de la oración, del estudio y de la experiencia.

Empezamos así este nuevo viaje por la oración y las palabras del *Padrenuestro*.

El pasaje de la oración del *Padrenuestro* está en dos Evangelios: en el *Evangelio de Mateo 6, 9-13* y en el *Evangelio de Lucas 11, 2-4*. Nosotros seguiremos la versión más completa y detallada, que es la del Evangelio de Mateo. El texto es el siguiente:

> *"Ustedes oren así:*
> *Padre nuestro que estás en el cielo,*
> *santificado sea tu nombre,*
> *venga a nosotros tu reino,*
> *hágase tu voluntad en la tierra como en el cielo,*
> *Danos hoy el pan nuestro de cada día;*
> *perdona nuestras ofensas*
> *como también nosotros perdonamos a los que nos ofenden,*
> *no nos dejes caer en la tentación,*
> *y líbranos del mal".*

## Dios Abbà

"Oren así: Padre nuestro...". No prestamos atención, pero la primera palabra que Jesús nos entrega es "Padre". Al dirigirse a Dios con este apelativo de "Padre", Jesús usa un término común, pero lo hace de una manera extraordinaria y completamente nueva, que, aplicada a Dios, nunca antes se habría usado y ni siquiera se hubiera podido imaginar.

Jesús, al enseñarnos a dirigirnos a Dios, usa, pues, una palabra que nadie antes habría utilizado jamás referida a Dios Omnipotente: *"Abbà"*. Esta palabra aramea encierra en sí esa familiaridad con la que un hijo se dirige a su padre, como cuando nosotros decimos hoy "papá", "papi" o "papito". Es el término cariñoso que usan los niños con su padre.

Los judíos, pues, empleaban este término dentro de la familia, de manera muy reservada. En el Antiguo Testamento de la Sagrada Escritura, el título de

Dios como Padre se usa referido al pueblo de Israel[1], en cuanto que Dios es padre de la nación y creador de su pueblo mediante la Alianza. Pero el término "Padre" no se entiende en el sentido personal que nosotros le damos. Los niños, al igual que los adultos, no podían dirigirse a Dios de modo personal y menos con un término arameo como el de "Abbà", "papá", carente de toda solemnidad. Por eso, llamar "Padre" a Dios no puede haber sido un invento ni de los discípulos, ni de los Apóstoles de Jesús, que eran judíos: no ha sido una invención de la Iglesia.

Los apóstoles por sí mismos nunca habrían podido tener una iniciativa de ese tipo. De hecho, ningún judío temeroso de Dios hubiera podido hacerlo. Nadie hubiera podido referirse a Dios de ese modo, si Dios mismo no se lo hubiese revelado y concedido. ¡Solo Jesús, el Hijo de Dios, podía expresarse de esa manera y revelarnos a Dios como Padre! Pero aún hay más: Jesús toma una iniciativa sorprendente y nos introduce en la confianza, que sólo Él tiene, con el Tú de Dios, su Padre. Esto no existe en ninguna otra religión. Es una realidad y un don que Jesucristo revela y que llega al mundo a través de la Iglesia. El mundo pagano, con su visión politeísta, jamás hubiera sido capaz de inventarlo.

En el Islam, por ejemplo, no existe esta palabra para dirigirse a Dios. Los musulmanes le llaman Alá. En el Corán, existen hasta 99 formas distintas para mencionar y nombrar a Dios, pero en ninguna figura el término "Padre". Aparecen algunas como "El Creador", "El eterno", etc. Términos preciosos y, sin duda, verdaderos, pero entre los que no está el término con el que Jesucristo nos ha revelado y acercado la paternidad de Dios, hasta el punto de poder invocarlo como "Padre".

Nadie hubiera podido hacer una cosa así. Sin Jesús, nunca hubiéramos podido conocer realmente a Dios "Padre". Solo Jesús ha dicho que Dios es, en sí mismo, esencialmente "Padre", precisamente por su existencia trinitaria, como Él nos ha revelado. Jesús, durante toda su vida, muestra continuamente su íntima cercanía al Padre[2]. Solamente Jesús de Nazaret, el Verbo hecho carne, hecho hombre en el seno de la Virgen María por obra del Espíritu Santo, solo Jesús "verdadero Dios y verdadero hombre", pudo traernos esta novedad: revelarnos el verdadero rostro de Dios e introducirnos en el corazón de Dios Padre, hasta el punto de poder invocarlo precisamente como "Padre". Conocer el rostro de Dios es el don más bonito y más sublime que podíamos recibir de Jesús, un don muy grande, que cambia planteamientos y comportamientos y nos conduce hasta las "raíces de nuestra vida".

La novedad que Jesús nos ha traído es extraordinaria y es fundamental para la humanidad. Siendo tan importante, debemos empezar a entenderla bien, porque aquí está el secreto, el secreto mismo de Jesucristo. Cuando, tras haberme encontrado profundamente con Dios, me convertí desde un Cristianismo vivido superficialmente a un Cristianismo vivo, uno de los

---

[1] *Biblia*. Cfr. Libro del Deuteronomio 32, 6; Libro del Profeta Malaquías 2, 10.
[2] *Magisterio*. Cfr. Joseph Ratzinger, *El Dios de Jesucristo*, Ediciones Sígueme, 2ª Ed. Salamanca 1979, p33 (el texto en Apéndice, n. 2, es disponible en el sitio web figlidichi.altervista.org).

aspectos que más me impactó fue precisamente esa extraordinaria revelación que Jesús trajo al mundo. En el *Padrenuestro* está el secreto de Jesucristo, pero también el secreto de nuestra vida. ¿Cómo es posible sobrevivir en la tierra? ¿Qué somos? ¿Cómo funcionan nuestra vida, nuestras relaciones, nuestras familias, nuestra sociedad? Hay que estar atentos. Hay quienes tratarán de quitarnos el *Padrenuestro*: primero escondiéndolo y, luego, quitando poco a poco las raíces, de modo que nadie se dé cuenta.

Pero la palabra "Abba" es tan nueva y tan fuerte, que nadie puede librarse del *Padrenuestro* sembrando indiferencia o ignorancia, como querrían muchos. Los que obran así, alardean de sabios, cuando en realidad "resultaron necios"[3] y, como dice el Libro de la Sabiduría, "no conocen los secretos de Dios"[4]. En efecto, sólo conociendo los secretos de Dios podemos conocer nuestro secreto. Sólo si los hijos conocen el secreto de sus padres, pueden entender su propio secreto.

Seguramente habremos rezado muchas veces el *Padrenuestro*, pero quizás no hemos comprendido del todo su sentido y su alcance. Por otra parte, muchos tienen su propia idea de Dios, lejana de la verdad con la que Él se ha revelado; una idea imaginada o incluso dictada por condicionamientos negativos, una idea equivocada. Dios no es solamente el Creador; ni sólo el "Motor Inmóvil", como señalan algunos filósofos o el Dios "Arquitecto", como lo ve la Masonería; ni una "Divinidad" genérica e impersonal, presente en nosotros y en el mundo, como subyace en el *New Age*, que retoma planteamientos budistas.

Quien ha abandonado el Cristianismo sin conocerlo en profundidad, siente dentro de sí una "nostalgia de fondo". En efecto, decir que Dios es Padre, es muchísimo más que cualquier otra cosa. No dejemos empequeñecerse y empobrecerse el don de Dios Padre, porque Jesús ha querido dárnoslo a conocer y regalárnoslo. «Porque ésta es la voluntad de mi Padre, que todo el que contempla al Hijo y cree en él tenga vida eterna, y yo lo resucitaré [en] el último día»[5]. «En esto consiste la vida eterna: en conocerte a ti, el único Dios verdadero, y a tu enviado, Jesús el Mesías»[6].

## ¿Por qué es tan importante?

Todo esto nos hace comprender no sólo que Dios es Padre, sino, principalmente, Padre. Pero, ¿qué significa realmente esto? Dos cosas fundamentales que cambian nuestra vida.

La primera se refiere a Dios. Dios es Uno y ciertamente uno solo: Pero Él no está solo en sí mismo. ¿En qué sentido se puede afirmar que "Dios no está solo", a pesar de ser subsistente y único? Para los judíos Dios es Uno; igualmente para nosotros los cristianos es Uno; como Uno es también para los musulmanes, que lo llaman Alá, Dios es Uno. Pero nosotros sabemos que

---

[3] *Biblia*. Carta a los Romanos 1, 22.
[4] *Biblia*. Libro de la Sabiduría 2, 22.
[5] *Biblia*. Evangelio según Juan 6, 40.
[6] *Biblia*. Evangelio según Juan 17, 3.

"Dios no está solo". ¿En qué sentido? No solamente porque Dios es Padre. ¿Cómo se logra ser padre? Un hombre es padre, como una mujer madre, porque tiene un hijo.

Por tanto, que Dios es Padre significa que Dios es Padre del Hijo, que es el Verbo, Eterno junto a Él, "engendrado" por Él e igualmente Dios. Como dice el Credo: "Dios de Dios, Luz de Luz, Dios verdadero de Dios verdadero, engendrado, no creado, de la misma naturaleza que el Padre"[7]. Dice Jesús en el Evangelio: «El Padre y yo somos uno»[8]. Esto es extraordinario: el Hijo es Uno con el Padre en la comunión del Amor, en el Espíritu Santo, que es Espíritu de Poder, de Verdad y de Amor. Y precisamente al Espíritu Santo, don de Jesús Resucitado, se vuelven los cristianos para conocer el misterio de Dios[9], como al invocarlo con las palabras de la oración *Veni Creator Spiritus (Ven Espíritu Creador)*: "Por Ti conozcamos al Padre y también al Hijo y que en Ti, que eres el Espíritu de ambos, creamos en todo tiempo". Dios nos ha revelado que Él es Comunión de Amor. Dios no sólo ama, sino que "es Amor"[10]: Comunidad de Amor. Un solo Dios en la Comunión de Amor de tres Personas[11]. Jesús revela al hombre el verdadero rostro de Dios y también el verdadero rostro del hombre[12].

Reencontrar las raíces de la verdadera fe, nos lleva a recobrar también las raíces de nuestra vida. Jesús, en el misterio de Dios nos trae el misterio de la vida[13] y el misterio de la comunión[14]. Esta revelación tiene una enorme fuerza, porque nos hace comprender que Dios encierra en sí mismo el secreto que nosotros buscamos, tanto sobre la vida, como sobre las relaciones interpersonales. Las parejas buscan este secreto: ¿cómo se consigue permanecer juntos, sin divisiones, siendo así que somos distintos, varón y mujer, cada uno con su modo de ser?

En ocasiones, se buscan modelos de comportamiento alternativos y otros modos de ser. Para muchos, uniformarlo todo, limando y desdibujando las diferencias y los contrastes, sería la solución; mientras que, para otros, es preferible tener la libertad de multiplicar todo lo posible las variantes de la misma naturaleza humana: entonces se deforma el sentido y significado de la vida humana. Con la creatividad del hombre, que sin Dios quiere lanzarse más allá de todo límite, la misma naturaleza humana parece no señalar ya ninguna regla ni biológica, ni moral.

---

[7] *Magisterio*. Símbolo Niceno-constantinopolitano: DS 150.

[8] *Biblia*. Evangelio según Juan 10, 30.

[9] *Biblia*. Cfr. Carta a los Efesios 1, 17-18.

[10] *Biblia*. Cfr. Primera Carta de Juan 4, 8.

[11] *Biblia*. Cfr. Primera Carta a los Corintios 12, 4-6; Segunda Carta a los Corintios 13, 13.
  *Magisterio*. Cfr. *Catecismo de la Iglesia Católica*, nn. 253-255.
  *Tradición*. Cfr. S. Atanasio (295-373), *Epístolas a Serapión sobre el Espíritu Santo*, I, 28, 1-2, Editorial Ciudad Nueva, Madrid 2007, pp. 117-118 (el texto en Apéndice, n. 3, es disponible en el sitio web figlidichi.altervista.org).

[12] *Magisterio*. Cfr. Concilio Vaticano II, Constitución pastoral *Gaudium et spes* n. 22.

[13] *Biblia*. Cfr. Evangelio según Juan 14, 6.

[14] *Biblia*. Cfr. Evangelio según Juan 14, 23.

Se olvida que Dios no es solamente Creador, sino que también es Padre, y ha confiado a la humanidad una parte de la creación para que conserve su sentido y la haga progresar: son el hombre y la mujer quienes tienen en especial la capacidad y la responsabilidad para colaborar libre, amorosa y conscientemente con Dios padre. Al ignorar culpablemente a Dios Padre, parece que se puede alterar y cambiar a placer el orden natural. Pero obrando así, la naturaleza conduce al caos y la vida se convierte en una locura.

¿Y en la sociedad? Al final, hemos de preguntarnos: ¿qué sentido tiene la globalización? La globalización trae consigo, a un mismo tiempo, tanto la dinámica de la uniformidad como la de la pluralidad. Para evitar el caos y el cáncer de la locura, es preciso ir a los fundamentos, a las raíces de la vida y, en particular, a las raíces de la vida humana. Por tanto, en muchos aspectos, el tema dominante de la cultura ya no es el de tipo social, que sigue siendo esencial, sino que ha pasado a ser el de la vida y de la vida privada, que es fundamental.

Jesucristo mismo tiene la solución de lo que para nosotros y para la humanidad entera es un gran problema: el secreto de cómo hacer para estar juntos en la diversidad, cómo hacer coexistir la multiplicidad de derechos con el carácter esencial de los deberes. ¿Cómo se logra convivir, poner juntas en una sociedad, en libertad, las diferencias que resultan conflictivas? ¿Cómo se logra que no prevalezcan la prepotencia y la violencia de unos contra otros? Ciertamente, no es fácil. Pero si queremos seguir siendo *humanos*, no es suficiente ser libres; y para estar unidos, incluso en la familia, no es suficiente estar de acuerdo sobre lo que es "útil". Dios, que es precisamente Uno, pero no está solo, debe encerrar dentro de sí la clave del problema, "el secreto de la presencia simultánea de lo diverso". Esta es también la fórmula que se está buscando, de algún modo, en todos los campos. Por eso, la Biblia nos advierte: "Si el Señor no construye la casa, en vano trabajan los albañiles"[15].

En esta época nuestra, tenemos que habituarnos a tener la capacidad de ser más profundos, para que se nos desvele "el misterio que nos une" y cómo podemos vivir bien y vivir juntos, sin ser prisioneros de lo "útil", de lo "inmediato" y de lo "efímero". Al acercarnos al *Padrenuestro* y comprenderlo, seremos conscientes de este secreto y de cómo, poco a poco, nos resultará cada vez más claro. Resultará más claro para muchas personas, para los padres y para muchos jóvenes, que no ven el camino que conduce a esta capacidad de comunión, tanto en las relaciones sociales como en las familiares, entre el hombre y la mujer, entre hermanos y hermanas. Resultará más claro para todos qué hay que hacer para que la humanidad no se transforme en algo deshumanizado. En este sentido, el *Padrenuestro* es un camino de liberación para la humanidad. Pero esto exige ir hasta el fondo, hasta las "raíces de la vida", donde la biología y la sociología "se encuentran" con el misterio de Dios.

---

[15] *Biblia*. Libro de los Salmos 127, 1.

## Qué más somos

Esto nos introduce en la segunda cosa fundamental que nos muestra la extraordinaria y preciosa Palabra "Padre". Esa Palabra nos afecta de cerca porque nos revela y nos recuerda nuestro secreto.

Cuando oren, dice Jesús, oren así: "Padre", "Padre nuestro". Jesucristo viene para introducirnos, "por la gracia", en su relación "por naturaleza" con Dios, su Padre. Él es Hijo de un modo único, "por naturaleza", siendo igual al Padre. Nosotros somos hijos "por gracia" de Dios, por la participación en la vida de Jesús: somos "hijos en el Hijo". Ahora bien, si Jesús nos dice que llamemos a Dios "Padre", eso quiere decir que nosotros somos esencialmente "hijos" e "hijos suyos".

¿Somos plenamente conscientes de lo que esto significa? Vamos a tratar de comprenderlo un poco mejor.

Hay muchas formas de ser. Hay quien está soltero. Hay quien es esposo o esposa, quien es padre o madre, quien es abuelo, quien es hermano o hermana, quien es sobrino, primo, tío o amigo y así en muchas otras cosas. Son todas formas distintas de ser: cada persona tiene la suya y tiene más de una. Ahora bien, ¿cuál es la forma de ser que es común a todos nosotros, a todos los seres humanos? Solo existe una, una sola, que es igual para todos y que todos tenemos de manera radical.

Cabe afirmar, en efecto, que todos somos personas y tenemos la misma dignidad humana. Este es nuestro valor. Pero sobre qué se apoya el valor de la dignidad humana que tienen todo hombre y toda mujer. ¿Cuál es esa realidad verdadera, que no consiste simplemente en una idea? No me refiero a una superestructura cultural, que cualquier corriente o escuela de pensamiento puede, con el tiempo, montar y desmontar. ¿Cuál es el hecho que hace que nuestra dignidad humana, en cuanto personas, sea igual para todos y sobre el que no cabe en modo alguno equivocarse?

Es precisamente este: todos nosotros somos *"hijos"*. Esto es común a todos los seres humanos. A pesar de las muchas y variadas formas de ser que existen, todos nosotros somos "hijos" y lo somos siempre. Hijos, en el sentido más real, son aquéllos que han recibido la vida y no se la han dado a sí mismos. Este hecho es igual para todos: "hijos e hijas". ¡Esto nos identifica y es igual para todos! Lo que nos hace iguales es " ser hijos" y esta es la base de nuestra dignidad humana. Todo lo demás es añadido. Todas las demás cualidades o rasgos son añadidos: ser primo, pariente, amigo, cuñado, tío, compañero de trabajo, obrero, empresario y así sucesivamente.

Ser hijos nos pone de inmediato ante dos verdades. La primera es que alguien nos ha dado la vida. ¡Nadie puede darse la vida a sí mismo! ¿Quién es hijo? El que se encuentra con la vida en su mano. Es decir, ser hijos significa que hemos recibido la vida de alguien. Todos hemos recibido la vida. Nuestra vida se apoya sobre este don que está en la base. Después, hay que ver qué hacemos con la vida... Pero eso es otra cosa. Y para no engañarse y no equivocarse del todo en la vida, será necesario llegar a sus raíces, a las "raíces de la vida".

Lo extraordinario que Dios nos recuerda en la oración del *Padrenuestro* es que ¡somos sus hijos! Esto significa que, esencialmente, somos hijos suyos; no hijos de la tierra..., de los astros..., de las probetas..., de las máquinas..., sino de un Padre, que es Dios. Y si somos sus hijos, quiere decir que Dios Padre refleja y nos devuelve reflejada nuestra verdad: quiere decir que disponemos de la vida, que la vida es un don, que es una realidad preciosa que nos pertenece, que alguien ha querido que tuviéramos; más aún, que alguien ha pensado en nosotros, que nos ha amado y nos ha querido, que espera algo de nuestra vida, de la vida de cada uno. Nuestra mayor libertad es ser nosotros mismos, hasta el final, siendo hijos de Dios: no hay una libertad más grande.

Ahora bien, ser "hijo" implica también una segunda verdad: uno no puede inventarse por entero a sí mismo, debe tener ya una base dentro de sí, en sus estructuras biológicas, mentales, afectivas, sexuales, psíquicas y espirituales. Dentro tenemos algo, un "cómo": estamos hechos de un cierto modo, porque junto con el don de la vida, que hemos recibido, se nos ha dado también un modo de vivir. Este modo de vivir lo llamamos "ser humano". El amor por las palabras "papá", "padre" y "mamá", "madre", pone de manifiesto una gran fascinación, que, con frecuencia, se ve traicionada por el mal que han hecho los padres o por la gran superficialidad de nuestro mundo. Por tanto, si se presta atención, la primera palabra del *Padrenuestro*, "Padre", revela nuestro "ser hijos e hijas", nuestra raíz, nuestro secreto, que es la vida escondida que debe manifestarse.

Nos preguntamos: ¿recibimos la vida humana acompañada de la revelación de su sentido y de su raíz última? Los padres, ¿enseñan a sus hijos lo que ellos mismos son o bien les muestran esta realidad profunda de la vida? ¿Dan realmente a conocer a sus hijos esta gran verdad, que es la raíz de la vida y que existe "antes" que los padres mismos? ¿En qué sentido "antes"? Primero, porque no son los padres los que han hecho que el niño o la niña sean como son; no son los padres los que han creado la vida del ser humano: ¡sólo la han recibido! Porque también ellos son hijos. En una ocasión, una mamá que estaba esperando, respondió a mi felicitación de la siguiente manera: "¿Qué yo soy buena? Bueno es Dios, que lo hace todo Él" ¡Y tenía razón! ¡Pues claro!, una mamá se encuentra con la vida como un don impresionante, íntegro y total; acoge ese don, lo lleva en su seno, lo alimenta con el amor y con lo que hay en su propia sangre. La raíz del ser hijos, en efecto, viene *antes* que los padres. Por eso se llaman hijos. Todo lo demás que construimos o hacemos lo llamamos "cosas" y no "hijos". En cambio, el hijo es alguien que los padres reciben como una realidad ya existente, porque el don ya está presente por entero: todo está ahí, en el embrión humano, en el sí de Dios Padre y en el sí de los padres a la vida.

El *Padrenuestro* nos remite al misterio profundo de nuestra vida, que pasa por los padres, pero que existe antes que los padres. De hecho, los padres no han inventado la vida, ni la suya, ni la de sus hijos: ¡sólo la han acogido! No deberían, pues, esconder la verdadera raíz de toda vida: el Padre de todos, el Padre de la vida, de cualquier vida. La raíz de la vida no es, en efecto, el amor de los padres. Su amor, en la unión sexual, es condición, pero no es la vida del hijo o de la hija.

Los verdaderos padres, que no traicionan a Dios Padre, ni su propia misión, saben dar a conocer este "misterio" a sus hijos. Los demás padres, que desconocen este misterio o lo ocultan y se lo esconden a sus hijos, en realidad los están traicionando. ¡Cuántas injusticias y cuánta violencia sufrida por los hijos! ¡Cuánta falta de "humanidad" han tenido que sufrir muchos hijos! Pero hay también numerosos actos de generosidad y heroísmo de muchos padres y madres. Grandeza y miseria de los padres de hoy y de siempre, que se entrelazan en la historia de cada uno.

La vida pasa por la de los padres, sean buenos o malos, pero no puede detenerse en ellos y debe ir más allá... "a las raíces de la vida". Y, al contrario, si huimos de nuestro pasado y corremos hacia delante, nuestra vida, ya herida, empeorará cada vez más, con la vana ilusión de poder ser mejores padres o madres, sin ser de verdad "hijos". Hace falta valentía para ser mujeres y hombres de verdad, auténticos: diría, incluso, que hace falta valentía para ser hijos, para volver a encontrar la belleza y la grandeza de nuestro *misterio*, con frecuencia escondido o desfigurado por los sufrimientos y las mentiras que la vida nos ha ocasionado y que permanecen en nuestra memoria.

Uso aquí intencionadamente la palabra *"misterio"*. No significa algo tabú, ni el ámbito de lo desconocido. El misterio es el ámbito de la Verdad. El misterio es lo que mejor nos representa: más que la ciencia y la técnica. Estas últimas, pueden ser una ayuda para el hombre, pero no cabe considerarlas como algo absoluto. El misterio, en cambio, es algo que nos pertenece y nos representa: no es lo que desconocemos, no es ignorancia. Al contrario, es lo que sabemos de nosotros y es de donde venimos, ya que es más grande que nosotros: lo conocemos precisamente porque nos pertenece y nos ha sido revelado; lo conocemos como algo sobre lo que estamos fundados, como nuestra "raíz"; y, a la vez, nos atrae como "sentido" y "fin" de nuestra existencia. El misterio no es para nosotros la ignorancia de quien no sabe y por eso se fía, sino la plena conciencia de quien sabe y por eso confía.

Llamar "Padre" a Dios, nos remite al misterio extraordinario de la paz y la comunión en la que Dios mismo vive y, al mismo tiempo, nos dirige también hacia el misterio de la grandeza y belleza de cada uno de nosotros, tal y como Dios Padre quiere y ha querido que fuese nuestra propia vida. Con Dios, la vida se ve bajo otra luz, bajo otro color. Sin Él, todo se vuelve oscuro y absurdo.

El secreto humano de la raíz reside en Dios Padre. Es cierto que, en muchos casos, la paternidad humana ha traicionado el mandato divino de ser "imagen y semejanza" de Dios Padre. Pero negar a Dios Padre y alejarlo del corazón y la vida de las personas es la mayor locura y el error más grave en el que pueden caer la sociedad de consumo o cualquier ideología.

¡No podemos ser buenas personas, activas y comprometidas con el bien, si no somos lo que somos de raíz! Lo más grande que podemos hacer "para ser" es recuperar la preciosidad y la belleza de este gran misterio de ser hijos.

Si nosotros, los adultos, encontramos aquello que de verdad somos, entonces todo lo demás vendrá solo, también para las nuevas generaciones. Pero si no lo sabemos en profundidad, toda la vida será un correr detrás del viento y, por desagracia, también un continuo tropezar en un cúmulo de errores y de compromisos decepcionantes.

En el siguiente capítulo veremos lo que verdaderamente es "nuestro", aquello de lo que no podemos prescindir; y, al revés, veremos también cuáles son los sucedáneos, que se han hecho pasar por "nuestros", pero que realmente no nos pertenecen y nos llevan a engaño, haciendo que nuestra vida descarrile y se hunda en el abismo.

# 2

# Padre nuestro

Pasamos ahora a la segunda palabra, que es realmente extraordinaria: el término "nuestro" referido a Dios Padre. Jesús podía habernos enseñado a decir: "Padre que estás en los cielos", o bien "Padre Omnipotente", "Dios Creador del universo" o a usar otra fórmula. Pero, en cambio, introduce esa segunda palabra, que nos da a conocer el misterio de aquel que es ¡Padre nuestro!

"Nuestro" es una palabra especial, llena de sentido para nosotros. "Nuestro" es lo que nos pertenece: nuestra vida, nuestro cuerpo; nuestros son los sentimientos y nuestros los pensamientos; "nuestro" indica siempre algo más o menos íntimo, que nos es propio y nos constituye. "Nuestro", de manera más profunda, supone también una relación que manifiesta una pertenencia recíproca y nos hace comprender que "Dios Padre es propiamente nuestro". Se usa la palabra "nuestro", por ejemplo, allí donde hay amor; los que se aman dicen: "nuestro amor", "nuestra casa", "nuestros hijos".

"Nuestro" revela algo profundo: ¡una cosa que nos toca muy dentro! Decir "Padre nuestro", como Jesús nos ha enseñado, pone de manifiesto que hay algo que es suyo, pero que también nos pertenece a nosotros, que es nuestro pero le pertenece a Él. Es algo sobre lo que no hemos reflexionado suficientemente. Que Dios existiese, que estuviese lejos... y que fuese el Creador, esto se puede entender. Pero que fuese "nuestro" y nosotros "suyos" y que nos perteneciésemos recíprocamente, este es el magnífico don que Jesús nos ha traído. Una revelación profunda y nueva, como enseguida veremos.

Nuestra condición humana esta hecha de "ser hijos de Dios Padre" "Miren qué amor tan grande nos ha mostrado el Padre: que nos llamamos hijos de Dios y realmente lo somos"[1], nos dice la Escritura.

El Papa Emérito Benedicto XVI, en su libro *Jesús de Nazaret*, comentando la oración del *Padrenuestro* desde la perspectiva de la paternidad de Dios, escribe: "Cada hombre, individualmente y por sí mismo, es querido por Dios. Él conoce a cada uno. En este sentido, en virtud de la creación, el ser humano es ya de un modo especial «hijo» de Dios. Dios es su verdadero Padre: que el hombre sea imagen de Dios es otro modo de expresar esta idea. (...) Jesús es «el Hijo» en sentido propio, es de la misma sustancia del Padre. Nos quiere

---

[1] *Biblia*. Primera Carta de Juan, 3,1.

acoger a todos en su ser Hijo, en la total pertenencia a Dios. (...) todavía no somos plenamente hijos de Dios, sino que hemos de llegar a serlo más y más mediante nuestra comunión cada vez más profunda con Cristo. Ser hijos equivale a seguir a Jesús. (...) Es evidente que «ser hijos» no significa dependencia, sino permanecer en esa relación de amor que sustenta la existencia humana y le da sentido y grandeza. (...) Solo Jesús podía decir con pleno derecho «Padre mío», porque realmente solo Él es el Hijo unigénito de Dios, de la misma sustancia del Padre. En cambio, todos nosotros tenemos que decir: «Padre nuestro». Solo en el «nosotros» de los discípulos podemos llamar «Padre» a Dios, pues solo en la comunión con Cristo Jesús nos convertimos verdaderamente en «hijos de Dios»"[2].

Este es nuestro más bello misterio: ser hijos por la gracia en Cristo Jesús, el Hijo de Dios. Para esto Dios se hizo hombre en Jesús de Nazaret. Por eso, San Ireneo pudo escribir: "Esta es la razón por la que el Verbo de Dios se hizo hombre, y el Hijo de Dios Hijo del hombre; para que el hombre, mezclándose con el Verbo de Dios y recibiendo así la adopción filial, se haga hijo de Dios"[3]. Así, "el Verbo de Dios [...] habitó en el hombre y se hizo Hijo del Hombre, para acostumbrar a Dios a habitar en el hombre, según el beneplácito del Padre"[4]. Haciéndose hombre, el Hijo de Dios ha hecho que podamos llegar a ser "hijos de Dios", «partícipes de la naturaleza divina»: de este modo, "Con ellas nos ha otorgado las promesas más grandes y valiosas, para que por ellas participen de la naturaleza divina y escapen de la corrupción que habita en el mundo a causa de los malos deseos"[5].

Estamos pues muy lejos de esas formas de entender al hombre de manera desnaturalizada y alienante, como a veces se oye decir: hijos de las flores..., hijos de las cañas..., hijos de las estrellas..., hijos del egoísmo y del interés, hijos de la ciencia y de la técnica, hijos digitales, hijos del bienestar; al final... hijos de sí mismos, ¡hijos de nadie! El hombre moderno no quiere depender de nadie. Los hombres y mujeres de hoy quieren ser libres e independientes. No cabe duda de que Dios Padre quiere nuestra emancipación y nuestra libertad, ya que de otro modo no podríamos amar con madurez. Pero Él no quiere que seamos engañados respecto a la libertad y la independencia.

¿Qué ha sucedido? ¿Qué deformación ha penetrado en la sociedad y en el cerebro de la gente? Alguien ha querido eliminar, de algún modo, nuestra raíz, que es precisamente ese Padre nuestro, y hacer que nos sintamos huérfanos. ¡Huérfanos de Dios Padre! Sin sentido, ni historia, ni pasado, ni futuro. ¿Para qué? Para debilitar a la gente y dejar sitio a algún otro... Esconder o suprimir las raíces es eliminar el futuro, significa volvernos más débiles y más confusos. Bien pensado, ¿no es precisamente este el motivo de muchas de las carencias y

---

[2] *Magisterio*. Benedicto XVI, *Jesús de Nazaret*, cap. 5, La Esfera de los Libros, Madrid 2007, pp. 172-175.

[3] *Tradición*. Cfr. San Ireneo de Lyon (130-202), *Contra las Herejías*, Lib. III, 19,1, Apostolado Mariano, Sevilla 1994, p.113.

[4] *Tradición*. Cfr. San Ireneo de Lyon (130-202), *Contra las Herejías*, Lib. III, 19,1, Apostolado Mariano, Sevilla 1994, p. 118.

[5] *Biblia*. Segunda Carta de Pedro, 1, 4.

debilidades de la gente de hoy? ¿De tanto aburrimiento? ¿No vemos a muchos jóvenes perseguir sonidos, ruidos, emociones, sensaciones y experiencias, que, aun siendo fascinantes, no duran más que un instante? Por esto vemos dar tantos bandazos, porque la gente se siente vacía o confusa. Es entonces cuando uno puede hundirse en el mundo virtual y alienante, en la droga y en el consumo de una sexualidad sin rostro, sin futuro, sin verdadero amor.

¡Hay tantas cosas buenas en las extraordinarias posibilidades de los jóvenes!; pero eso con tal de que no se les engañe, ocultándoles las raíces de su vida, sin las cuales, también ellos, tarde o temprano, terminarán por secarse tristemente.

En definitiva, tenemos algo nuestro, algo que nos pertenece; pero que si se oculta a la conciencia o se niega y se pisotea, deja un gran vacío dentro que hace sufrir a la gente y le hace dar bandazos. No perdamos, pues, a ese Padre nuestro, que es la raíz más profunda, el misterio de nuestra vida. Muchos, a causa del bienestar material o de la exaltación de sí mismos, o a causa de los males que hay en el mundo, han dejado de escuchar y de reconocer al Dios vivo.

¿Qué ha sucedido para que hayamos perdido a nuestro "Padre", que es el secreto de nuestra vida, de nuestro crecimiento y de nuestro origen? Son muchos los ataques sufridos en este frente. Cada País podría comprobarlo en su propia historia. Buscaremos en nuestro pasado solo dos ejemplos: *el caso de Freud* y el de la *Revolución Francesa*.

## El caso de Freud

Si queremos buscar algún signo en la cultura y en la historia, al menos de Europa, podemos mencionar, por ejemplo, el *caso de Freud*, padre del psicoanálisis y gran descubridor del inconsciente. Freud, médico nacido en 1856 y fallecido en 1939, describe un peculiar mecanismo por el cual el hijo, de pequeño, al vincularse a la madre quiere excluir al padre: se trata del famoso complejo de Edipo. Se habla entonces de la "muerte del padre" como exclusión, como si para el crecimiento de los seres humanos, para su emancipación, fuese indispensable separarse y "dar muerte al padre". Esta "muerte", que no se produce físicamente sino en el corazón y la psique, no solo sería útil, sino imprescindible para conquistar la independencia personal. Se trata de una metáfora, pero la teoría freudiana del "parricidio" ha dejado huella en la cultura. Para Freud, Dios "padre" es la imagen del padre-tirano, temido, odiado y al que luego se da muerte.

Muchos manuales afirman que, de algún modo, ese "dar muerte" es necesario para la separación, más o menos traumática, no solo del cuerpo de la madre, sino también del padre y de su "opresión". No olvidemos que la realidad a la que Freud se enfrentó siempre fue la enfermedad de sus pacientes: ese fue su punto de partida, el de las personas divididas, trastornadas, enfermas y con sufrimientos; no partió del ser humano íntegro y sano. Hay que añadir que Freud no llegó a descubrir las energías del espíritu humano, mientras que su discípulo Jung, las interpretó esencialmente como "manifestaciones psíquicas".

13

La idea básica de "sobrevivir", "pisoteando necesariamente...", la encontramos con frecuencia en nuestra vida, en nuestra sociedad, en el choque generacional, por un lado, y en la ausencia de valores, por otra. Todo ello envuelto y cubierto por la palabra "libertad" que, no raramente, esconde ignorancia o presunción, o quizás el anhelo del hombre que se siente prisionero y desearía "salvarse", pero no sabe de quién. De muchos jóvenes y de sus contradicciones, de la oposición que manifestaban con el fin de llevar una vida más libre, muchas veces se decía: "Son cosas de la edad, es la edad..., pero eso pasa y luego vuelven" ¡No era verdad! Y, de hecho, no volvieron. Para ellos no es nada fácil volver a la fe y a los valores que abandonaron. Vemos que hay una especie de trampa o laberinto psico-afectivo, que muchas veces hace como si las personas fuesen prisioneras de sí mismas y de sus pensamientos, bloqueadas hasta el punto de no poder salir de sí, de no poder buscar y conocer ninguna verdad; parece como si un velo hubiera caído sobre ellos, sobre sus corazones, por la desconfianza que tienen hacia todo y hacia todos. Es la vida la que está enferma. Y, por eso, para volver a la fe y a los valores es necesario pasar por un proceso de curación de la vida misma.

## ¿Qué significa nuestro?

Tanto la imposición de los padres sobre sus hijos o el hecho de abandonarlos, por un lado, cuanto el hecho de que los hijos se adapten o abandonen a sus padres, por otro, dejan profundas heridas en unos y otros. Con el desengaño crecen el egoísmo y la apatía. Luego vienen la independencia y la huida. Aquí se manifiestan, primero, esa "muerte del padre", de la paternidad, y, más tarde, también de la maternidad; "muerte" de algo que, en definitiva, es de un gran valor, pero que fue descuidado y se oscureció. De este modo, se abandonaron los valores y nuestras raíces y, con las raíces, también nuestro secreto, el de Dios nuestro Padre.

Uno se pregunta entonces si los padres, al traer a los hijos al mundo, les han dado realmente a conocer el misterio, no solo biológico, que su vida encierra; si han engendrado solo los cuerpos o el misterio de la vida. Creo que este es el punto fundamental: hemos olvidado a nuestro Padre Dios y sobre todo ese "nuestro". Y así, los padres han considerado a los hijos como algo "de su propiedad", proyectando sobre ellos sus sueños e imponiéndoles su modelo de vida. O, al contrario, al no poder considerarlos como "de su propiedad" y sentirse quizás más "amigos" que padres, los han abandonado a su suerte, sin mostrarles el bien, algunas normas, una libertad inteligente, que tenga un sentido, un objetivo y una raíz.

¡Estos padres han olvidado ese "nuestro", con el que nos dirigimos a Dios en el *Padrenuestro*, como Jesús nos enseñó! En realidad, solo Dios Padre es "verdaderamente nuestro": los padres, los hijos y todos nosotros formamos parte de esta verdad, de este misterio de Dios Padre. Al ignorar a Dios, Fuente de la vida, y lo que es "verdaderamente nuestro", sucede que la existencia se rompe en mil "pertenencias", que se utilizan de modo egoísta o se abandonan inconscientemente a su suerte y que, en cualquier caso, se viven de manera deshumanizada y engañosa.

Por eso, Jesús nos dice en el Evangelio: «En la tierra a nadie llamen padre, pues uno solo es su Padre, el del cielo»[6]. Esto quiere decir que Padre solo hay uno, Dios; y los padres de la tierra solo pueden serlo y deben serlo, mostrando, no ocultando, que Dios es Padre. Ningún Padre puede ocupar su lugar... Pero esto lo hemos olvidado. Y si los padres de la tierra se hacen llamar así por sus hijos, deben ser conscientes de que existe un Padre común, del que procede toda paternidad, tanto la natural, como la espiritual.

El mejor ejemplo lo tenemos en San José, Esposo[7] de la Bienaventurada Virgen María y padre putativo[8] de Jesús, que durante toda su vida obró así, reconociendo el misterio de Dios que lo envolvía. Por su fidelidad, "Dios lo puso al cuidado de su familia"[9], como "Custodio del Redentor"[10] y como "Patrono del a Iglesia Universal"[11].

## El silencio-palabra de San José

Es posible que alguno de los lectores se haya preguntado alguna vez por qué en el Evangelio no se recoge ni una sola palabra de San José, padre putativo de Jesús, a diferencia de lo que sucede con su esposa, la Virgen María, de la que el Evangelio conserva tres intervenciones: el Magníficat[12]; las palabras al hijo hallado en el Templo[13]; y su petición en las Bodas de Caná[14] que dio inicio a los milagros y a la manifestación de Jesús como el Cristo.

Cualquier pasaje del Evangelio encierra un profundo significado. La Virgen María, que recibe a Cristo, el Salvador, es imagen de la Iglesia y de la humanidad que lo acoge con fe y amor; lo recibe en la realidad concreta de su vida: esas tres intervenciones, que el Evangelio recoge, son pues expresión de nuestra humanidad y de la Iglesia cuando recibe a Jesús, don del Padre.

El Magníficat significa el anuncio de la *fe*, el cumplimiento de las promesas de Dios y la alegría de la esperanza segura. La segunda intervención de María, la del Templo, cuando se dirige al Hijo con inquietud, manifiesta la necesidad que tiene la humanidad de comprender a Dios y de adecuarse a Él, para que la *esperanza* de su presencia y, por tanto, la religión, no constituya una huida de la realidad, sino una opción responsable. La tercera intervención de María, en las Bodas de Caná, muestra la capacidad de la Iglesia y de cualquier cristiano para colaborar en la obra del *amor* de Dios, en comunión con Él.

Tres momentos que marcan el crecimiento de cualquier alma fiel, así como de toda la Iglesia, de la que María es modelo e imagen. Esto implica progresivamente la experiencia que Dios mismo hace que tengamos, si así lo

---

[6] *Biblia*. Evangelio según Mateo 23, 9.
[7] *Magisterio*. Cfr. Juan Pablo II, Exhortación apostólica *Redemptoris custos* (1989) n. 18.
[8] *Magisterio*. Cfr. Juan Pablo II, Exhortación apostólica *Redemptoris custos* (1989) n. 27.
[9] *Magisterio*. Cfr. Juan Pablo II, Exhortación apostólica *Redemptoris custos* (1989) n. 8.
[10] *Magisterio*. Cfr. Juan Pablo II, Exhortación apostólica *Redemptoris custos* (1989) n. 1.
[11] *Magisterio*. Cfr. Juan Pablo II, Exhortación apostólica *Redemptoris custos* (1989) n. 1.
[12] *Biblia*. Cfr. Evangelio según Lucas 1, 46-55.
[13] *Biblia*. Cfr. Evangelio según Lucas 2, 41-52.
[14] *Biblia*. Cfr. Evangelio según Juan 2, 1-12.

queremos, de las tres Virtudes teologales: la fe, la esperanza y la caridad. María Santísima nos recuerda, como Madre, lo que somos y lo que podemos llegar a ser. San José, en cambio, al representar a todos los esposos y padres, sean naturales o adoptivos, de los que es modelo e imagen, transparenta el misterio de Dios Padre y vive perfectamente su papel: su palabra simbólicamente no es la de un hombre que habla de sí mismo, no puede ser "una palabra cualquiera", sino la Palabra de Dios y de su proyecto.

Así pues, si San José no dice nada en los Evangelios, no es porque fuese mudo o de pocas palabras, sino porque su palabra humana es toda la Biblia en cuanto Palabra de Dios: nos está desvelando el mensaje, propio de todo "padre" fiel, que consiste en ser, en las obras y en las palabras, "transparencia" de toda Palabra de Dios, pastor y guía de la familia. Una sola palabra suya en el Evangelio, más que mostrar este mensaje, tan importante y valioso para todos, lo hubiese oscurecido.

## El *"antes"* de quienes engendran la vida

El análisis que estamos realizando, nos lleva a considerar ahora un primer aspecto, que es fundamental.

El Apóstol Pablo escribe: "Por eso doblo las rodillas ante el Padre, de quien procede toda paternidad en el cielo y en la tierra"[15]. Si alguien es padre o madre, si hay una paternidad o una maternidad, es porque Dios Padre existe. En efecto, la vida no la ha inventado nadie; la vida no es un descubrimiento, ni un logro de la ciencia: es un don, el don de ser personas humanas, que viene de lo alto. Por tanto, si somos personas humanas no es gracias a la medicina, a la biología, a la técnica o la ciencia, sino por un don de Dios Padre. La ciencia y la técnica son dos grandes instrumentos de la humanidad, que pueden hacer la vida más humana, pero solo a condición de que no nieguen o escondan la raíz de nuestra vida, que es Dios, Padre nuestro.

Esta es la razón por la cual Dios reivindica la verdad, ¡se reivindica! Dios tiene sus derechos. ¡Esto también lo hemos olvidado! Él es la fuente de toda justicia. Se habla de los derechos de todos, pero olvidamos los *derechos de Dios*. Jesús nos advierte en el Evangelio: «Den (...) a Dios lo que es de Dios»[16], que es Padre, es Padre nuestro. Reflexionemos seriamente sobre esto: Jesús nos advierte que no llamemos a nadie sobre la tierra "padre" si no es desde la verdad, que no engañemos a nadie, sino que digamos a cada uno su secreto.

Es preciso comprender el sentido del Evangelio desde la fe con la que fielmente se escribió. Es claro que si alguien es padre o madre, no lo es por haber dado la vida a los hijos, sino porque ya antes él mismo recibió la vida: la vida no empieza en él. Esto quiere indicar Jesús, cuando nos dice: "todos ustedes son hermanos. En la tierra a nadie llamen padre, pues uno solo es su Padre, el del cielo"[17]. En efecto, es indudable que todo padre y toda madre

---

[15] *Biblia*. Carta a los Efesios 3, 14-15.
[16] *Biblia*. Evangelio según Mateo 22, 21b.
[17] *Biblia*. Evangelio según Mateo 23, 8-9.

llevan consigo este misterio: más que engendrar a "sus hijos", "los reciben", como "han recibido" también su propia vida.

Así pues, nadie es realmente padre o madre en modo absoluto: de lo contrario, los hijos, al no poder encontrar en los padres la "razón" de su propia vida o soportándola mal, por ser resultado de un capricho humano o de un error... de los padres, para no sucumbir ante la "falta de sentido"... de sus orígenes y buscando también su independencia, sienten la tentación de pensar, con soberbia y necedad, que ellos mismos son el fundamento de su propia vida.

De ahí que, sin Dios Padre, los padres oprimen a los hijos o los abandonan a sí mismos y los hijos desprecian y "dan muerte" dentro del corazón a sus padres, abandonándolos o aprovechándose de ellos. Solo ese Padre que es nuestro, el Padre común, nos hace respetar la vida hasta el final, tanto la de los hijos, como la de los padres, superando la pretensión de unos y otros de convertirla en algo "propio", hasta destruirla, oscureciendo su sentido y su historia.

Solo mostrando el misterio de Dios, Padre nuestro, y viviendo en ese misterio de Amor y de Vida, que es *antes* del misterio de los padres, los hijos no tendrán necesidad de "dar muerte" a nadie y crecerán en la verdad y en el amor, verdaderamente libres y llenos de humanidad. De esta realidad de nuestra vida, que "precede" a nuestro mismo nacimiento, de esta relación con los padres y con la creación misma, da testimonio la Sagrada Escritura cuando, por boca de San Pablo, afirma: "¡Bendito sea Dios, Padre de Nuestro Señor Jesucristo! (...) Por él, antes de la creación del mundo, nos eligió para que por el amor fuéramos consagrados e irreprochables en su presencia"[18]. Podemos entonces preguntarnos si los padres, especialmente los que son cristianos, han mostrado a los hijos el secreto de sus vidas. Porque, en efecto, hay un secreto que confiar: la vida de los hijos es *antes* que la vida de los padres. En ese *antes* se encierra toda la bondad que Dios Padre tiene para con nosotros y todo nuestro inmenso valor. Los verdaderos padres deben reconocerla y mostrarla, defenderla y amarla. No deben inventarla ni crearla con las cosas materiales

Es preciso comprender mejor esta profunda verdad del *antes*[19] y entender bien la novedad que Jesús ha traído, imprescindible para el progreso de la humanidad. La humanidad, en efecto, ha buscado siempre, a lo largo de los siglos, diversas formas posibles de vida social y, para no perderse, tiene constante necesidad de encontrar su misterio, su verdadera raíz.

## Padre Común

"Nuestro" sale al paso de esta necesidad, porque indica, además, un *segundo aspecto*: significa también que es común. En esta época nuestra hemos de reencontrar el *Padrenuestro*, volver a comprenderlo, hacer que sea más claro para nosotros mismos: existe un Padre nuestro, que es Padre común.

---

[18] *Biblia*. Cfr. Carta a los Efesios 1, 3-4.
[19] *Biblia*. Cfr. Libro del Profeta Jeremías 1, 5.

El Padre que Jesucristo nos ha revelado no es un padre común cualquiera, "genérico", como alguno podría pensar. Es el Padre al que Jesús nos ha llevado de vuelta con el don de su sacrificio y con el don del Espíritu Santo[20].

Creo que, en la oración del *Padrenuestro*, Jesús nos ha entregado la clave de la vida. En efecto, si Dios es Padre común tanto de los padres como de los hijos, entonces los padres no son dueños y señores de la vida, sino testigos: transparentan el misterio de la vida que viene de Dios Padre. Si los hijos ven esto, sin limitarse a las personas queridas y a los abuelos, tendrán gran estima de sí mismos y de la vida y sentirán la belleza y libertad de la vida, espontánea, libre, don responsable para ellos y para los padres, porque hay un *misterio común* que une a las generaciones. Los padres nada tienen que perder, al contrario, si, con fidelidad al Señor, son ministros trasparentes, con amor, con atención, de modo inteligente y delicado, de este misterio, que viene de Dios, Padre nuestro, Padre común.

Este secreto de nuestra vida pone de manifiesto la realidad: por una parte, ayuda a los padres a amar y respetar, de manera equilibrada, la vida de los hijos; por otra parte, ayuda a los hijos a tener un sano respeto por la vida recibida y, a la vez, un sentimiento de gratitud por ese don, por esa vida que les ha llegado de Dios a través de sus padres. Por el contrario, escondiendo la verdad del Padre común, distorsionamos lo que los padres son para los hijos y lo que los hijos son para los padres. Entonces es fácil el choque, hasta el punto de rechazar a los propios padres de la tierra y de rechazar, incluso, el misterio de la vida: "¡Por fin mi vida es mía! ¡Me marcho! ¡Con mi vida hago lo que quiero!

De ese modo, los hijos, a su vez, llegan al rechazo incluso de la vida conyugal, del amor y, más tarde, también de la vida de sus hijos y nietos, a la ruptura del tejido social hasta el drama que actualmente existe con el aborto. El aborto se está convirtiendo en la principal causa de muerte, mas extendida que el cáncer y los infartos, incluso en Europa misma. Human Life International habla de ¡40 millones de abortos al año en todo el mundo!

"Padre nuestro", "Padre común" es esta extraordinaria verdad que los padres deben transmitir a los hijos y estos deben reconocer y llevar también consigo. Creo que solo se podrá respetar realmente la vida, si se vuelve a esta verdad fundamental. De otra manera, la vida seguirá siendo confusa, permanecerá camuflada, abandonada, sujeta a violencia. La muerte que se lleva en el corazón se convierte, tarde o temprano, en la muerte de los hijos, a los que se abandona, de los que se abusa o que no llegan a nacer por el aborto. Es el camino que ha seguido la "cultura de la muerte" en su desarrollo.

---

[20] *Magisterio*. Cfr. Joseph Ratzinger, *El Dios de Jesucristo*, Ediciones Sígueme, Salamanca 1979, pp. 31-33 (el texto en Apéndice, n. 4, es disponible en el sitio web figlidichi.altervista.org).

Jesús nos recuerda: "No pueden estar al servicio de Dios", que es Padre, "y el dinero"[21]. "Mammón"[22] es la riqueza, es el interés egoísta, es vivir sin el sentido profundo del misterio de la vida donada; "mammón" es acaparar, es usar la vida de manera loca. "Mammón" crece en la vida personal y social, cortando progresivamente las raíces de la relación con el "Padre nuestro que está en el cielo" y, en consecuencia, con "los demás", que se convierten en *extraños*.

Son muchos los que se hacen llamar "padre" en muchas cosas: padre de la ciencia; padre de una revista; padre de un descubrimiento...; ¡todos padres! Pero nos hemos olvidado del Padre común, de Dios Padre nuestro y, tarde o temprano, "mammón" se hace presente y se impone. O se elije a Dios Padre, que es el fundamento, la Fuente de la vida y de la comunión, o bien se termina por ser esclavo de las riquezas; de los placeres; del poder político; de las necesidades, incluso malsanas; de los derechos alienantes, hasta llegar a la locura y a la destrucción de la vida humana. Es la nueva "bomba atómica" que puede destruir a la humanidad y al hombre mismo, cuando, en su locura, olvida quién es.

Hemos de reflexionar sobre esto. Al volver a encontrar a Dios, Padre nuestro, Padre común, el hombre y la mujer superan el conflicto de la diversidad para encontrarse en el misterio del amor y de la vida de la que ambos proceden.

Con ese Padre nuestro, el Padre común, padres e hijos superan el conflicto generacional, que contrapone pasado y futuro. E igualmente, desde otra perspectiva, al reencontrar la única fuente común, Dios, que está por encima de todos y existe para todos, los pueblos y naciones pueden aprender a caminar juntos recuperando lo que les une: que no es el conjunto de intereses económicos y utilitaristas que aumentan hasta el punto que unos pueblos se aprovechan de otros y aumenta cada vez más la brecha entre ricos y pobres; sino que es Dios Padre del que venimos, al que volvemos y que es lo más grande que existe. En efecto, a Él debemos dar cuenta de toda acción y de toda decisión en relación con su reino de amor y justicia.

Cuanto venimos diciendo, lejos de acentuar las diferencias entre creyentes y no creyentes, contribuye precisamente a que mejoren las relaciones humanas que, en la actualidad, están en la base de las dos exigencias más importantes: la de saber comprender y entender al otro, aunque sea "diferente" a nosotros;

---

[21] *Biblia.* Evangelio según Lucas 16, 13.
[22] *Biblia.* Evangelio según Mateo 6, 24. [NdR: La versión oficial de la Biblia de Nuestro Pueblo, América Latina de Luis Alonso Schöker prefiere usar el término "dinero"; no obstante, mantenemos el término "mammón" allí donde el autor lo emplea en el original, tomado de la Biblia de la Conferencia Episcopal Italiana (CEI, Edición 1976)].En este, usa el término "mammón" (del arameo *mămonă),*que aparece en el Evangelio de Mateo 6, 24 y en el Evangelio de Lucas 16, 13, en arameo y hebreo, significaba "aquello que es cierto, aquello que da seguridad, aquello con lo que se puede contar", es decir, la acumulación de bienes, la riqueza y el poder.

y la de hacer que coexistan en armonía las diferencias, sin perder por eso su propia identidad.

En las parejas, hoy día, igualdad significa, entre otras cosas, aceptar la diversidad, transformándola en complementariedad, si es que no se desea caer en un banal reduccionismo. Pero este proceso no es tan sencillo. Estudiar con profundidad la verdad en sus raíces, es precisamente lo que hace posible este difícil proceso, en contra de lo que algunos querrían, que es eludir la búsqueda y el amor de la verdad, pensando que la solución para una convivencia pacífica puede buscarse simplemente en una "costumbre," que, con el tiempo, quedaría codificado en el DNA. Como si los ciudadanos fuesen "sacos vacíos" que la sociedad únicamente debe llenar. Según este modo de ver las cosas, no habría raíz alguna que reencontrar y el hombre sería solo fruto de la mentalidad social. Que esta visión no hace justicia a las personas es algo que cada vez se comprende mejor, porque, al final, las priva de toda identidad verdadera y de su propia dignidad humana.

El hombre y la mujer no deben olvidar ni perder de vista el don de la "vida" que existe *antes*, dado desde el "principio", y que, por eso mismo, no puede ser solo fruto del ambiente. Es más, el ambiente social será respetuoso en la medida en que se reconozca esta realidad, que es constitutiva del ser humano en sus raíces. Dignidad personal y dignidad social deben unirse, enriqueciéndose respectivamente, sin cambiar ni destruir el rostro humano, cuyo fundamento está en el "misterio" de las "raíces" de la vida humana. En consecuencia, la fraternidad humana de todos los hombres ¡también es nuestra!

## El caso de la Revolución Francesa

El segundo ejemplo de ataque al misterio de nuestra vida se refiere precisamente a la fraternidad y lo vemos, en la historia europea, en la evolución sucesiva de la *Revolución Francesa* de 1789 Hoy día, junto a las revoluciones políticas en diversos países, asistimos también, en el desarrollo del mundo, a una revolución económica, a una revolución biotecnológica y a una revolución sexual, que minan la estabilidad del amor y la misma vida humana.

Todas las revoluciones, incluso las que proceden de ideales de justicia y progreso, siempre traen consigo alguna deformación, que más tarde debe corregirse, porque con ellas surgen inevitablemente exageraciones y errores, que, con el tiempo, se reconocen por sus frutos ¡Cuánta violencia, cuánto derramamiento de sangre, cuántas injusticias en la historia de los pueblos y de las naciones! Pero podemos ver, por ejemplo, el éxito de tres grandes principios de la Revolución Francesa: *liberté, égalité, fraternité.*

Libertad, igualdad y fraternidad. Si se observa el proceso histórico, uno se da cuenta de que los valores de la libertad y de la igualdad, han pasado al lenguaje de la política y de la cultura política, hasta el punto de entrar en las Constituciones de los Estados. Pero, en cambio, no ha sucedido así con el otro elemento, el de la *fraternidad*. En efecto, se ha querido tomar, con gran presunción, lo mejor de cuanto estaba presente en la cultura cristiana y en la historia, pero separándolo de su raíz: quitando a Dios Padre.

En la Carta encíclica *Caritas in veritate* (La caridad en la verdad), Benedicto XVI, a propósito de la falta de fraternidad como causa del subdesarrollo, escribe: "Esta fraternidad, ¿podrán lograrla alguna vez los hombres por sí solos? La sociedad cada vez más globalizada nos hace más cercanos, pero no más hermanos. La razón, por sí sola, es capaz de aceptar la igualdad entre los hombres y de establecer una convivencia cívica entre ellos, pero no consigue fundar la hermandad. Ésta nace de una vocación trascendente de Dios Padre, el primero que nos ha amado, y que nos ha enseñado mediante el Hijo lo que es la caridad fraterna"[23]. Así, la igualdad se realiza entre personas que son diferentes, mientras que la fraternidad une lo diferente: en efecto, los hermanos son diferentes unos de otros y son hermanos sólo porque tienen todos el mismo padre.

Por el contrario, al dejar de lado esta fraternidad, se va hacia un continuo conflicto o bien hacia una supresión de las diferencias, hacia una uniformidad que despersonaliza y masifica. Lo vemos en muchas situaciones. ¡Cuando se ocultan las raíces, siempre se pierde algo por el camino! De este modo, volver a encontrar a Dios Padre conduce a recuperar el camino no solo para poder sobrevivir en la tierra, sino también para alcanzar la paz entre los pueblos y dentro de cada hombre. Esta es la paz que nos trae Jesús, la paz que Jesucristo trae a toda la humanidad "La paz les dejo, les doy mi paz, y no como la da el mundo"[24]. Es su paz. Sin Dios Padre nuestro, no es posible tener su paz.

¡Nos hemos olvidado de Dios, Padre nuestro! Hay que encontrar de nuevo al Padre nuestro, el más grande misterio que Jesús nos ha entregado en la oración del *Padrenuestro*: en esta oración, que contiene formidables indicaciones, se encierra nuestra supervivencia, con todo su inmenso valor.

Dios ha entregado la oración del *Padrenuestro* a todas las generaciones, pero quizás no hemos comprendido, en toda su profundidad, el alcance que tiene. Sólo porque tenemos el mismo Padre podemos ser hermanos, como Jesús nos dice: "todos ustedes son hermanos"[25]. La expresión "hermanos" cobra fuerza con el Cristianismo: son los cristianos los que, a pleno título, se llaman entre ellos "hermanos" en Cristo Jesús. En el mundo hay mucho bien y muchos cristianos sostienen con generosa dedicación muchas obras sociales buenas.

El Papa Emérito Benedicto XVI en la Carta encíclica *Spe salvi* (Salvados en la esperanza), al tratar de la transformación que lleva a cabo en la época moderna la fe-esperanza cristiana, llama en causa la necesidad de construir un progreso verdadero[26]. ¡Hay que salir fuera! En efecto, la vida del hombre, en muchos campos, se está malgastando y se está perdiendo. ¡Hay que pensar: cuántos errores, cuánta apatía, cuánto vacío!

---

[23] *Magisterio.* Benedicto XVI, Carta encíclica *Caritas in veritate* (2009) n. 19.
[24] *Biblia.* Evangelio según Juan 14, 27.
[25] *Biblia.* Evangelio según Mateo 23, 8.
[26] *Magisterio.* Cfr. Benedicto XVI, Carta encíclica *Spe salvi* (2007) n. 22 (el texto en el Apéndice, n. 5, es disponible en el sitio web figlidichi.altervista.org).

## El cocktail

¿Qué humanismo estamos construyendo? ¿Cuál es la humanidad que entregamos a las nuevas generaciones? A mi parecer, más que de humanismo, se trata de un "humanismo ateo", que no va a la raíz de las cosas, que no reconoce su raíz más profunda y que termina por convertirse en un "humanismo desvirtuado" y, por tanto, falso.

¿Dónde está entonces la ambigüedad? Porque de ambigüedad se trata: los laicistas, no los laicos, sino los laicistas, muchos "bienintencionados", los falsos cristianos, es decir, aquellos que dicen ser cristianos pero no son fieles a Jesucristo, usan la técnica de tomar de la cultura cristiana lo mejor que encuentran en ella, pero suprimiendo las raíces, con la vana pretensión de que todo se apoye en el vacío. No son conscientes de que un árbol, para llegar a dar buenos frutos, necesita mantener las raíces, ni se dan cuenta de que terminan por servir a los intereses de otros, que se esconden en la oscuridad del mal. Este es el proceso de descristianización y de secularización, que prefiere no luchar abiertamente contra el cristianismo, sino más bien "reducirlo" a un conjunto de valores ideológicos o de ideales utópicos con la pretensión de transformarlo en lo que podríamos llamar un *falso cristianismo*, un Cristianismo sin Cristo. De este modo se quiere quitar a Dios de la humanidad, considerándolo como algo "inútil". Esta operación normalmente se realiza con el truco del "cocktail de valores sin raíces", para sentirse aceptados por el mundo... y, en último término, para que el mundo siga su curso sin Dios. Hay algunos que trabajan para "desmantelar" la fe cristiana, sin que la mayoría se dé cuenta. Con el deseo de "reducirla" a una fe humana cualquiera, se desearía transformarla en una creencia más, sin ninguna correspondencia con la realidad[27] .

Se han tomado del Evangelio o de nuestra historia cristiana, de nuestra Europa cristiana, algunos valores y algunos pequeños fragmentos de la verdad, poniéndolos todos juntos, para luego colgarlos del vacío, ¡sin raíces! Se asumen los valores cristianos de la libertad, la igualdad y la fraternidad, pero sin Dios, que es su fuente. Del mismo modo, se acepta a Cristo, pero sin la Iglesia; el Evangelio, pero sin Cristo; a los padres, pero sin Padre nuestro; a los hijos sin padres y, con el tiempo, se querrá, por eso mismo, construir máquinas para tener hijos sin padre ni madre. No basta con querer tener los valores si se suprime el fundamento, que es Dios, Padre nuestro.

A nuestro juicio, esta es la gran presunción del mundo de hoy. Sin fundamento no es posible ni vivir bien, ni, en último término, vivir siquiera: es un terrible engaño.

Se ha pretendido separar la vida de nuestras raíces, haciéndonos perder la conciencia de que somos hijos de Dios y de que sólo así somos hermanos. Por eso, nos hemos llamado de tantas maneras: amigos, compañeros, colegas, etc....; pero, sin la raíz del Padre nuestro, llamarnos hermanos es cada vez más difícil. Incluso los nombres propios de los hijos han terminado por tomarse de las cosas o de los animales; a la vez, términos como marido y mujer, cónyuges, esposos y, mañana, quizás también "hijos"..., que son claves en nuestra vida,

---

[27] *Biblia*. Cfr. Primera Carta de Juan 1, 1-4.

se van dejando de lado cada vez más, vaciados de su significado para luego sustituirlos por otros.

¿Quién nos librará de este enredo, histórico y cultural, de haber perdido el misterio profundo de nuestra vida, nuestra verdadera identidad, la conciencia de las raíces de nuestra vida personal, familiar y social? La respuesta se encuentra en la tercera "palabra". Es maravilloso que el secreto de nuestra existencia, Jesús nos lo haya entregado en el *Padrenuestro*: la tercera "palabra" del *Padrenuestro* nos indicará la solución para salir de este enredo, de esta crisis de la mentira y de la confusión actual. Lo veremos en el tercer capítulo.

# 3

# Que estás en el cielo

Hemos visto ya que la verdadera paternidad es sólo de Dios y que quien es padre o madre, quien es verdadero progenitor, lo que hace es trasparentar este gran misterio, este gran poder que Dios ha querido dar a la vida humana y al amor humano, al amor del hombre y la mujer. Olvidarlo significa olvidar nuestras raíces.

Ahora bien, ¿cómo salir de la mezcolanza y de la confusión de valores y de preferencias que hoy nos asaltan por todas partes, con una cierta contradicción? ¿Cómo salir del relativismo moral que contagia a todo el mundo? ¿Tienen realmente los cristianos algo que aportar a los demás? ¿Cómo podremos librarnos del sentido de inferioridad que ha invadido a muchos, hasta el punto de que, para sentirse socialmente aceptados y acogidos, llegan casi a olvidar que son cristianos y lo ocultan, dejando de llevar a la sociedad el "don" que han recibido?

La subcultura que laicistas, "bienintencionados" mistificadores y falsos o débiles cristianos difunden cada vez más, ha recogido y mezclado todo aquello que con mayor facilidad podía resultar agradable y cómodo para todos, con la pretensión de colgar frutos buenos y malos de un árbol que, sin embargo, ¡no tiene raíces!

¿Cómo podremos construir un futuro sostenible si no volvemos encontrar las raíces? ¿Cómo podremos, entonces, reencontrar esas raíces de la existencia en nuestra misma vida, en nuestra misma unión matrimonial, en nuestro mismo amor y en el futuro de nuestra sociedad? Esto es precisamente lo que tratamos de averiguar en este libro, estudiando y profundizando en las palabras del *Padrenuestro*.

El hombre está por naturaleza abierto a la trascendencia, de manera que puede darse de hecho un diálogo entre fe y razón. El hombre necesita una lectura inteligente[1] de la fe. Y precisamente cuando se profundiza en la oración del *Padrenuestro*, es cuando nos damos cuenta de que Dios es verdaderamente inteligente y sabe lo que hace. Él es la fuente de toda inteligencia. Jesús hubiera podido enseñarnos a decir sólo "Padre nuestro" y, luego, continuar

---

[1] *Magisterio*. Cfr. Benedicto XVI, *Palabras del Santo Padre a los periodistas durante el vuelo hacia Portugal*. Viaje Apostólico a Portugal (11 de mayo de 2010) (el texto en el Apéndice, n. 6, es disponible en el sitio web figlidichi.altervista.org).

con la oración[2]. Pero, en cambio, introduce la frase "que estás en el cielo" ¿Por qué? Pues porque los hombres, de tanto en tanto, quieren otros padres..., quieren salir fuera de la paternidad fundamental y fundante, que es la de Dios. Se habla de nuestros padres..., nuestros antepasados..., padre de esto o de lo otro..., inventores, creadores, patrocinadores, fundadores, benefactores, dictadores... Es un hecho que estas realidades personales, sociales pero a veces también carentes de sentido, experimentadas como un "espacio vacío" que se va llenando, pueden resultar atractivas e interesantes: entonces, sin darse cuenta, uno se va convirtiendo en aquello que ama y estima; no se es consciente de que todos estos "padres", sin la referencia a Dios Padre, se transforman, tarde o temprano, en "padrastros" o tiranos. Sin Dios Padre es pues fácil convertirse, de algún modo, en esclavos de lo que se valora.

Y es entonces cuando aparece "mammón". Jesús nos sitúa ante una alternativa[3]: o elegimos a Dios, que se muestra como Padre en una relación de amor y, por tanto, de libertad, o bien elegimos el vínculo con el poder y la riqueza, que nos fascinan y que hacemos propios, cuando, en realidad, son ellos los que nos apresan y nos hacen asemejarnos a los esclavos. Los padres de verdad, como los verdaderos benefactores, no usurpan nunca el lugar de Dios y saben reconocerlo, dejándole toda la primacía.

En este mundo es preciso recuperar la sabiduría. La ciencia, con el saber, y la técnica ponen a nuestra disposición los medios, nos dan el poder, pero para el ser humano no son suficientes el conocimiento y el saber, ni tampoco el poder y la riqueza, porque con ellos el hombre se pierde igualmente. Tampoco bastan la experiencia y lo que la historia nos enseña. El mundo necesita sabiduría y eso es precisamente lo que pedimos en el *Padrenuestro*. Jesús nos enseña a decir "Padre nuestro que estás en el cielo". Y este es el camino para encontrar de nuevo la sabiduría que el mundo tanto necesita. Vamos a ver por qué.

¿Qué significa "que estás en el cielo"? Sin duda no significa "que estás en el cielo de las nubes".

"En el cielo" quiere decir otra cosa: que está más allá del cielo, de los cielos, y de todo lo que podemos ver con los ojos; "más allá" y "por encima" de todo lo que existe y cae bajo nuestros sentidos, o de lo que podemos siquiera imaginar. A esta manera de existir la llamamos "celestial", divina, espiritual, a diferencia de la existencia terrenal, material, de la tierra.

La expresión "en el cielo" quiere dar a entender que Dios es trascendente, que está más allá de cualquier cosa. Dios es más que la naturaleza que Él mismo ha creado y nunca se mezcla con ella[4]. Dios es Algo distinto, porque Él trasciende y supera inmensamente toda la creación.

A este respecto, me hacen reír algunas expresiones que parecen inocentes, pero que en realidad encierran un modo falso de hablar de Dios, como si Dios existiese en la naturaleza. De hecho, Jesús no dijo Padre nuestro que estás en los bosques..., en las montañas..., en el universo..., sino "que estás en el cielo".

---

[2] *Biblia*. Cfr. Evangelio según Mateo 6, 9-13.
[3] *Biblia*. Cfr. Evangelio según Lucas 16, 13.
[4] *Magisterio*. Cfr. *Catecismo de la Iglesia Católica*, n. 370.

Basta pensar, por ejemplo, en la visión de lo divino presente en el New Age y en el Budismo. Es una gran tentación para el hombre ver a Dios en lo que le agrada y en aquello a lo que aspira, aunque sea el silencio, la interioridad o lo espiritual, confundiendo así lo divino con Dios mismo, que es una realidad personal y que es Padre.

El 12 de abril de 1961, el astronauta soviético Yuri Gagarin realizó el primer vuelo espacial alrededor de la tierra: un acontecimiento excepcional y extraordinario, que pasó a la historia. A su regreso, dijo: "He estado allí arriba, pero no he visto nada: Dios no está en el cielo" ¿Qué pensaba que iba a encontrar en el cielo? ¿Un anciano con barba? ¡Es realmente sorprendente que una persona científicamente bien preparada, un astronauta, haya dicho una frase como ésa! Se viene a la cabeza la subcultura atea y materialista o bien esa otra hecha de un espiritualismo vitalista, facilón y superficial.

Es un gran engaño pensar en cortar y limar todas las diferencias, con el fin de lograr un consenso más amplio y de sostener una economía más prospera... Se trata, más bien, de un reduccionismo falso y salvaje, que penetra en la cultura y en la vida de la gente. Si queremos buscar la verdad en la realidad concreta, hemos de saber ver la diversidad y las diferencias, con una madurez nueva.

Puesto que Dios, con las palabras del *Padrenuestro*, nos da esa apertura, nos conduce a la confianza con Él y nos revela que nuestra raíz es precisamente la de "Dios Padre nuestro, que está en el cielo", eso significa que Dios Padre es distinto de la naturaleza y está por encima de ella y que nosotros somos hijos suyos, porque quiere que le llamemos "Padre".

## Lo que nos hace hombres

Si somos hijos de Aquel que es "del cielo", entonces tenemos algo suyo. Ciertamente estamos hechos de algo de la tierra, terreno, pero no somos sólo materia: estamos hechos también de algo de Él, de algo del cielo, de algo que es suyo y que no viene de la tierra, ni del polvo, ni de la vida de los animales. Esto es lo que somos. Decir "Padre nuestro que estás en el cielo" quiere decir que tenemos un alma: ¡lo hemos olvidado! Sobre esta verdad clara y fundamental se funda la dignidad de la persona y ¡no hay que esconderla! Hay que decírselo a los niños y a los jóvenes. Es una realidad que nos llena de alegría y de felicidad, de fuerza y de estabilidad, siempre que no olvidemos lo que somos y lo que Dios quiere de nosotros.

Nos hemos fiado solo de nuestra inteligencia y hemos pensado e imaginado que Dios estaba allí arriba y nosotros aquí abajo. Pero estas palabras del *Padrenuestro* nos dicen otra cosa y nos reconducen a la verdad sobre nosotros mismos. Benedicto XVI, en su libro *Jesús de Nazaret*, cuando habla de la oración del *Padrenuestro*, nos recuerda que: "A través de Él, solo a través de Él, aprendemos a conocer al Padre. Y así resulta evidente el criterio de la verdadera paternidad. El *Padrenuestro* no proyecta una imagen humana en el cielo, sino que nos muestra a partir del cielo –desde Jesús– cómo deberíamos y como podemos llegar a ser hombres"[5]. Por esto, para comprender debemos profundizar.

Tenemos algo que es "del cielo", algo que es de Dios, nuestro Padre: si esto no se afirma y no se enseña, si esto no está en la base de nuestra cultura, entonces se habla de un modo inconsistente y superficial, de frutos engañosos del vivir humano, "frutos vacíos" de un árbol sin raíces. Todas las enseñanzas humanas se ven comprometidas a causa de eso, la cultura queda privada de esa dimensión y la vida resulta un engaño: las nuevas generaciones no entienden como funciona verdaderamente la creación, mientras que la desconfianza y el oportunismo hacen su entrada triunfal. También se pone en peligro la educación de los jóvenes cristianos, que ya no entienden qué es la Iglesia, ni qué es el matrimonio. Cuando los hombres perdemos el fundamento y el sentido mismo de las cosas, ya no se comprende nada ni de la vida humana, ni de la vida cristiana. Esta "falta de comprensión" es la ceguera de quien prefiere ser ciego, de quien quiere negar la presencia del espíritu en el hombre y de los dones de Dios en la historia. Se vienen a la cabeza las palabras del Salmista: "No saben, no entienden, caminan a oscuras, tiemblan hasta los cimientos de la tierra"[6].

Pienso que este es el verdadero *tabú* de la sociedad actual, del que se tiene miedo de hablar: no se quiere reconocer la existencia del alma espiritual y de Dios "nuestro Padre que está en el cielo". No se puede hablar de ello porque se pretende que Dios y la religión se consideren como algo íntimo; como algo tan personal que no puede ser reconocido. Y aquí comienza la persecución.

Sin embargo, bien pensado, es un don de todos, hombres y mujeres, personas humanas formadas no solo de cuerpo, sino también de espíritu. En esto se funda nuestra "dignidad humana". San Juan Pablo II, en un *Mensaje dirigido a los participantes en la Plenaria de la Academia Pontificia de Ciencias*, en 1996, afirmaba: "El hombre no debería subordinarse, como simple medio o mero instrumento, ni a la especie ni a la sociedad; tiene valor por sí mismo. Es una persona. Por su inteligencia y su voluntad, es capaz de entrar en relación de comunión, de solidaridad y de entrega de sí con sus semejantes. (...) Pero, más aún, el hombre está llamado a entrar en una relación de conocimiento y de amor con Dios mismo, relación que encontrará su plena realización más allá del tiempo, en la eternidad. En el misterio de Cristo resucitado se nos ha revelado toda la profundidad y toda la grandeza de esta vocación (cfr. *Gaudium et spes*, 22). En virtud de su alma espiritual, toda la persona, incluyendo su cuerpo, posee esa dignidad (...) las teorías de la evolución que, en función de las filosofías en las que se inspiran, consideran que el espíritu surge de las fuerzas de la materia viva o que se trata de un simple epifenómeno de esta materia, son incompatibles con la verdad sobre el hombre. Por otra parte, esas teorías son incapaces de fundar la dignidad de la persona"[7].

---

[5] *Magisterio*. Benedicto XVI, *Jesús de Nazaret*, cap. 5, La Esfera de los Libros, Madrid 2007, p. 171.

[6] *Biblia*. Libro de los Salmos 82, 5.

[7] *Magisterio*. Juan Pablo II, *Mensaje dirigido a los participantes en la Plenaria de la Academia Pontificia de Ciencias* (22 de octubre de 1996).

Si nosotros llamamos a Dios Padre con un término tan íntimo y personal, *"Abbá"*[8] (en hebreo), como Jesús nos ha enseñado – y ninguna religión lo hace– hasta llegar a decir "Papá nuestro que estás en el cielo", quiere decir que nos reconocemos en la radicalidad de esta extraordinaria dimensión; quiere decir que pertenecemos, de algún modo, a ese mundo "del cielo", al mundo de Dios, ya que tenemos en nosotros una "divina semilla"[9] como nos recuerda el Concilio Vaticano II.

Veamos más de cerca este hecho extraordinario.

Un hijo es "hijo" porque tiene algo del padre y de la madre, es decir, tiene algo de sus padres; de lo contrario, ¿cómo sería hijo suyo? Es semejante a sus padres y los entiende. Dios Padre nuestro que está en el cielo nos ha creado por amor y con amor. Así se expresa Santa Catalina en su *Diálogo de la Divina Providencia*: «¿Cuál fue la razón de que colocases al hombre en tanta dignidad? El amor inestimable con que contemplaste dentro de ti a tu criatura. Y te enamoraste de ella. Luego la creaste y le diste el ser por amor, a fin de que paladease tu sumo y eterno Bien»[10].

Y, San Bernardo, comentando el Cantar de los Cantares, afirma también: "Cuando Dios ama, lo único que quiere es ser amado. Si él ama, es para que nosotros lo amemos a él, sabiendo que el amor mismo hace felices a los que se aman entre sí". Esto se debe a que "el amor basta por sí solo, satisface por sí solo y por causa de sí. (...) su mérito y su premio se identifican con él mismo"[11].

Dado que Dios "por amor" ha hecho "hijos" suyos a los seres humanos, ¿pueden estos tener relación sólo con la tierra? ¿Para convertirse en polvo y gusanos? Y soportar toda la fatiga de vivir, ¿sólo para luego morir? Es un poco poco... ¿Qué sentido tendría? Si Dios nos ha creado como "hijos" debe haber en nosotros una capacidad especial un poder de relación con Dios mismo, pues de otro modo no tendríamos modo de poder llamarlo "Padre".

Por tanto, cuando Jesús nos enseña a rezar dirigiéndonos a Dios con las palabras "Padre nuestro, que estás en el cielo", nos dice que Dios es trascendente, espíritu puro; y, además, que nosotros no estamos hechos sólo de tierra, de "polvo", sino también de "cielo", de espíritu: nuestro padre no es sólo el padre humano, el de la tierra, sino que todos tenemos un Padre común que está en el cielo.

## En busca de los signos

En cuanto "hijos de Dios" que han recibido el *Padrenuestro*, hemos de buscar en nuestra vida cuáles son *los signos del espíritu*, de lo "divino",

---

[8] Cfr. capítulo 1.

[9] *Magisterio*. Cfr. Concilio Vaticano II, Constitución pastoral *Gaudium et spes* n. 3.

[10] *Tradición*. Cfr. Santa Catalina de Siena (1347-1380), *Obras de Santa Catalina de Siena, El diálogo*, Biblioteca de Autores Cristianos, Madrid 1980, p. 83.

[11] *Tradición*. Cfr. San Bernardo (1090-1153), *Sermones sobre el Cantar de los Cantares*, n. 83, 4-6, en: *Obras completas de San Bernardo*, V, *Sermones sobre el Cantar de los Cantares*, Biblioteca de Autores Cristianos, Madrid 1987, p. 1031 (el texto en el Apéndice, n. 7, es disponible en el sitio web figlidichi.altervista.org).

presentes en nosotros. Hemos de buscar los rasgos y manifestaciones de nuestro espíritu, usando la inteligencia para entender quiénes somos y cómo estamos hechos, como hace, por ejemplo, la biología en las investigaciones sobre el DNA.

La subcultura esconde estos signos, porque es una cultura falsa, interesada en ocultarlos, y que no quiere tener a Dios como interlocutor, sino que quiere tener el poder y la vida que solo a Dios corresponden. Busquemos, pues, los *rasgos distintivos* del espíritu, que la subcultura ha escondido y tapado tanto, que es necesario un cierto esfuerzo para salir en su busca y para encontrarlos.

## Las dimensiones que nos constituyen

Las dimensiones constitutivas del hombre son fundamentalmente cuatro.

Observando la realidad, advertimos ante todo la dimensión física, biológica y material, la del cuerpo (en griego *soma*). Podemos reconocerla mediante las sensaciones: frío, calor, placer, dolor, etc. Además, vemos que tenemos, como los animales, una cierta sensibilidad, emociones, afectos y sentimientos: se trata de la dimensión psíquica, que, en cierto modo, existe también en los animales. Nosotros la percibimos como interioridad y la "sentimos", aunque no la veamos como vemos y tocamos las cosas materiales, como el cuerpo. Esta segunda dimensión la percibimos a través de los afectos y los sentimientos, que son mas "sutiles" y no se pueden medir con un metro o pesar con una balanza. Y, no obstante, tienen gran peso en la vida de los seres humanos. Dan vida a todo el mundo psíquico del "sentir": alegría, dolor, amor, rencor, miedo, valentía, etc. Es la dimensión "interior" del ánimo o alma (en griego *psychè*).

Pero, además, disponemos de otro modo de captar la realidad, distinta de la experiencia que tenemos mediante las "sensaciones" y los "sentimientos" y que se manifiesta con gran libertad: la usamos siempre, pero quizás no siempre con atención. Es la estructura del pensar, de nuestro pensamiento (en griego *nous*), que goza de una extraordinaria libertad, si bien con algunos límites. Un animal, un perro, por ejemplo, cuando se le muestra un salchichón, necesariamente ve y "piensa" en el salchichón. Los seres humanos "piensan" y no responden de una manera tan necesaria ante la visión de un objeto. Podemos tener frío y, a la vez, pensar en un lugar caluroso, por ejemplo, si es para ir de vacaciones. Tenemos pues libertad para ordenar el pensamiento, de modo que podemos hacer que nuestros pensamientos no coincidan con las sensaciones del cuerpo e, incluso, que no coincidan con los sentimientos. Esto nos permite pensar de manera crítica y con libertad, si bien dentro de ciertos límites, porque también nosotros estamos condicionados.

Pero dentro de nosotros hay aún otra dimensión y hemos de admitirlo: la del espíritu (en griego *pneuma*), la del alma humana, que es espiritual. Lo que nos hace personas –y los animales no son personas– debe forzosamente ser esa realidad específica que nosotros tenemos, es decir, el espíritu. En efecto, toda realidad humana, tanto en su naturaleza como en su cuerpo, no solo revela un "significado", sino que, sobre todo, es rica en "sentido". Por tanto, la realidad que más nos distingue en cuanto "personas humanas" es esta dimensión venida de lo alto que hemos llamado divina, alma espiritual o espíritu.

Nunca deberíamos olvidarlo, ni permitir que nos quiten esta verdad esencial, que es la más intima y extraordinaria, nuestra identidad más profunda, y que constituye además el secreto de nuestra existencia en el mundo. Pero, ¿cómo se pone de manifiesto?

## El espíritu como identidad personal

En la Biblia, en el Libro del Génesis, se dice: " Entonces el Señor Dios modeló al hombre con arcilla del suelo, sopló en su nariz aliento de vida, y el hombre se convirtió en un ser vivo"[12].

Dios "modela" y crea al hombre con la "arcilla", del barro, y sopla en sus narices su *"rûah"*, el "aliento de vida". Es la realidad del espíritu, en hebreo *"rûah"*, en griego *"pneuma"*, en español *"espíritu"*, alma espiritual. Esto es lo que Dios nos quiere decir al crear directamente al hombre: Dios ha puesto algo suyo, algo en cierto modo misterioso, que le pertenece a Él y que nos hace ser personas humanas. El Señor "formó el espíritu del hombre dentro de él"[13]. Dios "sopló" así su aliento para que el hombre respirase y pudiese vivir. Dios usa en la Biblia esta expresión tan vital, porque sin respirar uno se muere: respirar el aire, aunque no se vea, es esencial para la vida...

Así, "el hombre se convirtió en un ser vivo"[14] gracias precisamente al don del espíritu. Por esto somos sus hijos. La raíz de nuestra dignidad humana es Dios Padre y el secreto de la existencia humana es su espíritu. Por eso, Benedicto XVI escribe en *Jesús de Nazaret*: "El hombre sólo se puede comprender a partir de Dios, y sólo viviendo en relación con Dios su vida será verdadera. Sin embargo, Dios no es alguien desconocido y lejano. Nos muestra su rostro en Jesús; en su obrar y en sus pensamientos reconocemos los pensamientos y la voluntad de Dios mismo. Puesto que ser hombres significa esencialmente relación con Dios, está claro que incluye también el hablar con Dios y el escuchar a Dios"[15]. La crisis de la humanidad, de la familia y de la sociedad es siempre la crisis del sentido de Dios, de "su imagen" en cada uno de nosotros y, por tanto, también crisis de la oración personal.

Ahora bien, ¿en qué consiste ese "polvo del suelo", ese "barro" con el que Dios ha creado al hombre? No lo sabemos bien, pero sí sabemos con seguridad que Dios tomó algo y lo transformó en un ser humano, es decir en un ser que tuviese un alma, el espíritu que permite al hombre y la mujer vivir como "personas".

Algunos científicos constatan que existe una cierta relación entre un animal, concretamente el mono, y el ser humano. Pero esto no quiere decir que

---

[12] *Biblia*. Libro del Génesis 2, 7.

[13] *Biblia*. Cfr. Libro del Profeta Zacarías 12, 1. Cfr. Libro del Génesis 6, 3; Eclesiastés 12, 7; Job 27, 3; 34, 14s.

[14] *Biblia*. Libro del Génesis 2, 7.

[15] *Magisterio*. Benedicto XVI, *Jesús de Nazaret*, cap. 5, La Esfera de los Libros, Madrid 2007, p. 157.

el mono se haya convertido en un ser humano, como sostienen erróneamente los evolucionistas. Por eso la Iglesia no reconoce el evolucionismo como una doctrina verdadera, porque niega la grandeza del ser humano, dotado de espíritu y, por eso mismo, creado directamente por Dios. Además de la duda sobre el evolucionismo, que sigue siendo solo una teoría aún no probada científicamente, faltan también "en el desarrollo de la especie" algunos pasos, algunos "eslabones" de la cadena. En la presunta afirmación de la validez del evolucionismo existe, pues, un salto injustificado que impide confirmar esta teoría: ¿no será quizás precisamente ese salto cualitativo del que habla la Biblia con la creación directa del hombre y la mujer por Dios? Otros científicos, en cambio, niegan cualquier relación entre el desarrollo del hombre y el del mono.

En cualquier caso, el ser que procediese del mono nunca sería un verdadero ser humano; hay un salto cualitativo entre el animal y el ser humano persona. El evolucionismo y el naturalismo –para los cuales la existencia del hombre podría explicarse por sí misma, solo con las leyes de la naturaleza, sin referencia alguna a Dios– han echado raíces en la cultura. Todo esto ha oscurecido enormemente la dimensión religiosa del hombre. En efecto, esa visión reductiva del hombre ha invadido la cultura, que cada vez tiene mayor dificultad para reconstruir "al hombre". Por mucho que se siga debatiendo sobre el origen biológico del hombre, sin llegar a una única postura sobre los orígenes de la especie que sea compartida por todos los científicos, una cosa es segura: la existencia de las facultades de la mente, el entendimiento y la voluntad (la inteligencia que piensa y la voluntad que decide), y de la conciencia (juicios de valor sobre el bien y el mal), que son exclusivas de la especie humana, no pueden derivar de un plano puramente material y biológico, como sucede, en cambio, con el cerebro que es el órgano instrumental del que se sirven.

La inteligencia, la voluntad y la conciencia son de origen espiritual: capacidades del espíritu humano, don de Dios, Creador y Padre. La existencia del espíritu en el hombre es precisamente el fundamento de su más grande dignidad, de su capacidad para amar y ser libre. El *Catecismo de la Iglesia Católica*, con validez en todo el mundo, dice: "La persona humana, creada a imagen de Dios, es un ser a la vez corporal y espiritual. (...) Por tanto, el hombre en su totalidad es *querido* por Dios"[16]. El hombre es pues un todo unitario. Dios ha venido a salvar toda su vida. "La Iglesia enseña que cada alma espiritual es directamente creada por Dios –no es «producida» por los padres– y que es inmortal: no perece cuando se separa del cuerpo en la muerte, y se unirá de nuevo al cuerpo en la resurrección final"[17]. "Dotada de un alma espiritual e inmortal, la persona humana es «la única criatura en la tierra a la que Dios ha amado por sí misma». Desde su concepción está destinada a la bienaventuranza eterna"[18]. "De todas las criaturas visibles sólo el hombre es «capaz de conocer y amar a su Creador»; «es la única criatura en la tierra a la que Dios ha amado por sí misma»; sólo él está llamado a participar, por

---

[16] *Magisterio. Catecismo de la Iglesia Católica*, n. 362.
[17] *Magisterio. Catecismo de la Iglesia Católica*, n. 366.
[18] *Magisterio. Catecismo de la Iglesia Católica*, n. 1703; cfr. n. 1711.

el conocimiento y el amor, en la vida de Dios. Para este fin ha sido creado y ésta es la razón fundamental de su dignidad"[19]. "Señor Dios mío ¡qué grande eres!"[20] dice el Salmista. ¡Qué pequeños somos ante Dios! Y, sin embargo, ¡cuánto nos ama Él!

## El espíritu como relacionalidad personal

En otro pasaje bíblico, del mismo Libro del Génesis, Dios nos revela también que ha querido crear al hombre "a su imagen y semejanza". "Dijo Dios: «Hagamos al hombre a nuestra imagen y semejanza»"[21]. "Y creó Dios al hombre a su imagen, a imagen de Dios lo creó, varón y mujer los creó"[22]. En el Nuevo Testamento, el Apóstol Pablo se expresa de esta manera:"El Dios de la paz los santifique completamente; los conserve íntegros en espíritu, alma y cuerpo, e irreprochables para cuando venga nuestro Señor Jesucristo"[23]. Así pues, la "imagen de Dios" está en el hombre, precisamente en este elemento, el "del cielo", el divino, el espíritu que está inmerso en la corporeidad y en la sexualidad del ser varón y del ser mujer y que es el fundamento de la capacidad relacional de libertad y de amor, ya en su primera base social, en la familia.

Debemos reconocer que una sexualidad vivida en el olvido de la dimensión espiritual es una sexualidad loca, que pierde su verdadera dimensión humana y es menos auténtica que la de los animales. En los animales la sexualidad funciona gracias al instinto. Los seres humanos, en cambio, aunque sientan la llamada del instinto, tienen algo más, tienen la libertad del don, tienen la intencionalidad, tienen todo un bagaje de energías espirituales que se han de vivir en la sexualidad, sin ser marginadas. La comercialización del sexo, hoy tan extendida, favorece la *parafilia*, de modo que en el encuentro sexual, no hay encuentro con "el otro" según "lo que él es", sino sólo según "las propias necesidades", con una evidente falta de don de sí mismo, como sucede en el caso de los histéricos, de los narcisistas y de los borderline.

Cuando se ignora o incluso se pisotea la dimensión espiritual, la sexualidad no funciona como debería porque ha sido creada sobre la verdad de la imagen de Dios y necesita que esta "imagen" que procede de Dios sea alimentada. Él es amor, verdad, libertad y bondad. También el espíritu humano, creado por Dios, es sustancialmente amor, verdad y libertad y, por eso mismo, bondad: es "imagen de Dios". En último término, el hombre es capaz de buscar "lo verdadero y lo bueno"[24], en una palabra de "amar".

Si esta "imagen" se sofoca o se deforma, la sexualidad humana enferma. Y de hecho, todos vemos cómo ha sido distorsionada, sus desajustes y los males

---

[19] *Magisterio. Catecismo de la Iglesia Católica*, n. 356.
[20] *Biblia*. Libro de los Salmos 104, 1.
[21] *Biblia*. Libro del Génesis 1, 26a.
[22] *Biblia*. Libro del Génesis 1, 27.
[23] *Biblia*. Primera Carta a los Tesalonicenses 5, 23.
[24] *Tradición*. Cfr. Edith Stein (1891-1942), *Ser Finito y Ser Eterno*, Fondo de Cultura Económica, México D.F. 1994, cap. V, n. 16, p. 328-329 (el texto en el Apéndice, n. 8, es disponible en el sitio web figlidichi.altervista.org).

que padece. Mientras que la sexualidad de los animales siempre sigue la vía del instinto, la de los seres humanos, en cambio, da bandazos, se desorienta, se envilece, pierde algo de su sentido y significado. Porque está fundada, tal y como Dios la ha creado, sobre una realidad que no se ve, pero que existe. Esta realidad es precisamente de naturaleza espiritual: es "el espíritu" que Dios ha querido dar al hombre y a la mujer al crearlos "a su imagen, varón y mujer". Así pues, en la realidad física y psíquica de la sexualidad, al igual que en los pensamientos y sentimientos humanos, estamos "animados", sostenidos y guiados, de algún modo, por su fundamento humano que es, en todos, el espíritu humano, con sus energías espirituales.

Solamente de este modo, la sexualidad puede seguir siendo "libre", signo de amor y de bondad. Estas energías espirituales se manifiestan "en la verdad" de lo "masculino" y lo "femenino" y no de cualquier manera. En efecto, Dios ha creado este mundo con "un cómo", que manifiesta el orden, la sabiduría y también la belleza que existen en él. Por eso, la visión homosexual no puede ser igual a la heterosexual, como atestigua la Biblia y afirma el *Catecismo de la Iglesia Católica*[25]. Es necesario tener para con todos una actitud de amor y comprensión y así lo manifestamos. Pero no menos importante, es afirmar que solo la sexualidad que sabe escuchar la verdad del espíritu puede estar "libre" de engaños y convertirse en signo de amor y de bondad, capaz de entender a Dios, que la ha querido y la ha creado. Se comprende, entonces, que la verdadera sexualidad y la religión auténtica no pueden ir separadas, sino que se ayudan recíprocamente para manifestar el sentido de una y otra. Con mucha frecuencia, una vida sexualmente desordenada, tanto en los heterosexuales, como en los homosexuales, va acompañada de una vida de fe igualmente confusa, cuando no falseada.

¡Olvidar u ocultar la dimensión espiritual de la sexualidad humana y su verdad más profunda significa engañar al hombre y a la mujer, engañar a las nuevas generaciones! Lo mismo hay que decir cuando se olvida la dimensión espiritual en el campo del pensamiento y de la cultura.

## La noche del espíritu

Bajo la presión de una serie de intereses, ha sucedido que, con engaño y ocultación, partiendo del mismo uso del lenguaje y de la cultura, la palabra *pneuma* se ha eliminado de la enseñanza universitaria y también del ámbito escolar, en todos los órdenes y grados, así como de todos los textos: se ha suprimido la palabra *pneuma*, como realidad del espíritu que Dios ha dado al hombre "La noche del espíritu" tiene lugar cuando el hombre elige el engaño y el fraude en lugar de Dios. «Era de noche»[26], nos recuerda el Evangelio a propósito de Judas. Existe el riesgo de que, en la globalización de hoy, "la noche del espíritu" se convierta realmente en "la noche del mundo".

---

[25] *Magisterio.* Cfr. *Catecismo de la Iglesia Católica*, nn. 2357-2359 (el texto en el Apéndice, n. 9, es disponible en el sitio web figlidichi.altervista.org).
[26] *Biblia.* Cfr. Evangelio según Juan 13, 30.

Pero, ¿cómo ha sido posible eliminar este término tan fundamental? Ha sido sencillo. Los estudios sobre la psique, al inicio, dejaban abiertas las puertas a la dimensión propia del espíritu (*pneuma*), pero, con el tiempo, cada vez se ha usado menos el vocabulario específico correspondiente, hasta el punto de que ambos términos se han asimilado del todo: así, se ha transformado la *psychè* (ánimo) en *alma* y todo ha pasado a ser "psíquico". Por tanto, desde el punto de vista cultural, hemos perdido nuestra dimensión más profunda: el alma espiritual, el espíritu y, con eso, también el reconocimiento de la objetiva capacidad de relacionarse con Dios.

Si toda nuestra realidad interior pasa a ser solo "psíquica", resulta entonces que nuestro modo de pensar se deforma: ya no existe lo verdadero y lo no verdadero, lo falso; ya no hay forma de discernir entre el bien y el mal, porque la psique, de por sí, deja la mayor parte del espacio al sujeto; todo se convierte en experiencia y percepción sensible. Incluso la conciencia pasa a ser sólo psíquica. Algunos buenos psicólogos, que tienen fe, logran de algún modo unir ambas dimensiones, ponerlas juntas, y es ciertamente una praxis digna de alabar. Pero este proceso de reunificación no resulta tan inmediato: no es tan fácil, más aún, no se enseña ni se puede enseñar. Al final, hay pocas personas capaces de realizar esta síntesis en modo personal, que permita reconocer eficazmente la dimensión del alma espiritual.

Así, esta cultura científica sobre la psique y la mente se ha difundido tanto que ha pasado a ser la predominante, hasta "sustituir" del todo a la dimensión del espíritu y de la religión, sin dejar un espacio "reconocido" al espíritu y a la realidad de Dios. A causa de la influencia de esta concepción reduccionista, también la religión se ha ido relegando cada vez más a un ámbito pre-científico y ha sido casi absorbida por "usos y costumbres" de otras ciencias, como la antropología cultural y la sociología.

Entre tanto, han ido avanzando las aportaciones de los nuevos descubrimientos en el campo de la química y de la farmacología, aplicados a la psique y a la mente, que han llevado a inclinarse cada vez más por esa única capacidad de reconocer la realidad humana: el aspecto biológico-material. Al final, se ha caído en un materialismo ético, en el que lo que cuenta es sobre todo lo *útil*, pero ya desvinculado de cualquier otro valor. Lo vemos de manera creciente en el campo de la medicina y de la comunicación, de la economía y de la política.

Así, al olvidar cada vez más nuestra dimensión espiritual, hemos olvidado también a Dios, que es la Fuente de la vida y la raíz más real de nuestra existencia. En conclusión, el mundo se está volviendo cada vez más materialista, naturalista y ateo y está quedando bajo la esclavitud de "mammón" y bajo el control de los nuevos dictadores de lo humano que se presentan en los escenarios del mundo.

El hombre se está perdiendo a sí mismo y está cayendo, porque se busca pero no se encuentra: ¿dónde está, en efecto, su libertad? Nunca se ha hablado tanto de libertad como en el siglo XX y aún hoy, con razón, queremos asegurarla. Ahora bien, preguntémonos, ¿cuáles son sus fundamentos? ¿Hay acaso libertad en la materia? ¿Hay acaso libertad en la física? ¿Hay acaso libertad en la biología? ¿Acaso en la química? Pero, entonces, ¿quién cree verdaderamente en la libertad? Si se niega la realidad del espíritu, donde únicamente puede residir la libertad que Dios ha querido que tuviésemos, prometer libertad ¿no es tal vez una trampa si luego se niega que sea posible?

A muchos les gustaría creer en los valores y se agarran a ellos como a unas muletas, pero, llegados a este punto, les falta el fundamento, faltan las raíces y todo gira alrededor del subjetivismo. Y se hacen entonces presentes la confusión y el relativismo ético, que hacen que todas las opiniones valgan lo mismo... Por eso se puede afirmar un concepto o una opción e inmediatamente después lo contrario. Hoy predomina lo que se llama el "pensamiento débil", un pensamiento no bien formado y que "no puede decir más". La falta de certezas, tanto en el pensamiento como en la estabilidad de los sentimientos, muestra que el hombre se resiente, en todos y cada uno de sus aspectos, del hecho de que se haya ocultado la real dimensión del espíritu que Dios ha dado al ser humano. La verdad y la conciencia pueden hacer que el hombre vuelva en sí. Para que la conciencia vuelva a ser mayormente una conciencia humana, más segura, menos "psíquica" y menos manipulable, es necesario iluminarla no solo con el conocimiento de sí, sino principalmente con la realidad del espíritu. Hasta ahí nos lleva la oración del *Padrenuestro*.

## Las manifestaciones del espíritu en el hombre

Pero, ¿cómo identificar la realidad del espíritu en el hombre? ¿Dónde podemos captar su presencia en nuestro modo de pensar, de obrar y de sentir? ¿Dónde están los *signos* de su presencia en el hombre? Busquemos de manera inteligente y con profundidad dónde se hacen presentes estos signos del espíritu humano, signos de la existencia real del alma espiritual, o sea, del espíritu humano que viene de Dios. Examinemos nuestras raíces con lupa. Estamos en condiciones de hacerlo[27].

De entre estos "signos" y manifestaciones reales del espíritu presentes en el hombre, me detendré sólo en cuatro:

*Primer "signo"*. Lo infinito en nosotros.

A través del cuerpo tenemos sensaciones físicas y mediante palabras y signos convencionales interpretamos la realidad, para definirla y medirla: podemos decir, por ejemplo, que una determinada cosa no mide un metro (1 m) de largo, sino medio metro (50 cm) e igual con muchas otras cosas. Así pues, mediante palabras convencionales y símbolos matemáticos, tratamos

---

[27] *Magisterio. Catecismo de la Iglesia Católica*, n. 36: "«La Santa Madre Iglesia, mantiene y enseña que Dios, principio y fin de todas las cosas, puede ser conocido con certeza mediante la luz natural de la razón humana a partir de las cosas creadas». Sin esta capacidad, el hombre no podría acoger la revelación de Dios. El hombre tiene esta capacidad porque ha sido creado «a imagen de Dios» (Gen 1, 27)"; n. 33: "El *hombre*: con su apertura a la verdad y a la belleza, con su sentido del bien moral, con su libertad y la voz de su conciencia, con su aspiración al infinito y a la dicha, el hombre se interroga sobre la existencia de Dios. En todo esto se perciben signos de su alma espiritual. La «semilla de eternidad que lleva en sí, al ser irreductible a la sola materia», su alma, no puede tener origen más que en Dios".

de comunicar una lectura de la realidad que, de diversos modos, vemos o percibimos.

Prosiguiendo con atención el razonamiento, constatamos que en todos los ordenadores se ha usado un pequeño símbolo, un ocho (8) girado (∞), que significa "infinito" y con esto, entre otras cosas, hemos sido capaces de ir a la luna. Esto es algo extraordinario. Son muy distintos los términos "ilimitado" o "hipotético".

Son términos que no plantean problemas, porque los experimentamos y resultan claros para nosotros, que los usamos. Pero en nuestro caso es diferente: se habla de ¡"infinito"!

Prestemos atención a esta palabra: "infinito". ¿Cómo se puede descifrar lo infinito o decir que algo "es" "infinito", como si pudiésemos identificarlo y medirlo? No hay ningún instrumento que mida que algo "es" "infinito". ¡Pero afirmamos que lo infinito existe de manera real! Sí, precisamente real, no hipotética. Pero entonces, ¿de dónde sacamos esa certeza? Además, ¿dónde existe lo infinito de manera real, tal que podamos medirlo y afirmar con seguridad que es infinito? Qué algo se pueda definir como "ilimitado", "indefinido" o "hipotético", sí, porque entra dentro de nuestros límites y podemos tener experiencia de ello. Pero, cuando se trata precisamente de algo "infinito", ¿cómo medirlo? ¿De dónde tomamos la medida de lo infinito, para medir y afirmar que una realidad es realmente infinita y que lo infinito existe? ¡Es un concepto muy extraño ese que nosotros pensamos! ¡Y, sin embargo, todos lo afirmamos como real y con seguridad! ¿Cómo es posible que lo hagamos? ¡En realidad, solo lo infinito puede medir lo infinito!

¿De dónde tomamos pues la "medida" de lo infinito? Respondo: del mundo del alma, del mundo del espíritu que Dios nos ha dado. La medida de lo "infinito" brota del mundo del alma: ¡por eso nosotros "tenemos" la capacidad de reconocerlo como existente y real! La idea de lo "infinito" y la capacidad de interpretarlo como "infinito" de manera real, no puede venir del mundo de la naturaleza finita, sino del mundo de lo infinito, de Dios, gracias a la presencia en nosotros del "espíritu" que Dios nos ha dado como "imagen suya".

Es este un signo de algo de infinito que tenemos en nuestra pequeña realidad humana y que viene "del cielo", es decir, del mundo del espíritu, o sea, de "Dios nuestro Padre que está en el cielo".

Hay cosas que el alma espiritual transmite directamente a nuestro cerebro y, entre ellas está esa realidad que hemos llamado "infinito". Pensamos lo "infinito" en manera real, no hipotética, y ¡lo afirmamos en las ciencias exactas! ¡Cómo es posible que estas ciencias no vean su raíz en el Infinito de Dios!

*Segundo "signo".* La libertad.

Fijémonos bien en que la libertad está siempre presente en todas las generaciones: está dentro del corazón de cada uno y es imposible hacerla desaparecer del ser humano.

La libertad habita dentro de nosotros, es una exigencia: la libertad es ir más allá... Amamos las cosas libres y despreciamos lo que no lo es. Todos estamos marcados por la experiencia de la libertad.

Dos personas que realmente se quieren, deben sentirse libres, no forzadas. Esa misma exigencia la siente también un niño, hasta el punto de que, si llega a saber que su mamá y su papá no lo han acogido con libertad, sino que se han visto obligados, pierde la alegría. Fijaos en que razonamos con el metro de la libertad: lo que es verdadero, lo que es bello, lo que es bueno, debe ser también libre. Es decir, de algún modo, estamos interiormente hechos de "libertad".

Esta dimensión no existe en ninguna máquina, en ningún animal, aunque hasta los animales quieren que se les deje en libertad. La libertad pertenece a nuestro mundo, al de los hombres, y es un modo especial de ser, como el de Dios: sólo Dios es absolutamente libre y ha querido hacernos "a su imagen": somos "semejantes" a Dios, que es "nuestro Padre que está en el cielo". Estamos hechos de una libertad para el bien. No podemos prescindir de la libertad; no seríamos nosotros mismos si no hiciésemos el bien libremente y no a la fuerza, porque sólo siendo realmente libres podemos amar y existir: "En virtud de su alma y de sus potencias espirituales de entendimiento y de voluntad, el hombre está dotado de libertad, «signo eminente de la imagen divina»"[28].

*Tercer "signo"*. La conciencia de existir.

Vamos a fijarnos en lo que dice un un niño. Un niño no tiene conciencia ni de la libertad, ni del alma espiritual, pero está hecho de alma, esta hecho de bien, está hecho de eternidad. Una vez, una madre me contó que su hijo pequeño le había preguntado cómo había nacido. Ante las palabras de su madre, que le decía que lo había llevado dentro de sí y que luego, felizmente, lo había dado a luz, el niño preguntó: "¿Dónde estaba yo antes?"

Cómo puede un niño decir: "¿Dónde estaba yo antes?" ¿Qué es un "antes" para él? ¿Por qué pensó al "antes"? ¡Un niño piensa en el "antes" de su existencia! Pregunta acaso un animal: ¿dónde estaba antes?

¿En qué lugar estaba antes? ¡Un niño, sí! Mientras que nuestros queridos animales no se hacen esta pregunta, no tienen esa profunda realidad del espíritu con la conciencia que la acompaña, en cambio, los seres humanos, sí la tenemos. La historia de esta madre y de su hijo de cuatro años nos dice algo...

No se trata de una cuestión física, ni psicológica o afectiva, se trata de su alma: es el espíritu en el hombre, es esa eternidad que está hecha de libertad, de existir más allá del tiempo y del espacio. Esta eternidad interior nos da la conciencia del paso del tiempo, del antes y el después... ¡También eso es libertad!

La madre me dijo que solo se había tranquilizado al responderle: "Estabas en el corazón de Dios". Entonces el niño se detuvo y dejó de hacer preguntas. ¿Por qué se detuvo y no siguió haciendo más preguntas, por ejemplo, cómo había llegado allí? ¿Por qué se paró en el corazón, en la intención, en el amor de Dios?

Nadie había hablado al niño del alma, pero el signo del espíritu salió a la luz en él, porque todos estamos hechos así, de espíritu, y venimos de Dios Padre. ¡Esta es nuestra raíz y es extraordinaria! Ni siquiera un ordenador percibe el tiempo como este niño de cuatro años. Porque la percepción del tiempo no viene dada por el paso del tiempo archivado en la memoria, como

---

[28] *Magisterio. Catecismo de la Iglesia Católica*, n. 1705.

en la del ordenador: una memoria electrónica solo nos puede indicar un antes o un después de un determinado momento, como un punto determinado. En el hombre no se trata de "un punto", por eso la máquina no tiene la "conciencia" que tiene el hombre. Un animal puede tener el recuerdo, impreso en la memoria, de algo que ha vivido, pero no tiene la percepción del tiempo que "pasa", como la tiene el hombre. Este último tiene la percepción del antes y el después respecto a la "percepción del presente", que en el ser humano viene dada por la presencia del alma espiritual, de su espíritu. En efecto, en todos los seres humanos, niños y adultos, la percepción del tiempo viene dada por el espíritu: esta es la realidad que nos da el presente, el "existir", la conciencia de "existir ahora"; y es precisamente este presente el que es capaz de medir el pasado y el futuro, ya que siempre está delante de sí.

Es este "existir ahora" el que está en la base de la conciencia humana y del tiempo: este "existir" es precisamente el fundamento de nuestra vida, que es imagen de Dios, el cual es el Absoluto por excelencia. El "existir en el presente" que vivimos en el tiempo, lo percibimos también más allá del tiempo que pasa, en cuanto pasado y en cuanto futuro.

Por eso, aquel niño preguntó: "¿Dónde estaba yo antes?" Responderle: "No existías, nunca habías existido" y "Un día morirás y dejarás de existir", es engañarle, es negarle su dignidad humana, lo que le hace humano, su alma espiritual. Esta es una de las primeras confusiones que le puede regalar hoy el mundo "reductivo" de la subcultura agnóstica o atea.

*Cuarto "signo".* La búsqueda de la felicidad.

La presencia del espíritu en nosotros se manifiesta también así. ¿Por qué queremos la felicidad? ¿La hemos visto alguna vez? ¿La hemos tenido alguna vez? ¡Pero todos la buscamos!

¿De dónde viene este anhelo? ¿Por qué buscamos la felicidad, incluso si sabemos que no está en nuestra mano tenerla o que no la encontraremos o que nadie tiene la llave para dárnosla? ¿Por qué, primero, la buscamos con el afecto; después, con los regalos; después, con el dinero; después, con el cuerpo; y, después, con unas cosas y otras? ¡Es una búsqueda continua, durante toda la vida! Todos cavan, todos buscan este gran tesoro: los que se agarran a algo o alguien; los que se agarran al pasado o al futuro. La felicidad la buscamos todos. Pensándolo bien, si no estuviese ya dentro de nosotros, ¡no la buscaríamos! No buscaríamos con tanta insistencia algo que ni hemos visto, ni conocemos.

¿Por qué buscamos el agua? Pues porque estamos hechos de agua. ¿Por qué buscamos el amor? Porque estamos hechos de amor. Pues bien, ¿por qué buscamos la felicidad? ¿De dónde nos viene este anhelo? ¿No es acaso cierto que mucho sufrimiento y muchas lágrimas nos vienen de la dura realidad que contrasta con esa felicidad que todos buscamos? Entre los motivos de sufrimiento, por ejemplo para dos jóvenes que se querían pero lo dejaron, ¿no hay que incluir también la realidad del espíritu que vive en la carne? Pero la cultura dominante no toma seriamente en consideración este hecho y, entre las causas del sufrimiento, no se tienen en cuenta nada más que los deseos. Pero, ¿qué hay detrás de los deseos? ¿No está también la realidad del espíritu humano? El mundo de las ciencias humanas ha progresado enormemente y éstas se han desarrollado mucho, pero, al igual que para sus fundadores, la realidad del espíritu humano se ignora casi por completo. Habría que volver a escribir los manuales de psicoterapia y dar un cambio radical al psicoanálisis.

Los animales se dan por satisfechos, pero los seres humanos siempre están a la búsqueda... del paraíso. La vida humana tiene su verdad: es la felicidad. Cada uno lleva dentro esta exigencia que le mueve a la búsqueda y al bienestar. Este anhelo es el que nos empuja a amar, pero también nos hace sufrir. Para encontrar la felicidad, para responder a esa necesidad interior, es preciso seguirle la pista a su raíz profunda, o sea al alma, porque la felicidad no pertenece a la tierra, no forma parte de las condiciones químicas, físicas o biológicas. La felicidad pertenece a otro mundo, al mundo del espíritu, al mundo de Dios. Por eso dice San Agustín: "Nuestro corazón está inquieto hasta que descanse en ti"[29].

Nuestra humanidad, que está hecha de "polvo" de la tierra, pero también de algo "del cielo", de espíritu, busca la felicidad: solo la tendremos si sabemos de dónde venimos, de "Dios nuestro Padre que está en el cielo". El mundo que rechaza a Dios, que está al servicio de "mammón", quiere negar este anhelo, ahogándolo e inhibiéndolo, con la esperanza de no sufrir ya la nostalgia de Dios y del paraíso.

Pero haciendo eso, nos deshumanizamos cada vez más. El mundo nos dice que estamos condenados a no encontrar la felicidad y a buscar, en su lugar, el placer y la satisfacción. Jesús, en el "Padre nuestro que estás en el cielo", nos señala el camino para no ser engañados. El espíritu humano está "hecho" de libertad, de infinito, de felicidad, es decir, de amor. Está hecho de luz y verdad. De este modo, todo resulta más claro: esta es la razón por la cual nos alegramos, lloramos, sufrimos, luchamos; ¡por eso queremos ser felices! ¡Deseamos las cosas buenas y bellas!

La dimensión espiritual presente en el hombre, su espíritu, no es una fábula, ni un mito. Ni tampoco se aprende: no es una superestructura de la cultura, sino que se descubre en nuestra misma naturaleza.

Nos preguntamos: si es tan importante, si el espíritu humano, el alma espiritual, es el *secreto* de nuestra vida, ¿por qué entonces se nos olvida? ¿Por qué se lo escondemos a las nuevas generaciones? ¿Por qué dejamos que se nos olvide el secreto de nuestras raíces? Si es tan importante, si es el secreto de nuestra vida humana, entonces hemos de preguntarnos: ¿cómo haremos para no olvidarlo, para no dejarnos engañar, permitiendo que nos lo arrebaten?

Esta es la solución. La cuarta frase del *Padrenuestro* nos mostrará cómo alejarnos de este grave peligro en el que muchas personas caen, atraídas por la civilización del bienestar y del consumismo. ¿Cómo hacer para seguir apoyados sobre ese secreto de la propia existencia y dar un rostro humano a la familia y a la sociedad, sin caer en peligrosos camuflamientos? Es lo que veremos en el capítulo cuarto.

---

[29] *Tradición.* San Agustín (354-430), *Confesiones*, Libro 1, n. 1 *Invocación*, Biblioteca de Autores Cristianos, Madrid 2010, p. 23.

# 4

# Santificado sea tu nombre

Hemos visto en el capítulo precedente que tenemos el don profundo del espíritu, que nos hace personas humanas, llenas de dinamismo, de vida, de creatividad, aunque tengamos también muchas expectativas, muchos problemas y profundas tensiones. Esto se debe a que tenemos un bagaje interior, que no está formado sólo por nuestra historia o nuestra sensibilidad, sino que se realiza gracias a la extraordinaria dimensión del espíritu humano, a su presencia en nosotros, que nos diferencia de los animales y nos hace personas. Este don no viene de la tierra, sino que viene de Dios, desde el momento mismo de la concepción, y es la causa del respeto y del amor debidos a todos los seres humanos, independientemente de su edad, desde que surge la vida hasta la muerte natural. Es esto lo que fundamenta la "dignidad de la persona humana".

## Cuando el espíritu se oscurece

Los Estados ateos y materialistas, o también los laicistas, persiguen una visión de la vida "sin Dios y sin alma": los ateos, los hombres sin Dios y materialistas, sólo reconocen la vida material y niegan la existencia del espíritu. Sin el espíritu, conseguir "lo útil", incluso cuando eso sea lo contrario a la verdad y la vida, se convierte entonces en la regla, el criterio y el fin: de aquí parte la locura, ¡cómo tantas veces nos ha mostrado la historia! El Evangelio trae al mundo la primacía del espíritu, que nos une nuevamente a Dios.

El Concilio Vaticano II en la Constitución pastoral *Gaudium et spes* (Los gozos y las esperanzas) nos recuerda con preocupación que "este ateísmo es uno de los fenómenos más graves de nuestro tiempo" y que "debe ser examinado con toda atención"[1].

Si se olvida la realidad del espíritu, como por desgracia sucede demasiadas veces, se llega, casi sin darse cuenta, a sofocar la identidad humana, hasta el punto incluso de hablar de derechos, como en el caso del aborto, que se ha convertido en una enorme plaga: un delito que no puede ser reconocido como

---

[1] *Magisterio*. Cfr. Concilio Vaticano II, Constitución pastoral *Gaudium et spes* n. 19 (el texto en el Apéndice, n. 10, es disponible en el sitio web figlidichi.altervista.org).

derecho. El hecho de que en nuestra sociedad haya asumido la configuración de derecho adquirido constituye una forma de degradación moral: una falsa concepción del hombre que queda degradado a una cosa. ¡Un pueblo que mata a sus propios hijos no puede ser un pueblo sabio!

San Juan Pablo II, en la Carta encíclica *Evangelium vitae* (El Evangelio de la vita), retomando lo dicho por el Concilio en la *Gaudium et spes* (n. 51), reafirma que el aborto, junto con el infanticidio, son "crímenes nefandos"[2]; y, en el n. 73 de esa misma Carta encíclica, vuelve a calificar al aborto y a la eutanasia como "crímenes" al decir: "Así pues, el aborto y la eutanasia son crímenes que ninguna ley humana puede pretender legitimar. Leyes de este tipo no sólo no crean ninguna obligación de conciencia, sino que, por el contrario, establecen una *grave y precisa obligación de oponerse a ellas mediante la objeción de conciencia.* Desde los orígenes de la Iglesia, la predicación apostólica inculcó a los cristianos el deber de obedecer a las autoridades públicas legítimamente constituidas (cf. Rm 13, 1-7, 1 P 2, 13-14), pero al mismo tiempo enseñó firmemente que «hay que obedecer a Dios antes que a los hombres» (Hch 5, 29)"[3].

¿Qué ha sucedido para que los hombres hayan olvidado estas verdades, junto con la dimensión del espíritu humano, hasta el punto de convertir en "derecho" el delito del aborto? En la Encíclica el Santo denunciaba una idea que se estaba difundiendo, según la cual, para ser tolerantes y democráticos sería necesario no tener reglas morales. Con este falso presupuesto se paralizó y se adormeció la conciencia de muchos cristianos, de muchos católicos, así como también de muchos hombres y mujeres de buena voluntad. En el n. 70, San Juan Pablo II afirmaba, a propósito del "relativismo ético": "No falta quien considera este relativismo como una condición de la democracia, ya que sólo él garantizaría la tolerancia, el respeto recíproco entre las personas y la adhesión a las decisiones de la mayoría, mientras que las normas morales, consideradas objetivas y vinculantes, llevarían al autoritarismo y a la intolerancia.

Sin embargo, es precisamente la problemática del respeto de la vida la que muestra los equívocos y contradicciones, con sus terribles resultados prácticos, que se encubren en esta postura.

Es cierto que en la historia ha habido casos en los que se han cometido crímenes en nombre de la «verdad». Pero crímenes no menos graves y radicales negaciones de la libertad se han cometido y se siguen cometiendo también en nombre del «relativismo ético». Cuando una mayoría parlamentaria o social decreta la legitimidad de la eliminación de la vida humana aún no nacida, inclusive con ciertas condiciones, ¿acaso no adopta una decisión «tiránica» respecto al ser humano más débil e indefenso? La conciencia universal reacciona justamente ante los crímenes contra la humanidad, de los que nuestro siglo ha tenido tristes experiencias. ¿Acaso estos crímenes dejarían de serlo si, en vez de haber sido cometidos por tiranos sin escrúpulo, estuviesen legitimados por el consenso popular?"[4].

---

[2] *Magisterio*. Cfr. Juan Pablo II, Carta Encíclica *Evangelium vitae* (1995) n. 58.
[3] *Magisterio*. Cfr. Juan Pablo II, Carta Encíclica *Evangelium vitae* (1995) n. 73.
[4] *Magisterio*. Cfr. Juan Pablo II, Carta Encíclica *Evangelium vitae* (1995) n. 70.

¡Ciertamente no! Ciertamente tampoco entonces podrían estar legitimados. Lo que el Papa denuncia se produce cuando se olvida la dimensión del espíritu. Al ofuscamiento de la conciencia, fruto de la negación del espíritu, siguen otros males sin término, como la deshonestidad, las extorsiones, el robo, la delincuencia y el crimen organizado, la explotación laboral -incluso de menores-, la pornografía, la prostitución y los abusos sexuales.

Los jóvenes y las nuevas generaciones padecen especialmente estos males. A ellos se dirigía Benedicto XVI, al decir con corazón de pastor: "Os apremio a llevar una vida digna de nuestro Señor (cf. Ef 4,1) (...). Hay muchas tentaciones que debéis afrontar cada día -droga, dinero, sexo, pornografía, alcohol- y que el mundo os dice que os darán felicidad, cuando, en verdad, estas cosas son destructivas y crean división. Sólo una cosa permanece: el amor personal de Jesús por cada uno de vosotros. Buscadlo, conocedlo y amadlo, y él os liberará de la esclavitud de la existencia deslumbrante, pero superficial, que propone frecuentemente la sociedad actual. Dejad de lado todo lo que es indigno y descubrid vuestra propia dignidad como hijos de Dios. (...) elevo mi súplica para que muchos de vosotros conozcáis y améis a Jesús y, a través de este encuentro, os dediquéis por completo a Dios, especialmente aquellos de vosotros que habéis sido llamados al sacerdocio o a la vida religiosa."[5].

Ahora bien, ¿qué espacio se da hoy realmente al espíritu para combatir los males presentes en el hombre y en la sociedad? En la eutanasia, por ejemplo, ¿no se olvida acaso la presencia del espíritu en una vida humana que se quiere tirar a la basura como si fuese una cosa, porque ya no le sirve a nadie? Se habla de grandes injusticias y nuevas guerras: se habla, en efecto, de la "cultura de la muerte" que está creciendo tranquilamente para sostener y legitimar intereses de parte. En definitiva, muchas mentiras han hecho acto de presencia y están proliferando en nuestras sociedades -no solo en Italia y en Europa, sino un poco en todo el mundo-, en la medida en que se olvida nuestra dimensión más importante y radical, que es precisamente la del espíritu humano. Como consecuencia, se olvida también su Fuente, que es la verdad y el amor de Dios Padre nuestro.

Siendo tan importante el "don" del espíritu, que nos hace seres humanos, capaces de reconocer el verdadero rostro de Dios "Padre nuestro que está en el cielo" y también el verdadero rostro precioso de todo ser humano, ¿cómo podemos entonces recuperar esta dimensión? ¿Quién puede ayudarnos? Hemos de valorar, en primer lugar, si las otras dimensiones, cuerpo, mente y psique, que cada uno lleva consigo y que hemos analizado en el capítulo anterior, pueden ayudarnos a entrar en contacto con nuestra realidad personal y más profunda, la del espíritu.

Comencemos por el cuerpo. El cuerpo tiene sus impulsos, sus sensaciones y sus necesidades. Ciertamente el espíritu anima el cuerpo, pero la dimensión del espíritu no resulta tan evidente, a primera vista, en el cuerpo.

En nuestro pensar, en la mente, que constituye nuestra segunda dimensión, interviene sin duda la acción del espíritu. Pero el pensamiento corre

---

[5] *Magisterio*. Benedicto XVI, *Homilía en la Santa Misa en Bellahouston Park* (Glasgow). Viaje apostólico al Reino Unido (16 de septiembre de 2010).

el peligro de ser prisionero de sí mismo y, de hecho, también el relativismo ético se manifiesta mediante el llamado pensamiento "débil". Al pensamiento humano, que parece tan luminoso, se le pasa por alto este hecho: que es un pensamiento libre y esa libertad no es connatural a la materia biológica. Pero el pensamiento, al buscar sus referencias en él mismo, queda prisionero de sí, sin dar lugar a una actitud crítica, que es lo propio de un pensamiento libre.

Reflexionemos sobre esto: ¡con el pensamiento tenemos la libertad de pensar! Pero, al pretender seguir siendo referencia para sí mismo, sin ninguna vinculación con Dios, y al no reconocer el valor de la verdad, el pensamiento vuelve una y otra vez a recaer en sí mismo, sin querer superarse de algún modo. Y esta es la razón por la que, al final, no nos da seguridad: si fuese humilde nos mostraría el espíritu, pero dado que fácilmente se llena de sí, en lo que se llama soberbia, permanece orgulloso de sí, de manera que, tarde o temprano, termina por decir "es sólo una opinión...", quedando prisionero de un pensamiento individualista y relativista y, en último término, temeroso de perderse. Esta es la base del agnosticismo. El pensamiento humano sin Dios sólo puede ser necio[6] porque es soberbio o porque es vil.

Comprobemos si en la tercera dimensión, la del espíritu, somos capaces de descubrir algún elemento que pueda ayudarnos a captar con seguridad la realidad del espíritu.

La dimensión psíquica, la del sentimiento, está animada por el espíritu y es capaz de encaminarse bien, de sentir cosas buenas de optar con dinamismo por el amor. Pero el sentimiento puede dirigirse también hacia otro tipo de reacciones, opuestas, como la destrucción y el odio: es pues esencialmente ambiguo. Por tanto, tampoco esta vía nos da la seguridad de reconocer la dimensión del espíritu en el ser humano.

En efecto, el espíritu humano, está inmerso en cada una de esas tres dimensiones, la corporal, la mental y la psíquica: ninguna de estas tres dimensiones presentes en el ser humano puede mostrarnos en sí al espíritu, que, en cuanto tal, es más grande que las demás dimensiones; ¿quién puede, pues, ayudar a nuestro espíritu? Desde esta perspectiva, ¿por qué es entonces tan importante que Jesús haya incluido en el *Padrenuestro* la petición "santificado sea tu nombre"? ¿Qué significado tiene para nosotros y qué cambia en nuestra historia personal? Es precisamente lo que debemos descubrir.

Con otras palabras, buscamos algo que pueda revelarnos la realidad profunda de nuestro espíritu, mostrárnoslo. ¿Cómo podemos hacer presente de modo vivo, luminoso y claro la realidad maravillosa de nuestro espíritu? ¿Quién puede alimentarlo?

Hay que preguntarse: siendo el espíritu humano la realidad más profunda y rica que tenemos, ¿qué hay más definitivo que esta raíz? Siendo el espíritu humano la raíz, el secreto de nuestra existencia humana, que nos hace hijos de Dios y nos hace amar con el cuerpo, pensar con la mente, amar con el corazón, ¿qué hay de más profundo, que pueda encender y mantener viva nuestra raíz, nuestro espíritu?

---

[6] *Biblia.* Cfr. Evangelio según Lucas 12, 16-21.

Es una buena pregunta. ¿Qué hay más definitivo que la raíz presente en nosotros, que es el espíritu gracias al cual somos seres humanos? Sólo hay una respuesta: la Fuente de nuestro espíritu humano, Dios Padre.

En efecto, para darnos cuenta del inmenso valor del espíritu humano, no podemos apoyarnos en una potencia más pequeña..., por importante, bella o maravillosa que sea, como cada una de esas otras tres dimensiones, que son el cuerpo, el pensamiento y la afectividad (*psychè*). Debemos, en cambio, apoyarnos en una realidad más grande que nuestra raíz: Dios, Fuente de nuestro espíritu.

No podíamos imaginarlo. Jesús ha incluido en el *Padrenuestro* esta petición, ante todo y principalmente, para que no recaigamos en esas dos dramáticas consecuencias que son: por una parte, el ateísmo[7] y el agnosticismo, o sea el olvido, el abandono de la realidad más profunda del misterio de Dios y de su rostro; y, por otra, el relativismo y el materialismo, con el consiguiente drama para el hombre, que ya no sabe quién es. Negada la dimensión de su alma espiritual, el hombre mismo se convierte en un objeto, en algo casi insignificante, manipulable y atacable, especialmente en el caso de los más pobres.

Por eso Jesús incluyó en la oración del *Padrenuestro* la primera petición "Santificado sea tu nombre": porque sólo así conseguimos llegar a percibir y a madurar en profundidad nuestra realidad, el secreto de nuestra persona, que es la dimensión del espíritu humano. Dice la Escritura:"¿Quién puede conocer lo más íntimo del hombre sino el espíritu humano dentro de él? Del mismo modo nadie conoce lo propio de Dios si no es el Espíritu de Dios. Ahora bien, nosotros hemos recibido no el espíritu del mundo, sino el Espíritu de Dios, que nos hace comprender los dones que Dios nos ha dado"[8].

Nuestro espíritu tiene necesidad de la relación con Dios, para que podamos reconocerlo y sentirlo en nosotros. Esto se debe a que sin Dios no existimos o no habríamos existido. Solo Dios nos puede revelar el misterio más profundo, el de nuestro espíritu "creado a su imagen y semejanza"[9]. Él es la Fuente de

---

[7] En defensa del ateísmo, algunos se han servido del pensamiento matemático y de la física, especialmente haciendo referencia al Principio de Indeterminación de Heisenberg y al Teorema de Gödel. Pero, en cambio, bien miradas las cosas, son precisamente esos mismos razonamientos los que muestran la posibilidad lógico-matemática de afirmar la dimensión última del espíritu humano, dando así completamente la vuelta a las conclusiones. Con frecuencia, el error que se comete es identificar el resultado del pensamiento con el proceso lógico-mental que lo elabora y produce. En efecto, el proceso lógico del pensamiento humano presupone siempre *el absoluto* en todas sus afirmaciones, sean absolutas o relativas.

Tampoco "el azar" explica la existencia del mundo, ni mucho menos el "orden" que en él existe. Pensamiento (matemático) y realidad (física), para existir, están conformes en presuponer necesariamente el Absoluto, sin el cual no podríamos pensar de modo coherente ni existir de modo lógico. Pero sobre estos temas sería necesario otro estudio.

[8] *Biblia.* Primera Carta a los Corintios 2, 11-12.

[9] *Biblia.* Cfr. Libro del Génesis 1, 26.

nuestro misterio; es el resucitado, el "agua" que alimenta nuestro espíritu, pero también es nuestro "espejo", que nos revela quiénes somos[10]. No nos lo puede dar a conocer ninguna otra cosa, ni humana, ni espiritual; ningún sucedáneo, como veremos más adelante, ningún yoga, New Age, gnosticismo, esoterismo o espiritismo: eso solo sería otro engaño... Sólo el Dios trascendente, el Dios vivo, Dios Padre, nos lo puede decir y hacer que madure en nosotros. Pero, ¿de qué manera?

Pronunciar la petición "Santificado sea tu nombre", significa decirle a Dios que hemos comprendido, que lo reconocemos como el único Dios y decimos abiertamente que Él es el Santo.

A este respecto, es interesante lo que comenta San Cipriano sobre la *oración del Señor,* cuando escribe: "«Santificado sea tu nombre», no porque deseemos que Dios sea santificado por nuestras oraciones, sino porque pedimos al Señor que su nombre sea santificado en nosotros. Por otra parte, ¿por quién podría ser Dios santificado, cuando es él mismo quien santifica?"[11].

Por tanto, no pedimos que Dios sea santificado, sino que sea santificado en nosotros, o sea, que nuestro espíritu pueda reconocer a Dios y así entrar en comunión con Dios, que es Santo.

¿Qué significa Santo? En el texto hebreo la palabra que se usa es *"kadoš"*[12] y significa que Dios está separado de cualquier otra cosa, que Él es el único, que Dios es distinto que la naturaleza, que está más allá de cuanto podamos imaginar. Santo significa pues extraordinariamente, inimaginablemente único, separado, distinto. Lo decimos en la Santa Misa: "Santo, Santo, Santo es el Señor, Dios del universo"[13]. De este modo confesamos y afirmamos que Dios es Santo. Para ser personas verdaderas, que no se engañan y no se dejan engañar, tenemos necesidad de afirmar que Dios es Santo, que en nosotros "Santificado sea su Nombre". Dios es talmente Santo y Único, que proclamar esa verdad sólo puede hacernos bien. Si no damos *"culto a Dios"*, nuestro espíritu no recibirá la luz, no se verá confirmado: es como si pusiésemos nuestro espíritu bajo tierra. Por eso, Jesús nos ha enseñado en el *Padrenuestro* a salir fuera y a reconocer y considerar esta dimensión, encontrando de nuevo la relación con Dios Padre.

No es producto de nuestro pensamiento aquello en lo que creemos, porque Dios está más allá de nuestro pensamiento: Podemos entender a Dios, pero Él sigue estando siempre más allá de nosotros, Él es inmensamente más

---

[10] *Magisterio.* Cfr. Concilio Vaticano II, Constitución pastoral *Gaudium et spes* n. 22.
[11] *Tradición.* Cfr. San Cipriano (210-258), *El Padrenuestro,* n. 12, en *La unidad de la Iglesia; el Padrenuestro; a Donato,* Editorial Ciudad Nueva, Madrid 1991, p. 86.
[12] *Biblia.* Cfr. Libro del Profeta Isaías 6, 3; Libro de los Números 20, 13; Libro del Apocalipsis 16, 5.
[13] Cfr. Liturgia de la Santa Misa, Prefacio, Misal Romano, Edición aprobada por la Conferencia Episcopal Española, Coeditores Litúrgicos, Madrid 1993, pp. 435-436.

grande, es "el Santo"[14] como nos dice la Biblia: "Mis planes no son sus planes, sus caminos no son mis caminos"[15].

Así como manifestamos la dimensión corporal, la del afecto y la del pensamiento, así hemos de manifestar también nuestra dimensión espiritual, reconociéndola. ¿Dónde la reconocemos mayormente? Precisamente cuando oramos y decimos: "Santificado sea tu nombre". El alma no solo se manifiesta en el cuerpo y sus funciones, en la afectividad y sus expresiones, en el pensamiento y en sus facultades, sino también de modo especial en la dimensión de la oración. Solo si rezamos y cuando rezamos somos personas humanas que tocan sus propias raíces. Por eso, la primera petición que Jesús nos pone delante en el *Padrenuestro* es "Santificado sea tu nombre". Dios no pide para sí mismo: Él no tiene necesidad de nuestras oraciones y de nuestras alabanzas. Dios pide la oración para nosotros, ¡para reencontrarnos y no perdernos!

Se trata de algo verdaderamente importante porque nuestra dimensión del espíritu madura mediante el reconocimiento de que Dios es Santo, de que no hay otro, de que Él es absolutamente solo Sí mismo, distinto, que no se confunde con la creación. Esto nos cambia la vida porque "toca" nuestras raíces; Dios es capaz de alimentarnos. Si no rezamos, nos perdemos, perdemos de vista nuestro misterio y nuestras raíces.

Esta relación con Dios, que es "dar culto a Dios", como veremos más adelante, cambia la existencia concreta de las personas en el ámbito de la sexualidad, de la familia y de la sociedad. Precisamente al encontrar a Dios en la oración, nuestras capacidades humanas cambian y se abren a Dios Padre y al prójimo. El verdadero culto dado a Dios, abre el corazón a los hermanos. Lo recordó Benedicto XVI en su viaje a Santiago de Compostela: "No se puede dar culto a Dios sin velar por el hombre su hijo y no se sirve al hombre sin preguntarse por quién es su Padre y responderle a la pregunta por él. La Europa de la ciencia y de las tecnologías, la Europa de la civilización y de la cultura, tiene que ser a la vez la Europa abierta a la trascendencia y a la fraternidad con otros continentes, al Dios vivo y verdadero desde el hombre vivo y verdadero. Esto es lo que la Iglesia desea aportar a Europa: velar por Dios y velar por el hombre, desde la comprensión que de ambos se nos ofrece en Jesucristo"[16].

Dios no es fruto de nuestro pensamiento o de nuestras necesidades, no es algo que nosotros podamos proyectar o inventar. Muchos de los que critican la religión consideran a Dios en el fondo como "creado" por el hombre, ¡una proyección del hombre mismo! También muchos escritores y filósofos, psicólogos y psiquiatras, han interpretado la existencia de la oración como si la búsqueda de Dios estuviese dictada sólo por miedos y necesidades humanas.

---

[14] *Biblia*. Cfr. Libro de los Salmos 22, 4; Libro del Profeta Oseas 11, 9; Libro del Apocalipsis 4, 8.

[15] *Biblia*. Libro del Profeta Isaías 55, 8.

[16] *Magisterio*. Benedicto XVI, *Homilía en la Santa Misa con ocasión del Año Santo Compostelano en la Plaza del Obradoiro de Santiago de Compostela* (6 de noviembre de 2010).

Ahora bien, pensar eso de la religión cristiana significa relegarla a una visión verdaderamente infantil, de modo que muchos ateos creen que vivir sin fe es una opción valiente y adulta. A este respecto, sería necesario ver si los cristianos hemos dado siempre una imagen verdadera de la fe[17].

Por eso, Dios quiere que tomemos muy en serio su Nombre, que es extraordinario, misterioso y único. Cuando Moisés pregunta a Dios su nombre, Dios le da el nombre de "YHWH"[18], que está escrito sólo con las consonantes. Es impronunciable, por tanto, para subrayar así el misterio de Dios, que no puede ser "poseído" a través de ninguno de nuestros conocimientos. Esto sirve para mantener el secreto de la identidad de Dios: significa fundamentalmente que "Dios es Aquel que es". Hemos de comprenderlo bien: no aquel que tiene la vida, como nosotros que hemos recibido la vida, sino Aquel que Es, que es el Ser Absoluto, la Vida Absoluta. Es decir, Dios tiene su identidad y no quiere que se le confunda con otras cosas, que se le malinterprete o que se le invente. Dios es "celoso" de su Nombre[19] porque en su nombre conserva su misterio para donarlo al hombre en la verdad sobre Sí mismo.

El nombre de Dios expresa el respeto hacia lo que Dios es realmente, no como nosotros queremos inventárnoslo, no como nos gustaría que fuese, porque entonces ya no sería como Él es. "Santificado sea tu nombre" nos hace decir no sólo que Dios existe, sino que "existe como Él es".

Cuando me encontré en profundidad con el Señor, mi vida cambió y me tocó mucho hallar en la Biblia su invitación: "tengan rectos pensamientos sobre el Señor", "búsquenlo con sencillez de corazón"[20]. Dios quiere que pensemos acerca de Él con sentimientos rectos y pensamientos rectos, si verdaderamente queremos encontrarle y entenderle. Él no se conforma con que creamos que existe.

Cada uno de nosotros desea ser reconocido por lo que es, según su propia identidad; y este hecho, que tanto nos caracteriza, viene dado por la dimensión del espíritu. Por eso todos nos preocupamos, con razón, de nuestra identidad de nuestro nombre. Pues tanto más Dios, que es Dios, quiere ser reconocido, respetado e invocado en la oración, según su modo de ser, extraordinario, maravilloso, misterioso, pero también cercano, porque nos ha confiado la intimidad de la oración: "Padre nuestro que estás en el cielo, santificado sea tu nombre".

## Desarrollar la dimensión del espíritu

En la medida en que reconocemos a Dios, lo elegimos y pasamos a su mundo, nuestro mundo espiritual crece, toma cuerpo, nuestra profunda realidad espiritual emerge y sale a la luz.

---

[17] *Magisterio.* Cfr. Benedicto XVI, *Homilía en la Santa Misa Crismal* (21 de abril de 2011) (el texto en el Apéndice, n. 11, es disponible en el sitio web figlidichi. altervista.org).

[18] *Biblia.* Cfr. Libro del Éxodo 3, 14.

[19] *Biblia.* Cfr. Libro del Éxodo 34, 14; Libro del Profeta Ezequiel 39, 25.

[20] *Biblia.* Libro de la Sabiduría 1, 1.

Todo en nosotros debe crecer: también la dimensión del espíritu. El espíritu crece en la relación con Dios que es la Fuente de la vida y de nuestro ser.

Por eso es tan importante la religión, su presencia efectiva y el consiguiente derecho a la libertad religiosa[21], enfatizada por el Papa Emérito Benedicto XVI. E, igualmente, resulta importante saber ver dónde se encuentra amenazada[22] y, en particular, en el servicio que la religión presta para la formación de los jóvenes. El Papa recuerda a los profesores que la enseñanza de la religión católica es especialmente útil para el desarrollo de la humanidad de los jóvenes y para la sociedad: "Así pues, gracias a la enseñanza de la religión católica, la escuela y la sociedad se enriquecen con verdaderos laboratorios de cultura y de humanidad, en los cuales, descifrando la aportación significativa del cristianismo, se capacita a la persona para descubrir el bien y para crecer en la responsabilidad; para buscar el intercambio, afinar el sentido crítico y aprovechar los dones del pasado a fin de comprender mejor el presente y proyectarse conscientemente hacia el futuro"[23].

Es pues necesario defender el derecho a la libertad religiosa y también las fiestas religiosas. "Santificarás las fiestas", nos recuerda el tercero de los diez Mandamientos[24]. Dios descansó el séptimo día[25] y quiso que como Él, que es Padre, así lo hiciésemos también nosotros. Es el descanso sabático que después, con la resurrección de Jesús, para los cristianos ha pasado a ser dominical. ¿Por qué Dios nos llama a esta "santificación"?

Pues porque al trabajar todos los días, nos acostumbramos a gestionar y acrecentar con ese trabajo los recursos de la realidad que nos rodea, la materia y todo cuanto el ingenio humano produce y ha producido. De ese modo nos convertimos en artífices de todo y, al final, podemos sentirnos "los dueños y señores" de la creación, del mundo e incluso ¡de la vida misma! Actuando así, terminamos por engañarnos sobre el mundo y sobre nosotros mismos. En efecto, al trabajar vemos en nuestras manos un resultado que siempre es más pequeño que nosotros y que, sin duda, no puede decirnos quiénes somos realmente: con el trabajo de sus manos y de su ingenio, el hombre sin Dios se hace cada vez menos hombre y se pierde yendo tras los ídolos que él mismo ha construido... Sólo si dejamos de mirar "nuestras creaciones" y alzamos la mirada hacia Dios, entonces no solo no perdemos de vista a Dios, Padre nuestro, sino que tampoco nos perdemos de vista a nosotros mismos, nuestra verdad, nuestro misterio, que está por encima de la creación y que

---

[21] *Magisterio*. Cfr. Benedicto XVI, *Mensaje para la Celebración de la XLIV Jornada Mundial de la Paz* (8 de diciembre de 2010) (el texto en el Apéndice, n. 12, es disponible en el sitio web figlidichi.altervista.org).

[22] *Magisterio*. Cfr. Benedicto XVI, *Discurso al Cuerpo Diplomático* (10 de enero de 2011) (el texto en el Apéndice, n. 13, es disponible en el sitio web figlidichi. altervista.org).

[23] *Magisterio*. Benedicto XVI, *Discurso a un grupo de profesores de religión en escuelas italianas* (25 de abril de 2009).

[24] *Biblia*. Cfr. Libro del Deuteronomio 5, 1-22.

[25] *Biblia*. Cfr. Libro del Génesis 2, 2-3.

pertenece a Dios. Esto nos recuerda el *Padrenuestro* cuando nos hace orar diciendo: "Santificado sea tu nombre".

Por eso, Dios Padre nos advierte en el tercer Mandamiento: "Santificarás las fiestas". Es como si la conciencia nos dijese: "Reconoce en las Fiestas que Dios es Santo. ¡Santifícalo! No puedes fijarte solo en lo que haces tú, ¡necesitas ver también lo que Dios ha hecho por ti! Esto es lo que te hace recobrar el misterio de tu vida, no los objetos que produces o manipulas, ni las cosas que adquieres". Por esto es esencial que no perdamos la relación con Dios. De aquí la importancia de la Misa en el día del Señor: mediante ese mayor contacto con Dios, vemos quiénes somos y cómo Él nos ama infinitamente. "¡Éste es el día en que actuó el Señor:¡vamos a festejarlo y a celebrarlo!"[26]. El contacto con Dios reactiva y da aire a la dimensión de misterio que tenemos las personas humanas, o sea, al misterio que nos hace personas: la realidad de nuestro espíritu. ¡Es necesario decírselo a los hijos y no ocultárselo!

Si este contacto con el Dios vivo no fuese esencial, el Señor no nos habría dado el tercer Mandamiento y Jesús no habría incluido en la oración del *Padrenuestro* la primera petición: "Santificado sea tu nombre". El propio precepto dominical "nos sirve a nosotros". Debemos poder decir: "Oh Dios, tu nombre es Santo". Y esto tiene lugar en la Celebración, en el contacto con la Palabra de Dios, en los sacramentos de la Iglesia y, de modo pleno y total, en la Santa Misa, porque ésta es comunión y unidad con Dios y lleva a adorar a Dios[27]y a amar al prójimo[28].

De este modo y solo así, el hombre adquiere su más alto valor "Gusten y vean que bueno es el Señor: ¡Feliz quien se refugia en él!"[29]. ¡Qué bonito es estar ante Dios con amor! ¡¿Puede haber algo más grande?! Así se dirigió Benedicto XVI a los jóvenes con ocasión de su Viaje Apostólico a Madrid para la XXVI Jornada Mundial de la Juventud: "Dios quiere un interlocutor responsable, alguien que pueda dialogar con Él y amarle. Por Cristo lo podemos conseguir verdaderamente y, arraigados en Él, damos alas a nuestra libertad. ¿No es este el gran motivo de nuestra alegría? ¿No es este un suelo firme para edificar la civilización del amor y de la vida, capaz de humanizar a todo hombre? Queridos amigos: sed prudentes y sabios, edificad vuestras vidas sobre el cimiento firme que es Cristo. Esta sabiduría y prudencia guiará vuestros pasos, nada os hará temblar y en vuestro corazón reinará la paz. Entonces seréis bienaventurados, dichosos, y vuestra alegría contagiará a los demás. Se preguntarán por el secreto de vuestra vida y descubrirán que la roca que sostiene todo el edificio y sobre la que se asienta toda vuestra

---

[26] *Biblia.* Libro de los Salmos 118, 24.
[27] *Magisterio.* Cfr. Benedicto XVI, *Homilía en la Solemnidad del Santísimo Cuerpo y Sangre de Cristo* (22 de mayo de 2008) (el texto en el Apéndice, n. 14, es disponible en el sitio web figlidichi.altervista.org).
[28] *Magisterio.* Cfr. Benedicto XVI, *Discurso durante la visita a la Catedral de Santiago de Compostela* Viaje Apostólico a Santiago de Compostela y Barcelona (6 de noviembre de 2010) (el texto en el Apéndice, n. 15, es disponible en el sitio web figlidichi.altervista.org).
[29] *Biblia.* Libro de los Salmos 34, 9.

existencia es la persona misma de Cristo, vuestro amigo, hermano y Señor, el Hijo de Dios hecho hombre, que da consistencia a todo el universo. Él murió por nosotros y resucitó para que tuviéramos vida, y ahora, desde el trono del Padre, sigue vivo y cercano a todos los hombres, velando continuamente con amor por cada uno de nosotros"[30].

La espiritualidad cristiana tiene algunos pasajes preciosos sobre la íntima relación con Dios. Aquí van algunos ejemplos. El primero es de San Juan María Vianney: "Prestad atención hijitos míos: el tesoro del cristiano no está en la tierra, sino en el cielo. Por eso, nuestros pensamientos deben dirigirse donde está nuestro tesoro. Esta es la preciosa tarea del hombre: rezar y amar. Si vosotros rezáis y amáis, ahí tenéis la felicidad del hombre en la tierra.

La oración no es otra cosa que la unión con Dios. Cuando uno tiene el corazón puro y unido a Dios, queda prendado de una cierta suavidad y dulzura que lo embriaga, queda purificado por una luz que se difunde misteriosamente a su alrededor. En esta íntima unión, Dios y el alma son como dos trozos de cera fundidos juntos, que nadie puede separar.

¡Qué bonita es esta unión de Dios con su pequeña criatura! Es una felicidad, ésta, que no se puede comprender. Nos habíamos hecho indignos para rezar. Pero Dios, en su bondad, nos ha permitido hablar con él. Nuestra oración es incienso que le agrada mucho.

Hijitos míos, vuestro corazón es pequeño, pero la oración lo dilata y lo hace capaz de amar a Dios. La oración nos hace pregustar el cielo, como algo que desciende a nosotros desde el paraíso. Nunca nos deja sin dulzura"[31].

Hay otro precioso texto, en este caso de San Alfonso María de Ligorio, que nos puede ayudar también a comprender la belleza de amar a Jesús: "Toda la santidad y perfección del alma consiste en amar a Jesucristo, Dios nuestro, sumo bien y salvador. La caridad es quien une y conserva todas las virtudes que perfeccionan al hombre.

¿Por ventura no merece Dios todo nuestro amor? Él nos amó desde la eternidad. «Hombre, dice el Señor, mira que fui el primero en amarte. Aún no habías nacido, ni siquiera el mundo había sido creado, y ya te amaba yo. Te amo desde que soy Dios». Viendo Dios que los hombres se dejan atraer por los beneficios, quiso, mediante sus dádivas, cautivarlos a su amor, y prorrumpió: «Quiero obligar a los hombres a amarme con los lazos con que ellos se dejan atraer, esto es, con los lazos de amor», que no otra cosa son cuantos beneficios hizo Dios al hombre. Después de haberlo dotado de alma, imagen perfectísima suya y enriquecida de tres potencias, memoria, entendimiento y voluntad, y haberle dado un cuerpo hermoseado con los sentidos, creó para él el cielo y la tierra y cuanto en ellos hay (...), a fin de que, sirviendo al hombre, amase éste a Dios en agradecimiento a tantos beneficios.

---

[30] *Magisterio.* Benedicto XVI, *Discurso en la Fiesta de Acogida de los jóvenes en la XXVI Jornada Mundial de la Juventud.* Viaje Apostólico a Madrid (18 de agosto de 2011).
[31] *Tradición.* Cfr. San Juan María Vianney (1786-1859), *Catéchisme sur la prière:* A. Monnin, Esprit du Curé d'Ars, París, 1899, pp. 87-89.

Mas no se contentó Dios con darnos estas hermosas criaturas, sino que, para granjearse todo nuestro amor, llegó a darse por completo a sí mismo: *Porque así amó Dios al mundo, que entregó a su Hijo unigénito* (Jn 3,16). Viéndonos el Eterno Padre muertos por el pecado y privados de su gracia, ¿qué hizo? Por el inmenso amor que nos tenía, o, como dice el Apóstol, por su excesivo amor, mandó a su amadísimo Hijo a satisfacer por nosotros y devolvernos así la vida que el pecado nos había arrebatado.

Y dándonos al Hijo (...), junto con el Hijo nos dio toda suerte de bienes, su gracia, su amor y el paraíso, porque todos esos bienes son ciertamente de más ínfimo precio que su Hijo: «El que no se reservó a su propio Hijo, sino que lo entregó por todos nosotros, ¿cómo no nos dará todo con él?» (Rm 8, 32)"[32].

Las nuevas generaciones tienen derecho a saber y es preciso caminar junto a ellas en la riqueza extraordinaria del Cristianismo, don de Jesús a la humanidad. Amar quiere decir no engañar: por esto es necesaria la revelación profunda de "lo que somos y lo que Dios es", ya que eso cambia realmente la vida, con tal de que lo tomemos en serio. No es verdad que el contacto con Dios "no sirve, no cambia nada". Esta es la gran herejía del mundo de hoy: ¡pensar que Dios es inútil! Esto es lo que favorece el escepticismo y la indiferencia religiosa y, luego, el ateísmo práctico que se están difundiendo cada vez más, junto con el materialismo, el relativismo y el naturalismo. Y, al contrario, estando cerca de Dios, ¡Jesús nos confía la luz misma! Lo recordaba Benedicto XVI en un precioso mensaje dirigido a los jóvenes durante su Viaje Apostólico en Alemania[33].

¡Para no perdernos a Dios, Padre nuestro que está en los cielos, debemos buscar, proclamar, alabar su Nombre como Único y Santo! Y también para no desorientarnos con otras paternidades humanas o para no ser esclavos de los ídolos, sucedáneos de la religión. Porque si se quita o se esconde el secreto de nuestra vida, se llega al caos más profundo, a la injusticia más grande. Se siguen, en efecto, una serie de consecuencias, surgen los sucedáneos de la religión y es lo que muchos quieren. Es lo de siempre: primero se pisotea un valor y su sentido; luego, en el vacío "producido", se hace surgir progresivamente otro nuevo, con pluralidad de opiniones y de derechos, y, finalmente, se termina por ponerlo en el lugar del que inicialmente se había combatido... Esta estratagema la hemos visto tantas veces en la historia.

Si no reconocemos la dimensión del espíritu, del alma espiritual, y le damos su espacio, su *habitat*, que es el corazón infinito de Dios, su perfección y su amor, el gran misterio con el que quiere abrazarnos y hacernos respirar, ¿dónde irá a parar el espíritu humano? El espíritu humano es una realidad y hay que abrir los ojos: o vuelve a Dios en la oración y el amor o se alimenta

---

[32] *Tradición.* Cfr. San Alfonso María de Ligorio (1696-1787), *Práctica del amor a Jesucristo*, Editorial Rialp, Madrid 1992, cap. 1, pp. 13-17.
[33] *Magisterio.* Cfr. Benedicto XVI, *Discurso en la Vigilia de Oración con los jóvenes en la Feria de Friburgo de Brisgovia. Viaje Apostólico a Alemania* (24 de septiembre de 2011) (el texto en el Apéndice, n.16, es disponible en el sitio web figlidichi. altervista.org).

de sucedáneos maléficos, que son sobre todo superstición, magia, brujería y espiritismo, hasta llegar al satanismo.

## Los substitutos maléficos

Si el alma no encuentra a Dios, entonces busca un substituto. Por esto, la verdad religiosa es una de las cosas más grandes y delicadas que existe para la vida de los seres humanos y no debe ser banalizada, como hacen con frecuencia los medios de comunicación, que sirven al poder de "mammón" y a la ideología del momento. La Iglesia está al servicio de la verdad y de la libertad del hombre que es la "única criatura sobre la tierra a la que Dios ha amado por sí misma"[34] .

La *superstición* es el primer substituto en el que cae el espíritu humano, el alma, cuando se aleja de Dios. El alma se apega a las cosas: le falta el aire, el aire de Dios, y se apoya en horóscopos, en vasitos que se mueven, en péndulos, en piedras, en la lectura de la mano, hasta en la cartomancia. La fe en Dios es sustituida por la fe en el poder de las cosas, que se hacen cada vez más importantes hasta convertirse en ídolos. La superstición ocupa el sitio de la elevada relación entre nuestra alma y Dios. Es el gran pecado de la idolatría[35]. Al final el alma queda "raquítica" y ya no percibe a Dios, está paralizada y el mal se difunde en ella y alrededor de ella, infundiéndole una visión cada vez más miope y maléfica.

El segundo substituto es la *magia*, con sus artífices. La magia se expande impunemente: se difunden libros para chicos y chicas jóvenes, incluso a las puertas del colegio, sin conocimiento de los padres, y muchos se enganchan, como sucede con la droga. Es la droga del espíritu. No hay diferencia entre magia blanca y magia negra. No es el fin bueno o malo el que puede o no justificarla; es siempre algo equivocado y dañino es el simple hecho de servirse de ella. Es un medio siempre ilícito e inmoral porque contamina el espíritu del hombre, causándole mal a él y a los demás. Es el gran pecado de la magia y de la brujería[36] del que habla la Biblia. La magia, en el fondo, provoca una alteración y una manipulación de la realidad a través de la confianza en el poder oculto de otras fuerzas, de algunas energías ocultas. Quienes la practican y los que creen en ella, han perdido la energía espiritual buena en la relación de confianza, obediencia y amor a Dios Padre, prefiriendo ponerse en manos de estas sub-energías, sin saber quizás que están muy relacionadas con la actuación del demonio (brujería). Servirse de la magia y de las fuerzas ocultas provoca en quien las practica una gran agitación con cambios profundos: la gente queda atrapada en el mal, bloqueada, incapaz de hacer el bien, se queda en la oscuridad y en la confusión. Las energías buenas del alma quedan refrenadas y sometidas.

Si no se "santifica el nombre de Dios", se termina por incensar a los ídolos: santones y gestos espectaculares pueden parecer algo milagroso. Solo las

---

[34] *Magisterio.* Concilio Vaticano II, Constitución pastoral *Gaudium et spes* n. 24.
[35] *Biblia.* Cfr. Carta a los Gálatas 5, 19-21.
[36] *Biblia.* Cfr. Carta a los Gálatas 5, 19-21.

fuerzas espirituales pueden estar por encima del hombre. Puede darse, en efecto, la influencia de Satanás, el demonio, con la ayuda de las fuerzas no solo ocultas, sino también con los entes espirituales rebeldes a Dios. Con estos medios espirituales, el demonio pretende alejar al hombre de Dios, de su Gloria, de su bondad y de la obediencia llena de confianza en Él. Superstición y magia: son dos medios, además de los grandes escándalos, que Satanás usa para alejar a los hombres de Dios y de la Iglesia católica, que lo combate.

Pero, ¿a dónde apunta Satanás si no es a la tercera forma del substituto, es decir, a la brujería, al espiritismo y al satanismo, con sus sectas satánicas?

La *brujería*, o sea la manipulación de la materia a través de las fuerzas rebeldes a Dios, el *espiritismo*, que pretende entrar en una relación con los espíritus no querida por Dios por ser nociva y, finalmente, el *satanismo*, constituyen las formas más graves de *perversión espiritual*. ¡Mediante el *satanismo*, el demonio quiere implantar cada vez más su poder y puede servirse de hombres que se convierten en esclavos suyos! En tales condiciones, las personas, con sus almas, llegan a odiar la luz, la verdad, la bondad, el amor de Dios, y caen en la rebelión y en la huida de Dios, bajo las propuestas satánicas, hechas de extorsiones, de muerte y de engaños, cosas de las que tanto habla la Biblia en el Antiguo y en el Nuevo Testamento. Al final esas personas son prisioneras de las tinieblas y de la muerte que aman.

Solo la infinita misericordia de Dios podrá hacer que vuelvan al Amor, superando todo el mal de Satanás que han acogido. Pero, como veremos más adelante, el drama se consuma al faltar el arrepentimiento y al rechazar el amor, más aún al odiarlo. Los fieles deberían conocer mejor todo este mundo de terribles realidades: se trata de ese mal espiritual que no se ve, porque está oculto para la mirada de los superficiales y de los naturalistas, que deberían tener la humildad de aprender de la Iglesia.

Con estos tres substitutos, que están en las antípodas de la verdadera religión, no se puede vivir: se pierde la alegría interior, la felicidad del amor y la luz del reino de Dios y, sin darse cuenta, se construye poco a poco un falso reino, preludio del infierno. Así, en los lugares de trabajo, en las casas, en las familias, pero en primer lugar en el corazón de los jóvenes, de los adultos y de los ancianos, también ellos presos de la superstición, del materialismo y del utilitarismo, en vez de construir el reino de la verdad, de la bondad y del amor, que Dios nos ha confiado, se construye algo muy distinto, ¡equivocando todas las decisiones de la vida!

Pero entonces hay que preguntarse: ¿De qué está hecho el reino de Dios?, ¿cómo funciona? Se trata de ese reino por el que Jesús nos hace rezar en la segunda petición del *Padrenuestro*: "Venga a nosotros tu reino", que veremos en el próximo capítulo. Una luz se proyecta entonces en nuestra vida.

# 5

# Venga a nosotros tu reino (I)

Esas tres formas progresivas de degradación de la relación con Dios, que hemos visto en el capítulo anterior, son el substituto más dañino que se está difundiendo, haciendo que muchas personas enfermen en el espíritu, a través de un mal uso de los medios de comunicación y de internet. Sin una sana relación con el Dios vivo, nuestro Padre, los hombres terminarían por "usarse" unos a otros y se edificará un mundo que no es ya nuestro mundo, el que Dios quiere para nosotros. Al no seguir a Dios Padre, sino al diablo, al "príncipe de este mundo"[1], como lo llama Jesús, los hombres se crean lo que se puede calificar como un *principado*: una especie de substituto del reino, un "principado" aberrante, monstruoso, un concentrado de corrupción que aprisiona al hombre hasta conducirlo a su más alto sufrimiento. Este es el comienzo del infierno. Al final, Jesús entregará "el reino a Dios Padre y termine con todo principiado, autoridad y poder"[2].

## Sujetos a la tentación

¿Cómo haremos para no caer en la espiral de la corrupción del *"principado"*, a pesar de ser tentados? Siempre estaremos sujetos a la tentación, porque ejercitamos la libertad gracias al alma espiritual que tenemos en nosotros, ¡al espíritu! Dentro de nosotros tenemos una potencia mayor que la del cuerpo, que muere; mayor que la psique y que la afectividad, que puede conmocionarnos, hacer que nos alegremos o que nos inquietemos; mayor que la mente, que piensa con los condicionamientos culturales. Por eso Jesús incluyó en el *Padrenuestro* esta maravillosa petición, la segunda: "Venga a nosotros tu reino".

Después de reconocer y alabar a Dios "Santificado sea tu nombre", Jesús quiere enseguida que orientemos nuestras energías espirituales hacia la relación con Dios, señalándonos un espacio que hemos de construir para dar valor a nuestra vida. Él nos confía de inmediato la oración del reino, importantísima para nuestra vida, porque somos constructores de nuestra

---

[1] *Biblia*. Evangelio según Juan 12, 31.
[2] *Biblia*. Primera Carta a los Corintios 15, 24.

vida, trabajadores e inventores. En efecto, ¿qué hacemos con todo ese poder del que estamos dotados, con el espíritu a imagen de Dios Creador? ¡Podemos construir el reino de Dios! Si continuamos profundizando en la revelación de la oración del *Padrenuestro*, podremos advertir que, en esa oración, Jesús nos ha entregado y confiado el misterio fundamental de la vida humana y de la sociedad. ¡Todo está en esta oración, dentro del *Padrenuestro*!

Adentrémonos, pues, en el estudio en profundidad de la realidad de reino, que nos llevará dos capítulos: este primero sobre la dimensión personal y el siguiente sobre la dimensión social.

## Constructores del Reino: la dimensión personal y familiar

La petición "Venga a nosotros tu reino" no puede entenderse en el sentido de que deberíamos como "animar" a Dios para que su reino venga. Dios no está indeciso. ¡El reino de Dios viene en cualquier caso! Porque quien manda es Él y lo ha mostrado verdadera y claramente en la Biblia, en el Antiguo Testamento y en el Nuevo Testamento. Jesús lo mostró con toda claridad: resucitó después de que le habían dado muerte. ¡Es Dios quién manda! Viene bien recordar aquí unas palabras de Jesús: «Por eso me ama el Padre, porque doy la vida, para después recobrarla. Nadie me la quita, yo la doy voluntariamente. Tengo poder para darla y para después recobrarla. Éste es el encargo que he recibido del Padre»[3]. El poder, al igual que el amor, forman parte de su reino. Por eso, en la oración, hemos de pedir este reino al Padre como un don. ¡Es su reino! Demos a conocer este programa a los niños, a los adolescentes y a los jóvenes, porque no son conscientes de este proyecto y no le prestan atención. Hablamos con ellos de construir su futuro, su carrera, sus intereses, el trabajo, la casa, el matrimonio y de otras cosas. ¿Y el reino...? En los valores educativos falta algo, y ese vacío es un abismo.

¿Cuál es pues el sentido profundo de la petición "Venga a nosotros tu reino"?

Quizás hemos olvidado precisamente que el reino es de Dios y se nos confía para que lo construyamos con Jesús. De algún modo, podemos y debemos colaborar *para que venga*. Por eso Jesús nos hace pedirlo, para que no perdamos de vista que es de Dios, pero que también es para nosotros y que debemos construirlo junto con Él. Porque, como ha escrito Benedicto XVI en su libro *Jesús de Nazaret*, comentando la petición del *Padrenuestro* "Venga a nosotros tu reino": "Dónde no está Él, nada puede ser bueno. Donde no se ve a Dios, el hombre decae y decae también el mundo. En este sentido, el Señor nos dice: «Buscad ante todo el reino de Dios y su justicia; lo demás se os dará por añadidura» (Mt 6, 33). Con estas palabras se establece un orden de prioridades para el obrar humano, para nuestra actitud en la vida diaria"[4].

Pero ¿cómo está hecho y cómo funciona este reino del que Jesús nos ha hablado de modo nuevo e innumerables veces en el Evangelio? Cuando estaba

[3] *Biblia*. Evangelio según Juan 10, 17-18.
[4] *Magisterio*. Benedicto XVI, *Jesús de Nazaret*, cap. 5, La Esfera de los Libros, Madrid 2007, p. 180.

ante Pilato, que le interrogaba acerca del reino, Jesús respondió: "Mi reino no es de este mundo"[5]. Entonces Pilato, que representaba el poder político y militar de Roma y del César, le pregunta: "«Entonces, ¿tú eres rey? Jesús contestó: —Tú lo dices. Yo soy rey: para eso he nacido, para eso he venido al mundo, para dar testimonio de la verdad. Quien está de parte de la verdad escucha mi voz». Le dice Pilato: — «¿Qué es la verdad?»"[6].

De este modo, en Pilato, ya se pone de manifiesto el substituto del reino, el "principado" que no quiere y no busca la verdad. Lo que le falta a Pilato es *el amor a la verdad* y, de hecho, la niega cuando pregunta: "Y ¿qué es la verdad?". Por eso, ¡no la defenderá! Y por eso mismo, una vez que ha hecho esa pregunta a Jesús, deja de hablar: interrumpe ahí el diálogo y se va... ¡precisamente cuando hubiese sido el momento de continuar! El poder humano, "mammón", se sirve de la verdad o la niega, según lo que considere útil en cada situación, porque la verdad en sí misma no le interesa. De este modo niega todo el reino de Dios, toda la obra de Jesús. El conflicto entre el reino de Dios que Jesús trae al mundo – "para eso he venido al mundo: para dar testimonio de la verdad"[7] – y el poder político de Pilato se produce sobre el punto problemático de la verdad[8]. La verdad es precisamente el centro del reino de Dios: la verdad sobre Dios y la verdad sobre el hombre.

Un análisis atento pone de relieve que es precisamente la cuestión de la verdad la que hoy es atacada por medio del *relativismo ético*, que la Iglesia ha denunciado tantas veces. No solo en nuestra época, sino ya desde siempre, la verdad ha sido objeto de grandes traiciones y persecuciones. Es entonces cuando se oscurece el derecho y reina la prepotencia del malvado que quiere instaurar el "principado". El punto esencial del que estamos hablando consiste en que se niega la verdad cuando se quiere vivir "sin el reino de Dios" o se quiere "sustituir el reino de Dios". Esto es lo que la Iglesia denuncia y por este motivo se combate y persigue a la Iglesia de diversas maneras[9].

En el Evangelio, a propósito del reino que los judíos esperaban, Jesús dice también: «Pues está entre ustedes»[10]. De algún modo el reino de Dios parece invisible a los ojos, pero existe y está presente. Por una parte, Jesús afirma que no es de este mundo; pero, por otra parte, anuncia que está ya "aquí en medio de vosotros". ¿Cómo se explica esto? El reino, en definitiva, es Jesús mismo, que junto al Padre ha venido a entregar su vida divina. El reino es el Reinado de Dios[11].

El reino que Jesús nos trae, es un modo de vivir en perfecta y profunda comunión con Dios Padre: es la vida de Dios en plenitud de libertad, verdad

---

[5] *Biblia*. Evangelio según Juan 18, 36.
[6] *Biblia*. Evangelio según Juan 18, 37-38.
[7] *Biblia*. Evangelio según Juan 18, 37.
[8] *Magisterio*. Cfr. Juan Pablo II, Carta encíclica *Veritatis splendor* (1993) n.84.
[9] *Biblia*. Cfr. Libro del Génesis 3, 15.
[10] *Biblia*. Evangelio según Lucas 17, 21b.
[11] *Magisterio*. Cfr. Benedicto XVI, *Jesús de Nazaret*, cap. 3, La Esfera de los Libros, Madrid 2007, p. 83 (el texto en el Apéndice, n. 17, es disponible en el sitio web figlidichi.altervista.org).

y amor. Es el reino de Dios para el *hombre renovado*, es decir para la *verdad de todo el hombre* y para la *comunión de todos los hombres*. Por eso rezamos pidiendo "Venga a nosotros tu reino", a nuestros corazones, a nuestra vida, a nuestros pensamientos, a nuestras acciones: porque el reino es la manera de vivir como hijos de Dios ya sobre la tierra, a través de Jesucristo. Donde reina Cristo, allí está su reino, con su amor y su sabiduría.

La Iglesia, que sigue a Cristo, lleva al mundo su reino: solo puede proponerlo con la verdad, la fe y la caridad. No puede imponerlo. San Juan Pablo II en su primera encíclica *Redemptor hominis* (El Redentor del hombre) recordaba que "El cometido fundamental de la Iglesia en todas las épocas y particularmente en la nuestra es dirigir la mirada del hombre, orientar la conciencia y la experiencia de toda la humanidad hacia el misterio de Cristo, ayudar a todos los hombres a tener familiaridad con la profundidad de la Redención, que se realiza en Cristo Jesús"[12].

El suyo es un cometido universal al servicio de toda la humanidad. Lo recordaba el Papa Emérito Benedicto XVI en la Carta dirigida a la Iglesia que está en la República Popular China: "deseo recordaros lo que San Juan Pablo II subrayó con voz potente y vigorosa: la nueva evangelización exige el anuncio del Evangelio al hombre moderno, con la conciencia de que, igual que durante el primer milenio cristiano la Cruz fue plantada en Europa y durante el segundo en América y en África, así durante el tercer milenio se recogerá una gran mies de fe en el vasto y vital continente asiático. (...). Que China lo sepa: la Iglesia católica tiene el vivo propósito de ofrecer, una vez más, un servicio humilde y desinteresado, en lo que le compete, por el bien de los católicos chinos y por el de todos los habitantes del País. (...) Por tanto, la misión de la Iglesia católica en China no es la de cambiar la estructura o la administración del Estado, sino la de anunciar a Cristo, Salvador del mundo, (...) la Iglesia, en su enseñanza, invita a los fieles a ser buenos ciudadanos, colaboradores respetuosos y activos del bien común en su País, pero también está claro que ella pide al Estado que garantice a los mismos ciudadanos católicos el pleno ejercicio de su fe, en el respeto de una auténtica libertad religiosa"[13].

En el fondo, la Iglesia lleva y llevará siempre a cabo su cometido, el de dar en el mundo testimonio de Jesús, de su vida y de su reino: "reino de verdad y de vida - reino de santidad y de gracia - reino de justicia, de amor y de paz"[14].

Con estas siete palabras se pueden expresar las siete características del reino de Dios. Reconocer el reino de Dios quiere decir reconocer a Dios como Padre. Jesús nos recuerda: « No pueden estar al servicio de Dios y del dinero»[15].

---

[12] *Magisterio*. Juan Pablo II, Carta Encíclica *Redemptor hominis* (1979) n. 10.

[13] *Magisterio*. Benedicto XVI, *Carta a los Obispos, Presbíteros, Personas Consagradas y Fieles Laicos de la Iglesia Católica en la República Popular China* (27 de mayo de 2007).

[14] *Tradición*. Cfr. Liturgia de la Santa Misa, Prefacio de la Solemnidad de Cristo Rey del Universo, Misal Romano, Edición aprobada por la Conferencia Episcopal Española, Coeditores Litúrgicos, Madrid 1993, p. 404.

[15] *Biblia*. Evangelio según Lucas 16, 13.

Dios Padre es Padre de su reino. Pero si no hacemos que este reino entre en nuestra vida, en nuestras familias, si no lo ponemos por obra, entonces quiere decir que estamos sirviendo al reino de "mammón", quiere decir que buscamos nuestro enriquecimiento y no a Dios, nuestro egoísmo y no el amor. Al final de la vida recogeremos lo que hayamos sembrado: "¿No saben que los injustos no heredarán el reino de Dios? No sigan engañándose: ni inmorales ni idólatras ni adúlteros ni afeminados ni homosexuales, ni ladrones ni avaros ni borrachos ni calumniadores ni explotadores heredarán el reino de Dios"[16]. ¿Qué relación hay entre nosotros y el reino de Dios? Vamos a verlo con más detalle.

Dios creó en primer lugar el universo, como nos dice la Biblia en el primer capítulo del Génesis: lo llamamos "creación" porque con ese término reconocemos que ha sido creado por Dios.

Muchos, para no reconocer a Dios Creador, han sustituido el termino "creación" con el de "naturaleza": así el poder de "mammón", con el aumento del egoísmo y la irreligiosidad, tendrá la pretensión de dominarla cada vez más. A medida que el hombre se aleja de Dios Creador, ama cada vez menos y respeta menos lo que Dios le confía, y por eso se extiende el egoísmo con los miedos que lo acompañan y aumenta el grave problema mundial de la ecología.

En efecto, con su sabiduría y su amor, Dios confió al hombre "hecho a su imagen y semejanza"[17] el cuidado de la creación y este reino ¡es para el hombre! "Dios los bendijo; y les dijo Dios: «Sean fecundos, multiplíquense, llenen la tierra y sométanla; dominen a los peces del mar, a las aves del cielo y a todos los animales que se mueven sobre la tierra»"[18]. Después, Dios quedó complacido: "Y vio Dios todo lo que había hecho: y era muy bueno"[19]. Lo creado y el universo entero no son útiles a Dios. Ambos hablan al hombre de la existencia de Dios y de su poder, "Lo invisible de Dios, su poder eterno y su divinidad, se hacen reconocibles a la razón, desde la creación del mundo por medio de sus obras"[20]. Pero hay algo en la creación del universo que está más cerca de Dios: la creación del ser humano. En el hombre, varón y mujer, Dios quiso crear sobre la tierra algo de su reino; y esto constituye el modo de existir de ser humano, que hace referencia al hombre, pero también a Dios; a la pareja, pero también a la vida de otros seres humanos.

## La entrega de "lo humano"

¿A qué nos referimos cuando decimos *"lo humano"*? Significa "entregado", en el sentido que está más próximo a la humildad que a la arrogancia: lo humano no es algo que ha inventado el hombre, la mujer, la ciencia, la cultura, un poder o alguna energía. La vida del ser humano la ha creado Dios, no

---

[16] *Biblia*. Primera Carta a los Corintios 6, 9-10.
[17] *Biblia*. Cfr. Libro del Génesis 1, 26.
[18] *Biblia*. Libro del Génesis 1, 28.
[19] *Biblia*. Libro del Génesis 1, 31.
[20] *Biblia*. Carta a los Romanos 1, 20.

la hemos construido nosotros. Es un don. La familia, el sexo, la vida, no los hemos inventado nosotros, sino que son creación de Dios, hecha a su imagen y semejanza, de la que Dios se ocupa con "celo" y que nos ha confiado con gran cuidado. La primera creación más próxima a Dios es pues la familia, formada por un hombre y una mujer que se aman y por el don de la vida de ahí nace.

Solo el amor entiende el amor y esto es sin duda más cierto referido a Dios. En efecto, cuanto más Lo amamos, más Lo entendemos y cuanto más Lo entendemos, más Lo amamos: ¡es así! Dios quiere la unidad del amor: el amor a Él, el amor a las criaturas y, sobre todo, a las que son portadoras de "su imagen". *"Amarás al Señor tu Dios con todo tu corazón, con toda tu alma, y con toda tu mente* Éste es el precepto más importante; pero el segundo es equivalente: *Amarás al prójimo como a ti mismo "*[21].

El reino de Dios crece a través de la familia y a través de los hijos. El *Catecismo de la Iglesia Católica* subraya el valor que todo eso tiene: «La íntima comunidad de vida y amor conyugal, está fundada por el Creador y provista de leyes propias. [...] El mismo Dios [...] es el autor del matrimonio». La vocación al matrimonio se inscribe en la naturaleza misma del hombre y de la mujer, según salieron de la mano del Creador. El matrimonio no es una institución puramente humana a pesar de las numerosas variaciones que ha podido sufrir a lo largo de los siglos. (...) A pesar de que la dignidad de esta institución no se trasluzca siempre con la misma claridad, existe en todas las culturas un cierto sentido de la grandeza de la unión matrimonial. «La salvación de la persona y de la sociedad humana y cristiana está estrechamente ligada a la prosperidad de la comunidad conyugal y familiar»[22].

El amor incluye siempre el cuidado de la persona amada; es protección, comprensión, interés por el otro y sabiduría. "Dios que ha creado al hombre por amor, lo ha llamado también al amor, vocación fundamental e innata de todo ser humano. Porque el hombre fue creado a imagen y semejanza de Dios, que es Amor (cf 1 Jn 4, 8.16). Habiéndolos creado Dios hombre y mujer, el amor mutuo entre ellos se convierte en imagen del amor absoluto e indefectible con que Dios ama al hombre. Este amor es bueno, muy bueno, a los ojos del Creador. Y este amor que Dios bendice es destinado a ser fecundo y a realizarse en la obra común del cuidado de la creación. «Y los bendijo Dios y les dijo: «Sed fecundos y multiplicaos, y llenad la tierra y sometedla» (Gn 1,28)"[23].

La vida es un viaje extraordinario desde el ser hijos al ser esposos y luego padres –padres y madres–, a "imagen" de Dios que es Padre. No se trata solo de crecimiento, sino de un crecimiento que es "protección", para que crezca en su sentido y significado propio, que no debe perderse. Se trata de "custodiar" lo *humano*, lo que Dios ha confiado a la "humanidad", algo precioso que ¡no hay que manipular o camuflar!". El hombre, impulsado por la ambición de un progreso solo suyo, pero sobre todo movido por el proyecto que tiene "mammón", quiere trastocar la vida humana, "don" de Dios, transformándola cada vez más en un "producto" de la ciencia y de la técnica. ¡Pero el hombre

---

[21] *Biblia*. Evangelio según Mateo 22, 37-39.
[22] *Magisterio. Catecismo de la Iglesia Católica*, n. 1603.
[23] *Magisterio. Catecismo de la Iglesia Católica*, n. 1604.

es más grande que la ciencia! Como también es más grande la realidad que lo que el hombre descubre con la ciencia. Y aquí querría plantear una pregunta: ¿El matrimonio de dos personas que se quieren es un «don» de su amor o es un «producto» de su sexualidad? Entonces, ¿por qué el hijo debe ser un «producto» de la técnica y no un «don» de su amor?

La familia es pues un don de Dios que hay que entender, amar y custodiar[24]. Por eso, el amor humano y la familia tienen necesidad de Dios y de su "cercanía". Así, a través del amor humano y de los hijos, el reino de Dios crece. No es algo impuesto, sino algo que se propone al amor y a la responsabilidad de los seres humanos... Se trata de una preciosa realidad que confiere una gran dignidad a la familia y al amor que la alimenta.

Y, al contrario, alejándose de Dios, el ser humano pierde el reino. ¿Dónde hemos perdido el reino de Dios? Precisamente en la pareja. ¿Por qué razón y cómo se manifiesta en la pareja la semejanza que debe acercarnos a Dios Creador y Padre? Las matemáticas nos ayudarán a entenderlo.

Consideremos una pareja que se ama: un hombre y una mujer que se unen por amor, con entrega, para formar una estupenda familia, para ser un solo corazón, un solo cuerpo, una bonita pareja, en definitiva. Pero incluso si se unen, nunca llegarán a ser "uno", porque uno más uno ¡siempre es dos! 1+1=2. De este modo, la unión como suma siempre será dos. En efecto, en la Biblia, Dios nunca define el matrimonio como emparejamiento. El materialismo y el hedonismo han creado la imagen de un hombre y una mujer que simplemente se unen, pero así los dos no forman una pareja: ¡más bien una "pseudo-pareja"!

No hemos pues de maravillarnos si luego las parejas se rompen, porque así ¡nunca podrán funcionar bien! Dios no las ha creado de esta manera.

El secreto de lo que realmente la pareja es, se encuentra en la Biblia, porque la pareja humana es una creación especial de Dios. Por eso, la creación que Dios nos ha confiado funciona solo con una cierta armonía y un cierto equilibrio de fuerzas y, a lo largo de la Biblia, Dios aconseja al hombre que le escuche. El surgir de la vida es una combinación singular, como nos dice la biología. La armonía del universo, como se estudia en Física, es una combinación singular de elementos y si cambiásemos uno o medio de ellos, ya nada sería lo que es, tendríamos otro mundo. El mundo se sostiene sobre un sentido, sobre un orden, que algunos números nos pueden describir. De manera similar a la creación y con mayor razón, la pareja humana -creación singular de Dios- solo funciona de un modo: no se puede deformar, manipular o cambiar, porque de lo contrario, en la pareja y en el amor humano se pierde el reino y ocupa su puesto "mammón", que quiere precisamente lograr ese fin con la ayuda de una cultura banal de lo efímero y de la utilidad inmediata. Es entonces cuando desaparece lo *humano* y se pierde el *amor*.

¡Para amar es necesario entender! ¡Esta es la comprensión de la fe, de la que habla la Iglesia! Es necesaria la capacidad de comprender para entender

---

[24] *Magisterio.* Cfr. Benedicto XVI, *Homilía en la Santa Misa con consagración de la Iglesia de la Sagrada Familia y del Altar.* Viaje Apostólico a Santiago de Compostela y Barcelona (7 de noviembre de 2010) (el texto en el Apéndice, n. 18, es disponible en el sitio web figlidichi.altervista.org).

la verdad y se necesita un amor más grande para poder amarla. En realidad, quien no ama la verdad, tampoco se ama a sí mismo. Es en la verdad donde reencontramos a Dios y su reino, porque como nos dice Jesús: "conocerán la verdad y la verdad los hará libres"[25].

Llegados a este punto, podemos preguntarnos cómo funciona la pareja. La "pseudo pareja" siempre será 1+1=2, pero no será nunca uno (1), un matrimonio, una familia, porque el matrimonio no se hace con una suma de personas y de dos cuerpos que se atraen, ya que está hecho a "imagen de Dios" y Dios no es una suma, porque es Uno en Tres Personas, como nos ha revelado Jesús.

## La fórmula del verdadero amor y del matrimonio

¿Cuál será, por decirlo así, la "fórmula del matrimonio"? Hemos de descender a los detalles y aquí se necesita mucha sabiduría y mucha luz de Dios.

Por lo general, al reflexionar sobre esto, la gente piensa: "Es verdad, si no cambia nada de nuestra vida juntos y cada uno permanece como indiferente, la pareja no se forma. Es preciso, en cambio, salir al encuentro del otro y cambiar un poco para gustarse". De este modo, al sentir la atracción del amor, los dos se ponen de acuerdo, se limitan, se hacen más pequeños, por así decirlo, hasta el punto de ser cada uno como una mitad, de modo que sea posible hacer $\frac{1}{2}+\frac{1}{2}=1$. Pero en lo humano no es posible crear unidad sumando "mitad más mitad", aunque la suma sea "uno", porque el amor no puede ser una merma de la persona: la reducción no funciona ¡ni siquiera por amor! ¡No se sostiene! ¡Dios no quiere que en y entre las personas humanas se realice ese "mitad más mitad"! Es más, hoy hay mucha gente que piensa que esta es la realidad del amor y de la familia, hasta el punto de despreciarla afirmando que "el matrimonio es la tumba del amor" o manifestando opiniones superficiales: "es mejor no casarse...", "se está mejor solo", "¿no basta estar juntos mientras dura?". ¡Estos no saben lo que es el amor! Desconfían del amor porque se han alejado del misterio del ser humano.

¿Quién cree en el amor? Muy pocos, porque "el amor viene de Dios"[26] y amar es como entrar en el reino de Dios. Quizás, a veces se busca el amor, pero se cree más en el estar juntos que en el amor y la familia. Entonces es incluso normal que la familia se venga abajo, porque no se la quiere cómo es y ¡cómo Dios la ha hecho! Dios la creó de otra manera y hoy las familias están especialmente expuestas al peligro, porque se ven asediadas por presiones materialistas, hedonistas y ateas.

Pero sigamos con la búsqueda: ¿de qué otra manera cabría encontrar la unidad en el amor del hombre y la mujer? Y ¿cuál podría ser su "formula"?

Ya que no cabe reducirse a mitad para formar una pareja, ¿cabe acaso hacerlo de otra manera, tipo "un día para cada uno", quitándose cada uno de

---

[25] *Biblia*. Evangelio según Juan 8, 32.
[26] *Biblia*. Primera Carta de Juan 4, 7.

en medio en días alternos? Ciertamente no, aunque $0+1=1$ y, al revés, $1+0=1$. En efecto, tampoco así funcionaría el amor, a causa de la igual y constante dignidad del hombre y la mujer. Dado que el amor implica a toda la persona, requiere esfuerzo, es delicado y tiene sus leyes, de modo que cuando hay contraposición, es posible llegar incluso a destruirse: $1-1=0$. Resulta entonces necesario separarse, dividirse, para sobrevivir, para reencontrarse a sí mismos con esfuerzo y sufrimiento: $1:1=1$.

¿Cuál será entonces la fórmula del verdadero amor? El amor entre el hombre y la mujer que construye el matrimonio y realiza el reino de Dios, funciona de la siguiente manera, "uno por uno": $1x1=1$. Únicamente así.

San Juan Pablo II, en su preciosa Carta apostólica *Mulieris dignitatem* (Dignidad de la mujer), afirma: "En la «unidad de los dos» el hombre y la mujer son llamados desde su origen no sólo a existir «uno al lado del otro», o simplemente «juntos», sino que son llamados también a *existir recíprocamente, «el uno para el otro»*"[27]. "El hombre y la mujer están hechos «el uno para el otro»: no que Dios los haya hecho «a medias» e «incompletos»; los ha creado para una comunión de personas, en la que cada uno puede ser «ayuda» para el otro porque son a la vez iguales en cuanto personas («hueso de mis huesos...») y complementarios en cuanto masculino y femenino. En el matrimonio, Dios los une de manera que, formando «una sola carne» (Gn 2,24), puedan transmitir la vida humana: «Sed fecundos y multiplicaos y llenad la tierra» (Gn 1,28). Al trasmitir a sus descendientes la vida humana, el hombre y la mujer, como esposos y padres, cooperan de una manera única en la obra del Creador "[28].

Al mundo le falta el secreto del amor: solo Dios lo tiene, la Biblia nos lo muestra y de ese secreto da testimonio el Cristianismo. Uno por uno, uno; $1x1=1$, esta es la fórmula del amor verdadero y bueno, el que dura en el matrimonio y construye con Dios. Pero la fórmula hemos de entenderla bien: para ser felices no es suficiente solo ser "el uno para el otro" y basta. ¡Es infantil pensarlo! ¡También dos ladrones... pueden perfectamente ponerse de acuerdo, ayudarse y ser solidarios! ¡No es verdad que en la pareja baste ser cómplices!

De hecho, existen *dos condiciones* para que la fórmula sea eficaz: La *primera condición* es que cada uno de los dos "sea para el otro y al revés"; no es suficiente el empeño de uno solo de los dos. Debe ser un empeño de ambos. La *segunda condición* es que resulta necesario que ambos sean "enteros". "Enteros" quiere decir aquí "íntegros". En efecto, si una persona no fuese íntegra en la verdad, en el bien y en el amor, sino que fuese, por decirlo en términos matemáticos, 0,8, la pareja no funcionaría bien: $1x0.8=0.8$ igual que $0.8x1=0.8$. ¡No caben descuentos! Si uno es "un poco menos" de uno (1), hace que toda la familia "baje" y se empobrezca humanamente.

Pero veamos otra hipótesis. En caso de que uno de los dos hubiese de considerarse de valor "superior" a uno (1), como, por ejemplo, 1.3, nuestra fórmula mostraría, por falta de igualdad entre los miembros, la presencia de un peligroso superávit, o sea de un desequilibrio: $1.3x0.9=1.17$ (en nuestro caso

---

[27] *Magisterio.* Juan Pablo II, Carta apostólica *Mulieris dignitatem* (1988) n. 7.
[28] *Magisterio. Catecismo de la Iglesia Católica*, n. 372.

0.17 respecto a 1), tal que incitaría a uno u otro a salir fuera de la relación de fidelidad de la pareja.

Por tanto, amarse significa también saber valorar la propia integridad en la verdad y en el bien para no dañar al otro y permitir a la pareja la integridad y la plenitud que representa el "uno" (1). Esto implica que amar y quererse no solo suscitan el bien del amarse, sino también que cada uno ¡"*quiera el bien*" del otro! Tanto el amarse, como el bien que cada uno puede aportar al otro, hay que verificarlos, dentro de lo posible, en un itinerario vital. Es lo que se propone[29] a las numerosas parejas que frecuentan el Centro "Famiglia Piccola Chiesa" [Familia Pequeña Iglesia] del Movimiento del Amor Familiar, en el que se pone en práctica, con excelentes resultados, cuanto se describe en este libro. Para realizar todo esto, ciertamente no bastan las ciencias de la psique y del cuerpo, sino que son también necesarias las del alma espiritual y las de la teología.

Para casarse bien, las personas y las parejas, han de volver a descubrir la verdad y el bien y llegar a ser, en lo posible, ¡*auténticos e íntegros*! Entrar en el reino de la vida y del amor requiere empeño, como nos recuerda Jesús en el Evangelio: "¡Qué estrecha es la puerta, qué angosto el camino que lleva a la vida, y son pocos los que lo encuentran!"[30]. Ni la acidia, la pereza del alma, uno de los siete vicios capitales, ni el narcisismo, característico de tantos trastornos de personalidad en el mundo de hoy, prestan un buen servicio al amor. Y lo mismo cabe decir de la indiferencia religiosa o del secularismo. Hay que preguntarse: ¿quién quiere de verdad curarse y ser mejor para poder amar? ¿Quién siente la alegría y el amor de mejorar la propia vida, sanando de los defectos y carencias, porque quiere casarse bien y así servir mejor a Dios y a su reino?

## El juego de los bolígrafos

Otro ejemplo muy convincente de lo que estamos contando es el que he llamado "el juego de los bolígrafos". En la figura 1 aparece representada "la cabaña" de la "pseudo-pareja": los dos, el varón y la mujer (M y F respectivamente las imágenes en color están disponibles en el sitio <u>figlidichi. altervista.org</u>), "inclinados" por la vida y entorpecidos por los defectos, se gustan y, atrayéndose, se aman y se unen sexualmente (punto c). La inclinación que da lugar al ángulo (a) y al ángulo (b), muestra el "ángulo de la patología" (a) y (b), es decir, de las necesidades y carencias debidas a las disfunciones espirituales o psíquicas; por eso los dos se encuentran, casi sin darse cuenta, en un amor "como piezas que se encajan", porque así se sostienen mutuamente: con frecuencia se justifican y se encubren mutuamente, defendiendo esta posición suya que les protegería. El plano (d) representa el peso de la vida con sus responsabilidades y expectativas: para ellos es difícil ¡"casarse para siempre"! o ¡"tener hijos"! Tienen miedo de que su cabaña se venga abajo...

---

[29] Cfr. también capítulo 8.
[30] *Biblia.* Evangelio según Mateo 7, 14.

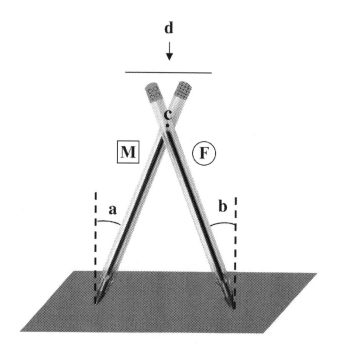

Figura 1. La cabaña

En la figura 2 se pone de relieve que la inclinación de los ángulos (a) y (b) puede ser mayor o menor según los casos, o también distinta en uno y otro. Estas parejas dan entonces lugar a unas *cabañas* más o menos "inclinadas", más o menos inestables; entre otras cosas, porque el peso (d) de la vida se amplía, "aumenta", y cuanto mayor es el ángulo de la patología (a y b) y (a' y b'), más se nota. O sea, cuanto más "inclinados" están él y ella, más siente la pareja el *peso* (d) de la vida, con sus responsabilidades, incluido el peso del matrimonio, que no es de los menos importantes, "refugiándose" con frecuencia en la *convivencia*.

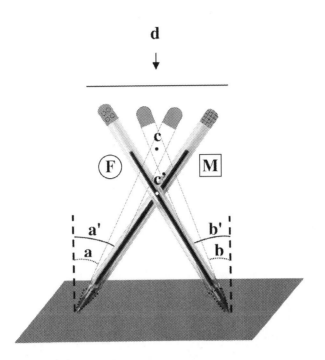

Figura 2. La cabaña más inclinada

En la figura 3 está representada *la casa* de la pareja. Cuanto más asentada está una persona en las raíces de la verdad y del bien, reencontradas en Dios, que es su fuente, tanto más se levantará sin desviaciones ni cesiones.

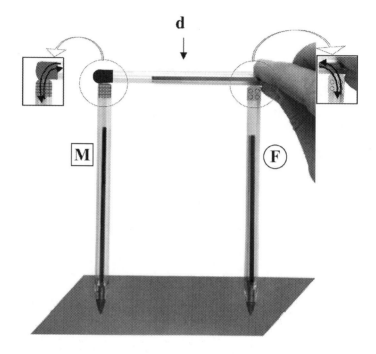

Figura 3. La casa

Aquí, tanto él como ella son uno (1) y una (1), auténticos e íntegros. La identidad entre ambos y su carácter positivo no da pie a encuentros peligrosos y equívocos. La distancia entre uno y otro muestra su diversidad y sus rasgos específicos: no se confunden ni el hombre ni la mujer y saben apreciarse recíprocamente. Su amor no pasa solo por la unión sexual, no está solo en un punto del cuerpo (punto c de las figuras 1 y 2): al contrario, por su amor pasa toda su vida que se donan uno al otro como *don sincero y total de persona a persona*[31]. Don "total" se entiende aquí en el sentido de que compromete a toda la persona y por toda la vida, en el don de sí, para siempre. Precisamente aquí está su valor, no porque sea posesión, sino porque es expresión del "don", es decir del amor de Dios que es para siempre. En efecto, al ir "de persona a persona", su amor "abarca el bien de toda la persona"[32]. La expresión "entrega sincera de sí mismo"[33] indica la verdad del corazón que ama y de la voluntad que quiere amar sin doblez. Así entendido, el don en el amor conyugal es

---

[31] *Magisterio.* Cfr. Concilio Vaticano II, Constitución pastoral *Gaudium et spes* n. 24 c; nn. 48-49.

[32] *Magisterio.* Concilio Vaticano II, Constitución pastoral *Gaudium et spes* n. 49.

[33] *Magisterio.* Cfr. Concilio Vaticano II, Constitución pastoral *Gaudium et spes* n. 24.

evidentemente "de persona a persona"[34] en aquello que caracteriza a la persona, su dimensión física, pero no solo en ella.

En los esposos, en efecto, la entrega de sí mismos es toda su *vida común*, de él y de ella, representada en la figura 3 por el tercer bolígrafo. Su entrega recíproca queda patente en la imagen ampliada de los dos recuadros: ambos se entregan y *se reconocen* en el don de sí y de su misterio que es "la imagen". Esa entrega es tan grande como cada uno de ellos y los une en el alma y en el cuerpo en una pareja (1x1=1). Saben soportar las responsabilidades (d) de la vida, del matrimonio y de los hijos. De este modo, los hijos encuentran ya en la pareja de los esposos, que a la vez son sus padres, la "imagen de Dios", porque ellos son para sus hijos el primer testimonio del misterio del amor, de la vida y de Dios mismo, que ha confiado a los esposos su "imagen"[35].

Por esto y por el amor que los une, todo padre debería enseñar a sus hijos a estimar y respetar a su madre y a toda mujer; y de la misma manera, toda madre debería enseñarles a estimar y respetar a su padre y a todo hombre. Así pues, todos los hijos e hijas tienen derecho a que sus padres hablen bien uno del otro dentro de la verdad, pues de otro modo los hijos no sabrán ser en profundidad ellos mismos.

Pero existe todavía un dato importante que aclarar.

Está escrito en la Biblia: "Y creó Dios al hombre a su imagen; a imagen de Dios lo creó; varón y mujer los creó"[36]. Y es precisamente de esta "imagen de Dios" de donde brotan en el hombre y la mujer la capacidad di amar[37] y la "cercanía" a Dios[38]. Pero aquí, en el versículo de la Biblia, la pareja parecería estar compuesta por dos seres: varón y mujer, y, a primera vista, no se ve "cómo" son a "imagen" de Dios.

Fijándose mejor y de manera inteligente, uno se da cuenta de que en la frase de la Biblia en realidad está presente el misterio de Dios que es Trino: Tres Personas, Padre, Hijo y Espíritu Santo en un solo Dios. Este hecho lo cambia todo: en efecto, si fuesen solo "dos", varón y mujer, si lo humano solo estuviese hecho de dos dimensiones, la masculina y la femenina, solo sería posible la "pseudo-pareja", pero no la pareja ¡"a imagen" de Dios! Ahora bien, dado que Dios es Trino, ¿dónde aparece en la frase bíblica la tercera dimensión?

## La imagen en los dos sexos

La *tercera dimensión* en lo humano está precisamente en la "imagen de Dios". Esta es la que, tanto en el sexo masculino como en el sexo femenino,

---

[34] *Magisterio.* Cfr. Concilio Vaticano II, Constitución pastoral *Gaudium et spes* n. 49.

[35] *Magisterio.* Cfr. Juan Pablo II, Carta a las Familias *Gratissimam sane* (1994) n. 11 (el texto en el Apéndice, n. 19, es disponible en el sitio web figlidichi.altervista.org).

[36] *Biblia.* Libro del Génesis 1, 27.

[37] *Magisterio.* Cfr. Juan Pablo II, *Hombre y mujer los creó: catequesis sobre el amor humano*, Ediciones Cristiandad, Madrid 2000, cap. XIII, pp. 117-118 (el texto en el Apéndice, n. 20, es disponible en el sitio web figlidichi.altervista.org).

[38] *Magisterio.* Cfr. Juan Pablo II, Carta apostólica *Mulieris Dignitatem* (1988) n. 7 (el texto en el Apéndice, n. 21, es disponible en el sitio web figlidichi.altervista.org).

hace posible que el hombre y la mujer puedan ser en el amor "uno para uno de modo humano", haciéndose entrega de sus personas. Para ser uno, "una carne", una "persona conyugal", hay que ser tres. En nuestra realidad más profunda, los seres humanos convivimos con un misterio, que es la imagen de Dios. La pareja procede de ese misterioso *por* (x) que es la imagen de Dios, capaz de amor como "entrega sincera de sí"[39], capaz de hacer el bien y no simplemente de sentirse bien, con complicidad, como a veces dice el mundo que no conoce a Dios, ni conoce lo humano.

El hombre y la mujer, por tanto, llevan en sí mismos la imagen de Dios no solo como personas, sino sobre todo en su "comunión de personas"[40], cuyo primer fruto es una mutua revelación en la cual la mujer da a conocer al hombre y el hombre a la mujer. La pareja humana, que "viene" de Dios y lo sigue, funciona de esta manera. A este respecto[41], tenemos las preciosas catequesis sobre el amor humano de San Juan Pablo II, publicadas en el libro *Hombre y mujer los creó*.

Y, al revés, si se cubre o se deforma la "imagen", que es la dimensión espiritual y que está inscrita en la sexualidad, el hombre y la mujer no viven el misterio de la entrega de sí a imagen de Dios, de la entrega de sí en la unidad de pareja, sino que simplemente se juntan– ¡mientras dura! – usando de la diferencia de los sexos. Surge así una "pseudo-pareja". Pero no la pareja que Dios quiere. En efecto, si hay dos géneros diversos, el *masculino* y el *femenino*, ¿quién puede unirlos? ¿Acaso la necesidad, las carencias, el intercambio, el capricho, o bien algo que es similar en uno y en otro? Y si son distintos, ¿qué es *similar* en el varón y en la mujer?

Para unirlos, hace falta un *elemento* que sea *común* y que no sea algo externo, sino algo que los engrandece, que les hace ser lo que son, que sea igual a su gran misterio personal. Es el misterio común a ambos, la "imagen y semejanza" que es don de Dios, lo que funda su igual dignidad personal y la capacidad de amar y de la entrega de sí en la reciprocidad de la masculinidad y la feminidad. Es bonito ser varón y es bonito ser mujer, viviendo el gran valor del propio género sexual y aceptándose en la complementariedad de la misión común. "El respeto de la persona humana considera al prójimo como «otro yo». Supone el respeto de los derechos fundamentales que se derivan de la dignidad intrínseca de la persona"[42]. Solo esta dimensión espiritual permite amarse en la libertad y la responsabilidad del bien recíproco, esto es, como hijos de Dios.

La belleza y la grandeza del ser humano, pasando por la sexualidad, hacen que el hombre se enamore de la mujer y viceversa, pero no por una necesidad sexual o sentimental que viene y va. ¡Ni tampoco por una necesidad

---

[39] *Magisterio*. Concilio Vaticano II, Constitución pastoral *Gaudium et spes* n. 24.
[40] *Magisterio*. Cfr. *Catecismo de la Iglesia Católica*, n. 383.
[41] *Magisterio*. Cfr. Juan Pablo II, *Hombre y mujer los creó: catequesis sobre el amor humano*, Ediciones Cristiandad, Madrid 2000, cap. IX, p. 99; cap. XIV, p. 120; cap. XV, p. 124 (el texto en el Apéndice, n. 22, es disponible en el sitio web figlidichi. altervista.org).
[42] *Magisterio*. *Catecismo de la Iglesia Católica*, n. 1944.

de acaparar o debida a la soledad! El reino de Dios comienza con la pareja: si la pareja es como Dios la ha hecho, debe mostrar tres dimensiones. El reino de Dios nace de la pareja, de la familia que es el primer núcleo de la sociedad. El reino de Dios es algo grande y poderoso que Dios ha puesto dentro de cada uno con la creación del alma espiritual.

Si las familias muestran esta "imagen", esta tercera dimensión, entonces la pareja y la familia aparecerán más claramente como manifestaciones del reino de Dios. Pero si la esconden, entonces la pareja cae automáticamente en la posesión, o sea en las tramas del poder económico y político, e igualmente en el interés privado egoísta. En definitiva, la familia se apoya y sostiene sobre un misterio de amor y de verdad que Jesús nos hace pedir en el *Padrenuestro*: "Venga a nosotros tu reino".

Y es aquí donde las relaciones prematrimoniales y la misma "convivencia" muestran su debilidad y con mucha frecuencia, más que preparación para el amor, se convierten en una huida del amor bueno y responsable, que, no obstante, se querría encontrar y vivir. Parece entonces que lo más fácil es "probar" e incluso, la mayoría de las veces, que se tiene el "derecho". En realidad, se opta por intentar la "convivencia", como si se pudiese probar... Pero la vida no se puede someter a prueba, ni tampoco se puede poner a prueba la entrega sincera de sí para siempre, porque toda prueba tiene una duración: nunca es total, ni "para siempre" y, en consecuencia, se parecería más a un préstamo. En efecto, en la prueba de la convivencia, nunca se da la plenitud que en cambio define la opción de contraer matrimonio.

De igual modo, una madre o un padre no podrían probar a ser padres: o lo son o no lo son. Las "cosas" se pueden probar, la vida de los seres humanos, no. Salvo que quede reducida... a un mero objeto. No cabe duda de que, reconociendo precisamente la grandeza y la belleza del amor humano, la pareja ha de ser ayudada para que supere la tentación del reduccionismo y opte por la integridad y la totalidad, preparándose adecuadamente al matrimonio y también después del matrimonio, para que no se pierda.

A veces, por desgracia, las parejas se quedan bloqueadas en "un amor que se estanca", en una rutina vacía, hasta un momento en que ya no significa nada. ¡Cuántos amores se pierden, por desgracia, porque no se dejan curar por el "Misterio" del Amor cuya raíz está en Dios! Cuántas heridas son capaces de hacerse unos seres humanos a otros, sin pensar nunca en querer curarse. Para la mentalidad del mundo es normal que el amor se agote y se acabe, como una experiencia detrás de otra, como una "cosa" que se consume.

Pero, ¿puede acaso el mundo conocer el amor si huye lejos de la Fuente del Amor, que es Dios? Como mucho, podrá conocer "lo erótico", pero no la plenitud del amor humano, que incluye necesariamente la dimensión espiritual y la relación con Dios.

Hoy en día, se casan bien los que han encontrado el misterio del amor, de la verdad y del reino. Lo primero que deben hacer los novios y los esposos es comprender el reino de Dios que vive dentro de ellos. Deben encontrar el misterio de su amor, ¡no solo el amor! ¡Porque para salvarse no basta el amor humano! Si bastase el amor humano y, más concretamente, solo el amor "erótico", ¡Jesucristo no habría venido a la tierra para salvarnos!

Jesús salva a los esposos y los une a Sí: entonces ellos se unirán "en el Señor"[43], porque su amor, bendecido y santificado por Jesús con el sacramento del matrimonio, pertenece a su reino, puesto que Le está consagrado y está arraigado en Dios Fuente del Amor. Entonces el amor humano es capaz no solo de ser verdadero y bueno, sino también hermoso, el "amor hermoso", como lo llamaba San Juan Pablo II[44].

Esto es lo que Jesús vino a traernos: el reino de Dios. Para amarse y casarse es preciso reconocerlo de algún modo. No es suficiente que los dos se amen humanamente, deben amar el Amor. No basta que se unan, deben amar su misterio: el de la "imagen" común que los hace capaces de amarse y el de Cristo que los une. No basta que amen a su familia, deben rezar a Dios pidiendo que "Venga su reino": ¡así se salva el amor humano! El amor humano para mantenerse en pie debe encontrar su misterio, sus raíces, en el espíritu, en el diseño de Dios, en el amor a Dios: en efecto, la casa debe construirse sobre roca, como nos dice Jesús[45]. Este es el misterio que pertenece al Cristianismo y que Jesús vino a revelar a toda la humanidad, como nos recuerda de nuevo la *Carta a las Familias* de San Juan Pablo II: "Sin embargo, no hay verdadero amor sin la conciencia de que Dios «es Amor», y de que el hombre es la única criatura en la tierra que Dios ha llamado «por sí misma» a la existencia. El hombre, creado a imagen y semejanza de Dios, sólo puede «encontrar su plenitud» mediante la entrega sincera de sí mismo. Sin este concepto del hombre, de la persona y de la «comunión de personas» en la familia, no puede haber civilización del amor; recíprocamente, sin ella es imposible este *concepto de persona y de comunión de personas*. La familia constituye la «célula» fundamental de la sociedad. Pero hay necesidad de Cristo —«vid» de la que reciben savia los «sarmientos»— para que esta célula no esté expuesta a la amenaza de una especie de *desarraigo cultural*, que puede venir tanto de dentro como de fuera. En efecto, si por un lado existe la «civilización del amor», por otro está *la posibilidad de una «anticivilización»* destructora, como demuestran hoy tantas tendencias y situaciones de hecho"[46]. Se trata pues de ser conscientes de la nueva importancia del valor que tiene hoy la familia.

## La virginidad, signo de amor a Dios

A la construcción del reino pertenece también la *"Virginidad por el reino de los cielos"*, de la que Jesús habla en el Evangelio[47]. Esta "es un desarrollo de la gracia bautismal, un signo poderoso de la preeminencia del vínculo con Cristo, de la ardiente espera de su retorno, un signo que recuerda también que el matrimonio es una realidad que manifiesta el carácter pasajero de

---

[43] *Biblia*. Cfr. Carta a los Efesios 5, 25-33.
[44] *Magisterio*. Cfr. Juan Pablo II, Carta a las Familias *Gratissimam sane* (1994) n. 13 (el texto en el Apéndice, n. 23, es disponible en el sitio web figlidichi.altervista.org).
[45] *Biblia*. Cfr. Evangelio según Mateo 7, 24-27.
[46] *Magisterio*. Juan Pablo II, Carta a las Familias *Gratissimam sane* (1994) n. 13.
[47] *Biblia*. Cfr. Evangelio según Mateo 19, 12.

este mundo"[48]. En su Viaje Apostólico a Francia, el Papa Emérito Benedicto XVI exhortaba así a los jóvenes a confiar en Cristo entregando su vida: "¡No tengáis miedo! ¡No tengáis miedo de dar la vida a Cristo! Nada sustituirá jamás el ministerio de los sacerdotes en el corazón de la Iglesia. Nada suplirá una Misa por la salvación del mundo. Queridos jóvenes o no tan jóvenes que me escucháis, no dejéis sin respuesta la llamada de Cristo"[49].

## Un misterio en común

Ambas vocaciones viven un *misterio en común* que anuncian con la vida:

*Cuando dos seres humanos, un hombre y una mujer*
*se funden junto con el amor de Dios*
*para construir su futuro*
*nace la "Familia Pequeña Iglesia".*
*Este es el don del Sacramento del Matrimonio.*
*Cuando en la Iglesia un hombre o una mujer*
*llenos de amor a Dios se ofrecen a Él*
*para reencontrarse en el absoluto de Dios*
*ellos anuncian la Iglesia del futuro,*
*lo que serán y lo que será el mundo mañana.*
*Y este es el don del celibato por el reino de los cielos.*
*Cuando lo humano y el Espíritu Divino*
*se funden en armonía*
*para bien de Dios y bien del hombre*
*nace la Iglesia y la familiaridad con el misterio.*
*Esta es la que crea la comunión en los esposos cristianos*
*y en las personas consagradas.*

Con estas palabras, de hace ya algunos años, subrayaba yo el "misterio en común". "Estas dos realidades, el sacramento del Matrimonio y la virginidad por el Reino de Dios, vienen del Señor mismo. Es Él quien les da sentido y les concede la gracia indispensable para vivirlos conforme a su voluntad. La estima de la virginidad por el Reino y el sentido cristiano del Matrimonio son inseparables y se apoyan mutuamente"[50]. La Virginidad por el reino de los cielos, en efecto, nos hace abrirnos a la gloria y a la esperanza, porque nos recuerda a cada uno, especialmente a la familia y al mundo, el fin último de la vida humana, el futuro al que Dios llama a la humanidad: el amor en Dios para las bodas eternas del Cordero, el Esposo Divino[51].

---

[48] *Magisterio. Catecismo de la Iglesia Católica*, n. 1619.
[49] *Magisterio.* Benedicto XVI, *Homilía en la Santa Misa en la Explanada de los Inválidos en París.* Viaje Apostólico a Francia con ocasión del 150° Aniversario de las Apariciones de Lourdes (13 de septiembre de 2008).
[50] *Magisterio. Catecismo de la Iglesia Católica*, n. 1620.
[51] *Biblia.* Cfr. Libro del Apocalipsis 19, 7-9.

"El sentido cristiano del amor y del matrimonio", como también "la virginidad por el reino de los cielos", son necesarios para el mundo y para el corazón de cada hombre, para dar sentido pleno a la vida humana en cuanto transparencia del misterio de Dios y para colaborar con Él en plenitud. Los esposos y los consagrados se iluminan recíprocamente y se enseñan y dicen unos a otros algo sobre sí mismos, porque su lenguaje común es el amor verdadero y cuando el amor se ve, se aprende a amar.

Debemos transmitir a las nuevas generaciones la belleza del reino de Dios presente en las realidades humanas, tanto en la virginidad ofrecida a Dios por los hermanos, como en el matrimonio y la familia cristiana: recuperando y mostrando que la sexualidad, la familia y la vida forman parte del reino de Dios. Los cristianos deben hacer que todo esto salga a la luz con mayor claridad, con mayor fuerza, no solo para ellos mismos, sino también para sus hijos y sus amigos. "Mammón", con sus fuerzas, está construyendo otras parejas y otra sociedad distintas, ¡que son las suyas! A "mammón", que no quiere a Dios, ni las cosas de Dios, no le importa que la familia no funcione como debería, porque quiere pervertirla, como inventarla de nuevo, alejándola de Dios. Esto se llama robo. Más adelante lo veremos de nuevo: tomar las cosas de Dios, pero sin Dios; tomar la vida del hombre y de la mujer, pero sin su misterio; arrancar todo lo que procede de Dios del reino de Dios, para transformarlo en el "principado". Se trata de la *distorsión de la verdad* a la que hoy estamos asistiendo.

Lo que podemos y debemos hacer es proponer al mundo, con libertad y verdad, a Cristo y su Evangelio. No a escondidas, sino como Jesús quiere. El mundo tiene necesidad de luz, de la sabiduría y de la belleza de Dios. Por eso, en la nueva evangelización será preciso no solo proponer nuevos itinerarios antropológicos, sino también nuevas experiencias de espiritualidad, de belleza y de mística, que toquen el corazón del hombre. A nosotros, siervos y amigos del Señor, hijos de Dios, obedientes a Jesucristo, nos corresponde la tarea de recuperar toda la maravilla de lo que Jesús nos ha confiado y que es nuestro, y transmitirlo en la verdad, la humildad y la caridad a las nuevas generaciones: a tantos jóvenes, hombres y mujeres que lo buscan, porque estamos hechos para el reino de Dios y no para *las insidias* de "mammón" que conducen al precipicio. Con Jesús, verdadero Dios y verdadero hombre, "entre cielo y tierra" hay una luz que se abre camino y llega a nosotros.

# 6

## Venga a nosotros tu reino (II)

En el capítulo anterior, vimos qué quiere decir Jesús cuando nos enseña a rezar con las palabras "Venga a nosotros tu reino". Vimos también cómo, en último extremo, Él mismo se identifica con el reino de Dios que viene a instaurar progresivamente de un modo inesperado, pasando por el amor y la libertad de los hombres. Hacen falta unos ojos nuevos para darse cuenta de esto, hay que tener una cierta sensibilidad en el corazón y en la mente.

En primer lugar, es importante ser conscientes de que su reino ha llegado y está presente, como ya vimos en el capítulo anterior. Y, no obstante, Jesús nos ha confiado esta oración: "Venga a nosotros tu reino". Seguro que no para que "venga" al cielo, donde ya está y Él lo habita. Por tanto, lo que Jesús quiere es que se extienda por la tierra y crezca con nuestra colaboración, hasta el día en que Él, tal como prometió, regrese en la gloria: «Pero, cuando llegue el Hijo del Hombre, ¿encontrará esa fe en la tierra?»[1].

El Concilio Vaticano II nos recuerda constantemente que "El Señor es el fin de la historia humana, «punto de convergencia hacia el cual tienden los deseos de la historia y de la civilización», centro de la humanidad, gozo del corazón humano y plenitud total de sus aspiraciones. Él es aquel a quien el Padre resucitó, exaltó y colocó a su derecha, constituyéndolo juez de vivos y de muertos. Vivificados y reunidos en su Espíritu, caminamos como peregrinos hacia la consumación de la historia humana, la cual coincide plenamente con su amoroso designio: «Restaurar en Cristo todo lo que hay en el cielo y en la tierra» (Ef 1,10). He aquí que dice el Señor: «Vengo presto, y conmigo mi recompensa, para dar a cada uno según sus obra. Yo soy el alfa y la omega, el primero y el último, el principio y el fin» (Ap 22,12-13)"[2].

El reino de Dios comienza en aquéllos en quienes reinan la verdad, la libertad, el amor y el bien. Se manifiesta luego en el matrimonio y en la familia, en la medida en que ésta es "imagen de Dios" y transparenta el amor y la "entrega de persona a persona"; y, como consecuencia, está presente también en la sociedad. Jesús viene a establecer su reino, ante todo, en las personas, luego en el matrimonio y la familia, trayendo la luz y la verdad profunda. El

---

[1] *Biblia*. Evangelio según Lucas 18, 8.
[2] *Magisterio*. Concilio Vaticano II, Constitución pastoral *Gaudium et spes* n. 45.

primer milagro que Jesús hizo fue precisamente el de las bodas de Caná[3]. Así viene el reino de Dios: restaurando, curando y sacando a la luz la justa relación que Dios quiere tener con nosotros y que exista entre el hombre y la mujer, o sea, en el matrimonio y en la familia, abriéndola de nuevo al don de la vida humana. Esto es lo que Jesús nos enseña a pedir en el *Padrenuestro*, cuando nos hace decir: "Venga a nosotros tu reino".

## Constructores del Reino: la dimensión social

Pero el alcance del reino de Dios llega también a la ciudad de los hombres y se extiende a la otra dimensión, la social. En efecto, la familia es el núcleo primario de la sociedad y estos dos pilares, el de la familia y el de la sociedad, están conectados entre sí. La familia no es solo un asunto privado, sino un elemento vital para la sociedad[4].

Jesús, en el *Padrenuestro*, a la vez que nos enseña a pedir que "venga" su reino, pide también que, de algún modo", "preparemos" su regreso, participando precisamente en la construcción de ese reino. Hemos de rezar, pidiéndoselo al Padre, porque es siempre un don de Dios y "no es de este mundo"[5]. Pero, al pedírselo al Padre, Jesús nos enseña también a desearlo, a amarlo y a trabajar para que venga y se extienda, preparando así su regreso con amor. El amor, en efecto, pide nuestra participación: el amor no se impone; el amor se construye. En esto se manifiesta el amor que Dios nos tiene: nos llama a su viña, para que, junto con Él, construyamos su reino en la verdad, en la justicia, en la paz y de manera inteligente. Pero también con fe y mansedumbre, con humildad y valentía, porque el reino de Dios, precisamente porque es de Dios, no se difunde con la violencia[6]. A este respecto, hay que recordar que una cosa es el derecho a defenderse o la legitimidad de una guerra defensiva y otra cosa es la violencia, como señala el *Catecismo de la Iglesia Católica*[7].

¿Cómo crece y se extiende el reino de Dios? Pues a través de nuestro crecimiento. A medida que el reino crece dentro de nosotros, crece también con nosotros, a través nuestro, en sus dos aspectos fundamentales: en la edificación de las familias y en la edificación de la sociedad. Dios ha creado dos cosas que son suyas de un modo especial: en primer lugar el matrimonio, "varón y mujer capaces de amar y de transmitir la vida a imagen de Dios, la familia"; y, después, la Iglesia, realidad social, pueblo de Dios[8], familia de familias. Fue Jesús quien lo estableció así, cuando dijo a Pedro: «tú eres Pedro,

---

[3] *Biblia*. Cfr. Evangelio según Juan 2, 1-11.

[4] *Magisterio*. Cfr. Juan Pablo II, Exhortación apostólica *Familiaris consortio* (El vínculo de la familia) (1981) nn. 42-45.

[5] *Biblia*. Cfr. Evangelio según Juan 18, 36.

[6] *Magisterio*. Cfr. Benedicto XVI, *Jesús de Nazaret*, 2ª parte, cap. 1, La Esfera de los Libros, Madrid 2011, p. 26 (el texto en el Apéndice, n. 24, es disponible en el sitio web figlidichi.altervista.org).

[7] *Magisterio*. Cfr. *Catecismo de la Iglesia Católica*, nn. 2263-2267; 2302-2317.

[8] *Magisterio*. Cfr. *Catecismo de la Iglesia Católica*, n. 782.

y sobre esta piedra construiré mi Iglesia, y el poder del imperio de la muerte no la vencerá»[9]. Jesús la llama "mi Iglesia", subrayando que es "suya", que Él la ha creado. También los fieles le pertenecen[10]. Es suya y Él la protege. La Iglesia está al servicio del reino, no de sí misma. La Iglesia sirve a Dios, Padre nuestro, y está al servicio del Evangelio y del reino de Jesucristo en el mundo[11].

## La relación entre la Iglesia y el Reino

La relación entre la Iglesia y el Reino de Dios es muy importante para todos. Ya el Vaticano II señalaba: "La Iglesia, enriquecida con los dones de su Fundador y observando fielmente sus preceptos de caridad, humildad y abnegación, recibe la misión de anunciar el reino de Cristo y de Dios e instaurarlo en todos los pueblos, y constituye en la tierra el germen y el principio de ese reino"[12]. Así pues, la Iglesia está al servicio del reino y constituye en la tierra principio del reino. Por lo que se refiere a los laicos, dice: "A los laicos corresponde, por propia vocación, tratar de obtener el reino de Dios gestionando los asuntos temporales y ordenándolos según Dios. (...) Están llamados por Dios, para que, desempeñando su propia profesión guiados por el espíritu evangélico, contribuyan a la santificación del mundo como desde dentro, a modo de fermento. Y así hagan manifiesto a Cristo ante los demás, primordialmente mediante el testimonio de su vida, por la irradiación de la fe, la esperanza y la caridad. Por tanto, de manera singular, a ellos corresponde iluminar y ordenar las realidades temporales a las que están estrechamente vinculados, de tal modo que sin cesar se realicen y progresen conforme a Cristo y sean para la gloria del Creador y del Redentor"[13].

De este modo, "Los laicos, incluso cuando están ocupados en los cuidados temporales, pueden y deben desplegar una actividad muy valiosa en orden a la evangelización del mundo. (...) Es necesario, sin embargo, que todos contribuyan a la dilatación y al crecimiento del reino de Dios en el mundo"[14]. ¡Es una gran tarea! No se trata sólo de rezar, sino también de poner por obra aquello que pedimos en la oración, colaborando con Él.

Pero, ¿qué significa para un cristiano el compromiso de construir el reino de Dios y el la ciudad de los hombres? Un precioso pasaje conciliar, concretamente de la *Gaudium et Spes*, señala algunos puntos muy importantes y nos ayuda a reflexionar sobre esta cuestión: "Aunque hay que distinguir cuidadosamente progreso temporal y crecimiento del reino de Cristo, sin embargo, el primero, en cuanto puede contribuir a ordenar mejor la sociedad humana, interesa en gran medida al reino de Dios. Pues los bienes de la

[9] *Biblia*. Evangelio según Mateo 16, 18.

[10] *Biblia*. Cfr. Evangelio según Juan 21, 15-17.

[11] *Magisterio*. Cfr. Benedicto XVI, *Jesús de Nazaret*, 2ª parte, cap. 4, La Esfera de los Libros, Madrid 2011, pp. 121-123 (el texto en el Apéndice, n. 25, es disponible en el sitio web figlidichi.altervista.org).

[12] *Magisterio*. Concilio Vaticano II, Constitución dogmática *Lumen Gentium* n. 5.

[13] *Magisterio*. Concilio Vaticano II, Constitución dogmática *Lumen Gentium* n. 31.

[14] *Magisterio*. Concilio Vaticano II, Constitución dogmática *Lumen Gentium* n. 35.

dignidad humana, la unión fraterna y la libertad —en una palabra, todos los frutos excelentes de la naturaleza y de nuestro esfuerzo—, después de haberlos propagado por la tierra en el Espíritu del Señor y de acuerdo con su mandato, volveremos a encontrarlos limpios de toda mancha, iluminados y trasfigurados, cuando Cristo entregue al Padre el reino eterno y universal: «reino de verdad y de vida; reino de santidad y gracia; reino de justicia, de amor y de paz». El reino está ya misteriosamente presente en nuestra tierra; cuando venga el Señor, se consumará su perfección"[15].

Podemos decir entonces que el reino de Dios está ya presente, pero todavía no se ha desarrollado ni manifestado del todo. Su manifestación tendrá lugar con la segunda venida de Jesucristo a la tierra. Ahora bien, Jesús nos exhorta a perseverar en una fe viva, que sabe esperar su regreso: «pero, cuando llegue el Hijo del Hombre, ¿encontrará esa fe en la tierra?»[16]. Nos puede ayudar recordar que no estamos solos ni trabajamos en vano: en el paraíso está ya presente su reino, que es para nosotros[17]. Jesús lo extiende en la tierra y lo hace por medio de aquellos que creen en Él y le aman.

## Reino y nueva formación

Hay que preguntarse: ¿hasta dónde hemos comprendido y dado testimonio de la novedad del reino del Padre, que Jesús nos ha traído y anunciado? ¿Hasta qué punto los padres y madres cristianos han creído en esta novedad y la han transmitido a las nuevas generaciones? ¿En qué medida hemos sido fieles, en nuestros colegios, a la tarea de dar una formación verdaderamente cristiana? En la Declaración *Gravissimum educationis* (*Declaración sobre la Educación Cristiana*)[18], el Papa Pablo VI señaló ya lo importante que es todo esto en una época de secularización. ¿En qué valores son educados nuestros jóvenes? Los padres y madres que gozan de buena salud espiritual y afectiva se dan cuenta de los males que afligen a los niños y a los adolescentes de hoy.

Para muchos adolescentes y jóvenes, "convertidos" en hijos de la "era tecnológica", lo *"virtual"* puede llegar a tener tal importancia que se convierte en "verdadero", ¡sustituyendo a lo propiamente "real"! Con lo "virtual", el espíritu humano, que ya no se dirige a Dios Padre al haber perdido sus raíces, tiene así todo el campo libre para un espíritu y una fantasía de *omnipotencia*. Esto ha provocado y provoca muchos casos de desadaptación, de "falsedad" verdadera, de espontaneidad no auténtica, personas que parecen "de bien", pero cometen locuras.

El "mundo virtual" no es una anomalía de la técnica, pero se puede convertir, como todos los ídolos, en una peligrosa fuga para la mente humana, separada de sus raíces auténticas que están en Dios. ¿Cuántos se han dado cuenta de que está en marcha una verdadera "revolución de los adolescentes", que les

---

[15] *Magisterio.* Concilio Vaticano II, Constitución pastoral *Gaudium et spes* n. 39.
[16] *Biblia.* Evangelio según Lucas 18, 8.
[17] *Biblia.* Cfr. Evangelio según Mateo 25, 34-36; Segunda Carta de Pedro, 3, 13-14.
[18] *Magisterio.* Cfr. Concilio Vaticano II, Declaración *Gravissimum educationis* n. 8 (el texto en el Apéndice, n. 26, es disponible en el sitio web figlidichi.altervista.org).

ha hecho capaces de construir "su" mundo, sin contar ya con la necesaria e importante ayuda educativa de los padres y adultos? En el pasado, la tarea de educar a las nuevas generaciones estaba reservada a los padres, a los abuelos, a los colegios y a la Iglesia. Pero, poco a poco, ha pasado "al mundo" y hoy, especialmente, al "mundo virtual", que para los adolescentes y los jóvenes es el más *"fascinante y verdadero"*, el que mejor pueden construir con sus fantasías, sin necesidad de Dios, ni de los adultos. Recursos de la técnica y de la economía "vendidos" a esta sutil y silenciosa revolución, impulsada por intereses del mundo de las finanzas. Con la revolución cultural se olvidaron y se taparon algunas de las raíces de la realidad y de la verdad, en cambio, con la revolución de "lo virtual", las categorías de lo real y lo verdadero, propias del pensamiento humano, se ignoran por completo y con facilidad. Todo esto influye mucho en la vida y en las relaciones humanas, que sufren las consecuencias negativas.

El Papa Emérito Benedicto XVI recordó la importancia de desplegar todas las fuerzas necesarias para la gran tarea de educar, que hoy día se ha convertido en una verdadera "Emergencia educativa"[19]. En el Mensaje "Educar a los jóvenes en la justicia y la paz", con ocasión de la XLV Jornada Mundial de la Paz, el Papa decía: "La educación es la aventura más fascinante y difícil de la vida. Educar –que viene de *educere* en latín– significa conducir fuera de sí mismos para introducirlos en la realidad, hacia una plenitud que hace crecer a la persona. (...) los padres son los primeros educadores. La familia es la célula originaria de la sociedad. «En la familia es donde los hijos aprenden los valores humanos y cristianos que permiten una convivencia constructiva y pacífica. En la familia es donde se aprende la solidaridad entre las generaciones, el respeto de las reglas, el perdón y la acogida del otro». Es la primera escuela donde se recibe educación para la justicia y la paz. (...) Pero la paz no es sólo un don que se recibe, sino también una obra que se ha de construir. Para ser verdaderamente constructores de la paz, debemos ser educados en la compasión, la solidaridad, la colaboración, la fraternidad; hemos de ser activos dentro de las comunidades y atentos a despertar las consciencias sobre las cuestiones nacionales e internacionales, así como sobre la importancia de buscar modos adecuados de redistribución de la riqueza, de promoción del crecimiento, de la cooperación al desarrollo y de la resolución de los conflictos. «Bienaventurados los que trabajan por la paz, porque ellos serán llamados hijos de Dios», dice Jesús en el Sermón de la Montaña (Mt 5,9)"[20].

En ese mismo mensaje, el Papa se dirigía también a los jóvenes: "Queridos jóvenes, vosotros sois un don precioso para la sociedad. (...) No tengáis miedo de comprometeros, de hacer frente al esfuerzo y al sacrificio, de elegir los caminos que requieren fidelidad y constancia, humildad y dedicación. Vivid con confianza vuestra juventud y esos profundos deseos de felicidad, verdad,

---

[19] *Magisterio*. Cfr. Benedicto XVI, *Carta a la Diócesis y a la ciudad de Roma sobre la tarea urgente de la educación* (21 de enero de 2008) (el texto en el Apéndice, n. 27, es disponible en el sitio web figlidichi.altervista.org).
[20] *Magisterio*. Benedicto XVI, *Mensaje para la Celebración de la XLV Jornada Mundial de la Paz* (8 de diciembre de 2011) n. 5.

belleza y amor verdadero que experimentáis. (...) Sed conscientes de vuestras capacidades y nunca os encerréis en vosotros mismos, sino sabed trabajar por un futuro más luminoso para todos. Nunca estáis solos"[21].

La familia es pues el lugar donde se aprende a dar, el lugar de la gratuidad y de la libre participación, donde el amor debe crecer en la humanidad de los hijos. Este empeño educativo y cultural es hoy de gran importancia para los cristianos y para todos los hombres de buena voluntad. También San Juan Pablo II subrayó la importancia y la urgencia de la misión educativa de los padres[22]. Junto a la necesaria puesta al día en el terreno educativo, es precisamente en la oración donde podemos encontrar nueva sabiduría y valentía para la educación y el bien de los más pequeños. Se debe reconocer, además, el gran esfuerzo de muchos padres y madres, que viven con alegría y generosidad la difícil tarea de educar. Dan así testimonio de valentía y de sabiduría, preparando a las nuevas generaciones para la esperanza y el compromiso, también en lo social.

La cultura tiene hoy necesidad de la verdad y del amor del Evangelio y es necesario todo nuestro esfuerzo en el campo educativo para dar a conocer la belleza del Evangelio y de la vida cristiana. Recordemos la llamada que el Papa Emérito Benedicto XVI dirigía a los jóvenes con ocasión de la XX Jornada Mundial de la Juventud: " Decid, con María, vuestro «sí» al Dios que quiere entregarse a vosotros. Os repito hoy lo que dije al principio de mi pontificado: «Quien deja entrar a Cristo (en la propia vida) no pierde nada, nada, absolutamente nada de lo que hace la vida libre, bella y grande. ¡No! Sólo con esta amistad se abren de par en par las puertas de la vida. Sólo con esta amistad se abren realmente las grandes potencialidades de la condición humana. Sólo con esta amistad experimentamos lo que es bello y lo que nos libera». Estad plenamente convencidos: Cristo no quita nada de lo que hay de hermoso y grande en vosotros, sino que lleva todo a la perfección para la gloria de Dios, la felicidad de los hombres y la salvación del mundo"[23]. Esto es lo que pedimos a Dios cuando en el *Padrenuestro* decimos "Venga a nosotros tu reino". Dios está en favor de la vida.

El pueblo de Dios es el pueblo de la esperanza[24] y el pueblo de la vida[25]. San Juan Pablo II hizo una apremiante invitación al pueblo de la vida y para la vida: "A todos los miembros de la Iglesia, *pueblo de la vida y para la vida,*

---

[21] *Magisterio.* Benedicto XVI, *Mensaje para la Celebración de la XLV Jornada Mundial de la Paz* (8 de diciembre de 2011) n. 6.

[22] *Magisterio.* Cfr. Juan Pablo II, Exhortación apostólica *Familiaris consortio* (1981) nn. 36-41.

[23] *Magisterio.* Benedicto XVI, *Discurso en la Fiesta de acogida de los jóvenes en el embarcadero del Poller Rheinwiesen con ocasión de la XX Jornada Mundial de la Juventud en Colonia* (18 de agosto de 2005).

[24] *Magisterio.* Cfr. Benedicto XVI, *Mensaje para la XXIV Jornada Mundial de la Juventud* (22 de febrero de 2009) (el texto citado se recoge en la Conclusión en la p. xx).

[25] *Magisterio.* Cfr. Juan Pablo II, Carta encíclica *Evangelium vitae* (1995) n. 77; n. 101 (el texto en el Apéndice, n. 28, es disponible en el sitio web figlidichi.altervista.org).

dirijo mi más apremiante invitación para que, juntos, podamos ofrecer a este mundo nuestro nuevos signos de esperanza, trabajando para que aumenten la justicia y la solidaridad y se afiance una nueva cultura de la vida humana, para la edificación de una auténtica civilización de la verdad y del amor"[26].

## Misión del Estado y misión de la Iglesia

Pero, ¿cuál es en la sociedad el ámbito de acción de los fieles que son a la vez ciudadanos de un Estado?

Llegados a este punto, es imprescindible hacer y tener muy presente la distinción entre la misión del Estado y la misión de la Iglesia. "La Iglesia, que por razón de su misión y de su competencia no se confunde en modo alguno con la comunidad política ni está ligada a sistema político alguno, es a la vez signo y salvaguardia del carácter trascendente de la persona humana. La comunidad política y la Iglesia son independientes y autónomas, cada una en su propio terreno. Ambas, sin embargo, aunque por diverso título, están al servicio de la vocación personal y social del hombre. Este servicio lo realizarán con tanta mayor eficacia, para bien de todos, cuanto más sana y mejor sea la cooperación entre ellas, habida cuesta de las circunstancias de lugar y tiempo. El hombre, en efecto, no se limita al solo horizonte temporal, sino que, sujeto de la historia humana, mantiene íntegramente su vocación eterna"[27] .

Es preciso distinguir entre Iglesia, Estado y otras formas de Sociedad Civil: hay independencia entre ellas, pero no separación, como a algunos les gustaría. En realidad, se trata de esferas que, si bien son necesariamente distintas e independientes, están siempre en relación porque todas hacen referencia al hombre. La autonomía, en efecto, siempre tiene lugar en el marco del respeto a los derechos fundamentales del hombre en su totalidad.

Los Estados modernos, surgidos por lo general de la Revolución Francesa y del Iluminismo, muchas veces consideran que, para proteger la democracia, son necesarios el laicismo político y la secularización de la sociedad. No quieren saber nada de la trascendencia, de la religión ni de cuanto se refiere a la dimensión espiritual del hombre: pretenden una especie de ruptura y divorcio entre el hombre social y el hombre interior; entre el ámbito social, entendido como algo objetivo, y el ámbito privado, entendido como subjetivo, manteniendo separadas una y otra cosa, sin relación alguna. Las nefastas consecuencias de esta ruptura están a la vista de todos en los llamados Países desarrollados. Para promover una independencia de funciones y poderes adecuada y acorde a los tiempos actuales, no hacía falta perpetuar la doctrina de la ruptura y de la separación radical, más propia de un pasado hecho de miedos e incomprensiones, que del avanzar de la historia en este tercer milenio, en el que, en muchos campos, esa independencia no se manifiesta como separación sino como relación.

---

[26] *Magisterio*. Cfr. Juan Pablo II, Carta Encíclica *Evangelium vitae* (1995) n. 6.
[27] *Magisterio*. Concilio Vaticano II, Constitución pastoral *Gaudium et spes* n. 76.

Ahora bien, en orden a un sano desarrollo de las fuerzas sociales en juego, hay que hacer notar otra cosa. Para humanizar el mundo, no cabe esperar a que se establezca la justa relación entre política y economía, entre Estado y mercado. En efecto, en esta dialéctica, más o menos conflictiva, entre modelo laborista y modelo liberal, hay que abrir espacio para que surja un tercer modelo. El modelo corporativista de relación entre personas capaces de humanizar los recursos, cuyo elemento primordial y fundamental es precisamente la familia, célula básica de la sociedad. Hoy, por desgracia, la familia es objeto de una lucha de intereses entre las fuerzas políticas y las del mercado, para aprovecharse de ella al máximo. La familia, en cuanto realidad positiva llamada a hacer propuestas, debe aún tomar conciencia de su papel social, junto a otras realidades de tipo corporativo, como Asociaciones, Movimientos, Grupos y Comunidades. Esto significa considerar la familia y las Asociaciones familiares como un sujeto que actúa en la sociedad y que ha de ser tenido en cuenta por las restantes fuerzas, las políticas y las del mercado. La sociedad, en efecto, al estar formada por personas, necesita vivir en su *dimensión tridimensional*.

Mientras este tercer modelo no entre en el diálogo, resultará imposible lograr un saludable equilibrio de fuerzas, capaz de construir un mundo mejor y más justo. Para estar verdaderamente al servicio del hombre, la política y la economía deben aprender a escuchar y respetar lo "humano". El valor y la profundidad de lo "humano", precioso a ojos de Dios, es precisamente lo que la Iglesia se propone amar, servir y defender.

## Al César lo que es del César y a Dios...

Algunos han caído en la trampa de la completa separación, haciendo referencia de manera inapropiada, alejada del sentir de la Iglesia, a las palabras de Jesús: «Den, pues, al César lo que es del César y a Dios lo que es de Dios»[28]. Esta claro que Jesús no pretende hablar de una completa separación. De hecho, en otro pasaje del Evangelio, al responder a Pilato acerca del poder político, dice: «No tendrías ninguna autoridad contra mi si no te lo hubiera dado el cielo»[29]. La autoridad de gobierno que Pilato reivindica –le dice Jesús– no le viene en último término del César, sino de "lo alto": existe pues una relación entre la tierra y el cielo y entre el cielo y la tierra, entre el elemento social y la religión. No debemos dejarnos engañar por quienes, usando el Evangelio, quieren separar del todo las dos dimensiones, la humana y la divina, para hacer luego de la tierra otro reino... La verdad, en definitiva, anticipa la distinción y la independencia recíproca, pero no la separación entre la vida social del Estado y la vida religiosa de la Iglesia, como si se tratase de dos mundos lejanos que no se pueden comunicar. Más aún, un Estado que apoyase una laicidad contraria a la religión, no podría considerarse neutral ni mucho menos

---

[28] *Biblia*. Evangelio según Mateo 22, 21.
[29] *Biblia*. Evangelio según Juan 19, 11.

democrático. Es, entonces, cuando la justa "laicidad" del Estado se transforma en "laicismo" profano y la justa autonomía en injusticia.

La misión del Estado es promover y acrecentar el *bien común en la justicia*. En cambio, la misión de la Iglesia es contribuir a la búsqueda de la verdad por medio de la revelación, profundizando en el *verdadero bien* y en la *verdadera justicia*. La Iglesia ofrece un valioso patrimonio que ilumina y ayuda a conocer en profundidad la verdad: el verdadero bien y la verdadera justicia. En la Encíclica *Deus caritas est* (Dios es amor) Benedicto XVI explica con unas esclarecedoras palabras la diferencia entre la misión del Estado y de la Iglesia: "Son dos esferas distintas, pero siempre en relación recíproca. (...) La Iglesia no puede ni debe emprender por cuenta propia la empresa política de realizar la sociedad más justa posible. No puede ni debe sustituir al Estado. Pero tampoco puede ni debe quedarse al margen en la lucha por la justicia. Debe insertarse en ella a través de la argumentación racional y debe despertar las fuerzas espirituales, sin las cuales la justicia, que siempre exige también renuncias, no puede afirmarse ni prosperar. La sociedad justa no puede ser obra de la Iglesia, sino de la política. No obstante, le interesa sobremanera trabajar por la justicia esforzándose por abrir la inteligencia y la voluntad a las exigencias del bien"[30].

De este modo, la Iglesia coopera, por una parte, al crecimiento y desarrollo del reino de Dios sobre la tierra y, por otra parte, al atraer a los fieles hacia los verdaderos valores, ayuda a construir y sostener el auténtico bien de la ciudad de los hombres, prodigándose en favor del bien y de lo mejor para todos. Desgraciadamente, ciertos prejuicios retrasan el servicio que la Iglesia ofrece a la sociedad[31]. La gran ayuda que la Iglesia, sirviendo a Dios, presta al hombre y a la sociedad es comunicar la vida divina, contribuyendo, a la vez, a la humanización de la vida y de las relaciones entre las personas[32].

La *Doctrina Social de la Iglesia*[33] está formada por las enseñanzas que, a la luz del Evangelio, se dirigen a la edificación de la sociedad, poniéndose al servicio del bien, del verdadero y justo progreso de la ciudad de los hombres. Son enseñanzas muy valiosas para encarnar el Evangelio en la cambiante historia de los hombres. Es muy importante advertir cuánto y cómo desea el Señor construir, por medio de la Iglesia, el reino de Dios; cuánto y cómo desea extenderlo por la tierra y entre las naciones, con la participación de todos los hombres, poniendo a disposición de la ciudad de los hombres, del progreso y del desarrollo, el sentido, la fuerza y la luz del Evangelio, con

---

[30] *Magisterio.* Benedicto XVI, Carta encíclica *Deus caritas est* (2005) n. 28. Cfr. Concilio Vaticano II, Constitución pastoral *Gaudium et spes* n. 36.

[31] *Magisterio.* Cfr. Benedicto XVI, *Homilía en la Santa Misa con ocasión del Año Santo Compostelano en la Plaza del Obradoiro de Santiago de Compostela.* Viaje Apostólico a Santiago de Compostela y Barcelona (6 de noviembre de 2010) (el texto en el Apéndice, n. 29, es disponible en el sitio web figlidichi.altervista.org).

[32] *Magisterio.* Cfr. Concilio Vaticano II, Constitución pastoral *Gaudium et spes* n. 40 (el texto en el Apéndice, n. 30, es disponible en el sitio web figlidichi.altervista.org).

[33] *Magisterio.* Cfr. Pontificio Consejo Justicia y Paz, *Compendio de la Doctrina Social de la Iglesia* (2004).

libertad de conciencia. Por el contrario, a lo largo de la historia, el aislamiento o el individualismo, el orgullo o la presunción de "no tener necesidad de Dios" han puesto de relieve muchas veces lo frágil que es una visión funcional y restrictiva, que traiciona el verdadero progreso humano y el deseo de felicidad de los seres humanos.

## Una labor conjunta

Qué importante es, por ejemplo, que Benedicto XVI, en la Encíclica *Caritas in veritate*, haya recordado al mundo que "La «ciudad del hombre» no se promueve sólo con relaciones de derechos y deberes sino, antes y más aún, con relaciones de gratuidad, de misericordia y de comunión. La caridad manifiesta siempre el amor de Dios también en las relaciones humanas, otorgando valor teologal y salvífico a todo compromiso por la justicia en el mundo"[34]. Sin tales relaciones es imposible e ilusorio construir un mundo a la medida del *hombre*.

A este respecto, la Encíclica añade: "A lo largo de la historia, se ha creído con frecuencia que la creación de instituciones bastaba para garantizar a la humanidad el ejercicio del derecho al desarrollo. Desafortunadamente, se ha depositado una confianza excesiva en dichas instituciones, casi como si ellas pudieran conseguir el objetivo deseado de manera automática. (...) Este desarrollo exige, además, una visión trascendente de la persona, necesita a Dios: sin Él, o se niega el desarrollo o se deja únicamente en manos del hombre, que cede a la presunción de la auto-salvación y termina por promover un desarrollo deshumanizado. Por lo demás, sólo el encuentro con Dios permite no «ver siempre en el prójimo solamente al otro», sino reconocer en él la imagen divina, llegando así a descubrir verdaderamente al otro y a madurar un amor que «es ocuparse del otro y preocuparse por el otro»"[35].

¡Qué riqueza de humanidad! Esto es lo que significa introducir la caridad y la sabiduría del Evangelio en las estructuras sociales y en el ambiente social. El Evangelio toca una gran cantidad de problemas y decisiones, de alegrías y penas, de aspiraciones y luchas en el mundo. Al final, la paz entre los hombres solo puede mantenerse en la verdad y en la justicia: por eso hace falta el amor de Dios. Como recuerda Benedicto XVI en su libro *Jesús de Nazaret*, "solo el hombre reconciliado con Dios y consigo mismo puede crear paz a su alrededor y en todo el mundo"[36].

---

[34] *Magisterio*. Benedicto XVI, Carta encíclica *Caritas in veritate* (2009) n. 6.

[35] *Magisterio*. Benedicto XVI, Carta encíclica *Caritas in veritate* (2009) n. 11.

[36] *Magisterio*. Benedicto XVI, *Jesús de Nazaret*, cap. 4, La Esfera de los Libros, Madrid 2007, p. 114 (el texto en el Apéndice, n. 31, es disponible en el sitio web figlidichi. altervista.org).

## Las manifestaciones del reino

Al edificar el reino, *la atención por los más débiles*[37] se siente con más fuerza, porque está más amenazada y es prioritaria: la vida naciente desde el momento de la concepción; y luego la vida marginada, la de los ancianos bajo la pesadilla de la eliminación, propuesta como libre derecho... a la eutanasia, que, a pesar de todo, es siempre supresión y autodestrucción. Al afirmar que una sociedad moderna y laica implica el ejercicio de estos nuevos derechos sobre la vida del concebido y sobre la propia muerte voluntaria, usando incluso, en apoyo de su legitimidad, algunos valores humanos, como, por ejemplo, la dignidad de las mujeres, el derecho de todo hombre a vivir una vida normal y confortable o la "libertad de conciencia", se está entonces ocultando el engaño que subyace: la creación de una mentalidad en contra del hombre y en contra de la humanidad, una especie de amor por una "cultura demencial". En efecto, se olvidan las consecuencias de la gran presión social y económica que crean estos llamados "derechos sociales": una especie de manipulación y de dictadura "cultural"; una prensa que primero aprieta, inmoviliza y adormece la conciencia de muchos, y luego guía cada vez más las decisiones de las estructuras sociales y sanitarias, creando un mundo menos humano y, por tanto, menos libre y menos bello. Decisiones económicas, políticas y jurídicas, que se han "hecho pasar" por *"útiles y democráticas"*, con mucha frecuencia están coaligadas entre sí, a espaldas de millones de personas. "Útil y democrática" es, en cambio, la lucha por fomentar una responsabilidad "más humana" de las conciencias y de la información, capaz de oponerse al sutil engaño de "mammón".

La evangelización que la Iglesia lleva a cabo hoy en día asume una extensión cada vez mayor, tan amplia como amplia es la vida humana y social en todas sus dimensiones. De este modo, el Evangelio se difunde también por medio del Evangelio de la vida[38]. Justicia, paz y desarrollo forman parte esencial del anuncio que hace la Iglesia: proclamarlos no significa hacer directamente política, sino entrar en la conciencia social de los ciudadanos y de los políticos, de los expertos y de los economistas, en la conciencia de las naciones y en la humanización del mundo. Basta pensar en los graves problemas, aún no resueltos, que encarcelan la vida de millones de personas, como el hambre y la carestía de los países más pobres, la guerra del narcotráfico, la explotación de menores y mujeres y el terrorismo.

## La apertura a la trascendencia

Para vencer estos males y trabajar a favor del bien, hace falta la voluntad política, pero también hay que despertar las conciencias, la buena voluntad junto con la fuerza del Espíritu Santo y de la fe. Ya el Papa Pablo VI, en su famoso *Discurso ante la Organización de las Naciones Unidas*, pronunciado

---

[37] *Magisterio.* Cfr. Benedicto XVI, Carta encíclica *Caritas in veritate* (2009) n. 15 (el texto en el Apéndice, n. 32, es disponible en el sitio web figlidichi.altervista.org).
[38] *Magisterio.* Cfr. Juan Pablo II, Carta Encíclica *Evangelium vitae* (1995) n. 6.

con ocasión de su Viaje Apostólico en 1965, hacía la siguiente exhortación con amplitud de miras: "Este edificio que levantáis no descansa sobre bases puramente materiales y terrestres, porque sería entonces un edificio construido sobre arena. Descansa ante todo en nuestras conciencias. Sí, ha llegado el momento de la «conversión», de la transformación personal, de la renovación interior. Debemos habituarnos a pensar en el hombre en una forma nueva. En una forma nueva también la vida en común de los hombres; en una forma nueva, finalmente, los caminos de la historia y los destinos del mundo, según las palabras de San Pablo: «Y revestir el hombre nuevo, creado conforme a Dios, en justicia y en santidad verdaderas» (Ef 4,23). Ha llegado la hora en que se impone una pausa, un momento de recogimiento, de reflexión, casi de oración: volver a pensar en nuestro común origen, en nuestra historia, en nuestro destino común. Nunca como hoy, en una época que se caracteriza por tal progreso humano, ha sido tan necesario apelar a la conciencia moral del hombre. (...) En una palabra: el edificio de la civilización moderna debe levantarse sobre principios espirituales, los únicos capaces no sólo de sostenerlo, sino también de iluminarlo. Y esos indispensables principios de sabiduría superior no pueden descansar más que en la fe de Dios"[39].

La Iglesia está al servicio del reino de Dios, como Jesús quiere, en la verdad, en la libertad y en el amor, para servir a *todo el hombre y a cada hombre*. En la Carta encíclica *Caritas in veritate*, el Papa Emérito Benedicto XVI confirmaba la centralidad de esta verdad y de nuestro compromiso por realizarla, con las siguientes palabras: "Precisamente porque Dios pronuncia el «sí» más grande al hombre, el hombre no puede dejar de abrirse a la vocación divina para realizar el propio desarrollo. La verdad del desarrollo consiste en su totalidad: si no es de todo el hombre y de todos los hombres, no es verdadero desarrollo. Éste es el mensaje central de la *Populorum progressio*, válido hoy y siempre. El desarrollo humano integral en el plano natural, al ser respuesta a una vocación de Dios creador, requiere su autentificación en «un humanismo trascendental» que da [al hombre] su mayor plenitud; ésta es la finalidad suprema del desarrollo personal"[40]. Se afirma, por tanto, que es necesario el *desarrollo* de todo lo que el hombre es, no solo de su inteligencia, de su cuerpo, de sus sentimientos, sino también de su espíritu: ¡si no se tiene en cuenta *todo el hombre* no es verdadero desarrollo y no es verdadero servicio y amor a la humanidad! Este modo de ver las cosas es precisamente el que ha caracterizado y dado vida a innumerables obras de altruismo desinteresado y heroico, llevadas a cabo por hombres y mujeres comprometidos con la Iglesia y por misioneros que se han gastado por entero para bien de la humanidad. Tanto los países como las culturas harían bien en no olvidarlo, para procurarse nuevas fuerzas.

Así pues, si el progreso no está destinado a *todos*, a toda persona y a toda la persona, eso quiere decir que está solo al servicio del beneficio egoísta de

---

[39] *Magisterio*. Pablo VI, *Discurso ante la Organización de las Naciones Unidas* (4 de octubre de 1965).

[40] *Magisterio*. Benedicto XVI, Carta encíclica *Caritas in veritate* (2009) n. 18.

alguno, que al final ¡resultará ser un tirano! El verdadero desarrollo, con sus exigencias de verdad y de caridad, no puede dejarse solo en manos del avance de la técnica, de la producción de riqueza, o de la realización de los logros del ingenio humano. El desarrollo integral de "todo el hombre" exige algo distinto que lo caracterice, que es precisamente la apertura a la trascendencia, es decir, a Dios.

La indiferencia religiosa y los sistemas de gobierno pueden sofocar y debilitar esta riqueza espiritual, que es un don para la sociedad[41] . Es exactamente así: el ateísmo es contrario al auténtico desarrollo de las personas y de los pueblos y hay quienes promueven e incitan a la indiferencia religiosa mediante los medios de comunicación ¡incluso a los menores! Y no solo eso. Cuando se exportan bienes económicos o culturales sucede también, con mucha frecuencia, que se exporta a la vez una visión reductiva del hombre, de su dimensión espiritual y de su destino, ocultando el fundamento de la dignidad del hombre como persona humana y de su relación con Dios Padre.

## Amor a la verdad y a la vida

Por esto hace falta un renovado empeño de los cristianos en el mundo del trabajo y de la política, de la cultura y de la enseñanza. Hemos de comprender, amar y querer que venga su reino: no solo esperarlo, sino ayudar todos, en cuanto cristianos, a prepararlo. La Iglesia no solo debe llevar a cabo una acción positiva basada en el Evangelio, sino que también debe poner en guardia contra la tentación de los "nuevos mesías", de los llamados *falsos mesianismos*, que invaden la cultura y el mercado y de los que conviene mantenerse alejados. Estos son los que hoy se presentan con un engañoso "atractivo" incluso para los más jóvenes.

También el mundo de la economía y de las finanzas promueven la creación de nuevas necesidades y expectativas, junto con la promesa de poder satisfacerlas, apoyándose con frecuencia en los sentimientos, sensaciones y aspiraciones de los jóvenes, e incluso de los niños y adolescentes, suscitando falsos espejismos. Hoy se trata sobre todo de mesianismos de tipo hedonista[42], alimentados por el ídolo del dinero. El gran *monstruo* del sistema financiero, de los mercados y de la economía mundial está mostrando en estos tiempos su importante falta de consistencia.

En cambio, el reino de Dios que pedimos en la oración del *Padrenuestro*, es un reino de amor, de respeto a todo lo que existe, porque Dios es Padre. En esto se distingue el reino de Dios de la obra de "mammón". Pero hay quienes combaten la fe cristiana y los valores del Evangelio[43]. En efecto, ¡algunos están echando una mano a "Herodes"[44] y a la construcción de su reino! Yo

---

[41] *Magisterio*. Cfr. Benedicto XVI, Carta encíclica *Caritas in veritate* (2009) n. 29 (el texto en el Apéndice, n. 34, es disponible en el sitio web figlidichi.altervista.org).
[42] *Magisterio*. Cfr. Benedicto XVI, Carta encíclica *Caritas in veritate* (2009) n. 17 (el texto en el Apéndice, n. 35, es disponible en el sitio web figlidichi.altervista.org).
[43] *Biblia*. Cfr. Segunda Carta a los Tesalonicenses 3, 1-2.
[44] *Biblia*. Cfr. Evangelio según Mateo 2, 1-23.

diría propiamente que "Herodes" va en busca de votos. También él ha tenido que adaptarse a los tiempos y enmascararse... Hoy existe la democracia y es necesario respetar las reglas, ¡al menos, mientras uno es observado! También los muchos y variados "Herodes" de turno juegan un papel decisivo y son los que deciden las reglas y se sirven de las reglas, pero son siempre "Herodes". Cada uno busca complacencias y votos políticos. Votos para su propio "reino", regalando derechos que no existen y que sabemos que no pueden existir, cuando para construir la paz se usan la mentira y la injusticia. Al construir la sociedad, hemos de estar atentos para que tanto los derechos como los deberes sean justos, es decir, buenos y verdaderos, no contrarios a la "verdad" de la vida. Hemos de mantener la lucidez y verificar que la dimensión humana está hecha de relaciones de respeto y de justicia, pero también de gratuidad, de misericordia y de comunión.

Hoy en día conviene también estar atentos a algunos modos de pensar cargados de una apariencia de espiritualidad y que se presentan como verdades válidas para todos sin distinción, como el *New Age*. Su modo de entender la vida y el mundo, con ayuda de las técnicas del yoga, está proliferando de muchas maneras, insinuándose en la cultura, hasta el punto de pasar inadvertido para mucha gente: se habla de una dimensión espiritual, en realidad vaga y superficial, pero que llena todas las cosas del mundo, para la cual Dios parece estar por todos sitios. De este modo se colmarían la nostalgia y la "lejanía" de Dios. Pero cabe señalar que, en la visión del *New Age*, no se habla de reino, ni de alguien que esté al frente, ni del Señor, ni de un salvador. La figura de Jesucristo se reinterpreta y se distorsiona. Se afirma que existe un mundo espiritual, pero sin que exista Dios, Dios Creador y Padre. Si se habla de Dios padre, refiriendo a Él todo lo que existe, incluido el hombre mismo, entonces todas las cosas serían un reflejo, una "emanación" espiritual de Dios y Él dejaría de ser el Creador.

Desconfiemos de los substitutos espirituales que parecen inocuos y, en cambio, en el fondo, ¡son de matriz atea o espiritualmente errónea![45] La proliferación de ideologías alternativas, como también de sectas y santones, debe hacernos reflexionar sobre la confusión existente en el ámbito espiritual y sobre las exigencias del espíritu humano a las que no se presta atención. Tanto el materialismo como, por otra parte, el espiritualismo, al no poder eliminar el cristianismo, tratan por todos los medios de transformarlo, distorsionándolo. En la Encíclica *Spe Salvi*, hay una interesante observación que hace Benedicto XVI sobre un escrito de I. Kant, *"El final de todas las cosas"*[46], a propósito del reino de Dios y de la posibilidad de que un día el Cristianismo no fuera ya digno de amor. Pero desde que Dios se ha hecho hombre sobre la tierra, su respuesta al hombre que lo busca se ha vuelto segura: el hombre llama con fe y amor y Dios responde. De este modo, se manifiesta Su reino, como nos dice Jesús en el *Padrenuestro*.

---

[45] *Magisterio.* Cfr. Pontificio Consejo de la Cultura, *Jesucristo, portador de agua viva. Una reflexión cristiana sobre el "New Age"* (2003).

[46] *Magisterio.* Cfr. Benedicto XVI, Carta encíclica *Spe salvi* (2007) n. 19; n. 23 (el texto en el Apéndice, n. 36, es disponible en el sitio web figlidichi.altervista.org).

¡Qué grande es lo que Jesús nos ha confiado! ¡Cuánto necesita el mundo a los cristianos, al Cristianismo, a Cristo en medio de nosotros! El Cristianismo es el verdadero don, el más bello y el más precioso, un don extraordinario de Dios Padre a la humanidad. No dejemos a los muchos y variados "Herodes" actuar por sí solos; no demos la posibilidad al exceso de poder, a «mammón», pensando que es suficiente creer en Dios, ya que Jesús nos ha enseñado a pedir al Padre que venga "su reino" y a construirlo con Él en la humildad y en la verdad. Y, por encima de todo, "reino de verdad": hemos de amar la verdad. ¿Quién es el que cae y se pierde? El que no ama la verdad. ¿Quién es el que seguirá a los distintos "Herodes" de la historia? El que no ama la verdad. El que ama la verdad, ama a Dios; y todo hombre que ama a Dios, ama su reino, porque es el reino del amor y de la justicia, porque es el reino para nosotros. Jesús nos lo recuerda en el Evangelio: "Vengan, benditos de mi Padre, a recibir el reino preparado para ustedes desde la creación del mundo"[47].

El bien es difusivo. Cuando uno lleva de verdad a Jesús dentro de sí, en su vida interior, los demás se dan cuenta: el bien hace el bien a su alrededor y "la luz brilló en las tinieblas"[48], como nos recuerda el Evangelio. El cristiano no debe vivir como si fuese prisionero de un sentimiento de inferioridad. La fe vivida se llama amor, se llama servicio al mundo, se llama verdad que libera y conforta. El mundo tiene necesidad de ella para no ir quedando cada vez más en manos de la alienación y del mal. Rezar con la oración del Padrenuestro nos ha enseñado a hacer crecer el amor al prójimo, a hacer que este mundo crezca hacia el reino de Dios y a pedir la sabiduría de Dios Padre para las familias y para el verdadero desarrollo de la sociedad y de la entera humanidad.

## En el centro del desarrollo social

Pero, ¿cuál es hoy el centro propulsor del auténtico desarrollo social? ¿Es acaso el progreso de las comunicaciones y el crecimiento del bienestar económico, el poder de la técnica y de la economía, entendido según el mundo y según "mammón"? No. Es la vida misma, considerada en su propio valor y significado intrínseco, ya que no sirve para nada todo lo que se construye, si luego se pierde y se destruye ¡la vida humana! La familia es precisamente la cuna y el centro de la vida humana. En la Carta encíclica *Caritas in veritate* Benedicto XVI lo subraya especialmente: *"La apertura a la vida está en el centro del verdadero desarrollo.* Cuando una sociedad se encamina hacia la negación y la supresión de la vida, acaba por no encontrar la motivación y la energía necesaria para esforzarse en el servicio del verdadero bien del hombre. Si se pierde la sensibilidad personal y social para acoger una nueva vida, también se marchitan otras formas de acogimiento provechosas para la vida social. Acoger la vida forja las energías morales y capacita para la ayuda recíproca. Fomentando la apertura a la vida, los pueblos ricos pueden comprender mejor las necesidades de los que son pobres, evitando que se usen ingentes

---

[47] *Biblia.* Evangelio según Mateo 25, 34.
[48] *Biblia.* Evangelio según Juan 1, 5.

recursos económicos e intelectuales para satisfacer deseos egoístas de sus propios ciudadanos y promoviendo, en cambio, acciones virtuosas en vista de una producción moralmente sana y solidaria, dentro del respeto del derecho fundamental de cada pueblo y de cada persona a la vida"[49].

¡Ir contra la vida es ir contra el verdadero desarrollo humano! Contra el verdadero desarrollo del mundo: no solo de un país, de una ciudad, de una nación, sino del mundo, en virtud de la inseparable unidad de todo el género humano. No podemos permanecer de brazos cruzados. Hace falta una nueva conciencia moral. Esto afecta también al problema de la *ecología*. Dios Creador ha confiado al hombre la responsabilidad sobre la naturaleza y la vida, que están por ello relacionadas entre sí. Al rezar el *Padrenuestro* pedimos a Dios Padre que venga su reino y hemos de trabajar por ese reino, entre otras cosas, tratando la creación con el respeto que merece[50], en cuanto obra del Padre que nos ha sido entregada.

El mundo progresa con descubrimientos y conquistas, pero está necesitado de luz y de amor; necesita reencontrar su identidad, incluso en medio de la globalización. Por esto, la humanidad necesita ver su futuro, al menos necesita entrever el sentido de ese futuro: tiene necesidad de Dios, de verdad, de esperanza y de claridad, pero también de aunar esfuerzos en diálogo con todos. Los cristianos deben estar en cabeza de la investigación y no detrás; no sufrir sus consecuencias, sino tratar de comprender y proponer soluciones, señalando los caminos de la verdadera humanidad y del verdadero desarrollo. Esta es la formidable tarea de los cristianos y de toda la Iglesia, que en su conjunto colabora en el desarrollo de la civilización[51].

También por esto hace falta una *fe pensada*, que sirva de ayuda al mundo. Una fe no pensada y sin repercusiones sobre la vida, significaría una ruptura entre fe y vida. Esta escisión podría ser síntoma de un grave conflicto personal para algunos y también un escándalo para otros, pero puede ser también síntoma de una grave enfermedad, que debemos tener la valentía de afrontar, venciendo esa separación que se parece a una "esquizofrenia" entre pensamiento y vida.

## Hay cruz y cruz.

Para construir el reino hay que prestar, además, una especial atención al sufrimiento humano. La condición humana está profundamente marcada por el sufrimiento. El mayor consuelo para quien sufre es saber que el sufrimiento terminará. Por medio de la caridad, el cristiano está particularmente cerca de quien sufre, como hizo el buen samaritano[52], y es cierto que todo sufrimiento y todo dolor encuentran en Cristo su sentido y su valor, porque se unen a la

---

[49] *Magisterio.* Benedicto XVI, Carta encíclica *Caritas in veritate* (2009) n. 28.
[50] *Magisterio.* Cfr. Benedicto XVI, Carta encíclica *Caritas in veritate* (2009) n. 51 (el texto en el Apéndice, n. 37, es disponible en el sitio web figlidichi.altervista.org).
[51] *Magisterio.* Cfr. Benedicto XVI, Carta encíclica *Caritas in veritate* (2009) n. 74 (el texto en el Apéndice, n. 38, es disponible en el sitio web figlidichi.altervista.org).
[52] *Biblia.* Cfr. Evangelio según Lucas 10, 33.

redención de Cristo y Dios mismo "secará las lágrimas de sus ojos"[53]. Dios está de parte de nuestras lágrimas. La fe cristiana es y será siempre de ayuda y consuelo para los enfermos y los que sufren, entre otras cosas, para entender la voluntad de Dios cuando Él nos pide que llevemos una determinada cruz, cualquiera que esa sea, en lugar de darnos otra distinta. En efecto, es preciso tomar la *propia cruz*[54] como nos recuerda Jesús en el Evangelio. Saber distinguirla no siempre es fácil.

Pero cuando los remedios y auxilios de la medicina se han convertido en medios para aliviar el dolor y curar, capaces de combatir las enfermedades, como Dios nos permite y nos pide que hagamos, ha sucedido que muchos han dejado a Dios de lado. Creo que una parte del proceso de secularización ha venido de ahí. Una vez combatido y superado todo sufrimiento, con el progreso científico y la ayuda de Dios, nos hemos olvidado, sin embargo, del sufrimiento "cristiano" de quienes sufren precisamente por ser *fieles* a Jesucristo, siguiéndole en su cruz. No todos los sufrimientos son iguales. *"Es mejor sufrir por hacer el bien, si así lo quiere Dios, que por hacer el mal"*[55].

Sufrir por el *reino de Dios*: este es un sufrimiento del que no hay que huir, sino que hay que abrazar, porque nace de la fidelidad al amor de Dios, por Dios y por el prójimo. No nace precisamente de los límites de la naturaleza, de los que todos queremos escapar. Sin duda, también estos "límites" y "enfermedades"[56] los vivimos con fe y amor, dando testimonio del "consuelo" de la fe porque Dios está "por nosotros"[57]. Es el amor del Señor que reconforta y da fuerzas, como nos recuerda San Pablo en la Carta a los Romanos: "¿Quién nos apartará del amor de Cristo?, tribulación, angustia, persecución, hambre, desnudez, peligro, espada? (...)En todas esas circunstancias salimos más que vencedores gracias al que nos amó. Estoy seguro que ni muerte ni vida, ni ángeles ni potestades, ni presente ni futuro, ni poderes, ni altura ni hondura, ni criatura alguna nos podrá separar del amor de Dios manifestado en Cristo Jesús, Señor nuestro"[58].

La certeza de su amor sostiene al hombre en todos los sucesos de la vida, incluso en los más difíciles y dolorosos, porque Dios es fiel a sus promesas y está muy cerca de quien le pertenece, como afirma San Juan Crisóstomo: "Muchas son las olas que nos ponen en peligro, y una gran tempestad nos amenaza: sin embargo, no tememos ser sumergidos porque permanecemos de pie sobre la roca. Aun cuando el mar se desate, no romperá esta roca, aunque se levanten las olas, nada podrán contra la barca de Jesús. Decidme, ¿qué podemos temer? ¿La muerte? «Para mí la vida es Cristo, y una ganancia el morir» (Fil 1, 21). ¿El destierro? «Del Señor es la tierra y cuanto la llena» (Sal 23, 1). ¿La confiscación de los bienes? «Sin nada vinimos al mundo, y sin nada nos iremos de él» (1 Tm 6, 7). Yo me río de todo lo que es temible en

[53] *Biblia*. Cfr. Carta a los Colosenses 1, 24; Apocalipsis 7, 17b.
[54] *Biblia*. Cfr. Evangelio según Marco 8, 34.
[55] *Biblia*. Primera Carta de Pedro 3, 17.
[56] *Biblia*. Cfr. Segunda Carta a los Corintios 12, 9b-10.
[57] *Biblia*. Cfr. Primera Carta de Pedro 2, 21.
[58] *Biblia*. Carta a los Romanos 8, 35.37-39.

este mundo y de sus bienes. No temo la muerte ni envidio las riquezas. No tengo deseos de vivir, si no es para vuestro bien espiritual. Por eso, os hablo de lo que sucede ahora exhortando vuestra caridad a la confianza"[59]. En efecto, apegarse a los poderes y bienes de la tierra es realmente ridículo, porque como nos recuerda San Francisco: "Los hombres pierden todas las cosas que dejan en este mundo"[60].

## El amor de Dios es más fuerte

Ahora bien, ¿qué hace por nosotros el amor de Dios? La Sagrada Escritura dice: "Sabemos que Dios dispone todas las cosas para el bien de los que le aman, de los llamados según su designio. A los que escogió de antemano los destinó a reproducir la imagen de su Hijo, de modo que fuera él el primogénito de muchos hermanos. A los que había destinado los llamó, a los que llamó los hizo justos, a los que hizo justos los glorificó"[61].

Con el don extraordinario que Dios le da, el cristiano vive ya "en la gloria" de Dios: vive ya ahora en la bienaventuranza y en la paz. A tal punto llega ese vivir del "amor" de Dios, que el cristiano quiere también vivir "para Dios", para su reino y para su voluntad, con el amor y en el amor de Jesucristo, y abraza con sentido de responsabilidad incluso el sufrimiento que de ahí se sigue, hasta llegar al amor por los enemigos. "A ustedes que me escuchan yo les digo: Amen a sus enemigos, traten bien a los que los odian; bendigan a los que los maldicen, recen por los que los injurian"[62]. Podemos ahora recordar a tantos religiosos y fieles laicos que han dado testimonio de este gran amor a Dios, hasta entregar su propia vida: son los santos y los mártires.

El Cristianismo es la cosa más seria que existe: "No nos guiábamos por fábulas ingeniosas, sino que habíamos sido testigos oculares de su grandeza."[63]. *Mártir* es el testigo de Cristo, el que da testimonio de Cristo con la entrega de su vida, hasta el punto de padecer la muerte por amor y por la fe; muerte que otro le causa y nunca él a sí mismo. El mártir, padeciendo la muerte, ofrece su vida a Dios para dar testimonio de Él y lo hace con amor hacia los demás; nunca es mártir el que se quita la vida a sí mismo y a otros, como quien se inmola saltado por los aires para dar testimonio de una idea o de un credo que hace suyos: este trae la muerte, no la vida; destruye voluntariamente su propia vida y se la quita a los demás contra su voluntad. Este no puede ser llamado "mártir" como a veces se dice erróneamente. El mártir no es pues aquel que sacrifica su propia vida por un ideal, sino aquel que da testimonio de Algún otro, incluso a costa de sufrir por ello la muerte. El mártir cristiano

---

[59] *Tradición*. Cfr. San Juan Crisóstomo (349-407), *Homilía antes de partir en exilio* n. 1; PG 52, pp. 427-428.
[60] *Tradición*. San Francisco de Asís (1182 ca.-1226), *San Francisco de Asís: sus escritos*, edición preparada por J.R. de Legísima y L. Gómez Canedo, Biblioteca de Autores Cristianos, Madrid 1976, p. 52.
[61] *Biblia*. Carta a los Romanos 8, 28-30.
[62] *Biblia*. Evangelio según Lucas 6, 27-28.
[63] *Biblia*. Segunda Carta de Pedro, 1, 16.

es capaz, con la ayuda de Dios, de dar la vida también por quienes le están dando muerte. Cree, en efecto, en el Dios vivo que es Amor capaz de devolver la vida incluso tras la muerte[64].

Para trabajar en vista del reino de Dios, que Jesús nos hace pedir en el *Padrenuestro*, hay que volver a Dios, al Dios de la verdad y de la alegría, de la seguridad y de la salvación: es necesario "convertirse". La conversión es precisamente un volver atrás, mediante tres *pasos* fundamentales: el de la mentira a la verdad; el del robo a la honestidad, restituyendo a Dios lo que es suyo y a los hombres su dignidad; el de la muerte propia y de los demás a la vida eterna. Paradigmática es la conversión de Zaqueo[65], que cuenta el Evangelio.

El proceso de conversión es progresivo y, junto con ese proceso, la capacidad de construir el bien en la sociedad por el reino de Dios. Al principio se busca a Dios por "nuestro bien", para estar bien: es la primera conversión, con la que se reconoce a Dios como Dios y a Jesús como Salvador del hombre.

Al crecer en la relación con Él y "conociendo" su amor, el cristiano se abre con confianza y se predispone a servir a Dios con todo el corazón y con toda la vida, a "vivir para Él": esta es la segunda conversión, cuando Dios irrumpe con su belleza y bondad, impulsando por entero al hombre a una segura confianza y a la comunión de amor con Él. Pensemos en tantos santos, en cómo a su alrededor crecieron el reino de Dios y el bien social ¡para una infinidad de personas! Son innumerables los ejemplos de santos, hombres y mujeres, jóvenes y mayores, que han mostrado con su vida hasta qué punto Dios es el único auténtico bien y la raíz de nuestra humanidad.

Cito, por ejemplo, un pasaje de una carta de San Maximiliano María Kolbe, que se ofreció para salvar la vida a un padre de familia en el campo de concentración de Auschwitz: "En la actualidad vemos con tristeza cómo se propaga el «indiferentismo». Una enfermedad epidémica, que se difunde de muchas formas, y afecta no sólo a los laicos, sino también a los miembros de institutos religiosos. Dios es digno de una gloria infinita. Nuestra primera preocupación debe ser glorificarlo, en la medida en que nuestras pobres fuerzas lo permitan, conscientes de que no podemos darle la gloria que Él merece. La gloria de Dios resplandece sobre todo en la salvación de las almas, que Cristo ha redimido con su sangre. En consecuencia, el ideal más sublime de nuestra vida apostólica debe ser procurar la salvación y la santificación del mayor número de almas (...) Dios lo es todo: solamente Él es infinito, perfecta sabiduría, Señor clementísimo, creador y Padre, principio y fin, sabiduría, poder y amor. Todo lo que existe fuera de Dios, vale en tanto en cuanto se refiere a Él, que es el creador de todas las cosas, el redentor de los hombres y el fin último de toda la creación. Es él quien, por medio de sus representantes en la tierra, nos manifiesta su voluntad y nos atrae hacia sí, queriendo servirse de nosotros para atraer a otras almas y unirlas también a sí en la perfecta caridad. (...)

Amemos, pues hermanos, con todas nuestras fuerzas al Padre celestial, lleno de amor por nosotros; y que la prueba de nuestra perfecta caridad

---

[64] *Biblia*. Cfr. Carta a los Hebreos 11, 17-19.
[65] *Biblia*. Cfr. Evangelio según Lucas 19, 1-10.

sea la obediencia, ejercitándola, sobre todo, cuando nos pide el sacrificio de nuestra propia voluntad. En efecto, el libro más sublime que conocemos para profundizar en el amor de Dios es Jesucristo crucificado. Todo esto lo obtendremos más fácilmente por intercesión de la Inmaculada Virgen María, a la que Dios, en su bondad, ha hecho dispensadora de su misericordia. La voluntad de María es, sin ninguna duda, la voluntad misma de Dios. Consagrándonos a ella, en sus manos nos convertimos en instrumentos de la divina misericordia, como ella lo ha sido en las manos de Dios"[66].

Existe ciertamente una *santidad* escondida y heroica que sólo ve Dios, presente en muchos fieles laicos: en hombres y mujeres que trabajan en el mundo, están casados y son padres; en niños y jóvenes, en ancianos y enfermos. Es siempre el amor de Dios que llama y toca a la puerta del corazón humano[67] pidiendo una respuesta libre y total. Hay obispos y sacerdotes, diáconos, personas consagradas y religiosas que, con incansable amor, dedican santamente su vida a Dios, para bien de la humanidad. Pensemos en tantos hombres y mujeres de buena voluntad, también de otras religiones, que difunden el bien a su alrededor para edificar un mundo mejor.

Pero, ¿de dónde partir para construir el reino de Dios y una "verdadera humanidad" que sea un don para todos? ¿A quién escuchar? Hay tantas voces, confusas y opuestas... En el *Padrenuestro*, Jesús nos ha indicado qué hacer; nos ha dado como una "brújula", para que no nos perdamos. Es lo que veremos en el próximo capítulo.

---

[66] *Tradición.* San Massimiliano M. Kolbe (1894-1941), *Scritti*, ENMI, 2009, pp. 44-46 [N. del T: la traducción de la cita del original italiano es propia].

[67] *Tradición.* Cfr. Santa Teresa del Niño Jesús (1873-1897), *Historia de un alma*, Editorial Monte Carmelo, Burgos 1995, pp. 236 (el texto en el Apéndice, n. 39, es disponible en el sitio web figlidichi.altervista.org).

# 7

# Hágase tu voluntad

En el *Padrenuestro*, Jesús después de enseñarnos a rezar para que venga el reino de Dios, prosigue con otra enseñanza muy importante, una petición que muestra la vinculación entre lo humano y lo divino.

¿Cómo se construye el reino de Dios? ¿Cómo se edifica el reino de Dios, que no es de este mundo, aunque está ya presente, y que no se confunde con el reino de "Herodes" o con otros reinos humanos porque es único? ¿Por dónde empezar? Por esto Jesús introduce una frase que es esencial y que le importa mucho: "Hágase tu voluntad", la voluntad del Padre. Esa frase se encuentra en el centro del *Padrenuestro*, en su punto más profundo, y podemos decir que es el *"corazón"* de esta plegaria. Jesús nos recuerda: «No todo el que me dice: "Señor, Señor, entrará en el reino de los cielos, sino el que cumpla la voluntad de mi Padre del cielo"[1]. El *Comentario al «Pater Noster»* que, sobre este punto, hace San Francisco de Asís es muy significativo[2].

Es precisamente comprendiendo esta "voluntad" como madura la relación con Dios, en la que está en juego no solo la vida de las personas, sino también la historia del mundo, como enseguida veremos.

¿Cómo se construye el reino en medio del empeño por construir también la ciudad de los hombres? ¿Dónde se afianza el reino de Dios? En estas extraordinarias palabras descubriremos que se nos ha dado una condición preciosa e indispensable.

¿Qué ha pasado para que Jesús tenga que indicarnos *este camino* para edificar el reino de Dios Padre? ¿Por qué nuestra voluntad no consigue realmente entrar en el camino del reino? Dios ha creado su imagen en el hombre y la mujer en orden al bien, para la libertad del amor: ¿por qué entonces es tan difícil seguir la voluntad de Dios? ¿Qué ha sucedido?

---

[1] *Biblia*. Evangelio según Mateo 7, 21.
[2] *Tradición*. Cfr. San Francisco de Asís (1182 ca.-1226), *San Francisco de Asís: sus escritos*, edición preparada por J.R. de Legísima y L. Gómez Canedo, Biblioteca de Autores Cristianos, Madrid 1976, pp. 65-66 (el texto en el Apéndice, n. 40, es disponible en el sitio web figlidichi.altervista.org).

## Eso que no es un mito

Dios nos lo da a conocer en la Biblia, en el tercer capítulo del Libro del Génesis. Ahí se pone de relieve un aspecto clave: el encuentro con Satanás y el consiguiente oscurecimiento de la imagen de Dios, el tipo de contagio que ha marcado el corazón, la mente y el cuerpo humano. En esa situación se manifiesta el primer y dramático impacto con el mal, que dará un giro radical a la historia.

Por de pronto, Dios nos lo ha querido revelar en la Biblia, que es un texto inspirado: ¡hemos de tomar en serio a Dios! Los primeros once capítulos del Génesis están escritos en un lenguaje singular, que no debemos confundir con un lenguaje engañoso, con un lenguaje, por así decirlo, caprichoso o mitológico, que nada dice a nuestra mentalidad científica. Se trata de once capítulos inspirados, como los demás de la Biblia, pero escritos en un lenguaje etiológico, que subraya la importancia de nuestra relación con Dios.

Es evidente que la imagen de la serpiente es una referencia figurativa y simbólica. En primer lugar, la serpiente se esconde y no hace ruido: por eso es difícil descubrir a Satanás, porque es astuto y actúa ocultamente. Jesús lo define como "padre de la mentira"[3] y, por tanto, origen de la mentira y del engaño. En segundo lugar, la imagen de la serpiente presenta esencialmente un doble sentido, puede ser puesta en relación tanto con lo masculino como con lo femenino, incluso en sentido psicoanalítico: de algún modo representa la ambigüedad y la mutabilidad. Esto no significa de ninguna manera que el pecado original sea de tipo sexual, como si la dimensión sexual representase el mal opuesto a la realidad divina, que es espiritual. Al contrario, es el mal del pecado original, que es espiritual, el que ha entrado en la imagen de Dios presente en la sexualidad humana, desviándola de su recto orden, como veremos.

De hecho, la imagen de la serpiente se usaba ya en el lenguaje de la época. Es claro que Dios quiere decirnos algo muy importante, que se produce en el momento del impacto entre el ser humano, varón y mujer, y ese otro ser, el Maligno, Satanás, que seduce y es capaz de poner en crisis el equilibrio personal, el del matrimonio y el de la sociedad.

Como muestra el texto bíblico, Satanás se dirige en primer lugar a la mujer, en cuanto capaz de engendrar la vida. Al bloquear o "disturbar" a Eva, lograría disturbar y marcar a todas las sucesivas generaciones. El mal de una serpiente, que muerde e inyecta su "veneno", puede ayudarnos a la hora de describir este dramático impacto.

Eva es perfecta: creada por Dios, sacada del hombre, ha sido creada con la misma dignidad de persona y lleva en sí la imagen de Dios en modo femenino[4]. ¿Cómo logra Satanás entrar en diálogo con ella y llevarla hacia el mal? Usa una palabra muy importante, que es clave; usa la palabra *verdad*, palabra que la subcultura esconde porque la teme: Satanás la usa para entrar en relación, pero luego la esconde y la contradice.

---

[3] *Biblia.* Evangelio según Juan 8, 44c.
[4] *Biblia.* Cfr. Libro del Génesis 1, 26-27.

Efectivamente, la primera pregunta que Satanás dirige a Eva es: «¿Con que Dios les ha dicho que no coman de ningún árbol del jardín?»[5]. El alma de Eva está abierta a la verdad y Satanás se sirve de eso. Eva, creada a imagen y semejanza de Dios, cree y vive en la "verdad" más plena. Pilatos dirá a Jesús: «¿Qué es la verdad?»[6]: el mundo corrupto la esconde y apenas la entrevé, la ignora, la pisotea o la *manipula para servirse de ella*, porque "no ama la verdad"

El mal no se presenta en un primer momento de modo negativo y desagradable, hasta el punto de atemorizar, sino que se camufla. Para entrar en contacto con el hombre y la mujer, con sus hijos y con las familias, se sirve de "instrumentos", por así decirlo, "normales", de imágenes que corresponden a un bien aparente. Pero precisamente en ese bien hace entrar el "veneno", para cambiar radicalmente a las personas y pervertirlas: esta es la técnica diabólica.

Satanás, el *mistificador*, se presenta primeramente como aquel que presta atención a la verdad, pero luego introduce con astucia la mentira: «¿Con que Dios les ha dicho que no coman de ningún árbol del jardín»[7].

¿Cómo responde Eva ante la falsedad? ¡Es extraordinario! No responde: "No es verdad", como esperaríamos. En efecto, si todo fuese un mito, Eva habría respondido con una frase sobria y contenida: "sí", o bien, "no, no es así". Eva, en cambio, no responde de ese modo. Eva responde de una manera extraordinaria, que a nadie se le pasaría por la cabeza. Es un texto único en su género. Estamos muy lejos de todos los otros textos de la antigüedad y más todavía del mundo de los mitos. Esto demuestra que es un texto inspirado: aquí incluso los no creyentes podrían entrever y descubrir un don, un signo que viene de Dios. La Biblia no la han escrito los hombres por sí solos, con su inteligencia solo humana, sino guiados por una ayuda especial del Espíritu Santo, el Espíritu de la Verdad.

Un texto único, decíamos: Eva, en efecto, no conoce la mentira. Nosotros sí. Eva pues no dice: "no, dices algo que no es verdad". Eva repite perfectamente lo que Dios ha dicho. Ella está tan unida a Dios, tan en la verdad de sí misma, – su modo de ser es según Dios – que responde perfectamente como Dios le ha dicho y se limita a repetir la Palabra de Dios. En ella no ha entrado aún la falsa palabra de la mentira: "La mujer contestó a la serpiente: «¡No! Podemos comer de todos los árboles del jardín; solamente del árbol que está en medio del jardín Dios nos ha prohibido comer o tocarlo, bajo pena de muerte»[8]. Eva responde a la perfección. Pero aquí interviene Satanás y se muestra cómo es: *aquel que pervierte*. Veamos, a través del mensaje de la Biblia, como Satanás inyecta su "veneno" mentiroso: palabras graves, que Dios quiere que comprendamos para abrirnos así a la necesidad de la salvación.

El potente "veneno" de la mentira está a punto de entrar: Le dice Satanás: " ¡No, nada de pena de muerte!"[9]; lo cual significa que la Palabra de Dios ¡no

---

[5] *Biblia*. Libro del Génesis 3, 1.
[6] *Biblia*. Evangelio según Juan 18, 38.
[7] *Biblia*. Libro del Génesis 3, 1.
[8] *Biblia*. Libro del Génesis 3, 2-3.
[9] *Biblia*. Libro del Génesis 3, 4b.

es verdad! Satanás, padre de la mentira, pervierte la verdad y la vida, dándoles la vuelta, y acusa de falsedad a la Palabra de Dios, para ponerse él en lugar de Dios, ¡cómo portador de verdad y de liberación! Eva comienza a vacilar. Todo en ella, como en Adán, está hecho en el amor y en la verdad más profunda, a imagen de Dios: la mentira empieza a entrar en ella, en la imagen de Dios, a contagiarla y a producir sus efectos. Eva se vuelve débil, confusa, y escucha pasivamente.

Ahora es cuando el "veneno" entra en Eva por segunda vez y el dramatismo de lo que está a punto de suceder es patente. El Maligno añade: «Lo que pasa es que Dios sabe que cuando ustedes coman de ese árbol, se les abrirán los ojos y serán como Dios, conocedores del bien y del mal»[10]. El Maligno habla mal de Dios, atribuye a Dios la mentira y la envidia y pervierte, en el corazón de la mujer, ¡la verdadera imagen del rostro de Dios! Satanás pretende de este modo ponerse él en lugar de Dios, para ser dueño y señor de la creación. Es entonces cuando Eva, engañada, empieza a tomar la decisión de rebelarse contra Dios y cometer el *pecado original*. "Entonces la mujer se dio cuenta de que el árbol era bueno de comer, atrayente a los ojos y deseable para lograr inteligencia; así que tomó de su fruto y comió. Luego se lo dio a su marido, que también comió"[11].

Algunos van todavía tras este engaño de Satanás – que es muy astuto – y piensan que "conociendo el bien y el mal" se puede llegar a ser "como Dios": identificando así estúpidamente el conocimiento, que es un gran poder, con Dios mismo. De aquí a considerar a Dios como la proyección de todo el poder del conocimiento, el salto es muy breve, de modo que con la cultura y la ciencia, ¡Dios ya no haría falta! En realidad, aquí se pasan por alto dos cosas esenciales:

La primera que no se puede "ser como Dios", porque Dios es Único.

La segunda que "conocer o experimentar el bien y el mal" es una característica humana, porque el hombre "descubre" el bien y el mal como un hecho y lo interpreta. En efecto, la frase de Satanás sobre "el conocimiento del bien y el mal", presente en los versículos 4 y 5, que se refiere a los *frutos* – aquí radica el engaño y la mentira–, omite deliberadamente la palabra *árbol*, que está presente, en cambio, en la Palabra de Dios: "el árbol del conocimiento del bien y del mal"[12]. De hecho, "el árbol" significa las raíces que están en Dios y, por tanto, no se identifica con el conocimiento, es decir, con los frutos que son precisamente el conocimiento del bien y el mal. La verdad del "árbol", que Satanás hábilmente "oculta" a Eva, manifiesta la soberanía de Dios que es el Único que puede ser la Fuente no solo de la Vida, sino también de la Verdad y del Bien.

---

[10] *Biblia*. Libro del Génesis 3, 5.
[11] *Biblia*. Libro del Génesis 3, 6.
[12] *Biblia*. Libro del Génesis 2, 9.

## Las consecuencias que no se quieren ver

Es preciso entender que este "veneno", en cuanto distorsión de la verdad y aversión a Dios, está en abierta contradicción con el ser humano "creado a imagen de Dios"; entra en el cuerpo, en la mente, en el cerebro y en la sexualidad; se manifiesta y se transmite de generación en generación.

Afecta al sistema nervioso, al sistema neurovegetativo, afecta a todo nuestro modo de funcionar: el pecado original no solo se consuma en la naturaleza humana, sino que se transmite a través de ella, y pasa así a las nuevas generaciones. La mentira y la rebelión han entrado en el hombre y la idea de Dios ya no tiene la integridad que tenía: la verdad, que nos fue dada en la luz, pasa a camuflarse y busca la oscuridad. La voluntad, que estaba orientada al bien, a la verdad, al amor, a la vida y a la justicia, se convierte, a causa de la mentira diabólica, en rebelión contra Dios, en soledad del ser humano que se refugia en una felicidad que no existe y conduce a la muerte de sí mismo, de los hermanos y a la destrucción del mundo.

Por eso el hombre morirá, a pesar de estar hecho a imagen y semejanza de Dios: perderá así el reino y la vida. De hecho, todo se trastoca: el amor se vuelve egoísta; sin confianza en Dios, el futuro se vuelve angustia; la inteligencia, sin la luz, se vuelve confusa e incierta o bien soberbia; se hacen presentes el miedo y la locura, hasta huir de Dios: "Cuando oyeron al Señor Dios que se paseaba por el jardín tomando el fresco. El hombre y su mujer se escondieron entre los árboles del jardín, para que el Señor Dios no los viera"[13].

La perversión, al distorsionar la relación con Dios, deforma radicalmente la relación entre el hombre y la mujer y luego entre los hombres. La imagen divina que hay en ellos queda cubierta por la mentira, que es acogida ¡cómo "verdad"! El hombre y la mujer se tapan, desconfiando ya de la verdad del amor y de la voluntad buena: "Se les abrieron los ojos a los dos y descubrieron que estaban desnudos; y entrelazaron hojas de higuera y se hicieron unos taparrabos"[14]. La vida humana, al alejarse de la gloria de Dios que es Padre, pasa a ser una búsqueda de gloria humana, que amenaza a unos y otros, hasta llegar al delito de Caín que mata al justo Abel, su hermano[15]. De esta manera, el hombre es capaz de muerte y de autodestrucción.

En definitiva, la voluntad de los seres humanos queda contagiada por la mentira, por la rebelión contra Dios y por la falta de amor hacia los hermanos, hasta convertirse en indiferencia y odio. El pecado original fue el pecado contra Dios que es Amor. Satanás ha engañado al amor y lo ha reducido a una falsa conveniencia.

Aquí tenemos las primicias de "mammón". Dios quiere que volvamos a Él, que es Padre; a Él, que es el Sumo Bien del Amor, nuestra Patria y nuestro futuro. Precisamente porque Dios es Amor y amor es su reino, el paraíso, solo hay una forma de volver: el camino del amor, o sea, de nuestra voluntad que vuelve a Él libremente y con amor. El amor, en efecto, está en armonía con la

---

[13] Biblia. Libro del Génesis 3, 8.
[14] *Biblia*. Libro del Génesis 3, 7.
[15] *Biblia*. Cfr. Libro del Génesis 4, 1ss.

libertad; pero el amor es también dependencia, al menos dentro de ciertos límites, que el propio amor pone en la libertad.

La humanidad moderna quiere sin duda el amor, pero no quiere vínculos ni dependencias, porque tiene miedo de perder su libertad y tiene miedo de tener que depender de algo o de alguien. Por esto, hoy día, la libertad está cada vez más vacía de amor, hasta llegar a convertirse en una libertad sin sentido y sin nadie. Tras el pecado, es como si la libertad y el amor se hubiesen separado en el corazón del hombre: de hecho, a veces se piensa que quien quiere la libertad no puede amar, porque tiene miedo de depender de otro; y quien quiere el amor teme la libertad del amado, que puede marcharse lejos... Hace falta volver a Dios para que en el corazón del hombre y la mujer la libertad y el amor se encuentren de nuevo, para que la libertad regrese junto al amor.

## La obra de Jesús

El reino de Dios, antes que con poder, viene en la verdad, en la libertad y en el amor. Por eso hace falta Jesús, el Hijo de Dios, que, viniendo a la tierra, traiga la verdad a nuestra mente desorientada, nos hable bien del amor de Dios y nos muestre todo el Bien que Dios ha preparado para cada uno y para la humanidad. Cuando se oye hablar mal de Dios, eso es el pecado, el pecado original, que recorre la historia y camina a nuestro lado: entonces resulta necesario experimentar de nuevo todo lo positivo que hay en Dios y su bondad. Eso hace que volvamos a la verdad de Dios y que creamos en el amor que Él nos tiene.

Precisamente por esto, Jesús traerá la verdad del amor de Dios y nos revelará cómo estamos hechos, la verdad sobre nuestra existencia. Jesús nos enseñará de nuevo, por medio de su amor y por obra de su gracia, a enderezar lo que Satanás ha torcido y quiere mantener torcido, pervertido, sin el sentido que Dios le ha dado en la creación.

Jesús es el "Salvador", el único Salvador de cada hombre y de todos los hombres, como recordaba el Papa Emérito Benedicto XVI en su mensaje de Navidad a la ciudad y al mundo: "¡Ven a salvarnos! Este es el clamor del hombre de todos los tiempos, que siente no saber superar por sí solo las dificultades y peligros. Que necesita poner su mano en otra más grande y fuerte, una mano tendida hacia él desde lo alto. Queridos hermanos y hermanas, esta mano es Cristo, nacido en Belén de la Virgen María. Él es la mano que Dios ha tendido a la humanidad, para hacerla salir de las arenas movedizas del pecado y ponerla en pie sobre la roca, la roca firme de su verdad y de su amor (cfr. Sal 40,3). (...) Él fue enviado por Dios Padre para salvarnos sobre todo del mal profundo arraigado en el hombre y en la historia: ese mal de la separación de Dios, del orgullo presuntuoso de actuar por sí solo, de rivalizar con Dios y ocupar su puesto, de decidir lo que es bueno y lo que es malo, de ser el dueño de la vida y de la muerte (cfr. *Gen* 3,1-7). Este es el gran mal, el gran pecado, del cual nosotros los hombres no podemos salvarnos si no es encomendándonos a la ayuda de Dios, si no es implorándole: «*Veni ad salvandum nos!*» Ven a salvarnos"[16].

Para volver a Dios, lo primero que hemos de cambiar es nuestra voluntad, que ha sido contaminada por la mentira diabólica y por la rebelión contra Dios. Jesús nos toma de la mano mediante la verdad y nos anima a rezar: "Hágase tu voluntad", la voluntad de Dios; nos enseña a volver con amor y confianza a la voluntad de Dios Padre y, con ella, a volver a su reino. Nunca antes la habíamos percibido de esta manera, pues solo Jesús es capaz de mostrárnosla: Él, que está en íntima relación con el Padre; Él, que es el "rostro" del Padre; Él, que ha venido a la tierra a realizar la obra del Padre, a hacer todo por amor al Padre. Jesús nos enseña a tener confianza, llamándole "Abbá, Padre", y nos exhorta a pedir con amor en la oración: "Hágase tu voluntad". Habíamos perdido la voluntad de Dios y con ella habíamos perdido también el amor y la comunión con Él, el reino y la vida para siempre. Para entrar en el reino, para participar en la vida del reino de Dios, no hay otro camino que volver a amar la voluntad del Padre. Todo se resume en esto. Es una palabra, es una relación y es la única sabiduría y la única salvación para cada uno y para toda la humanidad, el único "regalo" que nosotros podemos hacer a Dios.

Dios creó al hombre "a su imagen varón y mujer", porque precisamente en la sexualidad debían brillar el don y el misterio, hacerse presente y visible el amor de Dios por medio del amor humano. La sexualidad humana, lugar del misterio del que surge la vida, lugar donde los niños y niñas vienen al mundo y donde está el futuro de la humanidad, es según el diseño de Dios el lugar de la imagen de Dios, ¡no de la huida de Dios! El pecado ha deformado la vida: tras el pecado, es necesario purificar el mundo y lo humano y ya no se puede amar como antes, porque el mundo y lo humano se han vuelto ambiguos, como el corazón del hombre y la mujer. A causa de la seducción de lo mundano y de la secularización, la vida humana ha perdido, en lo afectivo y en lo sexual, buena parte de la presencia del espíritu y, por tanto, también de la trasparencia que la imagen de Dios lleva consigo y que Dios le asignó. Es lo que nos dice San Juan en su Primera Carta: "No amen al mundo ni lo que hay en él: quien ama al mundo no posee el amor del Padre. Porque todo lo que hay en el mundo, los malos deseos de la naturaleza humana, la codicia de los ojos y el orgullo de las riquezas no procede del Padre, sino del mundo. Y el mundo pasa con sus codicias; pero quien cumple la voluntad de Dios permanece por siempre"[17].

Nuestra voluntad, nuestra mente, nuestro corazón y nuestro mismo cuerpo están como desorientados porque el mal los ha "contagiado". Hay que *reorientar* la voluntad y nuestras energías más profundas. Y esto lo lleva a cabo Jesús con la verdad, con su amor y con la gracia del Espíritu Santo. Entonces, la voluntad de Dios Padre pasa a ser también la nuestra y nuestra voluntad pasa a ser la del Padre: esta es la paz del corazón y la entrada en el reino de Dios. Para hacer esto, Jesús nos trae la Verdad, la verdad fundamental que habíamos perdido. El mundo, en cambio, se detiene en el pluralismo de tantas verdades parciales, quizás útiles, pero que más bien parecen simples

---

[16] *Magisterio*. Benedicto XVI, *Mensaje Urbi et Orbi*. Navidad de 2011.
[17] *Biblia*. Primera Carta de Juan 2, 15-17.

opiniones. En efecto, el *hombre empequeñecido* solo puede tener opiniones y la riqueza del conocimiento procede de una suma confusa de todas ellas.

El *pluralismo enriquecedor* hecho de puntos de vista, ideas y libre adhesión, pero desvinculado de cualquier búsqueda de las raíces de la verdad absoluta, es otra trampa de nuestra época, una forma de desvirtuar cualquier "verdad" y, por tanto, cualquier autoridad. En efecto, ese pluralismo, que no se funda en la búsqueda de la "verdad", se convierte en el alma del individualismo y de la división entre los hombres. Al final, en medio de ese relativismo, solo queda espacio para "mammón" y para los intereses materiales que unen a los hombres en aquello que necesitan. Ahora bien, la unidad tampoco se puede lograr reivindicando ese dogmatismo, "fanático" de la verdad, alma del autoritarismo, que en último término se impone como dictadura de una ideología. En efecto, el pluralismo, si está unido al amor hacia la verdad y hacia el bien del hombre, es un valor importante que de debe mantener.

Tanto una postura, la relativista y, en último término, individualista, como la otra, despótica y autoritaria, están muy lejos del Cristianismo, de la fe y de la Iglesia, en la medida en que no constituyen un bien, ni para la persona ni para la sociedad. La fe de la Iglesia católica no equivale a algo nacido de una ideología, es decir que dependa de una doctrina a priori; y el término "católico", que de suyo significa "universal", es sinónimo de verdad, de seriedad y de generoso compromiso con el mundo.

El mundo "laicista", en cambio, creyendo ser libre y siguiendo solo la verdad científica, cae en la ideología de turno, movido por el proyecto económico, en particular de "mammón". Hoy, por ejemplo, está de moda considerar bueno lo que es útil y malo lo que no es de inmediata utilidad.

Jesús nos dice: «Yo soy el camino, la verdad y la vida»[18]. «Pero, cuando llegue el Hijo del Hombre, ¿encontrará esa fe en la tierra?»[19]. Jesús se refiere a su fe, a la fe que ha traído a la tierra, a la fe "de Dios". No se refiere a la "fe natural" de los hombres, a esa aspiración con la que uno se puede dirigir a Dios que está ahí arriba y nos echa una mano... para afrontar las dificultades y temores de la vida. No tenemos que despreciar esta fe "humana", pero tampoco esconder la fe "de Dios", revelada en Cristo Jesús.

La ciencia nos proporciona nuevas seguridades y ella misma es también un don de Dios. Pero la fe "de Dios" es superior a la ciencia. El punto de encuentro es el espíritu humano, sin el cual no existirían las aspiraciones del hombre y la búsqueda de Dios. Sin la presencia en el hombre de su espíritu, del alma espiritual, no existiría la capacidad de hacer ciencia con inteligencia y libertad de pensamiento, ni existiría tampoco la capacidad de encontrar a Dios y de acogerlo con libertad y amor.

La tolerancia, el amor a los hombres, a todos los hombres, y la capacidad de compartir en el bien los recursos y los talentos humanos, derivan de la dimensión común del espíritu humano en el que reside la "imagen de Dios". Este es el camino de la paz. San Juan Pablo II nos recuerda que "Buscar y enseñar verdaderamente la verdad es realmente una gran tarea. (...) Estáis

---

[18] *Biblia*. Evangelio según Juan 14, 6.
[19] *Biblia*. Evangelio según Lucas 18, 8.

llamados a poner el gran patrimonio de la verdad al servicio del hombre. La verdad misma se convierte en un servicio de amor y de unidad. Al aceptar la verdad se abren posibilidades de amor. (...) Ciertamente cada disciplina tiene su autonomía, pero todas ellas convergen hacia la parte buena del hombre en sintonía con la verdad de su naturaleza"[20].

La paz no se construye "reduciendo" la verdad y haciendo que "verdad" signifique cada vez más lo mismo que "opinión"; al contrario, se construye si, juntos y respetando a todos, reencontramos la verdad de lo que somos, a partir de lo que nos constituye. El *"opinionismo"* es un falso camino, que aleja a los hombres y no prepara la paz, ni la justicia, ni tampoco el amor entre los seres humanos. La búsqueda de la verdad espiritual construye la unidad, el respeto y la solidaridad humana. El *"opinionismo"*, en cambio, degrada al ser humano, porque el pensamiento sirve en la medida en que es útil. Así, al final, lo que parece más útil es la acción y el poder económico, y este el camino de "mammón". De este modo, una vez abandonada la búsqueda de la verdad, búsqueda que Jesús nos recomendó, porque «la verdad los hará libres»[21], se ha abierto la puerta al poder para instaurar otros tipos de tiranías, como la de "lo útil": desde las tiranías políticas y económicas a las pseudo-espirituales o espiritistas.

La libertad de pensamiento debe llegar a la verdad, de otro modo, el hombre no puede construir y la libertad resulta inútil. La verdad, para ser verdadera, debe ser una verdad humilde, porque el misterio nos supera. Nuestra morada es el misterio, pero solo la verdad hace que vivamos en él. He aquí porque tenemos necesidad de la revelación sobre la vida. El ser humano no solo necesita desarrollar su vida, sino que necesita también la revelación acerca de la verdad de su vida.

No tenemos solo necesidad de vivir una vida biológica, como la de los animales. Para vivir necesitamos una revelación profunda, para entender de qué modo la vida nos hace seres humanos. ¿Cómo será nuestro mañana? ¿Quiénes somos? ¿Por qué vivimos sobre la tierra? ¿Por qué luego llega la muerte? ¿Cómo se supera? Nos hacemos muchas preguntas, porque llevamos el reino dentro. Para esto ha venido Jesús, para darnos la respuesta, porque estamos hechos para el reino y a él aspiramos. Jesús nos abre las puertas del paraíso, pero además, ya ahora en la tierra, Él sale a nuestro encuentro para que no muramos en el engaño o en la desunión.

He visto muchas veces cómo en el amor entre hombre y mujer se trasparenta la intuición del reino del amor y del misterio de la vida, porque lo sienten; pero les he visto también encerrarse en sí mismos, recaer en el yo y perderse. Necesitamos a Jesucristo, porque nosotros solos no somos capaces de "vivir bien" en el misterio que somos.

Jesús nos abre el reino no solo para entrar, sino también para permanecer en él: "Permanezcan en mi amor"[22], nos dice. Sin Jesucristo nos quedaremos

---

[20] *Magisterio.* Juan Pablo II, *Discurso a los Representantes de las Instituciones Superiores de Educación de Sidney* (26 de noviembre de 1986).
[21] *Biblia.* Evangelio según Juan 8, 32.
[22] *Biblia.* Evangelio según Juan 15, 9b.

fuera. Jesús sale al encuentro de cada uno para guiarnos a la voluntad del Padre, para volver a estar "dentro" de la comunión con Él y de la Vida en plenitud. Dios nos da la verdad, pero nosotros debemos ofrecer a Dios nuestra voluntad para que, verdadera y libremente, se ajuste cada vez más a la suya. ¡Esto es fundamental! Hacer la voluntad de Dios alegra nuestra vida y la llena de sentido. Es realmente lo más grande a lo que puede aspirar cualquier hombre o mujer, porque solo con Dios construimos en serio, mientras que, como dice Jesús en el Evangelio: "El que no está conmigo está contra mí, y el que no recoge conmigo, desparrama"[23]. La Iglesia habla siempre de buscar y amar la voluntad de Dios, la única capaz de llenar el corazón del hombre y la historia humana, como recordó Benedicto XVI en los mensajes en diversas lenguas que dirigió a una multitud de jóvenes, más de dos millones, durante la XXVI Jornada Mundial de la Juventud en Madrid[24].

El reino de Dios se construye con la voluntad de Dios y con la nuestra, con la nuestra y la suya: primero se construye en el alma de la persona, imagen y semejanza de Dios; después en el matrimonio, en la familia y luego en la sociedad.

Pero hemos de preguntarnos: ¿por qué es tan difícil para la voluntad humana elegir la voluntad de Dios? ¿Por qué cumplirla no es algo tan sencillo ni tan inmediato? ¿Por qué el mal, el error y las transgresiones atraen tanto al ser humano, con el resultado de que todo se pervierte? ¿Por qué las pasiones humanas son de utilidad para el mistificador, para el Maligno? ¿Por qué la voluntad elige el mal? ¿Cómo es posible si procedemos de Dios?

Por el poder del espíritu humano que se aleja de Dios, es posible elegir el mal y hacerlo odiando la luz de la verdad, rechazando el amor de Dios. En esto consiste el "pecado" y el drama de la humanidad. De eso habla Jesús con Nicodemo, como nos relata Juan en el tercer capítulo de su Evangelio. Jesús habla ahí del corazón de Dios y del corazón del mundo: los pone juntos, muestra las diferencias y de dónde nacen los pecados. "Porque Tanto amó Dios al mundo -dice Jesús-, que entregó a su Hijo único, para que quien crea en él no muera, sino tenga vida eterna"[25]. Aquí tenemos el *corazón de Dios*: ama tanto al mundo que entrega, fíjense bien en la expresión, que "entrega" a su Hijo, su único, su corazón, su vida, su reino.

¿Y cuál es entonces el *corazón del hombre*? "El juicio consiste en esto: que la luz vino al mundo, y los hombres prefirieron las tinieblas a la luz. Y es que sus acciones eran malas. Quien obra mal detesta la luz y no se acerca a la luz, para que no delate sus acciones"[26]. En otras palabras, para que no le quiten lo que ha robado. Se trata en efecto de un robo: en lugar de reconocer la verdad, el amor de Dios y su reino, y participar con amor en lo que es de Dios, como

---

[23] *Biblia*. Evangelio según Mateo 12, 30.
[24] *Magisterio*. Cfr. Benedicto XVI, *Ángelus en el Aeropuerto de Cuatro Vientos*. Viaje Apostólico a Madrid con ocasión de la XXVI Jornada Mundial de la Juventud (21 de agosto de 2011) (el texto en el Apéndice, n. 41, es disponible en el sitio web figlidichi.altervista.org).
[25] *Biblia*. Evangelio según Juan 3, 16.
[26] *Biblia*. Evangelio según Juan 3, 19-20.

Él nos ofreció, el poder espiritual que tienen el hombre y la mujer actúa de manera que toma todo lo de esta vida y lo quiere para sí.

En esta dinámica se aman más las tinieblas que la luz, «es que sus acciones eran malas»[27]. ¿De qué obras se trata? Las obras mediante las que se apropian de las cosas para sí, en lugar de verlas como "dones" que recibimos de Dios, como algo suyo, que Él nos entrega.

El mal hace que usemos las cosas buenas que son de Dios como si fuesen "nuestras", apropiándonos de ellas para construir "el principado" en lugar del reino de Dios. La voluntad humana, contagiada por la mentira y la rebelión diabólica contra Dios, hace que el hombre se apropie de ellas sin darse cuenta o incluso siendo consciente, robándolas. Pero todo esto ni siquiera le importa, porque su corazón está en otra parte: ¡solo se ocupa de sí mismo, de su amor propio! Y tampoco quiere que este robo sea descubierto. Un abominable engaño momentáneo. "Quien obra mal detesta la luz y no se acerca a la luz, para que no delate sus acciones. En cambio el que obra conforme a la verdad se acerca a la luz para que se vea claramente que todo lo hace de acuerdo con la voluntad de Dios"[28]. En efecto, el que obra la verdad realiza las obras de Dios, cumple las obras que son de Dios. Y se alegra de que se manifiesten porque «sus obras están hechas según Dios»: esto es verdad, y él "obra" la verdad y construye el reino de Dios y no el "suyo propio".

## Los dos sistemas

Existen sin duda diversas formas de vivir este conflicto. En la parábola del «hijo pródigo»[29], también llamada del "padre misericordioso", Jesús nos presenta el ejemplo de dos hijos en la relación con su padre. En esos dos hermanos podemos ver la diferente reacción de los judíos y de los paganos respecto a la buena nueva que Jesús ha traído. Ahora bien, me parece oportuno reflexionar sobre cómo podría aplicarse esta parábola desde la perspectiva de nuestra realidad social con referencia al reino.

En la parábola, Jesús habla de dos hijos: el primero está cerca del padre, parece comprender al padre, pero en realidad no le interesa nada, no comprende el corazón del padre y, cuando el padre acoge en casa al hijo menor, que ha regresado arrepentido, ni siquiera quiere entrar en casa, a pesar de la afectuosa invitación que le dirige el Padre. Es pues un hijo que parece creer en el padre, que en la parábola representa a Dios. Parece que es obediente y cumple la voluntad del Padre, pero, en realidad, aun estando junto al Padre, no aprende nada del corazón de Dios Padre: se encierra en sí mismo, en sus privilegios y en los derechos que le da la cercanía del Padre. En la casa del Padre usa lo que es propiedad del Padre, "las prácticas religiosas". Se sirve de la casa del Padre, pero en el fondo piensa en sí mismo, en sus derechos, y se ofende con facilidad: su meta es su propia realización, y cuando el Padre

---

[27] *Biblia*. Evangelio según Juan 3, 19.
[28] *Biblia*. Evangelio según Juan 3, 20-21.
[29] *Biblia*. Cfr. Evangelio según Lucas 15, 11-32.

hace algo extraordinario, según su propio corazón, él no lo entiende, se rebela, se queda fuera de su corazón y ¡permanece fuera de casa!

En definitiva, se puede estar cerca de Dios, creer en Dios, ir a la Iglesia y practicar la religión, pero como lo haría un *extraño*, no según el corazón de Dios. Es posible querer también la libertad de la Iglesia e incluso las obras de la Iglesia, las obras de Dios, pero sin vivir según el corazón de Dios. Este hecho nos sirve como advertencia a todos. ¡Se pueden administrar las cosas del Padre pero sin su corazón![30]

El otro hijo, el menor, dice al Padre: "Dame la parte de la fortuna que me corresponde"[31]. Habla con desfachatez de sus propios derechos, ofendiendo a su padre, quizás sin darse cuenta. El padre reparte la herencia entre los dos hijos y él, tomando "lo suyo", se marcha dando un portazo... No le interesa la voluntad del padre, no le interesa nada del padre, solo le interesan su libertad y sus derechos: pretendía los bienes del padre y quiere gozarlos con libertad, sin el Padre, al que abandona. En realidad, lo que cree suyo es del Padre, pero él lo considera suyo ¡por derecho! Derrocha todo en prostitutas y malgasta su vida, después de haber seguido sus derechos hasta el punto de poner en peligro su propia vida. "Deseaba llenarse el estómago de las bellotas que comían los cerdos, pero nadie se las daba"[32]. Entonces recapacitó. Solo en ese momento decide regresar junto a su Padre, manifestándole su arrepentimiento.

Pensándolo bien, los dos hijos representan, ambos de manera equivocada, dos actitudes distintas que recuerdan al *capitalismo* y al *liberalismo*, por una parte, y al *marxismo* y al *comunismo*, por otra. El primero que busca la seguridad y pretende recibirla de Dios; el otro que quiere la libertad y la aventura de la vida y pretende encontrarla lejos de Dios. Ninguno de los dos hijos se comporta según la voluntad del padre: ni el primero, el mayor, que permanece al lado del Padre de manera formal, sin amarlo; tampoco el segundo, el más joven, que se marcha lejos del Padre "para vivir" sin reconocerlo ni amarlo. Ninguno de los dos hijos comprende al Padre y lo ama: él saldrá al encuentro de sus dos hijos. En el fondo los dos hijos representan dos sistemas, en todo caso, solamente horizontales, que a lo largo de la historia chocan, se contraponen, se persiguen y se sobreponen. Hay que decir que muchos elementos de estos dos sistemas, representados por los dos hermanos, dan lugar en la historia, bajo diversos aspectos, al *laicismo*, que es algo distinto de lo que indica el término "laico". Además, está el *ateísmo*, que niega y combate la relación vertical con Dios, dejando en el fondo un espacio vacío para cualquier otro... En todos estos sistemas, solo humanos y horizontales, se busca al final de cuentas y sobre todo aquello que parece "lo nuestro".

## Lo que es "nuestro"

Jesucristo, en cambio, nos revela que es "nuestro" solo aquello que es "para Dios", por tanto mucho más. Jesús nos hace ver la Cruz, uniendo en

---

[30] *Biblia*. Cfr. Evangelio según Lucas 13, 25.
[31] *Biblia*. Cfr. Evangelio según Lucas 15, 12.
[32] *Biblia*. Evangelio según Lucas 15, 16-17.

ella la dimensión horizontal y la dimensión vertical, la realidad del hombre y la realidad de Dios. Jesús restablece, entonces, *los derechos de Dios*. También Dios tiene sus derechos. Recordemos que Jesús expulsa a los vendedores del templo, diciéndoles: «Escrito está: *Mi casa es casa de oración*; pero ustedes la han convertido en cueva de asaltantes»[33]. En lo sustancial se trata efectivamente de un robo: tanto respecto a los que están cerca y, buscando la comodidad, se adaptan, como respecto a los que protestan y se marchan lejos: en el fondo de los distintos sistemas, cuando falta Dios está siempre presente el egoísmo propio, camuflado de bienestar y altruismo.

La única alternativa verdadera es entrar en la voluntad del Padre y comprender que las cosas son suyas: suyo es el amor, suya es la felicidad, suya es la vida de los seres humanos, suya es la inteligencia, suya es la ciencia, como también la capacidad que tenemos de progresar. Suyo es el mundo y nosotros formamos parte de ese mundo, porque estamos en el reino de la verdad, de la libertad y del amor. De este modo, Jesús trae de nuevo a la tierra la voluntad del Padre y nos vuelve a situar en la línea de "lo que es para Dios", porque solo esto es "verdaderamente nuestro" y nadie, en efecto, nos lo podrá quitar. Podemos entonces reencontrarnos en Dios como hermanos y construir un mundo más justo para todos. Por eso Jesús nos dice que busquemos ante todo el reino de Dios y su justicia y nos promete que las demás cosas que necesitamos se nos darán "por añadidura"[34]. Cuanto antes reconozcamos los derechos de Dios, antes reconoceremos los nuestros: la fraternidad universal, pero apoyada y centrada en Dios, en la relación con Dios Padre en Jesús.

En efecto, solo "lo que es para Dios" es verdaderamente nuestro y de todos nosotros. Es verdaderamente "nuestro" lo que pertenece al Padre porque somos sus hijos. ¡Lo demás es un robo, engañoso y pasajero! ¿Y cuáles son los derechos de Dios? Es bueno repetirlo. Los derechos de Dios son los de la verdad, la libertad y el amor. Y solo entrando en la voluntad de Dios, esos derechos nos pertenecen también a nosotros, como un don.

Esto es los que Jesús nos ha enseñado sobre la tierra y quiere que se lo enseñemos a nuestros hijos, dirigiéndonos al Padre: "Venga a nosotros tu reino y hágase tu voluntad", porque el reino de Dios solamente puede venir de esta manera, volviendo a encontrar la voluntad del Padre y adecuándonos a ella con libertad y amor todos los días, para bien nuestro, de la familia y de todos los hombres. Esto es lo que nos enseña el *Padrenuestro*.

Solamente amando la voluntad de Dios volvemos a encontrar a Dios como Padre: amar a Dios quiere decir amar su voluntad. A veces oímos decir: "¡Es voluntad de Dios!" ¡Pues menos mal que hacemos la voluntad de Dios! ¿Qué otra es mejor que la suya? Amar el reino de Dios quiere decir amar su voluntad. Amar nuestra vida espiritual, la vida familiar, el trabajo, el progreso social, quiere decir amar su voluntad. Amar a la humanidad entera, para que llegue a ser una sola familia de hijos de Dios, quiere decir amar su voluntad. Amemos, pues, la voluntad del Padre: "Hágase tu voluntad", como rezamos en el *Padrenuestro*. Fíjense, ¡qué dulzura, qué profundidad, qué hermosura! Solo

---

[33] *Biblia*. Evangelio según Lucas 19, 46.
[34] *Biblia*. Cfr. Evangelio según Lucas 12, 31.

luz y amor en la libertad y en la verdad de nuestro corazón, de nuestro actuar como hijos de Dios, para bien de todos.

Ahora bien, ¿por qué Jesús ha añadido "en la tierra como en el cielo"? ¿No era suficiente decir "Hágase tu voluntad"? Jesús nos ha dejado otra frase capital para nuestra vida, que hemos de comprender bien. Son muchos, en efecto, los que, bien para acallar su propia conciencia, bien para doblegar la de los demás, sienten la tentación de referirse a la "voluntad de Dios", como tristemente hemos visto muchas veces en la historia. Es pues necesario tener presente esta ulterior aclaración, que no debemos dejar de lado, y que veremos en el próximo capítulo.

# 8

# En la tierra como en el cielo (I)

Hemos visto que la tercera petición del *Padrenuestro* no solo está en el centro del texto, sino que es su *"corazón"*, porque precisamente al redescubrir el amor por la voluntad de Dios Padre, encontramos de nuevo los signos de su presencia, incrementamos juntamente su reino y la capacidad de edificarlo: todo esto cambia nuestra vida y modifica la construcción de nuestra sociedad.

Entonces ¿por qué Jesús añade en el *Padrenuestro* esta otra frase: "en la tierra como en el cielo"? ¿No era suficiente decir "hágase tu voluntad"? ¿No está ya todo en esta frase? Partamos de esta interesante pregunta.

A veces oímos que se dice: "¿Qué le vamos a hacer? ¡Qué sea lo que Dios quiera!". Si lo pensamos bien, es un modo realmente banal de considerar la voluntad de Dios. Si resulta que los padres manifiestan tan poco amor por la voluntad de Dios, ¿cómo podrán los hijos cumplirla lúcidamente y con amor? ¿Cómo se puede buscar, comprender y amar la voluntad de Dios si la despreciamos? No podemos tratarla de esa manera. ¿Qué idea podría hacerse de Dios Padre un no creyente o quien pertenece a otra religión? Por otro lado, ¿es verdad que la voluntad de Dios es siempre la que padecemos o la que, de un modo u otro, no haremos libremente? Vamos a profundizar en este punto.

## ¿Cómo conocerla?

Una cuestión fundamental presente en toda la Biblia es precisamente la de la búsqueda de la voluntad de Dios, cómo conocerla y comprenderla.

El presupuesto, como nos enseña la Sagrada Escritura, es que tenemos el espíritu humano, el alma, la imagen divina, con la que podemos entrar en comunión con Dios.

Me parece útil citar algunos pasajes del Papa Emérito Benedicto XVI que nos ayuden a reflexionar sobre la posibilidad de comprender la lógica de Dios, su proyecto y su voluntad. En *Jesús de Nazaret*, comentando la oración del *Padrenuestro*, escribe: "La esencia del cielo es ser una sola cosa con la voluntad de Dios, la unión entre voluntad y verdad. (...) pedimos que las cosas vayan en la tierra como van en el cielo, que la tierra se convierta en «cielo». (...) hay una comunión de saber con Dios profundamente inscrita en nosotros, que llamamos conciencia. (...) Esta comunión en el saber con el Creador, que Él mismo nos ha dado al crearnos «a su imagen», ha sido enterrada en el curso de la historia; (...) aunque nunca se ha extinguido del todo, ha quedado cubierta de muchos modos. (...) Como nuestro ser proviene de Dios, podemos ponernos en camino hacia la voluntad de Dios a pesar de todas las inmundicias que nos lo impiden"[1]. El primer modo de conocer la voluntad de Dios es pues precisamente el sagrario de la *conciencia*.

Gracias al don del alma espiritual, de la imagen con la que Dios ha creado al ser humano, cada uno puede "encaminarse" hacia Dios, con la seguridad de poder entenderle, porque Él desea hacerse conocer; con la seguridad de poder comprender lo que Dios le pide, porque Dios es nuestro Padre. El segundo modo de conocer la voluntad de Dios consiste precisamente en escuchar y meditar su Palabra, la *Biblia*.

Después de la conciencia y después del don de las Sagradas Escrituras, el tercer modo de conocer la voluntad de Dios Padre es *Jesús* mismo, su Hijo. El propio Jesús dice a los discípulos que le llevan algo de comer: "Mi alimento es hacer la voluntad del que me envió y concluir su obra"[2]. El ser de Jesús es ser una sola cosa con la voluntad del Padre[3]. Es el secreto de la vida de Jesús: «Aquí estoy, como en el libro está escrito de mi. Deseo cumplir tu voluntad»[4]. Así pues, no hay duda de que Dios quiere darnos a conocer su voluntad, para nuestra salvación y la del mundo

Ahora bien, ¿qué quiere decir "en la tierra como en el cielo"? No quiere decir "de cualquier manera". Jesús no quiere que se haga la voluntad de padre sea como sea o por la fuerza; no sería "su voluntad", que es siempre amor y un don. Él no es un déspota, su reino es reino de verdad, de libertad y de amor. Dios no quiere de ningún modo que se haga su voluntad y punto. De hecho, la Palabra de Dios nos recuerda: "Cada uno aporte lo que en conciencia se ha propuesto, no de mala gana o a la fuerza, porque Dios ama al que da con alegría"[5].

Dios sabe responder a nuestro corazón y a nuestra generosidad: "Dios no se deja ganar en generosidad", como decía mi madre. Dios quiere que se haga su voluntad "como en el cielo". Aquí advertimos que hay un *"como"* que de ninguna manera se puede olvidar o suprimir del Evangelio: es el *"como"* de *Dios*. Ese *"como"* nos habla del corazón de Dios, nos dice *"como"* Él quiere que se haga su voluntad. Solo así, haciendo la voluntad de Dios día tras día, podemos construir la familia de los hijos de Dios y, por tanto, su reino. De este modo. No hay otra manera.

Pero, incluso creyendo en Dios, ¿cómo haremos para aceptar la voluntad de Dios según su corazón cuando ese *"como"* no es lo que nosotros querríamos, como puede ser la enfermedad de un hijo o la muerte de un ser querido? En la tierra el *"como"* es limitado: el mal, el sufrimiento y las diversas situaciones de la vida son *"como"* las vivimos nosotros, tratando de superarlas, pero

[1] *Magisterio*. Benedicto XVI, *Jesús de Nazaret*, cap. 5, La Esfera de los Libros, Madrid 2007, pp. 182-184.
[2] *Biblia*. Evangelio según Juan 4, 34.
[3] *Biblia*. Cfr. Evangelio según Juan 10, 30.
[4] *Biblia*. Libro de los Salmos 40, 8-9.
[5] *Biblia*. Segunda Carta a los Corintios 9, 7.

experimentando todas nuestras limitaciones. Hay que preguntarse: ¿Cómo vive Dios nuestras situaciones y la comunión con nuestros sufrimientos? Ciertamente no podemos pensar que simplemente Dios las quiere y nosotros hemos de padecerlas, ¡y punto! Existe el *"como" de Dios*: es un *"como"* que aporta una solución, un *"como"* que, aun reconociendo los pecados, el mal, el sufrimiento y la muerte, ve que todo es vencible y ha sido vencido en la victoria del Bien que Jesús nos ha mostrado con la Resurrección. Este *"como del cielo"* abre paso a otro modo de vivir, al modo de los hijos de Dios. Jesús nos lo entrega en el *Padrenuestro*, para que no nos detengamos en el *"como"* sobre la tierra, con frecuencia lleno de injusticias y males. Por eso los cristianos, con sentido crítico, contribuyen a que la historia marche bien y a que las cosas se hagan bien, según el corazón de Dios, "en la tierra como en el cielo".

## Los escándalos

Pero hay también "vientos contrarios", muchos "vientos contrarios" y la gente con frecuencia está confundida y desorientada. Muchos, incluso bautizados, han dado escándalo por su poca adhesión a la voluntad de Dios y por su vida contraria al Evangelio. Esto, por una parte, nos llena de dolor y, por otra, nos lleva a rezar, tanto por los que se han visto afectados como por quienes han sido la grave causa.

Cuando se producen los escándalos, el ruido que provocan endurece los corazones y aleja de la verdad: así actúa el mal. *El enemigo*, como nos advierte Jesús[6], primero hace caer en el pecado y luego utiliza el mal producido, también el de los escándalos. Por esto Jesús exhorta a "todos" a no utilizarlos, porque son un instrumento del mal. "Dijo, pues, a sus discípulos: «Es inevitable que haya escándalos; pero ¡ay de quien los provoca! más le valdría que le ataran al cuello una piedra de molino y lo arrojaran al mar, antes que escandalizar a uno de estos pequeños. Estén en guardia»"[7]. También quien da a conocer los escándalos se hace portavoz del mal. De este modo, quien da a conocer el mal ¡no siempre logra apartar del mal! De hecho, la "amplitud del mal" es el resultado del "escándalo" que amplifica el mal en el mundo y puede confundir a los débiles y a los pequeños y hacer que se equivoquen. Esta es la siembra que hace el demonio, de la que Jesús habla en el Evangelio. Es necesario preguntarse: el que difunde los escándalos, ¿está verdaderamente en contra del mal o busca que se extienda? El que denuncia el mal y lo difunde ¿quiere acaso decir que todo es malo? Este es uno de los modos mediante los que se disfraza la obra de Satanás: cuando se habla del mal no siempre se combate el mal y se quiere el bien; por debajo puede darse una instigación a otro mal, a la destrucción, al odio, una especie de mecha que va explotando. La Palabra de Dios recuerda que los que "siembran viento, cosechan tempestades"[8].

Sin duda la información de los medios de comunicación y el derecho a la información tienen una gran importancia, ya que son conquistas del

---

[6] *Biblia*. Cfr. Evangelio según Mateo 13, 36-43.
[7] *Biblia*. Evangelio según Lucas 17, 1-3.
[8] *Biblia*. Libro del Profeta Oseas 8, 7.

mundo democrático y moderno. Pero el poder de los medios tiene una gran responsabilidad por las consecuencias para bien o para mal que pueden causar. Benedicto XVI, en el Mensaje para la XLII Jornada Mundial de las Comunicaciones Sociales subrayó la importancia que tiene la verdad y la responsabilidad de los que producen la información[9], tanto más necesaria cuanto mayor es el poder de los medios: "Cuando la comunicación pierde las raíces éticas y elude el control social, termina por olvidar la centralidad y la dignidad inviolable del ser humano, y corre el riesgo de influir negativamente sobre su conciencia y sus opciones, condicionando así, en definitiva, la libertad y la vida misma de las personas. (...) Hay que evitar que *los medios de comunicación social* se conviertan en megáfono del materialismo económico y del relativismo ético, verdaderas plagas de nuestro tiempo"[10].

Muchas personas a fuerza de frecuentar el mal y las obras del Maligno, se acostumbran a convertirse en *malignos* ellos mismos, manchando todo y a todos. Jesús, por el contrario, nos recuerda que hemos de poner siempre el bien por delante: "No te dejes vencer por el mal, por el contrario vence al mal haciendo el bien"[11]. El mal despierta la curiosidad y es el bien el que realmente construye: " Por último, hermanos, ocúpense de cuanto es verdadero y noble, justo y puro, amable y loable, de toda virtud y todo valor. Lo que aprendieron y recibieron, escucharon y vieron en mí pónganlo en práctica"[12]. A lo largo de toda la Biblia, Dios, que es nuestro Padre, no se detiene nunca en el mal, aunque sea terrible, sino que siempre va más allá, enseñándonos a dirigir con Él una mirada al bien que vence, que es el suyo.

¿No será que el hombre de hoy, al haber perdido la mirada de Dios, ya no sabe donde encontrar los signos del bien y de la esperanza y se limita a denunciar el mal que lo amenaza? Por eso, tanta crónica negra invade el mundo de la información, de forma desproporcionada respecto a la crónica del bien, hasta el punto de ¡apesadumbrar el corazón de tantas personas! Muchos tienen el mal dentro y lo echan fuera pensando que así se hacen mejores y hacen mejores a los demás, denunciándolo de modo áspero y violento. Pero, obrando así, incrementan ese mal que quizás querrían combatir.

Sin embargo, la Iglesia cuanto más se ve golpeada por males, más reconoce, con la presencia y ayuda del Señor, su humanidad, incluso en sus hijos que cometen errores, y es hecha capaz de purificarse para servir mejor a Dios y a los hombres, de modo que, renovada así por la luz y la gracia de su Señor, se presente capaz de resplandecer de Él.

San Juan Pablo II, en la Carta apostólica *Tertio millennio adveniente*, con ocasión de Jubileo del 2000, manifestaba que toda la Iglesia tenía necesidad de "purificarse, en el arrepentimiento, de errores, infidelidades, incoherencias

---

[9] *Magisterio.* Cfr. Benedicto XVI, *Mensaje para la Celebración de la XLII Jornada Mundial de las Comunicaciones Sociales* (24 de enero de 2008) (el texto en el Apéndice, n. 42, es disponible en el sitio web figlidichi.altervista.org).

[10] *Magisterio.* Benedicto XVI, *Mensaje para la Celebración de la XLII Jornada Mundial de las Comunicaciones Sociales* (24 de enero de 2008).

[11] *Biblia.* Carta a los Romanos 12, 21.

[12] *Biblia.* Carta a los Filipenses 4, 8-9.

y lentitudes"[13]. Él mismo, renovando su aflicción por los dolorosos recuerdos que jalonan la historia de las divisiones entre los cristianos, como ya habían hecho Pablo VI y el Concilio Vaticano II, el 12 de marzo del Año Santo, se hizo cargo de la *petición de perdón*[14] en nombre de toda la cristiandad, por tantos hechos históricos en los que la Iglesia o algunos grupos de cristianos estuvieron implicados a distinto título. La Iglesia crece y sale reforzada de las persecuciones porque se acerca más al Señor que la purifica y la llena de sus dones. El problema es para los más "pequeños en la fe" y los más "débiles por los vicios", porque el mal los bloquea aún más. En estos casos es necesaria la caridad de todos, que ayude a cada uno; se necesita entonces ese amor que Jesús nos ha recomendado para superar el mal y los "vientos contrarios", que se oponen a la construcción de una nueva humanidad.

Muchos se contentan con ser cristianos de una manera superficial, adaptada y cómoda, sin profundizar en el "como" serlo según la voluntad de Dios. Hay un *"como"* de Dios que Jesús nos ha revelado: que se haga su voluntad "como" en el cielo, donde esa voluntad es la alegría de todos. Dios no desconfía de nosotros, considerándonos pequeños e incapaces. Dios es Padre y quiere que vivamos bien, como adultos con responsabilidad, no quiere personas débiles y frágiles. Somos preciosos a sus ojos. Ese "en la tierra como en el cielo" señala la manera mediante la que podemos llevar una existencia buena y feliz ante Dios, en una comunión de amor, en la que nos encontramos más a nosotros mismos, no menos; más a Dios y no menos. Para hacer venir el reino de Dios es necesario que amemos de nuevo la voluntad de Dios, de forma que crezca dentro de nosotros, porque su voluntad es libertad, verdad y amor.

## La relación entre cielo y tierra

Esta comunión entre Dios y el hombre se restablece gracias al amor infinito de Jesús, que vence el pecado con su muerte en la cruz: " Pero Jesús, lanzando un grito, expiró. El velo del santuario se rasgó en dos, de arriba abajo"[15]. Ya no hay separación entre el cielo y la tierra. El templo de su Cuerpo, ofrecido en la Cruz, queda abierto: "sino que un soldado le abrió el costado

---

[13] *Magisterio.* Cfr. Juan Pablo II, Carta apostólica *Tertio millennio adveniente* (1994) n. 33 (el texto en el Apéndice, n. 43, es disponible en el sitio web figlidichi. altervista.org).

[14] *Magisterio.* Cfr. Juan Pablo II, *Oración Universal con Confesión de las culpas y petición de perdón durante la Celebración de la Eucaristía del Domingo I de Cuaresma, Día del Perdón* (12 de marzo de 2000) (el texto en el Apéndice, n. 44, es disponible en el sitio web figlidichi.altervista.org).

[15] *Biblia.* Evangelio según Marcos 15, 37-38.

[NdT: Santuario. La versión oficial de la Biblia de la Conferencia Episcopal Española (aprobada en 2008) también prefiere usar el término "templo". La versión oficial de la Biblia de Nuestro Pueblo, América Latina de Luis Alonso Schöker prefiere usar el término "santuario"; no obstante, en el texto mantenemos el término "templo" come sinónimo más usado].

con una lanza. Enseguida brotó sangre y agua"[16]que empapan la tierra de nuestra humanidad. Por eso podemos rezar diciendo "Hágase tu voluntad en la tierra como en el cielo". De este modo, podemos quererla, pedirla y amarla, gracias a la comunión con Dios Padre, grande y maravillosa, ¡llevada a cabo por Jesucristo!

Sin Jesucristo, verdadero Dios y verdadero hombre, que, con su cuerpo y su amorosa voluntad, ha hecho posible ese "como", haciendo de "puente", ¡nosotros no podríamos rezar así! Existe ahora, entre el cielo y la tierra, apertura y comunión en Jesucristo. Mientras el mundo, quiere con frecuencia separar la tierra del cielo, Jesús, en la oración del *Padrenuestro*, los ha unido mediante el ofrecimiento de su vida. Él ha conseguido que entre el cielo y la tierra haya una relación tan profunda y completa que su voluntad, cumplida perfectamente en el cielo en armonía y con alegría, sea hecha, además, ¡también así en la tierra!

### Los dos dones para realizar el "como" de su voluntad

Ahora hay que preguntarse: ¿cómo se consigue hacer en la tierra lo que se hace perfectamente en el cielo, o sea lo que Dios quiere? ¿Por dónde empezar?

La respuesta de Dios es fantástica: al darnos a Jesús, el nuevo Templo[17], nos ha dado también su Espíritu, el *Espíritu Santo*, para hacer en la tierra lo que se hace en el cielo: es su don, el don del Padre y del Hijo, el don del Espíritu Santo, el don de Pentecostés[18].

Con su pasión, muerte, resurrección y ascensión a la gloria, Jesús nos ha dado una nueva relación con Dios y con el mundo. Precisamente porque el velo del templo se rasgó, el nuevo Templo, el de su cuerpo glorioso, está ahora abierto para nosotros en su corazón traspasado y se inaugura la nueva relación entre el cielo y la tierra. Jesús Resucitado nos entrega su modo de hacer, su corazón, su amor, la gracia del Espíritu Santo. "El amor de Dios ha sido derramado en nuestro corazón por el don del Espíritu Santo"[19]. Es precisamente el don del Espíritu Santo el que lleva a plenitud, para el reino, la "imagen de Dios" que hay en cada hombre, de modo que pareciéndonos cada vez más a Cristo, manifestemos la "semejanza" con Dios y podamos vivir "como hijos". Ciertamente solo Jesús es el Hijo, Él lo es desde siempre; desde toda la eternidad, en la relación con Dios Padre, Él es el Verbo del Padre, Uno con el Padre: solo Él puede decir "Padre mío". Nosotros, en cambio, somos hijos por la gracia de haber recibido el don de su Espíritu Santo y, por eso, podemos decir "Padre nuestro". "Han recibido un espíritu de hijos adoptivos que nos permite llamar a Dios, «¡Abbà! Padre!». El Espíritu atestigua a nuestro espíritu que somos hijos de Dios"[20]. Creados en Cristo Jesús "a imagen y semejanza de Dios", redimidos por Él que ha "restaurado" esa imagen que el pecado había dañado y deformado, mediante el don del Espíritu Santo en el Bautismo

---

[16] *Biblia*. Evangelio según Juan 19, 34.
[17] *Biblia*. Cfr. Evangelio según Juan 2, 18-22.
[18] *Biblia*. Cfr. Hechos de los Apóstoles 2, 1-36.
[19] *Biblia*. Carta a los Romanos 5, 5.
[20] *Biblia*. Carta a los Romanos 8, 15b-16.

hemos sido hechos "hijos en el Hijo", capaces de vivir con Él las tres funciones: sacerdotal, profética y real[21].

Este profundo vínculo no es una convicción teórica, sino una experiencia profunda: en primer lugar, respecto a Dios, porque tenemos su amor en el corazón, para construir la familia de los hijos de Dios y Su reino. En un segundo momento, comprendemos y nos damos cuenta, porque lo hemos experimentado, que el Espíritu Santo dice a nuestro espíritu humano que "somos hijos de Dios". Jesucristo es el que realiza esta capacidad que hay en nosotros con el don pascual del Espíritu Santo.

Empezamos entonces a comprender que el *Padrenuestro* no es una oración más, como las otras. Es única y extraordinaria: en ella está presente el "*corazón*" de Dios, está la explicación de la nueva relación cielo-tierra llevada a cabo con la Pascua de Jesús y está también la revelación de nuestra identidad y de cómo podemos vivir en la tierra de manera que renovemos las personas y la civilización. Podemos afirmar que el *Padrenuestro*, la oración del Señor, es la *nueva oración* de la nueva vida.

"El amor de Dios ha sido derramado en nuestro corazón"[22] permite que *podamos* amar no solo con nuestro amor humano, parcial y débil, sea dudoso o entusiasta, sino con el don del Espíritu Santo recibido en el Bautismo: este hecho comporta una gran oportunidad, de la que somos responsables. "Y como son hijos, Dios infundió en sus corazones el Espíritu de su Hijo, que clama a Dios llamándolo: Abba, es decir, Padre"[23]. ¡Nuestra relación con Dios nos es una pretensión imaginaria, un sentimiento, una opinión o un deseo simplemente humano! No es una aspiración, una necesidad, algo que nosotros proyectamos o una fe humana, nuestra. Lo que tenemos es una realidad, a saber, la posibilidad de entablar esta relación con Dios: no con la idea de Dios, sino con Dios mismo, por obra de la potencia del Espíritu Santo, hasta "ofrecer a los hombres el gusto por Dios Padre, el gozo de su presencia creadora en el mundo"[24]. ¡Esto es extraordinario! Este es el don, nuevo y de una gran belleza.

Hasta que no "vemos" el don de Dios, no podemos considerarnos cristianos. Entonces, ¿por qué bautizar a nuestros hijos pequeños o hacernos bautizar ya de adultos? Para acoger y vivir este don. ¿Por qué ser cristianos? Para esto, para vivir la comunión de amor con Dios Padre en Cristo Jesús, único modo bueno y justo para ser personas humanas capaces, colaborando con Dios, de una nueva civilización. En verdad, "Dios es lo más grande de nuestra vida", como mi padre me mostró con su vida. Dios es talmente fascinante y superior que, si Él no fuese así, ¡no nos habría creado para la eternidad! En efecto, solo el amor puede vivirse para siempre. El amor es precisamente el corazón de la revolución cristiana. Y esta es la razón por la cual la vida es en todo caso y, cueste lo que cueste, ¡inesperadamente maravillosa!

---

[21] *Magisterio*. Cfr. *Catecismo de la Iglesia Católica*, nn. 783-786; 871-873.
[22] *Biblia*. Cfr. Carta a los Romanos 5, 5.
[23] *Biblia*. Carta a los Gálatas 4, 6.
[24] *Magisterio*. Benedicto XVI, Exhortación apostólica *Africae munus* (2011) n. 176.

Cristiano es el que sabe rezar y obrar bajo la potente acción del amor y la luz del Espíritu Santo[25].

Se comprende entonces que querer rezar para conocer la voluntad de Dios no es algo teórico, sino una realidad que madura en nosotros a través de la acción del Espíritu Santo, especialmente en la oración íntima y personal. Para esto rezamos: Jesús nos enseña a pedir que se cumpla su voluntad, porque Él es quien la realiza en nosotros, pero también por medio de nosotros y de nuestro obrar. Este es el primer don: el de *reencontrarnos con Dios* a través de la Palabra de Dios y la fe.

Luego existe un segundo don, que es el de los *sacramentos*, con los que Dios realiza el "como" de Dios en nuestra vida para construir su reino. Así nos lo recuerda el *Catecismo de la Iglesia Católica*: "Sentado a la derecha del Padre y derramando el Espíritu Santo sobre su Cuerpo que es la Iglesia, Cristo actúa ahora por medio de los sacramentos, instituidos por Él para comunicar su gracia"[26]. Los sacramentos son pues dones de su presencia y de su amor que hemos de descubrir de nuevo y vivir en nuestra vida[27].

Cada sacramento tiene una poderosa acción salvífica, que ilumina nuestra vida y le confiere la gracia específica para realizar la voluntad de Dios "en la tierra como en el cielo". Ahora bien, cuando se reciben los sacramentos, es preciso examinar si se deja que actúen en el alma el poder de Dios y su gracia y si realmente uno quiere hacer la voluntad de Dios y construir su reino.

Por el contrario, si por la "dureza de corazón", los sacramentos "toman", es decir, se reciben superficialmente y sin las debidas disposiciones, entonces resulta que no se logrará hacer la voluntad de Dios; ni, tanto menos, hacerla "en la tierra como en el cielo"; ni tampoco construir su reino, ya que colaborar con Dios implica siempre la entrega de nuestra libre voluntad. En efecto, la voluntad de Dios no viene aplicada automáticamente de una vez por todas, ya que debe pasar por el corazón del hombre, de donde ha sido apartada con el pecado. Es precisamente en el corazón del hombre donde hay que buscarla y amarla de nuevo. Para producir frutos de amor y de fraternidad, los sacramentos deben encontrar un corazón bien dispuesto.

Dos sacramentos, "el Orden y el Matrimonio, están ordenados a la salvación de los demás. Contribuyen ciertamente a la propia salvación, pero esto lo hacen mediante el servicio que prestan a los demás. Confieren una misión particular en la Iglesia y sirven a la edificación del Pueblo de Dios"[28]. Me gustaría subrayar esto. Así como el sacramento del Orden no se confiere para el sacerdote, sino para los demás, así también el del Matrimonio se da para la salvación de los cónyuges y de los hijos, pero también para los demás. La familia está naturalmente abierta a la vida y al "don" a los demás: ahí se manifiesta su verdadero amor. Se trata siempre de no "tomar" los

---

[25] *Biblia*. Cfr. Carta a los Efesios 4, 29-32.

[26] *Magisterio. Catecismo de la Iglesia Católica*, n. 1084.

[27] *Magisterio*. Cfr. Benedicto XVI, *Mensaje para la XXIV Jornada Mundial de la Juventud* (22 de febrero de 2009) (el texto en el Apéndice, n. 45, es disponible en el sitio web figlidichi.altervista.org).

[28] *Magisterio. Catecismo de la Iglesia Católica*, n. 1534.

sacramentos con egoísmo, sino de recibirlos con el amor y la gratitud con que se acoge un "don". Son muy significativas las palabras que Benedicto XVI dirigió juntamente a los sacerdotes y a los casados con ocasión del XXV Congreso Eucarístico Nacional celebrado en Ancona[29].

Hay personas a las que, de alguna manera, les gustaría "tomar" los sacramentos para su propio uso: lo mismo hacen con el Evangelio, cuando se selecciona "algo" que puede interesar o gustar más. Lo subjetivo gusta e interesa más y parece dar mayores seguridades: es el "*subjetivismo*" de hoy, que mina incluso la fe cristiana, porque con ese subjetivismo se tiende a tomar solo una parte, "la propia parte".

Nosotros estamos buscando respuestas seguras, fundamentales y "*objetivas*". Para encontrar las raíces cristianas, hemos de realizar la investigación sobre textos seguros, los textos bíblicos y los del Magisterio de la Iglesia. Estos textos tienen un valor cierto, que no cambia con el tiempo; antes bien, permaneciendo siempre válido, cabe profundizar en él, acrecentando cada vez más su comprensión. ¡Por esto resulta posible encontrar las raíces cristianas y también reencontrarlas!

Hoy día muchos no desean tomar del Cristianismo la salvación integral de Jesucristo, sino solo las ideas que pueden satisfacerles: toman lo que puede parecer más útil. También aquí se hace presente ese corazón humano proclive más al utilitarismo que al servicio amoroso de Dios; más al robo que al amor hacia los hermanos, a quienes entregar toda la verdad; más a la forma de declararse cristianos que a la sustancia de pertenecer a Jesucristo.

Además, algunos se han perdido también tras los malos pastores[30] como nos recuerda San Agustín en sus *Sermones*. No servir bien a Dios hace que no se sirva bien al hombre. En el fondo, esta es la medida de la que depende ser buenos o malos pastores. De eso habla San Gregorio Magno en su *Regla Pastoral*[31]. En efecto, buscar la gloria propia y no la de Dios, hablar para la propia gloria, o callar para no perderla, constituye la gran tentación, el gran mal para todos, clérigos y laicos. Es esta búsqueda "para sí mismo" la que impide la fe, como Jesús reprueba en el Evangelio, cuando dice: "Yo he venido en nombre de mi Padre, y no me reciben; si otro viniera en nombre propio, lo recibirían". ¿Cómo pueden creer, si viven pendientes del honor que se dan unos a otros, en lugar de buscar el honor que solo viene de Dios?"[32]. Este es

---

[29] *Magisterio*. Cfr. Benedicto XVI, *Discurso en el encuentro con las familias y con los sacerdotes en la Catedral de San Ciriaco para la Conclusión del XXV Congreso Eucarístico Nacional Italiano* (Ancona, 11 de septiembre de 2011) (el texto en el Apéndice, n. 46, es disponible en el sitio web figlidichi.altervista.org).

[30] *Tradición*. Cfr. San Agustín (354-430), *Sermón sobre los pastores* n. 46, 1-2 en *Obras de San Agustín*, VII, *Sermones (1º)*, BAC, Madrid 1981[4], pp. 614-615 (el texto en el Apéndice, n. 47, es disponible en el sitio web figlidichi.altervista.org).

[31] *Tradición*. Cfr. San Gregorio Magno (540-604), *La Regla Pastoral*, II, 8, Editorial Ciudad Nueva, Madrid 1993, pp. 222-224 (el texto en el Apéndice, n. 48, es disponible en el sitio web figlidichi.altervista.org).

[32] *Biblia*. Evangelio según Juan 5, 43-44.

el motivo principal por el cual muchos en el mundo no tienen fe: buscan la gloria efímera que puede dar el mundo.

## El proceso reductivo y la descristianización

La humanidad tiene una extrema necesidad de ese "todo Jesucristo", que la Iglesia trae, para no perderse tras el *reduccionismo útil* y tras la idolatría que hay en el mundo. "No renuncies a nada. Tómalo todo", dice el mundo. Es la idolatría[33] del mundo, que cree en las satisfacciones inmediatas: ¡toma lo que lo que le interesa y luego se aleja! ¡El hombre hoy día tiende a alejarse y esconderse cada vez más! Se ha convertido en un ídolo para sí mismo: lo que piensa es el todo y es lo único. Esto es lo que Benedicto XVI denunció, a propósito del mundo contemporáneo, en su Viaje Apostólico a Francia[34]. El ídolo solo se complace en sí mismo. Está hecho del propio modo de pensar y de la propia libertad, separada de lo demás. Muchos se engañan en sus propios pensamientos, como nos advierte Jesús: "Están equivocados por no conocer la Escritura ni el poder de Dios"[35]. Esta actitud del librepensamiento, que enaltece la propia libertad, convertida en ídolo, es el credo fundamental del secularismo, junto a la del uso de los bienes del mundo que ofrece "mammón" y contra la que Jesús nos pone en guardia[36]. A las nuevas generaciones se les inculcan estas actitudes para alejarlas de la Iglesia y del verdadero cristianismo.

Mediante la actitud del "reduccionismo útil", todo se degrada y se fragmenta para usarlo. Así, sin la Iglesia que Jesús ha querido, Cristo persona se convierte en un Evangelio escrito y el Evangelio en una ideología moral que se puede interpretar según la cultura de la época. Es necesario tener la valentía de acoger toda la revelación por entero y con toda su profundidad, porque de lo contrario aparecen "lobos" que destruyen y rompen "en pedazos" todo lo que encuentran[37]: toman así algunas partes del Cristianismo y del Evangelio para luego "usarlas" o "venderlas" cuando resulte útil. De este modo se ha corrompido moralmente a muchos adolescentes y jóvenes, que de Jesús y del Cristianismo tienen solo una idea muy vaga o incluso del todo equivocada.

Este proceso reductivo, que está en la base de la descristianización, tiene su falso centro, que es la *idolatría del propio "yo"*. Tras el fascinante descubrimiento del "yo" del siglo pasado, muchos han ido tras la seducción de su propio "reflejo", como también el arte y las distintas culturas, olvidando que la imagen que el hombre ha recibido es de Dios. Las culturas se han puesto

---

[33] *Biblia.* Cfr. Carta a los Colosenses 3, 5.

[34] *Magisterio.* Cfr. Benedicto XVI, *Homilía en la Santa Misa en la Explanada de los Inválidos en París.* Viaje Apostólico a Francia con ocasión del 150º Aniversario de las Apariciones de Lourdes (13 de septiembre de 2008) (el texto en el Apéndice, n. 49, es disponible en el sitio web figlidichi.altervista.org).

[35] *Biblia.* Evangelio según Mateo 22, 29.

[36] *Magisterio.* Cfr. Benedicto XVI, *Jesús de Nazaret,* cap. 4, La Esfera de los Libros, Madrid 2007, pp. 127-128 (el texto en el Apéndice, n. 50, es disponible en el sitio web figlidichi.altervista.org).

[37] *Biblia.* Cfr. Evangelio según Juan 10, 10-12.

al servicio del "yo", que ha crecido llegando incluso a favorecer de manera aberrante las formas de narcisismo y de individualismo, hasta el punto de afirmar que no existirían límites para sus derechos. Esta transformación cultural no usa las armas de la violencia, sino las de la revolución que, partiendo del "pensamiento libre", ha llegado al "placer libre". La técnica argumentativa no es la de combatir lo que se opone a esta idolatría, sino la de no escuchar, o hacerlo con indiferencia o autosuficiencia, dejando que la "verdad" caiga en el olvido. La fuerza procede de la presión psicológica de los medios de comunicación que, incluso mediante pocos operadores, impone a muchos la *"dictadura cultural"*. Esta no se impone a los hombres desde fuera, sino desde dentro, de forma pacífica y, en apariencia, sin dolor alguno; considera al hombre "un gran animal" al que hay que dar satisfacción: esto sería lo que es común a todos los hombres. También en este caso, el engaño ha consistido en dividir y separar, en lugar de unir y de ver "todo el hombre", al hombre en su integridad.

## El "retorno"

El principio del "retorno" a la fe cristiana será el que incluya todos los valores. Creo que esta nueva *"capacidad incluyente"*, dentro de la fidelidad, deberá ser lo que caracterice a la *nueva evangelización* con la que ponerse en marcha, necesaria en la época actual para un servicio integral de todos los nuevos conocimientos. Es lo que se propone en el Centro "Famiglia Piccola Chiesa" [Familia Pequeña Iglesia] del Movimiento del Amor familiar, que está ampliando cada vez más su labor en favor de una nueva cultura y misión.

Jesucristo lleva a cumplimiento el camino de la humanidad y lo hace con el mundo y con la Iglesia: lo hace con la Iglesia que, animada por el Espíritu Santo, se pone ante el mundo, con sus impulsos de progreso o de retroceso, con su pluralidad y diversidad, con las diversas ciencias y sus conquistas humanas y científicas, para purificarlas y orientarlas "al bien de todo el hombre y de todos los hombres". Por eso, "anunciar a Cristo" es indispensable para el desarrollo de la sociedad humana[38], como indispensable es también crecer con la Palabra de Dios.

Para el "retorno", también los sacramentos ayudan a hacer la voluntad de Dios, el *"como"* de Dios. En efecto, todos y cada uno de los sacramentos hacen que vivamos algo de Jesús, algo del cielo para realizarlo en la tierra; comunican el amor de Jesús, que nos empuja a hacer el bien a los demás, *"caritas urget nos"*[39], como hizo Él; mueven a construir, con los hermanos y para los hermanos, el reino de Dios, en la verdad y en la caridad. "Ninguno de nosotros vive para sí mismo y ninguno muere para sí mismo. Si vivimos, vivimos para el Señor; si morimos, morimos para el Señor; así que ya vivamos ya muramos, somos del Señor. Pues para esto murió y resucitó Cristo: para ser

---

[38] *Magisterio*. Cfr. Benedicto XVI, Carta encíclica *Caritas in veritate* (2009) n. 8 (el texto en el Apéndice, n. 51, es disponible en el sitio web figlidichi.altervista.org).
[39] *Biblia*. Cfr. Segunda Carta a los Corintios 5, 14.

Señor de muertos y vivos"[40]. En cualquier situación en la que nos encontremos, vida o muerte, todo en nosotros le pertenece a Él.

Todo lo nuestro es muy importante para Dios, somos preciosos a sus ojos; todo es importante, hermoso, grande y de inmenso valor, porque Dios nos ama en serio y ama todo lo que hay en nosotros. Todo aquello que vivimos a lo largo de nuestra vida, alegrías, penas y dificultades, todo realiza la voluntad de Dios, la de nuestra santificación por medio del don del Espíritu Santo, recibido en los sacramentos. De este modo, los sacramentos nos acompañan a fin de que nuestra condición humana "retorne" y vuelva a ser para Dios Padre y para los hermanos, superando todos los condicionamientos[41] y las numerosas presiones del mundo.

Cuando la fe crece y llega a la madurez, es capaz de amar y ayudar a los pobres y a los más pobres de modo real y concreto, con el calor del amor de Dios y la ayuda fraterna. Y las parroquias y comunidades cristianas se convierten cada vez más en comunidades de fe, de caridad y de esperanza para la sociedad. El amor al prójimo es el que nos hace ser mejores y abre nuestras puertas para servirlo. Es siempre verdad, como el Papa nos confirma, que: "Sólo el servicio al prójimo abre mis ojos a lo que Dios hace por mí y a lo mucho que me ama. (...) El amor crece a través del amor. El amor es «divino» porque proviene de Dios y a Dios nos une y, mediante este proceso unificador, nos transforma en un Nosotros, que supera nuestras divisiones y nos convierte en una sola cosa, hasta que al final Dios sea «todo para todos» (1 Co 15, 28)"[42].

Pero lo que nosotros hemos de hacer para entrar en esta relación, que es amor y luz de Dios, es obrar de modo que nuestra voluntad vuelva a *respirar* al unísono con la de Dios, que se haga "en la tierra como en el cielo", con el amor a la Palabra de Dios, por medio de la acción del Espíritu Santo y el don de los sacramentos. "Ahora, hermanos, por la misericordia de Dios, los invito a ofrecerse como sacrificio vivo, santo, aceptable a Dios: éste es el verdadero culto. No se acomoden a este mundo, por el contrario transfórmense interiormente con una mentalidad nueva, para discernir la voluntad de Dios, lo que es bueno y aceptable y perfecto"[43].

Nadie nace por sí mismo y para sí mismo; y, así, la nueva vida de un niño o una niña no se manifiesta solo en una fiesta humana, sino que se manifiesta también como fiesta de Dios Padre. He aquí por qué la decisión del Bautismo: para que un hijo no sea solo "hijo nuestro", sino "hijo de Dios en Jesucristo por obra del Espíritu Santo", llamado a construir la ciudad de los hombres, pero también el reino de Dios. En definitiva, una vida humana *para Dios*, como Jesús que pertenece al Padre.

"Para Dios": por esto amará un cristiano; por esto dará luz y amor a los demás "en el nombre del Padre, del Hijo y del Espíritu Santo"; por esto podrá decir "hágase tu voluntad Padre aquí en la tierra como en el cielo", porque

---

[40] *Biblia.* Carta a los Romanos 14, 7-9.
[41] *Magisterio.* Cfr. Juan Pablo II, Carta encíclica *Dominum et vivificantem* (1986) n. 60 (el texto en el Apéndice, n. 52, es disponible en el sitio web figlidichi.altervista.org).
[42] *Magisterio.* Benedicto XVI, Carta encíclica *Deus caritas est* (2005) n. 18.
[43] *Biblia.* Carta a los Romanos 12, 1-2.

él tiene algo del cielo y la "imagen" que, por la acción en él de la gracia del Espíritu Santo, se hace cada vez más parecida a Cristo. Esto es lo que confiere el sacramento del Bautismo. Nosotros vemos el Bautismo, pero Dios quiere que comprendamos y amemos lo que Él hace profundamente: debemos comprender que como se hace en la tierra, así se hace en el cielo; debemos tener los ojos en la tierra, pero el corazón en el cielo. La realidad profunda es la del espíritu, captada con los ojos de la fe que acoge las cosas del cielo en la tierra.

Así, la *Confirmación* es precisamente el sacramento que refuerza y da orientación a la vida de un adolescente o de un joven: Dios lo ha llamado a la existencia en la tierra por medio del amor para que tenga una misión, que no se reduce a las emociones, a las satisfacciones del cuerpo, a las amistades, al colegio, al dinero, a la moto, a su trabajo. Estos son medios para relacionarse con los demás, pero hay algo más grande que todo esto, que habría que saber decirles a cada uno de ellos: "Hay una realidad más grande que lo que ves: Dios viene junto a ti y te sostiene, te abre la mente y el corazón para desvelarte el significado de tu existencia y el amor por los demás, el misterio de tu ser. Este misterio es revelado con Cristo y tu futuro es Dios: Él es la vida eterna, es el amor con el que te ha pensado, proyectado y amado antes que nosotros. Él es tu vocación fundamental". En efecto, una cosa es lo que un joven desea ser, con sus capacidades y sus talentos, y otra cosa es la vocación fundamental con la que Dios le confía su proyecto y el sentido de su vida. Pero si los cristianos esconden estos dones, ¿quién ayudará a las nuevas generaciones? "Pero, ¿cómo lo invocarán si no han creído en él? ¿Cómo creerán si no han oído hablar de él? ¿Cómo oirán si nadie les anuncia?"[44].

¿Quién dará a conocer a los adolescentes y a los jóvenes su misterio y su vocación fundamental? ¿Por qué esconderla y engañarlos, dejando que sean presa fácil de sus propios instintos o de los intereses y de la sed de engaños de "mammón"?

Es verdad que deben ser libres; éste es su bien: pero, ¿son libres de verdad o se ha usado una trampa para "comprarlos" y tirar de ellos alejándolos de su vocación fundamental? Para construir ¿qué proyecto? ¿Son libres cuando están confusos y son débiles, sin raíces y ni meta? Muchos cristianos adultos se dejan atemorizar y no realizan el reino... ¡ni tampoco hacen que los demás entren!

En todo caso, la libertad trata de realizar un proyecto de vida y de amor y es lo que veremos en el próximo capítulo.

---

[44] *Biblia.* Carta a los Romanos 10, 14.

# 9

# En la tierra como en el cielo (II)

Continuamos, tras la exposición del capítulo anterior, la reflexión sobre el desarrollo de la vida humana con la ayuda de la gracia del Espíritu Santo que permite realizar el reino de Dios por medio de su "como". Es lo que Jesús nos ha enseñado a pedir en el *Padrenuestro*. La vida humana madura en el don y esto implica ejercitar la libertad humana. Así, cuando dos jóvenes sienten la llamada del amor, no sólo son capaces de estar juntos, sino de realizar algo que aún no existe: la familia, creada por dos corazones que se aman, que se dan para ser "una sola carne"[1], yendo al encuentro y abrazando el misterio de la vida, del amor y de Dios. En efecto, en el amor del hombre y la mujer, creados a su imagen, Dios ha querido manifestar algo de sí mismo[2].

¿Cabe siquiera imaginar que el amor humano no pertenezca a Dios? ¿Podría ser exclusivamente de la pareja? ¿Sería únicamente manifestación del eros natural, necesario para la supervivencia en la tierra de la especie humana, como una necesidad biológica, quizás afectiva, para no estar solos? ¿O bien, dentro mismo del amor de la pareja está en cambio presente un proyecto más grande de apertura hacia Otro? En efecto, el amor humano, para quienes lo hacen madurar en la verdad, se revela como algo más grande que "sus" pensamientos y que "sus" proyectos, ¡"más grande que ellos dos"!

¿Cómo podría uno pensar que Dios, que es la Fuente del Amor, no se ocupe de ellos dos? ¿O que Jesús no tenga algo especialmente suyo para dar a los esposos? El sacramento del *Matrimonio* es la respuesta de Dios: don de Jesús para crear la familia de los hijos de Dios y el reino de Dios. Así, el amor humano no se da en uso. El amor es de Dios, y es donado a los seres humanos ya en su "imagen", para que en ellos resplandezca el misterio de Dios; y para esto potenciado con el sacramento del Matrimonio, para que su amor sea "el uno para el otro" y "para los otros". Ahora bien, esta realidad humana y espiritual se comprende rezando a Dios Padre: "Hágase tu voluntad en la tierra como en el cielo". Entonces es cuando se vive el sacramento del Matrimonio. Esto quiere decir ser "esposos cristianos", es decir, "de Cristo": de este modo, la pareja no se pertenece sólo a sí misma, sino a Cristo. Por esto los novios piden que su vida y su amor sean bendecidos y guiados, purificados y sostenidos

---

[1] *Biblia*. Libro del Génesis 2, 24.
[2] *Biblia*. Cfr. Evangelio según Juan 10, 30.

por el sacramento del Matrimonio. Pero para que el amor humano sea capaz de acoger y de manifestar el sacramento del Matrimonio hace falta que en la pareja haya un "itinerario cristiano del amor y del eros"[3].

Vamos a profundizar en este punto. Benedicto XVI, en su primera Encíclica *Deus caritas est*, al tratar precisamente del "eros" y del "ágape", de su distinción y de su unidad, hacía notar que: "El hombre es realmente él mismo cuando cuerpo y alma forman una unidad íntima; el desafío del *eros* puede considerarse superado cuando se logra esta unificación. Si el hombre pretendiera ser sólo espíritu y quisiera rechazar la carne como si fuera una herencia meramente animal, espíritu y cuerpo perderían su dignidad. Si, por el contrario, repudia el espíritu y por tanto considera la materia, el cuerpo, como una realidad exclusiva, malogra igualmente su grandeza. (...) El eros, degradado a puro «sexo», se convierte en mercancía, en simple «objeto» que se puede comprar y vender; más aún, el hombre mismo se transforma en mercancía"[4]. El problema del hombre es que también su amor se puede pervertir, como su pensamiento en el engaño puede caer en la insensatez.

## La acción del Espíritu Santo y el eros

Es precisamente la acción del Espíritu Santo la que lleva a cabo la santificación para que nos parezcamos cada vez más a Cristo, y hacer posible la madurez interior de toda la persona: *del amor "erótico" al amor "agápico"* en el que las energías del eros, las energías psico-sexuales, se integran con las energías interiores del hombre, las psico-espirituales. No hay que olvidar que fue precisamente ese testimonio de un amor humano integro, sano y limpio, capaz de superar las "pasiones", junto al amor y la generosidad hacia los pobres y los enfermos, la que convenció a los paganos de la superioridad humana y espiritual del cristianismo.

"Mammón" arrecia, no solo al impulsar al lujo, sino además en el campo del eros, tratando de paganizar el eros lo más posible. La revolución sexual ha conducido a la liberalización y a la exaltación del sexo, transformándolo en objeto de uso; pero al hacer eso ha conducido también a la perdida de su significado y de su valor, hasta su idolatría. La humanidad necesita recuperar el valor humano de la sexualidad, arrancándola de los instintos desbocados y de la animalidad del ámbito publicitario, comercial y sexy a cualquier precio. En este contexto, los laicos y las parejas de esposos tienen una nueva gran posibilidad de cristianizar la sociedad neo-paganizante con los recursos que el espíritu y la nueva humanización traen a la vida del cuerpo y a la sexualidad.

Así pues, el mismo amor humano del hombre y de la mujer, el *eros*, bajo la acción del amor de Dios, el Espíritu Santo, pasa a ser cada vez más un amor como don, *ágape*, que busca el bien del otro: y entonces los dos reencuentran su misterio común en Dios Amor[5]. También este amor forma

---

[3] Cfr. capítulo 5.
[4] *Magisterio*. Benedicto XVI, Carta encíclica *Deus caritas est* (2005) n. 5.
[5] Este es el testimonio de tantas parejas del Movimiento del Amor Familiar que lo viven.

parte del reino de Dios que pedimos en la oración del *Padrenuestro*. El eros y el ágape son dos manifestaciones necesarias en el amor: necesidad y gratuidad, vinculación y libertad. El amor es circular, al dar recibe, al recibir da: no puede manifestarse solo en el don[6], debe también recibir; pero tampoco puede solo recibir siempre, debe también poder dar. Es la ley del amor. El amor para crecer necesita del Amor de Dios. Benedicto XVI, en su Viaje Apostólico a Francia, dirigiéndose a los jóvenes y a su necesidad de amor, afirmaba: "El Espíritu nos pone en contacto íntimo con Dios, en quien se encuentra la fuente de toda auténtica riqueza humana. ¡Todos buscáis amar y ser amados! Tenéis que volver a Dios para aprender a amar y para tener la fuerza de amar. El Espíritu, que es Amor, puede abrir vuestros corazones para recibir el don del amor auténtico"[7]. El amor busca el amor hasta que se hace una palabra sola y Dios, que es amor "sea todo para todos"[8].

## Dios acompaña al hombre

Pero son muchas las situaciones de la vida en las cuales se experimenta también el egoísmo, la debilidad y el pecado, el "no" dicho a Dios. Esto no deja indiferente a Dios Padre. Antes bien, dice al hombre por medio de su Hijo Jesús: "¡Empecemos de nuevo! Te traigo mi misericordia, mi perdón y mi fuerza". Esta es la misericordia de Dios, que se recibe en el sacramento de la *Reconciliación*. Esa se identifica con el amor de Dios, porque él ha pagado por nosotros, supliendo a aquel amor que faltó en la caída del pecado. Dios quiere estar junto al hombre y quiere que el hombre esté junto e Él.

Él da una fuerza de amor, de misericordia y de esperanza para que el cristiano pueda continuar el proyecto que hay en el bautismo, que es fortalecido en la Confirmación y que en el Matrimonio es orientado y santificado. ¡Es extraordinario! Allí donde el amor es imperfecto, donde el hombre es débil y cae, Dios viene a recogerlo y a levantarlo de nuevo: "Adelante, ánimo, soy yo..., yo he cargado con vuestros pecados, yo he llevado la cruz, yo he pagado personalmente; adelante, recibe mi gracia, retoma tu camino". Dios abraza al hombre y le dice: "¡Empecemos de nuevo!" Solamente Dios es capaz de tanto amor y de donarlo con Jesús de modo sensible, de modo humano. Solamente Jesucristo podía hacer a Dios tan cercano al hombre y al hombre tan cercano a Dios. Sólo Él, el Hijo del Padre.

Sin Jesús y sin la Iglesia que da continuidad a su presencia y a sus obras, ¡el mundo sería infinitamente más pobre! En efecto, los sacramentos son también humanos y deben pasar también por medio de la humanidad del sacerdote. Desde que Dios se hizo hombre por nosotros, Él comunica su gracia de modo humano. Esto vale para todos los sacramentos, incluido el del Matrimonio,

---

[6] *Magisterio.* Cfr. Benedicto XVI, Carta encíclica *Deus caritas est* (2005) n. 7.

[7] *Magisterio.* Benedicto XVI, *Discurso en la Vigilia de oración con los jóvenes en la plaza de la Catedral de Notre-Dame en París*. Viaje Apostólico a Francia con ocasión del 150° Aniversario de las Apariciones de Lourdes (viernes, 12 de septiembre de 2008).

[8] *Biblia.* Cfr. Primera Carta a los Corintios 15, 28.

cuya gracia pasa a través de los esposos ya que ellos mismos son ministros del sacramento.

Solamente Dios, el Emmanuel, podía acompañarnos de este modo en nuestra vida. Dios acompaña todas las realidades humanas, incluido el sufrimiento de la vejez y de la enfermedad, para ponerlo en sus manos. Aquí ya no bastan las medicinas. ¡Esta es, en cambio, la tarea del sacramento de la *Unción de enfermos*! ¡Es una gran cosa! Pero es necesario comprender que la voluntad de Dios se haga según el corazón de Dios en la tierra, como en el cielo. Es lo que pedimos en el *Padrenuestro*.

No morimos y ya está; no llegamos a viejos por error y no nos consumimos y apagamos como una vela y luego ¡todo se acaba! San Juan Pablo II, en su Viaje Pastoral a París y Lisieux, recordaba que "el hombre se encuentra en el corazón mismo del misterio de Cristo, el hombre se encuentra en el corazón del Padre, y del Hijo y del Espíritu Santo. Y esto desde el comienzo. ¿Acaso no fue creado a imagen y semejanza de Dios? Fuera de esto el hombre no tiene sentido. El hombre sólo tiene sentido en el mundo como imagen y semejanza de Dios. De otro modo no tiene sentido, y se llegaría a decir, como algunos afirman, que el hombre no es más que una «pasión inútil»"[9]. Existe Dios que nos sostiene, que nos ama, que da pleno sentido a nuestra vida y que, sobre todo, nos acoge unidos a Cristo crucificado. Dios recoge las lágrimas y los sufrimientos de los hombres para la resurrección: recordémoslo, Dios Padre no quiere la muerte y nos promete con Cristo la resurrección; Dios Padre es misericordioso y poderoso, es "amigo de la vida"[10]. En este sacramento que es para los vivos, para los que viven el sufrimiento, Jesús da fuerza, perdón y conforta para la vida.

Hay que preguntarse: ¿"La vida de los ancianos se ha desarrollado solo por medio y en vista de los medios de «mammón»"? ¿No ha crecido también su fe hasta el punto de ver que su vida está sostenida y orientada también por medio del Señor y en vista de Él y de su reino? Y, si es así, ¿por qué no manifestarlo? ¿Con qué amor y con qué esperanza mueren muchos ancianos? ¿No habría que morir, aunque sea entre tantas atenciones médicas, confortados también por el afecto de los seres queridos y ayudados por el amor de Dios. ¿No hemos convertido la muerte en la última inhumanidad? ¡Quizás de viejos nos arrepentimos por haber creado un mundo tan árido... y por haber hecho muy poco por la fe en la resurrección que nos espera!

Dios nos ha dado siete sacramentos para sostener nuestra humanidad, para dar sentido a la vida, indicar la dirección, para no permanecer solos, porque Dios está con nosotros. El velo del templo se rompió, se rasgó y ahora hay ya comunión entre el cielo y la tierra, en el Cuerpo de Cristo, que es el nuevo templo: en Él los hombres encuentran ahora a Dios que se dona[11]; en Él, templo de su Cuerpo Glorioso pero también presencia divina que se nos hace accesible en la *Eucaristía*. En Cristo, cielo y tierra están unidos y el reino

---

[9] *Magisterio.* Juan Pablo II, *Homilía en la Santa Misa en el aeropuerto de Le Bourget.* Visita Pastoral a París y Lisieux (1 de junio de 1980).
[10] *Biblia.* Libro de la Sabiduría 11, 26.
[11] *Biblia.* Cfr. Carta a los Efesios 2, 19-22.

de Dios está ya sobre la tierra en su Presencia por medio de la Iglesia y sus obras en el mundo[12]. La Palabra de Dios, la humanidad de Jesucristo y su Iglesia son las tres mayores manifestaciones que Dios ha donado a los hombres y al mundo para la salvación.

La gran comunión con Dios se construye por medio de los sacramentos, que nos acompañan en el desarrollo de nuestra vida. Por esto Jesús, que se ha hecho alimento para nosotros en el sacramento de la Eucaristía, es don y gracia de vida nueva, que semanalmente nos sostiene: ¡esto es extraordinario! Él nos renueva, nos purifica, nos sumerge en el absoluto de su poder, en su Cruz salvífica, en la Gloria de su resurrección. "La Eucaristía es igualmente el sacrificio de la Iglesia. La Iglesia, que es el Cuerpo de Cristo, participa en la ofrenda de su Cabeza. Con Él, ella se ofrece totalmente.

Se une a su intercesión ante el Padre por todos los hombres. En la Eucaristía, el sacrificio de Cristo se hace también el sacrificio de los miembros de su Cuerpo. La vida de los fieles, su alabanza, su sufrimiento, su oración y su trabajo se unen a los de Cristo y a su total ofrenda, y adquieren así un valor nuevo"[13]. He aquí por qué la Eucaristía es el sacramento de cada día y, sobre todo, el sacramento del Domingo y de las Fiestas; es "la fuente y cumbre de la evangelización y de la transformación del mundo"[14].

Ahora, pues, comprendemos que Dios nos ha dado "su corazón", su Amor con el don del Espíritu Santo, con su Gracia que puede actuar -si nosotros se lo permitimos- por medio de los sacramentos y transformar el "como" de nuestro corazón y de nuestra vida; pero lo hemos olvidado.

También nos hemos olvidado de la pedagogía del "sacrificio *por amor*". El sentido del *Sacrificio por el Señor*, que un tiempo se enseñaba a los hijos, de modo que eso les movía a gestos de amor al prójimo y a la entrega de sí en el matrimonio, ha sido sustituido por el sentido de *sacrificio de los padres* sólo hacia sus hijos, sin pedirles nada a ellos. Por otra parte, ¿qué podían pedir los padres a sus propios hijos? Así, el amor sin Dios se ha secularizado. Pero, de esta forma, al no poder pedir para sí y al suprimir del corazón de los hijos que es justo ofrecer cosas a Dios, han creado hijos presuntuosos y egoístas, incapaces de "dar" no solo a sus padres, sino también de dar, a su vez, a sus hijos y a los demás, encerrados solo en sí mismos.

Dios es Padre y Jesús nos ha enseñado "el sacrificio por Dios Padre" para que así volviésemos a encontrar el amor, ese amor que es don de sí, insustituible para la vida del mundo. Dios no tiene necesidad de nuestros sacrificios, pero al darnos Él mismo ejemplo, entregándonos a su Hijo Jesús y

---

[12] *Magisterio.* Cfr. Benedicto XVI, *Homilía en la Santa Misa con consagración de la Iglesia de la Sagrada Familia y del Altar.* Viaje Apostólico a Santiago de Compostela y Barcelona (7 de noviembre de 2010) (el texto en el Apéndice, n. 53, es disponible en el sitio web figlidichi.altervista.org).

[13] *Magisterio. Catecismo de la Iglesia Católica*, n. 1368.

[14] *Magisterio.* Comité Pontificio para los Congresos Eucarísticos Internacionales, *La Eucaristía don de Dios para la vida del Mundo. Documento teológico de base para el 49 Congreso Eucarístico Internacional de Québec* (2008) n. 5-A (el texto en el Apéndice, n. 54, es disponible en el sitio web figlidichi.altervista.org).

entregándose Jesús por nosotros, ha querido enseñarnos qué es el amor. Jesús es así el único que puede abrir el camino en el corazón de cada uno para hacer que volvamos a encontrar el amor a Dios Padre y a toda la humanidad. Este es el sentido de la Eucaristía, que es comunión, sacrificio y acción de gracias. El sacrificio nace del amor y por eso necesita de Dios Amor, para ser bueno y no degenerar y pervertirse.

Cuando el amor es auténtico y arrastra las energías profundas de toda la persona, es capaz del don de sí y de hacerse ofrenda y sacrificio para construir un bien. Este es el amor que construye, muy diferente del amor despreocupado, negligente e inepto, al que nos tiene habituados la subcultura facilona. ¡Hemos olvidado la belleza del Cristianismo y la gracia de comprender la voluntad de Dios Padre! A eso nos llaman de nuevo la oración del *Padrenuestro* y el amor de Jesús.

¿Quién es el que hace verdaderamente la voluntad de Dios? Los ángeles y los Santos en el cielo. En efecto, ellos ciertamente aman la voluntad de Dios. Para realizar también en la tierra la voluntad de Dios, hay que amarla, pues entonces seremos capaces de cumplirla. Para amarla es necesario además comprenderla. Debemos amarla para comprenderla y debemos comprenderla para amarla. Por eso, Jesús hace que la pidamos con amor en la oración del *Padrenuestro*, para poder llevarla a cabo como Él, con confianza y amor. Solo de esta manera podemos construir la familia de los hijos de Dios y su reino.

## El *"como"* de Dios y el "como" del mundo

Los cristianos construyen pues la ciudad de los hombres junto con los demás hombres, pero con un "como" que es de Dios y que construye el reino de Dios. Este "como" cristiano es la manifestación de la comunión entre Dios y el hombre: Dios, con su gracia, nos entrega su presencia y su acción; y el hombre devuelve a Dios, aportando algo nuevo, lo que es de Dios y Dios le ha confiado de la naturaleza y sus posibilidades, del cosmos y sus energías. El hombre ha sido colocado por el Creador en lo más alto de la creación para alabar a Dios por la vida y por todas las criaturas. Lo expresa muy bien San Francisco de Asís en el famoso *Cántico de las Criaturas*[15]. Pero hoy el hombre piensa que ha sido la "madre naturaleza" la que lo ha colocado en este estado de *conciencia superior*. Es fácil entonces que los niños y los adolescentes, movidos por las nuevas modas del *New Age* y por las técnicas del yoga, lleguen casi sin darse cuenta a rezarle al sol y alabar a las criaturas, en vez de alabar al creador *por* las criaturas, como nos recuerda San Francisco.

Al negar o ignorar a Dios Creador, la naturaleza misma queda en poder y en manos del hombre, que quiere hacer de ella una realidad diversa, una creación distinta, su propia creación. Por eso, la religión se considera restrictiva, arrogante y es vista como algo mítico y pasajero, propio de una época pre-científica, que no puede desvelar nada al hombre "constructor y tecnológico".

---

[15] *Tradición.* Cfr. San Francisco de Asís (1182 ca.-1226), *San Francisco de Asís: sus escritos*, *Edición preparada por J.R. de Legísima y L. Gómez Canedo, Biblioteca de Autores Cristianos, Madrid 1976, p. 71.*

¡La religión y la moral cristiana pertenecerían a una época pasada y, en cambio, la ciencia y la técnica son hoy las nuevas religiones en las que confiar! De este modo, cabe estar contentos: "finalmente libres en un mundo adulto, sin restricciones morales ni religiosas; en un mundo moderno y secular con nuevos derechos civiles, donde las únicas reglas que existen son las que dicta la propia libertad". Ahora bien, cabe preguntarse si en estos nuevos principios no late quizás el eco de las ideologías que han recorrido la historia y que han causado un grave daño a la humanidad, como en el siglo pasado. ¿No es, en cambio, tarea propia también de los cristianos purificar la historia para que el progreso sea verdadero y bueno para todos?

También el abuso de las nuevas tecnologías, aplicadas al cuerpo humano, como las biotecnologías, la ingeniería genética y las neurofármacologías llevan a trastocar el concepto de naturaleza humana, superando sus límites naturales. Por esto es cada vez más urgente volver a considerar la complejidad de la naturaleza humana y de sus raíces, que no pueden quedar reducidas a pura materialidad. En efecto, la realidad de la naturaleza humana es más amplia y más rica que la materia que la compone.

¿Acaso, las nuevas fronteras de la ciencia no necesitan, hoy más que en el pasado, de bondad y de sabiduría para el bien de la humanidad? ¿No han sido necesarias moderación y responsabilidad en la delicada labor de gestionar la energía atómica? Es un gran don que en el mundo haya cristianos y que exista la Iglesia. ¿No se ven los signos de una sabiduría mayor? La iglesia es un don de Jesús para el mundo.

El problema de la ecología, como cualquier otro problema social, ¿no es también, en último término, un problema de conciencia y de humanidad sobre el que la Iglesia tiene mucho que proponer?

¿No tiene también el mundo necesidad de un "como" proceder a fin de que se pueda vivir la vida sobre este planeta? ¿No haría mejor el mundo, si tuviese buena conciencia, en abrirse con más coraje y sin prejuicios a los dones de Dios y a su sabiduría? San Juan Pablo II, durante su Visita Pastoral a París, trató acerca de este importante tema del desarrollo contemporáneo, que necesita reencontrar su camino[16].

## El *"como" de Dios*, don a la humanidad

En la preciosa frase del Padrenuestro, "en la tierra como en el cielo", Jesús nos entrega ese *"como"* que Él mismo vive y que ha venido a traernos. En ella muestra un corazón, una armonía, una paz, una gran profundidad y seguridad, porque indica el camino. No de cualquier manera, como haría el mundo, como hacen los tiranos sobre la tierra, sino ¡al modo de Dios!: "en la tierra como en el cielo". El Cristianismo no trae solo la verdad de Dios, sino también su presencia, y con ella también el *"como"* de Dios, su sabiduría. Es el Espíritu Santo el que realiza esta comunión de Alianza: es la nueva Alianza llevada a

---

[16] *Magisterio.* Cfr. Juan Pablo II, *Homilía en la Santa Misa en el aeropuerto de Le Bourget.* Visita Pastoral a París y Lisieux (1 de junio de 1980) (el texto en el Apéndice, n. 55, es disponible en el sitio web figlidichi.altervista.org).

cabo por Jesucristo, con el don de su vida, para abrirnos al don del Amor de Dios y de su Espíritu Santo. «Esta es copa de la nueva alianza, sellada con mi sangre, que se derrama por ustedes»[17].

Jesús, con su Santo Sacrificio, realiza la purificación, el corazón nuevo y el espíritu nuevo prometidos por boca del profeta Ezequiel: "Los rociaré con un agua pura que los purificará: de todas sus inmundicias e idolatrías los he de purificar. Les daré un corazón nuevo y les infundiré un espíritu nuevo; arrancaré de su cuerpo el corazón de piedra y les daré un corazón de carne. Les infundiré mi espíritu y haré que caminen según mis preceptos y que cumplan mis mandatos poniéndolos por obra"[18].

Así, el autor de la Carta a los Hebreos, al describir la Nueva Alianza, cita la Palabra de Dios del profeta Jeremías: "Si la primera [alianza] hubiera sido perfecta, no habría lugar para una segunda.

Pero [Dios] les reprocha:

*Miren que llegan días —oráculo del Señor—*
*en que haré una alianza nueva con la Casa de Israel*
*y con la Casa de Judá(...)*
*Así será la alianza que haré con la Casa de Israel*
*en el futuro —oráculo del Señor—:*
*Pondré mi ley en su conciencia,*
*la escribiré en su corazón;*
*yo seré su Dios*
*y ellos serán mi pueblo"[19].*

Se trata de la Nueva Alianza prometida[20] y realizada por Jesucristo, que con el don pascual del Espíritu Santo lleva a cumplimiento la salvación creando la íntima relación con Dios[21] y dando inicio al reino de Dios sobre la tierra.

En último término, el Espíritu Santo es el que está realizando el reino de Dios en los cristianos y en los hombres de buena voluntad y Él es quien nos ayuda a realizar el *"como"* de Dios en nuestra vida. Con Él, la *"imagen de Dios"* en el hombre se hace cada vez más *"semejanza"* con Cristo Jesús. Creados y redimidos en Cristo Jesús, a través de su amor y de su gracia en nosotros con el Espíritu Santo, nos volvemos cada vez más "como" Él, nos parecemos cada vez más a Cristo. El Espíritu Santo obra esta (cristificación) divinización en el hombre, haciendo que la "imagen" divina sea cada vez más "semejanza" de Cristo. "En efecto, por medio de las manos del Padre, o sea, por medio del Hijo y del Espíritu, el hombre se hace a semejanza de Dios"[22].

---

[17] *Biblia.* Evangelio según Lucas 22, 20.
[18] *Biblia.* Libro del Profeta Ezequiel 36, 25-27.
[19] *Biblia.* Carta a los Hebreos 8, 7-10.
[20] *Biblia.* Cfr. Libro del Profeta Jeremías 31, 31-34.
[21] *Magisterio.* Cfr. Juan Pablo II, Carta encíclica *Dominum et vivificantem,* (1986) n. 59 (el texto en el Apéndice, n. 56, es disponible en el sitio web figlidichi.altervista.org).
[22] *Tradición.* Cfr. San Ireneo de Lyon (130-202), *Contra las Herejías,* Lib. V, 6,1, Apostolado Mariano, Sevilla 1999, p. 43.

Por medio de la acción amorosa y santificante del Espíritu Santo, la creación del hombre y de la mujer, como la de toda la historia, vuelve a Dios: de la imagen a la semejanza, esta es la obra del Espíritu Santo en la conversión de la persona; del amor humano al sacramento del Matrimonio, para volver al corazón de Dios en los esposos cristianos; de la ciudad de los hombres al reino de Dios para la historia de la humanidad.

Con su irrupción en la historia de Israel, Dios reveló al mundo su existencia, su poder y su promesa de salvación. Dios Padre nos ha revelado en Jesucristo su *"como"* y lo ha entregado a los hombres. El *"como" de Dios* no es una norma externa, no está formado por una serie de leyes, sino que es un modo de existir en la verdad, en la libertad y en el amor.

El Cristianismo no consiste sólo en creer que Dios existe, sino en creer en su amor[23]: es acoger a Dios que se dona a los hombres en Cristo con el Espíritu Santo. El Cristianismo es sobre todo recibir el *"como" de Dios*, que es Comunión Trinitaria, Padre, Hijo y Espíritu Santo. De este modo los cristianos, en cuanto hijos de Dios, viven el *"como" de Dios*. El *"como"* de Jesús nos muestra cómo vivir y cómo morir, y esta es nuestra salvación, la que Jesús nos ha traído. El *"como"* de Jesús se convierte así en "salvación" para cada persona, por el amor y la vida humana, en "salvación" para toda la humanidad.

Por eso Jesús ha dejado el Mandamiento Nuevo, es el "suyo": «Este es mi mandamiento: que se amen unos a otros como yo los he amado»[24].

Ya había amor en la tierra, pero no salvaba: era necesario el *"como" de Dios*, para salvar a la humanidad. El *"como" de Dios* es potencia y luz, es su reino en la tierra. La Iglesia hace suyo el *"como" de Jesús* y lo conjuga en la vida oponiéndose al *"como"* del espíritu del mundo sin Dios. Por eso Jesús nos recuerda: «No piensen que he venido a traer paz a la tierra. No vine a traer paz sino espada»[25]. Es la fuerza del amor la que plasma y prepara el *"como"* de los hijos de Dios que forman el pueblo de Dios.

Hay un *"como"* de los hijos de Dios para el amor humano entre hombre y mujer y para la construcción de la pareja y de la familia.

Hay un *"como"* de los hijos de Dios para concebir la vida del ser humano, que no está presente en todas las posibles formas de concepción.

Hay un *"como"* de los hijos de Dios para evitar la concepción mediante los métodos naturales que no es con medios anticonceptivos[26].

Hay un *"como"* de los hijos de Dios para el mundo del trabajo y para contribuir al desarrollo y al progreso humano.

Hay un *"como"* de los hijos de Dios para divertirse. Hay un *"como"* para la diversión del mundo que disgrega al hombre en vez de recomponerlo en sus mejores capacidades.

Hay un *"como"* de los hijos de Dios para combatir el mal.

---

[23] *Biblia*. Cfr. Primera Carta de Juan 4, 16.

[24] *Biblia*. Evangelio según Juan 15, 12.

[25] *Biblia*. Evangelio según Mateo 10, 34.

[26] *Documento*. Documentación Internacional FIAMC, *40 años de Encíclica Humanae Vitae*, <http://www.fiamc.org/fiamc/04texts/ehmann/HumanaeEs80T.pdf>, (30 de mayo de 2014).

Hay un *"como"* de los hijos de Dios para construir la ciudad de los hombres.

Hay un *"como"* de los hijos de Dios para el uso de la ciencia y de la técnica.

Hay un *"como"* de los hijos de Dios para traer la paz de Jesús: "y no como la da el mundo"[27].

Hay un *"como"* de los hijos de Dios para vivir y morir.

Solo viviendo en comunión con Cristo, que nos recomienda "permanezcan en mi amor"[28], es posible alcanzar este *"como" de Dios*. Esto es lo que nos dice la Iglesia. Esto es lo que la Iglesia anuncia cuando proclama el Kèrygma[29], el anuncio del Evangelio, de la Buena Nueva, y pasa del amor de la fe en Cristo muerto y resucitado a encarnar el Evangelio en la vida cotidiana.

Esta es la tarea de todos los cristianos, de toda la Iglesia: vivir Cristo en el amor al Padre y a los hermanos, encarnado en la historia el *"como" de Dios*. Cuanto más ese *"como"* es según Dios, más se manifiesta la salvación para la humanidad. Al igual que Jesús, la Iglesia propone con valentía al amor el *"como" de Dios*: "«Señor, ¿qué ha sucedido para que te reveles a nosotros y no al mundo?». Jesús le respondió: «Si alguien me ama cumplirá mi palabra, mi Padre lo amará, vendremos a él y habitaremos en él»"[30].

Ahora bien, la Iglesia denuncia en la historia el *"como"* del mundo, cuando este último se aparta con presunción de lo verdadero, bueno y justo: lo hace apelando a la conciencia de creyentes y no creyentes para que no se dejen arrastrar por las apariencias históricas; el suyo es un llamamiento profético en la historia para los individuos, para las familias y para el mundo. La Iglesia ama y quiere el bien, ama la vida y el progreso y está a favor de los hombres y con los hombres y la historia. Fiel a Jesucristo, que ha dicho: «Yo soy el camino, la verdad y la vida. Nadie va al Padre sino es por mí»[31], la Iglesia indica el camino de Dios para quien desea escucharlo.

El camino de Dios es con Cristo "camino, verdad y vida" y con el don del Espíritu Santo, Espíritu de Amor y de Verdad. Dios es Único, no hay otro; Dios es el Altísimo, ¡hay un solo Dios! ¿Cómo puede ser Padre en sí mismo? Solo Jesús nos ha mostrado el secreto de Dios, que es el misterio revelado. Dios, en efecto, es una comunión de Amor, Padre, Hijo y Espíritu Santo. Dios nos ha revelado su cómo, el cómo trinitario de su Ser.

En este secreto de Dios está también el nuestro, que tenemos necesidad de conocer cada vez más, no solo para sobrevivir, sino para vivir bien. Las máquinas son cada vez más perfectas, pero el hombre es todavía muy pequeño. No bastan algunos pequeños descubrimientos, algunas pequeñas piezas más: es preciso conocer el todo, el "corazón" del sistema. Cristo nos da la llave para eso, por medio de la Iglesia. Pero, ¿por qué Dios ha escogido en concreto a la Iglesia? Pues precisamente porque es humana como toda la humanidad, hecha de santos y de pecadores, pero tiene algo especial: es

---

[27] *Biblia.* Cfr. Evangelio según Juan 14, 27; Carta a los Efesios 2, 17-18.

[28] *Biblia.* Cfr. Evangelio según Juan 15, 9b.

[29] *Biblia.* Cfr. Hechos de los Apóstoles 2, 14-39; 3, 12-26; 4, 9-12; 5, 29-32; 10, 34-43; 13, 16-41.

[30] *Biblia.* Evangelio según Juan 14, 22-23.

[31] *Biblia.* Evangelio según Juan 14, 6.

humilde, no se puede jactar, deja sitio a Dios, no ocupará nunca su lugar. Cristo se encuentra bien con la Iglesia, su Esposa, está a gusto con ella. Como eligió ser recostado en la paja en medio de los hombres, así ha elegido a su Iglesia. Es necesario querer a la Iglesia, amarla y comprenderla: a los que son humildes de corazón, los pastores y los Magos, ella les abre los tesoros de Cristo, que es el "corazón" del sistema.

## La humanidad de la Iglesia

La humanidad de la Iglesia es un buen camino y es el que Dios ha elegido para todo hombre y mujer, para acercarnos a Él. No ha elegido las legiones de los ángeles, no ha elegido las capacidades humanas extraordinarias, las energías del cosmos o la oposición y el odio de los espíritus rebeldes, no ha elegido la potencia de los milagros que resuelven lo imposible, sino que ha elegido[32] la Iglesia, su humanidad con todos sus límites, pero en la que está presente Cristo, porque el corazón del ser humano, amándola y escuchándola, encuentra sin duda a Dios. Si en cambio la rechazase y la despreciase, manifestaría ese desprecio hacia sí mismo, esa falta de amor hacia la propia humanidad, hacia sí mismo, que generalmente llamamos "dureza de corazón": ésta última es el pórtico del odio y del infierno.

También la pretensión de una Iglesia perfecta recuerda la rabia del "paraíso perdido": una pretensión que, sin embargo, no busca el amor para reencontrarlo. Rabia, polémica, desprecio, lucha o astucia, lucha de clase o poder, son sistemas, todos ellos, no conformes con el espíritu evangélico. Algunos, por su parte, consideran la Iglesia solo como una organización humana y se pierden todos los beneficios de lo que verdaderamente es la Iglesia. Lo recordó el Papa Emérito Benedicto XVI en su Viaje Apostólico a Alemania[33].

Dios quiere estar presente en la realidad humana de la Iglesia. En este sentido, ¡Dios se esconde para poder entregarse a nosotros! ¿No está presente también en los niños, en los pobres, en los enfermos y en los excluidos? Él se esconde para que el hombre vuelva a amar la grandeza de Dios más fácilmente, sin asustarse. ¿No es ese también el sentido del Nacimiento de Jesús?

La Iglesia, fiel a Dios, trae y muestra "el modo" de Dios en la historia, indicando el camino de Dios[34], "la vía" de Jesús. Es el *"como" de Dios* donado a los hombres que aman la verdad y el amor. El amor y el interés de la Iglesia es fundamentalmente esta fidelidad evangélica, si bien con las limitaciones propias del vivir humano. Por eso la Iglesia, aunque se vea formada por santos y pecadores, es fiel a Cristo y anuncia la verdad y la salvación a todos los hombres y al mundo. En cada Diócesis la comunidad cristiana, con el Obispo,

---

[32] *Biblia.* Cfr. Primera Carta a los Corintios 1, 26-31.
[33] *Magisterio.* Cfr. Benedicto XVI, *Homilía en la Santa Misa en el Estadio Olímpico de Berlín.* Viaje Apostólico a Alemania (22 de septiembre de 2011) (el texto en el Apéndice, n. 57, es disponible en el sitio web figlidichi.altervista.org).
[34] *Biblia.* Cfr. Evangelio según Mateo 7, 13-14.

su pastor, al frente, crece cada vez más en la dimensión de la salvación y en su misión[35].

La Iglesia, en su misión, en los pastores y en los fieles, muestra que el *"como" de Dios* que trae a la humanidad no viene del "mundo": manifiesta así su profecía en el mundo. "Ustedes están en el mundo, no son del mundo"[36], dice Jesús en el Evangelio «Si ustedes fueran del mundo, el mundo los amaría como cosa suya. Pero, como no son del mundo, sino que yo los elegí sacándolos del mundo, por eso el mundo los odia»[37]. El espíritu del mundo es el que odia y combate a la Iglesia y es la Iglesia la que combate el espíritu del mundo[38], denunciándolo y mostrando su falsedad y engaño cuando quiere alzarse sin Dios, a pesar de Dios o contra Dios o estúpidamente por encima de Dios.

Los cristianos, en medio de los nuevos descubrimientos, de las aplicaciones de la ciencia y de los nuevos "derechos", deben buscar el *"como" de Dios* para vivir en el mundo como hijos de Dios y llevar, con el testimonio de su vida, el testimonio de su fe. «Sólo que, cuando llegue el Hijo del Hombre, ¿encontrará esa fe en la tierra?»[39].

La fe se manifiesta en la vida, en *"como"* se vive la vida, especialmente allí donde hay más posibilidades de elegir: de esa manera, ser cristianos hoy es más "luminoso" aunque no resulte fácil. El *"como"* de los cristianos en el mundo es para bien del mundo: no es un "credo" que se cierra en sí mismo; debe, en cambio, ser capaz de mostrar "más libertad", "más amor", "más bien" y "más justicia", que los cristianos y las opciones cristianas privilegian en el campo de la sexualidad, de la familia, de la técnica, de la medicina, de la política, de la economía, de la enseñanza y en cualquier otro campo.

En este sentido, los fieles cristianos, que son precisamente fieles a Cristo, no son solo fieles a un pasado, sino también fieles "para el futuro": son los que hacen propuestas, cuando, en la síntesis entre ciencia y fe, saben proponer de nuevo este "bien de más" para el futuro, ¡sin ceder a compromisos, ni dejarse vencer por el aislamiento, el chantaje o el desánimo! En efecto, hoy es importante tener una adecuada actitud misionera[40] también respecto a la nueva situación migratoria[41]. El Señor nos empuja a ver en cada hombre su presencia y, en toda la historia, su proyecto de amor y de salvación. Por eso, la oración del *Padrenuestro* resuena como la oración por excelencia para cada

---

[35] *Magisterio.* Cfr. Benedicto XVI, *Discurso en el encuentro con los obispos de Camerún en la iglesia Christ-Roi de Tsinga*, en Yaundé. Viaje Apostólico a Camerún y Angola (18 de marzo de 2009) (el texto en el Apéndice, n. 58, es disponible en el sitio web figlidichi.altervista.org).

[36] *Biblia.* Cfr. Evangelio según Juan 17, 16.

[37] *Biblia.* Evangelio según Juan 15, 19.

[38] *Biblia.* Cfr. Evangelio según Mateo 10, 34.

[39] *Biblia.* Evangelio según Lucas 18, 8b.

[40] *Magisterio.* Cfr. Juan Pablo II, Carta encíclica *Redemptor hominis* (1979) nn. 12-14 (el texto en el Apéndice, n. 59, es disponible en el sitio web figlidichi.altervista.org).

[41] *Magisterio.* Cfr. Benedicto XVI, *Mensaje para la 98ª Jornada Mundial del Emigrante y del Refugiado* (21 de septiembre de 2011) (el texto en el Apéndice, n. 60, es disponible en el sitio web figlidichi.altervista.org).

hombre y para toda la humanidad; ella, más que ninguna otra, da a conocer el corazón de Dios, su amor por el bien de todos.

Estamos llamados, por eso, a unir esfuerzos en orden a un entendimiento y a una *común acción ecuménica* para que la dimensión religiosa y su libertad sean reconocidas, como señaló el Papa Emérito Benedicto XVI en su Viaje Apostólico al Reino Unido, en 2010, al recordar que ese año se cumplía "el centenario de la Conferencia Misionera Mundial de Edimburgo, que es considerada por muchos como el origen del movimiento ecuménico moderno. Demos gracias a Dios por la promesa que representa el entendimiento y la cooperación ecuménica para un testimonio común de la verdad salvadora de la Palabra de Dios, en medio de los rápidos cambios de la sociedad actual"[42]. En ese mismo viaje, el Papa recordó que la dimensión ecuménica necesita diálogo y colaboración serena, libre y respetuosa[43]. El mundo tiene cada vez mayor necesidad de redescubrir la visión religiosa y cristiana de la vida.

## La nueva evangelización

Con frecuencia Benedicto XVI recordó la urgencia de una nueva evangelización, como por ejemplo, en la Carta pastoral a los Católicos de Irlanda[44] o en el Discurso a los Obispos de la Conferencia Episcopal de Canadá[45], o en una Audiencia General en febrero de 2010: "Cristo es el bien más precioso que los hombres y las mujeres de todo tiempo y de todo lugar tienen derecho a conocer y amar. Y es consolador ver cómo también en la Iglesia de hoy son tantos —pastores y fieles laicos, miembros de antiguas Órdenes religiosas y de nuevos movimientos eclesiales— los que con alegría entregan su vida por este ideal supremo: anunciar y dar testimonio del Evangelio"[46].

En el campo de la evangelización es igualmente importante el *mundo del arte y de la belleza.* Este es también un campo privilegiado del "espíritu" humano que puede abrir el corazón y la mente al misterio de Dios y del hombre, como recordó Benedicto XVI en su Viaje Apostólico a Santiago de

---

[42] *Magisterio.* Benedicto XVI, *Homilía en la Santa Misa en Bellahouston Park* (Glasgow). Viaje apostólico al Reino Unido (16 de septiembre de 2010).

[43] *Magisterio.* Cfr. Benedicto XVI, *Discurso en el Encuentro con los Representantes del Clero y los Fieles de otras religiones en el Waldegrave Drawing Room del St Mary's University College de Twickenham en Londres.* Viaje apostólico al Reino Unido (17 de septiembre de 2010) (el texto en el Apéndice, n. 61, es disponible en el sitio web figlidichi.altervista.org).

[44] *Magisterio.* Cfr. Benedicto XVI, *Carta Pastoral a los Católicos de Irlanda* n.12 (19 de marzo de 2010) (el texto en el Apéndice, n. 62, es disponible en el sitio web figlidichi.altervista.org).

[45] *Magisterio.* Cfr. Benedicto XVI, *Discurso a los Obispos de la Conferencia Episcopal de Canadá, provincias atlánticas, en visita "ad limina Apostolorum"* (20 de mayo de 2006) (el texto en el Apéndice, n. 63, es disponible en el sitio web figlidichi.altervista.org).

[46] *Magisterio.* Benedicto XVI, *Audiencia General* (3 de febrero de 2010).

Compostela y Barcelona[47]. En ese mismo Viaje a Barcelona, Benedicto XVI subrayó que: "La belleza es la gran necesidad del hombre; es la raíz de la que brota el tronco de nuestra paz y los frutos de nuestra esperanza. La belleza es también reveladora de Dios porque, como Él, la obra bella es pura gratuidad, invita a la libertad y libera del egoísmo"[48].

En cualquier campo se trata de recorrer el camino de los hombres y del progreso humano, mostrando, en comunión con Dios, su *"como"*, la opción mejor para la humanidad, sin detenerse en las aparentes "conquistas humanas". Es preciso ir más allá de las apariencias para captar las verdades del bien y del corazón, como enseña la Sagrada Escritura: "no te fijes en las apariencias [...] Porque Dios no ve como los hombres, que ven la apariencia. El Señor ve el corazón"[49]. De este modo, los cristianos no solo son la conciencia crítica de la historia, sino también la *conciencia propositiva*: actúan en bien de la humanidad y buscando lo mejor para ella. Esto hace la Iglesia a través de los cristianos "fieles".

Por esto, la "nueva evangelización" que la Iglesia lleva a cabo no será "excluyente", sino "inclusiva" de las diversas realidades que existen, con capacidad para una nueva síntesis a fin que el *"como" de Dios* se encarne en la historia humana con toda su novedad, pero también con fidelidad a Dios y a su reino. Para este proceso de renovación y de enriquecimiento en la verdad y en el diálogo hacen falta unas raíces profundas y verdaderas, que podemos y debemos encontrar de nuevo. Tenemos ante nosotros la tarea de una nueva evangelización[50], nos recordaba Benedicto XVI. Esa tarea está todo menos concluida, y está a la espera de las nuevas generaciones. El mundo tiene aún necesidad de ella para poder conocer y acoger el Evangelio de la salvación y de la vida nueva de Jesús.

Tras haber comentado la primera parte del *Padrenuestro*, en el próximo capítulo iniciaremos la segunda parte, en la que Jesús nos indica dones y condiciones necesarias, que hay que conocer, para realizar su proyecto de amor para cada uno y para toda la humanidad.

---

[47] *Magisterio.* Cfr. Benedicto XVI, *Entrevista concedida a los periodistas durante el vuelo hacia España*. Viaje Apostólico a Santiago de Compostela y Barcelona (6 de noviembre de 2010) (el texto en el Apéndice, n. 64, es disponible en el sitio web figlidichi.altervista.org).

[48] *Magisterio.* Cfr. Benedicto XVI, *Homilía en la Santa Misa con consagración de la Iglesia de la Sagrada Familia y del Altar*. Viaje Apostólico a Santiago de Compostela y Barcelona (7 de noviembre de 2010).

[49] *Biblia.* Primer Libro de Samuel 16, 7.

[50] *Magisterio.* Cfr. Benedicto XVI, *Homilía en las Primeras Vísperas de la solemnidad de San Pedro y San Pablo en la Basílica de San Pablo Extramuros* (28 de junio de 2010) (el texto en el Apéndice, n. 65, es disponible en el sitio web figlidichi.altervista.org).

# 10

# Danos hoy nuestro pan de cada día

Para realizar el reino de Dios y cumplir su voluntad "en la tierra como en el cielo", Jesús nos señala, en la segunda parte del *Padrenuestro*, cuatro condiciones necesarias.

Mientras que en la primera parte del *Padrenuestro*, Jesús nos enseñó a hacer en la oración tres peticiones que se refieren más directamente "al cielo", en la segunda parte, en cambio, nos indica cuatro peticiones dirigidas al Padre, que se refieren ante todo a nuestra humanidad, a la "tierra". Estas son, al mismo tiempo, las cuatro condiciones necesarias, aquí en la tierra, para realizar el reino de Dios y su voluntad, que es nuestra salvación.

Es necesario advertir que las dos partes del *Padrenuestro* "evocan" las dos tablas del Decálogo[1]. Jesús, con la oración del *Padrenuestro*, retoma los diez Mandamientos, reconduciéndolos a nuestra relación con Dios Padre, indispensable para comprender su sentido y su valor. Sin amor de Dios, las mismas enseñanzas morales son falseadas. Para "refundar" desde sus raíces la vida humana nueva, Jesús nos reconduce a la relación con el Padre.

Para realizar la belleza y la grandeza de la vida que el *Padrenuestro* nos muestra, sin hacernos falsas ilusiones, ni caer en los engaños que se presentan -a causa de las limitaciones de la naturaleza humana, por una parte, y de los "vientos contrarios", por otra-, no hay más camino que el que Jesús nos enseña. En la oración del *Padrenuestro*, el Señor nos indica las condiciones para realizar nuestra vida en plenitud.

## Por qué el pan

Si nos paramos a pensar en la vida humana en la tierra, vemos con claridad que el alimento es necesario para nuestra existencia. El pan es signo de supervivencia y crecimiento. Jesús nos enseña a pedir al Padre el pan: "Danos hoy nuestro pan de cada día", el que necesitamos día tras día. Dar por descontada esta petición, como parece que hacemos, nos conduciría a avanzar en el texto. Pero, sería un error. Debemos, más bien, profundizar en ella, para comprenderla bien. ¿Por qué Jesús quiere que hagamos esta petición en el

---

[1] *Biblia*. Cfr. Libro del Deuteronomio 5, 1-22.

*Padrenuestro*? Por otro lado, para darnos el pan que pedimos, ¿no está ya el trabajo? ¿Se trata acaso de una oración para niños y no para los adultos que se ganan el pan "cada día" con esfuerzo? ¿No podría suceder que esta petición moviese a alguno a la pereza y desentenderse de sus obligaciones?

Ciertamente, pedir a Dios Padre en la oración "el pan", no significa abandonarse y no trabajar o trabajar sin interés y de mala manera. En definitiva, no es una huida de nuestro trabajo cotidiano y de nuestras responsabilidades.

A este respecto, es útil leer lo que, en la Carta encíclica *Laborem exercens* (Con su trabajo), decía San Juan Pablo II acerca del significado y la dignidad del trabajo: "El trabajo es un bien del hombre —es un bien de su humanidad—, porque mediante el trabajo el hombre *no sólo transforma* la naturaleza adaptándola a las propias necesidades, sino que *se realiza a sí mismo* como hombre, es más, en un cierto sentido «se hace más hombre» (...) Este hecho no cambia para nada nuestra justa preocupación, a fin de que en el trabajo, mediante el cual la *materia* es *ennoblecida*, el *hombre* mismo no sufra *mengua* en su propia dignidad"[2].

Para el hombre, el fin personal del trabajo es obtener lo necesario para vivir y también realizarse. Cuando se habla del hombre, obviamente, hacemos referencia al ser humano, al hombre y a la mujer. El trabajo es importante, pero en estos tiempos es cada vez más necesario conquistar la dignidad del trabajo para que sea "humano", en pro y no en contra del hombre. También Benedicto XVI subrayó la importancia de conciliar el trabajo y la familia. Y, así, afirmaba: "En nuestros días, lamentablemente, la organización del trabajo, pensada y realizada en función de la competencia de mercado y del máximo beneficio, y la concepción de la fiesta como ocasión de evasión y de consumo, contribuyen a disgregar la familia y la comunidad, y a difundir un estilo de vida individualista.

Por tanto, es preciso promover una reflexión y un compromiso encaminados a conciliar las exigencias y los tiempos del trabajo con los de la familia y a recuperar el verdadero sentido de la fiesta, especialmente del domingo, pascua semanal, día del Señor y día del hombre, día de la familia, de la comunidad y de la solidaridad"[3]. El trabajo, como la vida, es para nosotros una conquista, pero también un don de Dios, para realizarse a sí mismo y realizar la familia y la sociedad[4]. Por eso es necesario reencontrar las raíces a las que nos devuelve el *Padrenuestro*, para reencontrar así las razones de la vida, del trabajo y de la familia.

Dentro de la familia se vive una formación para el trabajo, esto es, una apertura a la responsabilidad, a compartir, a superar el egoísmo, a emprender, a la laboriosidad y a la creatividad: la persona y la sociedad se apoyan sobre esa base que es la familia. Además, el trabajo tiene también una extraordinaria dimensión de unidad entre los seres humanos, de bien para la humanidad, que

---

[2] *Magisterio*. Juan Pablo II, Carta Encíclica *Laborem exercens* (1981) n. 9.

[3] *Magisterio*. Benedicto XVI, *Carta al Presidente del Consejo pontificio para la familia con vistas al VII Encuentro mundial de las Familias* (23 de agosto de 2010).

[4] *Magisterio*. Cfr. Juan Pablo II, Carta encíclica *Laborem exercens*, (1981) n. 10 (el texto en el Apéndice, n. 66, es disponible en el sitio web figlidichi.altervista.org).

va más allá de la subsistencia personal y familiar. El trabajo trae consigo un dinamismo de gran importancia para la vida personal, familiar y social y toca todos los niveles de esa misma vida. El trabajo parecería más bien resultado de nuestra iniciativa, de nuestra inteligencia y de nuestra creatividad, antes que el fruto de un don recibido de lo alto.

Pero entonces, si para ganarse el pan el trabajo es tan importante por todas estas razones, ¿por qué Jesús nos enseña a pedírselo a Dios en el *Padrenuestro*? Pues porque quiere ponernos en guardia por dos razones, que son esenciales y están relacionadas con la primera condición para realizar el *Padrenuestro*, el reino de Dios y su voluntad "en la tierra como en el cielo".

La primera de esas razones es que el pan hay que pedirlo y es "dado", por tanto ¡no hay que robarlo! Jesús nos hace pedirlo y esto nos responsabiliza. La segunda razón es que en ese "danos" de la oración que dirigimos a Dios, se pone de relieve nuestro reconocimiento de que el pan debe seguir siendo, en todo caso, un don suyo, para que realmente sea un bien. Por eso, Jesús nos enseña a pedírselo a Dios Padre. Veamos cuál es el fundamento de esto segundo.

Hay algo que olvidamos con mucha facilidad y que pasa desapercibido: no debemos perder de vista que el pan que tomamos cada día nos asimila al mundo. En efecto, cuando ganamos el "pan", lo hacemos "nuestro" y mientras nos servimos del pan y del alimento como medios para sobrevivir, en realidad nos asimilamos a lo que el mundo nos procura. Con otras palabras, nos convertimos en aquello que nos hace crecer y nos hace vivir, que nos permite sobrevivir: ¡es "el poder del pan"!

## El pan que se estropea

Nosotros lo ganamos, lo tocamos, lo hacemos, lo comemos y nos alimentamos; pero olvidamos que, en esta necesaria relación, también lo asimilamos y, poco a poco, nos convertimos en aquello que comemos, que nos hace vivir. La consecuencia es que, casi sin darnos cuenta, pasamos a "depender" del poder del pan: al tratar con él de la mañana a la noche y estar inmersos en el trabajo, corremos continuamente el peligro de convertirnos en aquello de lo que nos nutrimos y nos permite vivir. De alguna manera, el pan se convierte en un "ídolo", que esclaviza a las personas casi sin que se den cuenta. El trabajo, cada vez más industrial y tecnológico, tiende a transformar los seres humanos y las relaciones humanas, para que funcionen como si fuesen máquinas.

Es muy ilustrativa, respecto a lo que estamos exponiendo, una página del Evangelio que no deja de sorprender: los discípulos ese día se habían olvidado de llevar el pan. En efecto, "se habían olvidado de llevar pan y solo tenían un pan en la barca. El les daba esta recomendación: « ¡Estén atentos! Cuídense de la levadura de los fariseos y de la de Herodes »"[5]. Es necesario entonces preguntarse: ¿qué hay detrás del pan?

---

[5] *Biblia*. Evangelio según Marcos 8, 14-15.

En efecto, uno no se vincula solo al pan, sino también ¡a quién nos lo procura! No solo resulta importante el pan, sino también de quién lo tomamos. Y de ahí nace la dependencia que entra dentro del espíritu humano. ¡"Estén atentos – dice Jesús – a la levadura"! *La levadura*, en efecto, hace subir el pan, pero ese pan nos permite disponer de algunos medios y juntamente con eso, nos da seguridad para sobrevivir y nos hace crecer como personas. Al final, hay que preguntarse: ¿quién nos ha hecho crecer? Se trata de una doble dependencia: del pan, pero también de quien nos lo procura. Se da una vinculación cada vez mayor con quien lo produce con seguridad y se pasa a tener una dependencia cada vez mayor de quien lo promete, de quien lo da y de quien lo vende. Este engranaje penetra cada vez más en nuestro corazón, en nuestro cerebro y en nuestro modo de vivir. Estén atentos, nos dice pues Jesús, a la levadura que viene de los fariseos o que procede Herodes, porque, al comer de ese pan, se asimila también la dependencia. ¡No se ve la dependencia, porque solo se ve el pan!

Se ve el bien de consumo, pero sin darse cuenta de que se entra en una dinámica de dependencia y de progresiva esclavitud. El niño que no tiene ropa o zapatos de marca, monta un numerito a sus padres. Sus compañeros de colegio y sus pequeños amigos se han vuelto también dependientes de tantas cosas que, a fin de cuentas, son superfluas, pero que ya caracterizan su vida: es un engranaje económico que crea una falsa y efímera seguridad, hecha de muchas cosas "inútiles" para pequeños y mayores.

Los fariseos tienen su seguridad en la Ley y Herodes en el poder político y económico. Jesús indica que su seguridad está en la voluntad de Dios Padre. La "levadura de los fariseos" es una manera de indicar que la religión se convierte en ideología y la "levadura de Herodes" que el poder económico y político se convierte en un ídolo.

Para permanecer libres, Jesús señala la necesidad de pedir el pan a Dios, que es el Padre: para no asimilar lo que viene del mundo, porque haría que el hombre creciese en el mundo, creando dependencia, y haría que el mundo creciese dentro del hombre, ¡creando el ídolo! Ciertamente los discípulos habrán comido panes con la levadura de los fariseos y de Herodes, pero Jesús llama a la humanidad a estar atenta a una "levadura" que puede también venir de una dimensión que, aun siendo religiosa, es autosuficiente, sin el corazón de Dios, o que puede venir del poder político o del bienestar económico, que ostentan manifiestamente su autonomía respecto a Dios. Atentos – dice Jesús– a lo que tranquiliza, pero viene de "mammón".

En segundo lugar, Él nos aconseja "estar atentos" para no alejarnos de ese único pan que el Padre nos da y que es Cristo mismo: " Les respondió Jesús: «Les aseguro, no fue Moisés quien les dio pan del cielo; es mi Padre quien les da el verdadero pan del cielo. El pan de Dios es el que baja del cielo y da vida al mundo»"[6]. En la barca, aquel día, propiamente solo había un único pan... ¡Jesús mismo![7] Él quiere que los hijos de Dios tengan una conciencia vigilante, capaz de distinguir el bien verdadero del falso, el pan bueno del malo.

---

[6] Biblia. Evangelio según Juan 6, 32-33.
[7] *Biblia*. Cfr. Evangelio según Marcos 8, 14-15.

La petición "danos hoy nuestro pan de cada día" es la primera condición para hacer la voluntad de Dios y hacer que el reino crezca en nuestro interior. Esta oración es imprescindible. En efecto, solo rezando así, podemos purificar la barrera de la mediación humana para procurarnos el alimento necesario.

El reino no puede crecer si dejamos que crezca en nosotros "otra levadura". Esta "otra levadura" crece dentro y, progresivamente, de la honestidad se pasa a la concupiscencia, de la sobriedad a la avidez, del bienestar se pasa a la bajeza moral, que hoy vemos en los malos modales, en la falta de educación y en la tristeza de las personas, ¡reflejada en sus rostros! No olvidemos que la sonrisa no es propia de los animales, sino de los seres humanos, creados a imagen de Dios. Cuando se pierde la sonrisa, eso significa que el alma está a oscuras. Este es el proceso del *consumismo*: usar y tirar. Se desea siempre el nuevo objeto porque es más bonito: pero el nuevo sirve para tirar el viejo. Puede afirmarse que el consumismo se consolida cuando el consumo se convierte en el destino.

Lo demuestran expresiones como: "gana más, consume y muere", porque esto es lo único que sirve. Pero, ¿a quién sirve? El sistema económico y su desarrollo, junto con el progreso tecnológico, han de tener pues en cuenta para cada hombre y para todos los hombres, no solo la dimensión económica y los problemas del consumo y del mercado, sino también la dimensión espiritual, los valores del espíritu presentes en el hombre.

Muchos han aprendido el *Padrenuestro* y han recibido los sacramentos, pero podemos preguntarnos: ¿son tantos los cristianos que han tenido experiencia de la Palabra de Dios que hace vivir? ¿Han tenido experiencia de Jesús, el pan de Dios para la vida eterna? Podemos preguntarnos también: en último término, ¿quién hace que se viva el amor? ¿Sólo el pan de los hombres? Pronto se acabarán tanto su amor, como su familia, si ellos solo se alimentan del pan de los hombres. Porque el pan de los hombres, con frecuencia, está hecho también de traición... Lo veremos en el último capítulo. Es necesario comerlo, pero sabiendo estar atentos a la "levadura". Pero, ¿quién nos puede enseñar esto, si todos somos seres humanos? Solo Dios nos puede dar su Pan, que es Jesús. Sin Él, tarde o temprano, el pan de los hombres deja paso a la dependencia y nos volvemos cada vez más esclavos, más encerrados en el engranaje de nuestros propios intereses, hasta el punto de perder cualquier otro horizonte y de convertirnos en prisioneros de nuestro propio egoísmo y de nuestro propio placer. Afrontar esto se ha convertido en algo muy urgente en nuestra sociedad, dada la relajación de las conciencias, por un lado, y el relativismo ético por otro.

Y así, dado que nuestro modo de pensar y obrar nos vuelve injustos, fácilmente nos volvemos insaciables, aun deseando el bien de la vida. El bienestar es lo que prevalece y lleva al envilecimiento: las cosas se convierten en lo más importante de todo. El trabajo y el mayor beneficio económico pasan así a ser las cosas "esenciales" de la vida; el hacer más importante que el ser; la tierra "que hay que arreglar", más importante que el cielo que hay que ¡construir con Dios! Asistimos hoy a un grave y peligroso proceso de desplazamiento del trabajo a favor del crecimiento material, que pone "el trabajo" mismo en el centro de la vida, sacrificando "la Fiesta" y la Misa

Festiva, que para nosotros los cristianos es la base social de la comunión con Dios y con los hermanos. De esta manera, junto al consumismo, primero ha crecido un materialismo cada vez más extendido y, luego, un hedonismo cada vez más desenfrenado: "la búsqueda del alimento" se ha convertido así en "la búsqueda del placer". Más tarde, desde el hedonismo se ha ido pasando progresivamente al erotismo, hasta llegar a la "cosificación" de las relaciones sexuales, consideradas como un placer necesario para la naturaleza: ha tenido entonces lugar la pérdida de conciencia del progresivo proceso de empobrecimiento humano de los sentimientos, de los valores de la conciencia moral y de la misma responsabilidad individual y colectiva. ¡"Lo útil" ha degradado "la honestidad" y la *corrupción*, tanto sea grande o pequeña, ha invadido nuestra vida!

## Tiempo de reconstrucción

De este modo, mientras el mundo exterior se vuelve cada vez más bonito y más organizado, el mundo interior de las personas sin Dios, se torna, como señala San Pablo en la Carta a los Romanos[8], cada vez más feo e impío: cada vez más miserable. Ciertamente, hay quienes piensan que esto es progreso y libertad, pero ¿es realmente este el bien y el futuro que queremos dejar a las nuevas generaciones? ¿Es esta la máxima expresión de nuestra humanidad? Es tiempo de reconstruir. Nos lo piden ellas, las nuevas generaciones: los signos de ese malestar son la apatía y una vida cuyo valor no se aprecia. No vale nada o vale cada vez menos. Hemos de recuperar el valor y la importancia de la vida y de la familia. Por esta razón, Dios quiere que nos alimentemos de su Pan, belleza y grandeza de Dios, gratuidad y bondad que alimentan lo más grande que existe: su imagen y semejanza en nosotros para ser en plenitud hombres y mujeres. Sí, tenemos necesidad de Jesús, pero esta "necesidad" no es la dependencia que produce el pan del mundo. Esta dependencia es más bien un vínculo de amor y de Alianza, la Nueva Alianza, y es amor y gratuidad hacia nosotros. Así, la vida humana y el pan de la vida se encuentran el uno con el otro en el don del amor. ¡El don eucarístico es extraordinario y sublime!

Dios es providencia y gratuidad: la gratuidad no es ese gratis que se puede encontrar en los comercios para que entre más gente y vender más. No es el engaño del interés. Sino que es la gratuidad de Dios, del amor con que Dios quiere sostener nuestra vida, hacer que crezcamos y maduremos, donándose a nosotros. ¡Pero la gratuidad de su amor no significa tampoco que Dios no espere nada del hombre! Dios espera nuestra fe y nuestro amor, que es capaz de recibir a Dios. Él no necesita de nosotros y, en cambio, nosotros los hombres tenemos necesidad de Dios: este vínculo de amor es la verdad de nuestra vida y es algo distinto de una dependencia. Esta pertenencia, que es gratuidad de amor -por la cual Dios quiere gratuitamente que existamos, viviendo en Él, en su gloria y en la felicidad eterna-, es la única condición necesaria de nuestra vida, ¡de otra manera no existiríamos!

---

[8] *Biblia*. Cfr. Carta a los Romanos 1, 18-32.

Son muchas las invitaciones que el Papa Emérito Benedicto XVI dirigió a las familias y a los padres y madres, cuya función es especialmente difícil en el mundo de hoy. Se dirigió a ellos en numerosas ocasiones propicias y en una de esas ocasiones les exhortaba diciendo: "Queridos padres, esforzaos siempre en enseñar a rezar a vuestros hijos, y rezad con ellos; acercarlos a los Sacramentos, especialmente a la Eucaristía (...); introducirlos en la vida de la Iglesia; no tengáis miedo de leer la Sagrada Escritura en la intimidad doméstica, iluminando la vida familiar con la luz de la fe y alabando a Dios como Padre. Sed como un pequeño cenáculo, como aquel de María y los discípulos, en el que se vive la unidad, la comunión, la oración Hoy, gracias a Dios, muchas familias cristianas toman conciencia cada vez más de su vocación misionera, y se comprometen seriamente a dar testimonio de Cristo, el Señor. Como dijo San Juan Pablo II: «Una auténtica familia, fundada en el matrimonio, es en sí misma una "buena nueva" para el mundo». Y añadió: «En nuestro tiempo son cada vez más las familias que colaboran activamente en la evangelización... En la Iglesia ha llegado la hora de la familia, que es también la hora de la familia misionera» (Ángelus, 21 octubre 2001). (...) Queridas familias, ¡sed valientes! No cedáis a esa mentalidad secularizada que propone la convivencia como preparatoria, o incluso sustitutiva del matrimonio. Enseñad con vuestro testimonio de vida que es posible amar, como Cristo, sin reservas; que no hay que tener miedo a comprometerse con otra persona. Queridas familias, alegraos por la paternidad y la maternidad. La apertura a la vida es signo de apertura al futuro, de confianza en el porvenir, del mismo modo que el respeto de la moral natural libera a la persona en vez de reprimirla. El bien de la familia es también el bien de la Iglesia"[9].

El proceso histórico que estamos viviendo está caracterizado, además, de manera particular por la rapidez de las telecomunicaciones mediante internet y por la *globalización*, ese contacto, tan radical y profundo, que nos vincula a unos con otros. No son únicamente las leyes del mercado las que dirigen la historia y su desarrollo, son también las opciones mediante las que queremos que el mundo progrese o no. El uso mismo que se haga de la globalización dependerá de nosotros, de todos nosotros, como señaló el Papa en la Encíclica *Caritas in veritate*[10].

Hay que preguntarse: ¿quién dirigirá los hilos de la globalización? ¿Dios o "mammón", para un mundo más humano? ¿Los valores del bien, la verdad y la justicia, o bien los intereses del poder y los beneficios desmedidos de la economía? Como Jesús nos recuerda en el Evangelio: «No pueden estar al servicio de Dios y del dinero»[11]: o Dios o "mammón". ¿De qué parte se esta

[9] *Magisterio.* Benedicto XVI, *Homilía en la Santa Misa con ocasión de la Jornada nacional de las familias católicas croatas en el Hipódromo de Zagreb.* Viaje Apostólico a Croacia (5 de junio de 2011).
[10] *Magisterio.* Cfr. Benedicto XVI, Carta encíclica *Caritas in veritate* (2009) n. 42 (el texto en el Apéndice, n. 67, es disponible en el sitio web figlidichi.altervista.org).
[11] *Biblia.* Cfr. Evangelio según Lucas 16, 13.

colocando el mundo? ¿Hacia dónde va la humanidad? La llamada de Jesús resuena clara: «¡ Estén atentos!»[12].

El espíritu cristiano comporta una visión crítica y a la vez constructiva de las relaciones del hombre con el *mundo de las finanzas*, orientada a la construcción del reino y que sirva de ayuda al desarrollo humano de todo el hombre y de todos los hombres. Por eso, el destino de los beneficios contribuye al desarrollo cuando es capaz de transformarse en inversiones productivas responsables y en crecimiento de los recursos humanos. Al contrario, cuando la búsqueda del máximo beneficio se destina a la especulación financiera y, en general, a actuaciones que perjudican el legítimo interés de todas las partes implicadas (*stakeholders*), se hace patente su falta de consistencia, tanto respecto al "método" de acaparar, ya que llega a su colapso, como respecto al "fin", porque manifiesta su maldad, dejando de estar al servicio de todos los hombres y de todo el hombre.

Para no caer en la avidez, el *Padrenuestro* nos enseña la "cotidianidad".

La expresión *"de cada día"*, manifiesta precisamente la petición de lo que es suficiente cada jornada. En efecto, existe también la tentación de acumular, entrando en el engaño del deseo desordenado de bienes, que hace que nada sea ya suficiente y de la serenidad se pase a la angustia y a las exigencias, pensando que a fuerza de acumular riquezas se alcanzará paz, serenidad y felicidad. Este es el gran engaño que alimenta la tentación que está en el mundo. Tentación que ha aferrado a muchas personas: numerosas familias han educado de este modo a sus hijos, que creen en el ídolo del pan humano. Pero cuando estos descubren que todo eso no es verdad, que es un ídolo, y se encuentran sin nada, entonces surge también en ellos el malestar: la falsa paz, una felicidad que se esfuma y una seguridad ¡qué no existe! Es un engaño grande y terrible, del que el Señor quiere librarnos, al hacernos rezar diciendo "danos hoy nuestro pan de cada día".

"Danos hoy", danos cada día: significa reconocer que todo viene de Dios, que cotidianamente facilita a sus hijos lo necesario. Es creer en la providencia, porque todo está en sus manos[13]. Así, Jesús nos recuerda: "No se angustien pensando: ¿qué comeremos?, ¿qué beberemos?, ¿con qué nos vestiremos? Todo eso buscan ansiosamente los paganos. Pues el Padre del cielo sabe que ustedes tienen necesidad de todo ello. Busquen primero el reino [de Dios] y su justicia, y lo demás lo recibirán por añadidura. Por eso, no se preocupen del mañana, que el mañana se ocupará de sí. A cada día le basta su problema"[14].

La *providencia* se aprende desde niños, viendo los signos de Dios, Padre de bondad, que sigue y acompaña nuestra existencia y, de muchos modos, nos ayuda y nos presta los medios que necesitamos: medios que nos llegan a través del mundo, si bien el "mundo" no siempre es consciente de ello. El mundo del bienestar y de la tecnología no puede siquiera imaginar estas cosas. La verdad es que, en cualquier caso, nosotros dependemos de Dios:

---

[12] *Biblia*. Cfr. Evangelio según Marcos 8, 14-15.
[13] *Biblia*. Cfr. Libro de los Salmos 10, 14.
[14] *Biblia*. Evangelio según Mateo 6, 31-34.

de aquí nacen las bienaventuranzas[15], que vienen a ser como la medida de nuestro ser cristianos. Muchos se están olvidando de la providencia, como si Dios fuese una idea, como si no existiese, o no nos escuchase. Se han olvidado de comprender al Padre nuestro. Muchos se han acercado a "mammón" y se han vuelto esclavos del bienestar, olvidando a Dios, nuestro Padre celestial.

## ¿Con qué pan?

Si queremos construir el reino de Dios, hemos de alimentarnos también de una determinada manera, con *otro alimento*. En el fondo, nos preguntamos: ¿de qué otro pan podríamos alimentarnos, para nuestro sustento, si no del pan humano? Para esto vino Jesús y para esto nos enseñó, en el *Padrenuestro*, a pedir ese otro alimento a Dios, para que no nos contentásemos con el pan humano y no nos engañásemos, ni fuésemos engañados, acerca de ese pan.

A Dios le importa que el hombre, criatura suya, esté libre de cualquier esclavitud. Por eso, Jesús nos recuerda en el Evangelio que "Está escrito: *No solo de pan vive el hombre, sino de toda palabra que sale de la boca de Dios*"[16]. Jesús nos indica así que es necesario alimentarse de la Palabra de Dios y, por tanto, de su voluntad. La Palabra de Dios es la que da a conocer y hace madurar la identidad personal y el plan de salvación de la humanidad. La Palabra de Dios es útil para todo[17]. Pero muchos, yendo tras la "falsa ciencia", se perdieron[18]. La *soberbia* de creer que se sabe y la *avidez* para gozar de las riquezas son los dos males del hombre de todos los tiempos, fruto del engaño y de la mentira. Nos lo recuerda la Palabra de Dios: " Los que se afanan por enriquecerse caen en tentaciones y trampas y múltiples deseos insensatos y profanos, que precipitan a los hombres en la ruina y la perdición. La raíz de todos los males es la codicia: por entregarse a ella, algunos se alejaron de la fe y se atormentaron con muchos sufrimientos"[19].

La palabra de Dios tiene un efecto especial de luz y de sabiduría, por la fe que suscita, como recuerda una de las oraciones de la liturgia dominical: "Señor, tú que te complaces en habitar en los rectos y sencillos de corazón, concédenos vivir por tu gracia de tal manera que merezcamos tenerte siempre con nosotros"[20]. Las nuevas generaciones deben ver que en sus familias no falta nunca la Palabra de Dios, ¡cómo no falta nunca el pan! ¡Nunca se debería ayunar todo el día de la Palabra de Dios! La Palabra de Dios nos edifica y nos lleva de nuevo al diálogo confiado con Él.

Benedicto XVI, en la Exhortación apostólica *Verbum Domini* (La Palabra del Señor), afirma: "La Palabra de Dios, en efecto, no se contrapone al hombre,

---

[15] *Biblia*. Cfr. Evangelio según Mateo 5, 1-12.
[16] *Biblia*. Evangelio según Mateo 4, 4.
[17] *Biblia*. Cfr. Segunda Carta de San Pablo a Timoteo 3, 16-17.
[18] *Biblia*. Cfr. Primera Carta de San Pablo a Timoteo 6, 20-21a.
[19] *Biblia*. Primera Carta de San Pablo a Timoteo 6, 9-10.
[20] *Tradición*. Cfr. Liturgia de la Santa Misa, Colecta del VI Domingo del Tiempo Ordinario, Misal Romano, Edición aprobada por la Conferencia Episcopal Española, Coeditores Litúrgicos, Madrid 1993.

ni acalla sus deseos auténticos, sino que más bien los ilumina, purificándolos y perfeccionándolos. Qué importante es descubrir en la actualidad que sólo Dios responde a *la sed que hay en el corazón de todo ser humano*. En nuestra época se ha difundido lamentablemente, sobre todo en Occidente, la idea de que Dios es extraño a la vida y a los problemas del hombre y, más aún, de que su presencia puede ser incluso una amenaza para su autonomía. En realidad, toda la economía de la salvación nos muestra que Dios habla e interviene en la historia en favor del hombre y de su salvación integral. Por tanto, es decisivo desde el punto de vista pastoral mostrar la capacidad que tiene la Palabra de Dios para dialogar con los problemas que el hombre ha de afrontar en la vida cotidiana. Jesús se presenta precisamente como Aquel que ha venido para que tengamos vida en abundancia (cf. Jn 10,10). (...) Dice san Buenaventura en el *Breviloquium*: «El fruto de la Sagrada Escritura no es uno cualquiera, sino la plenitud de la felicidad eterna. En efecto, la Sagrada Escritura es precisamente el libro en el que están escritas palabras de vida eterna para que no sólo creamos, sino que poseamos también la vida eterna, en la que veremos, amaremos y serán colmados todos nuestros deseos»"[21].

También con ocasión de la XXVI Jornada Mundial de la Juventud, el Papa, dirigiéndose a los jóvenes, subrayó la importancia de la palabra de Dios para edificar su vida[22].

Mientras que el pan de los hombres es un medio, el Pan de Dios es el don que nos da Dios Padre: Jesús, su Palabra, hasta el don de sí mismo, que es la Eucaristía, Pan de vida Eterna. Es necesario reconocer que si el corazón no confía en Dios, se hacen presentes en su lugar la lucha por sobrevivir, el oportunismo y la inquietud que infunde "mammón". Al final, el alma está triste: no se trata solo del cansancio motivado por un trabajo muy exigente, por un ritmo de vida frenético, por el tráfico de las ciudades o por las preocupaciones que nos incumben. La verdad es que nos falta ese "otro pan", el pan para nuestra alma espiritual, porque también estamos hechos de espíritu. Por eso, Jesús nos lo recuerda. «No sólo de pan vive el hombre, sino de toda palabra que sale de la boca de Dios»[23].

Esto implica pedírselo a Dios, esperarlo como don que viene de sus manos y, más aún, en sentido profundo, que "sale de la boca de Dios". Él nos ha donado su Palabra. La Palabra de Dios, en sentido total y pleno, es el Verbo, Jesús, que se hace alimento para nosotros. El Verbo de Dios se hizo hombre por obra del Espíritu Santo en el seno de la Virgen María[24]: es el hombre Jesús de Nazaret, verdadero Dios y verdadero hombre. Él se hace don para la humanidad en la Eucaristía: "Yo soy el pan vivo bajado del cielo; quien coma

---

[21] *Magisterio*. Benedicto XVI, Exhortación apostólica *Verbum Domini* (2010) n. 23.
[22] *Magisterio*. Cfr. Benedicto XVI, *Discurso en la Fiesta de Acogida de los jóvenes en la XXVI Jornada Mundial de la Juventud*. Viaje Apostólico a Madrid (18 de agosto de 2011) (el texto en el Apéndice, n. 68, es disponible en el sitio web figlidichi.altervista.org).
[23] *Biblia*. Evangelio según Mateo 4, 4b.
[24] *Magisterio*. Cfr. Juan Pablo II, Carta Encíclica *Redemptoris mater* (1987) n. 30.

de este pan vivirá siempre"[25]. Jesús, único pan de vida[26] para nuestra vida: Él es el pan que nuestro Padre Dios nos da cada día.

Dios no quiere que olvidemos la grandeza y bondad de quiénes somos realmente a sus ojos: Dios nuestro Padre nos ha querido y nos quiere hijos suyos por siempre, por toda la eternidad. Él no quiere que nos detengamos en el pan humano. "Entonces Jesús les dijo: «Les aseguro que, si no comen la carne y beben la sangre del Hijo del Hombre, no tendrán vida en ustedes. Quien come mi carne y bebe mi sangre tiene vida eterna y yo lo resucitaré el último día »"[27]. Por esto, el Padre nos entrega a su Hijo, Palabra y Pan de vida eterna, para que permanezcamos y crezcamos como hijos de Dios, capaces de hacer su voluntad y colaborar en la construcción de su reino.

Ciertamente, para poder disponer del pan de los hombres, imprescindible para la vida personal, familiar y social, siguen estando presentes el peso del trabajo, la dificultad para encontrarlo, las situaciones de inestabilidad y la fatiga de quien trabaja cada día con la preocupación de un futuro incierto. Pero sabemos que esta situación es pasajera.

De este modo, para vivir necesitamos dos tipos de pan: el pan de los hombres, que es medio para la supervivencia, aunque luego moriremos; y el pan de Dios, que es un don para el futuro, para algo distinto, que está más allá, que es el más allá. He aquí por qué la Eucaristía, el don de Jesús para nosotros, es el más allá, es algo más, que nos acerca a Dios y que nos acerca a nosotros mismos y a todos los hombres, porque alimenta el misterio de la vida personal, familiar y social, introduciéndonos en el futuro de la eternidad y de la felicidad de Dios. Para esto Dios se hace hombre y... alimento para nosotros, mediante el don de sí mismo, que vence el pecado y la muerte. ¡Don sublime y fantástico! Don inimaginable y único en relación a todas las demás religiones. Un invento de Dios para nosotros. Dios es realmente nuestro Padre "celestial".

Nuestra vida no acaba en nosotros, en nuestra vida terrena. El pan de la tierra alimenta y mantiene nuestra vida en buena salud, pero la Eucaristía, el pan de Jesús, nos hace alcanzar la meta de nuestra existencia, nos da el sentido de la vida y nos hace volver, con Jesús, al Padre y a la vida eterna. Y este alimento, que es Comunión Eucarística, se convierte para nosotros en fuerza y amor para compartir fraternalmente.

Este es el don que pedimos cuando decimos "danos hoy nuestro pan de cada día". Sepamos ser agradecidos por lo que tenemos, contentarnos con lo necesario, para no convertirnos en esclavos del mundo y de los dueños y señores del mundo, purificándonos constantemente del engaño presente y futuro de "mammón". Así nos hacemos más humanos, mejores, más sabios y más santos, recibiendo de Dios no solo el pan humano necesario, sino también el pan de Dios, Jesús para eterna alegría nuestra, "el que baja del cielo y da la vida al mundo"[28]. ¡Todos necesitamos de Jesús!"

---

[25] *Biblia*. Evangelio según Juan 6, 51.
[26] *Biblia*. Cfr. Evangelio según Juan 6, 35.
[27] *Biblia*. Evangelio según Juan 6, 53-54.
[28] *Biblia*. Evangelio según Juan 6, 33b.

"Danos hoy nuestro pan de cada día", esta es la primera condición que Jesús nos enseña en la oración del *Padrenuestro* para ser verdaderamente humanos y para realizar la familia de los hijos de Dios y el reino de Dios.

En el *Padrenuestro* está resumido todo el plan de la obra de Dios, que Jesús ha venido a traernos y a confiarnos. Los cristianos conocen la oración del *Padrenuestro*, pero no todos conocen con tanta profundidad el alcance, la luz y el poder de esta oración, con todas sus consecuencias para la vida, la familia y la sociedad. Se trata de una realidad de grandísimo valor que abre horizontes para nuestro bien y para el bien de las familias y del mundo entero, porque Jesús es la luz[29] que ha venido al mundo y para el mundo. Es la luz para todos los hombres que quieren la luz y aman la verdad profunda, a fin de que el mundo no caiga en manos de los insensatos y de quien tiene las tinieblas dentro de él.

---

[29] *Biblia*. Cfr. Evangelio según Juan 8, 12.

# 11

# Perdona nuestras ofensas

Hemos visto la primera condición que Jesús indica en el *Padrenuestro* para realizar la voluntad de Dios, su reino y la familia de los hijos de Dios: pedir a Dios el "pan de cada día". Hemos advertido la importancia de esta petición, la cuarta de las siete que hacemos en la oración del *Padrenuestro*. El Señor nos hace pedir al Padre el pan de cada día, para que permanezcamos en una actitud de libertad y de autenticidad y para que redescubramos la gratuidad y la providencia de Dios Padre. De ese modo, hace que conservemos nuestra humanidad, sin convertirnos en esclavos de los engranajes de "mammón" o de los que se dicen "sin Dios" y viven como si Dios no existiese.

La quinta petición: "Perdona nuestras ofensas, como nosotros perdonamos a los que nos ofenden" hace referencia, en cambio, a la segunda condición indispensable para nuestra vida humana en orden a realizar la voluntad de Dios y su reino. La primera condición hace referencia a las cosas, al "pan"; la segunda, en cambio, hacer referencia al "corazón". Veamos por qué es tan importante para nuestra vida.

Esta petición nos hace ser conscientes de nuestra propia humanidad y nos da también la capacidad de conservarla si vivimos la dimensión de la gratuidad en nuestros corazones, indispensable para nosotros y para el mundo. La gratuidad de Dios, en relación con las cosas, nos ha llevado a considerar su providencia; la gratuidad de Dios en nuestros corazones nos muestra su misericordia. Dios, en efecto, nos ama y se compadece de nosotros. ¡La Palabra de Dios nos da a conocer su corazón! "Pero te compadeces de todos, porque todo lo puedes, cierras los ojos a los pecados de los hombres para que se arrepientan. Amas a todos los seres y no aborreces nada de lo que has hecho; si hubieras odiado alguna cosa, no lo habrías creado. Y, ¿cómo subsistirían las cosas si tú no lo hubieses querido? ¿Cómo conservarían su existencia si tú no lo hubieses llamado? Pero a todos perdonas, porque son tuyos, Señor, amigo de la vida."[1] ¡Todos los hombres necesitan en su corazón del corazón de Dios! Que Dios continúe amándonos, hablándonos y queriendo curarnos, es también manifestación de su misericordia.

Después de la oración del *Padrenuestro*, que es la más hermosa que podemos hacer, la oración más auténtica y la más cercana a nuestra condición

---

[1] *Biblia.* Libro de la Sabiduría 11, 23-26.

humana, que además agrada a Jesús, como se muestra en el Evangelio[2], es precisamente esta: "Oh Dios, ten piedad de este pecador". Mirando a nuestros errores y pecados, como dice San Bernardo: "En esto consiste toda la vida espiritual: fijarnos en nosotros mismos para llenarnos de un temor y tristeza saludables, y mirar a Dios para alentarnos y recibir el consuelo gozoso del Espíritu Santo. Por una parte fomentamos el temor y la humildad, y por otra, la esperanza y el amor"[3].

¿Qué es la misericordia? La misericordia está hecha de verdad y de gratuidad de Dios hacia nosotros: esta actitud es fundamental para nosotros, es como el "pan" para el alma. Dios dirige su misericordia hacia nuestros "corazones", donde se acumulan nuestras ofensas. Por "corazón" se entiende el lugar de la conciencia, de la voluntad, de los sentimientos y de nuestro espíritu. Se trata siempre del gran misterio que hay dentro de cada hombre y de cada mujer, la realidad de la "imagen y semejanza de Dios"[4]: de hecho, para vivir y para sobrevivir necesitamos que esta dimensión, la de los corazones, sea reconocida y visitada por alguien que con amor sepa comprender, aceptar y curar. Esta es la misericordia. Pero, ¿dónde encontrarla? Solo en Dios, ¡sólo Dios puede darla!

Con otras palabras, para ser personas, para construir familias y una sociedad verdaderamente humanas, necesitamos percibir y vivir otra dimensión, la de la misericordia de Dios. Jesús, al enseñarnos en el *Padrenuestro* a pedir el perdón de los pecados, nos ayuda a reencontrar y a vivir la dimensión de la misericordia: en las personas, en las familias, en la sociedad, en el mundo entero. Sin el pan de Dios, como hemos visto en el capítulo anterior, la vida de los hombres se envilece; de manera similar, sin la misericordia de Dios, es su corazón el que se endurece, hasta hacerse "duros de corazón".

También para los judíos Dios es Misericordioso y entre los musulmanes Allâh es llamado "El Misericordioso". ¿Qué añade entonces Jesucristo?

Ya en el Antiguo Testamento leemos: "El Señor es clemente y compasivo, lento a la ira y rico en amor; el Señor es bueno con todos, tierno con todas sus criaturas. Que todas tus criaturas te alaben, Señor, que te bendigan tus fieles. Proclamen la gloria de tu realeza, que cuenten tus grandezas; explicando tus proezas a los hombres, el glorioso esplendor de tu realeza. Tu reinado es un reinado eterno, tu gobierno por todas las generaciones. Fiel es Dios en sus palabras y amoroso en sus acciones. El Señor sostiene a los que caen y levanta a los que se doblan"[5]. Esta es la belleza y la grandeza de la misericordia que Dios Padre ha mostrado y derramado con abundancia, como atestiguan las Sagradas Escrituras, y que nos ha dado establemente y en grado máximo en su Hijo, Cristo Jesús, para salvación de la humanidad.

---

[2] *Biblia*. Cfr. Evangelio según Lucas 18, 9-14.

[3] *Tradición*. Cfr. San Bernardo de Claraval (1090-1153), *Sermón 5*, en: *Obras completas de San Bernardo, VI, Sermones varios*, Biblioteca de Autores Cristianos, Madrid 1988, p. 85.

[4] *Biblia*. Cfr. Libro del Génesis 1, 26.

[5] *Biblia*. Libro de los Salmos 145, 8-14.

En este capítulo reflexionaremos sobre la primera parte de la petición dirigida a Dios: "Perdona nuestras ofensas"; en el próximo consideraremos su segunda parte: "como también nosotros perdonamos a los que nos ofenden,

## ¿Está pasada de moda la misericordia?

¿Por qué parece difícil hablar de ella? ¿La necesita el mundo? Y, ¿por qué Jesús la ha incluido precisamente en el *Padrenuestro*? ¿Acaso nos hemos olvidado de ella o sencillamente pretendemos vivir como si no la necesitáramos?

La Carta encíclica *Dives in misericordia* (Dios rico en misericordia) de San Juan Pablo II, nos ayuda en esta búsqueda. Escribía el Papa en esa Encíclica: " La palabra y el concepto de misericordia parecen producir una cierta desazón en el hombre, quien, gracias a los adelantos tan enormes de la ciencia y de la técnica, como nunca fueron conocidos antes en la historia, se ha hecho dueño y ha dominado la tierra mucho más que en el pasado. Tal dominio sobre la tierra, entendido tal vez unilateral y superficialmente, parece no dejar espacio a la misericordia. (...) Ocurre a veces que [...] percibimos principalmente en la misericordia una relación de desigualdad entre el que la ofrece y el que la recibe. Consiguientemente estamos dispuestos a deducir que la misericordia difama a quien la recibe y ofende la dignidad del hombre. La parábola del hijo pródigo demuestra cuán diversa es la realidad: la relación de misericordia se funda en la común experiencia de aquel bien que es el hombre, sobre la común experiencia de la dignidad que le es propia. (...) Es necesario que el rostro genuino de la misericordia sea siempre desvelado de nuevo. No obstante múltiples prejuicios, ella se presenta particularmente necesaria en nuestros tiempos"[6].

Hoy día, los hombres prefieren el derecho y la justicia a la misericordia, porque con la justicia se sienten más seguros de poder construir lo que les pertenece, lo "suyo", y temen en cambio perderlo con la misericordia. En este sentido, la misericordia les interesa menos o no les interesa nada. Pero la misericordia no es una pérdida: es una conquista del amor y del valor de la dignidad de la persona humana; no oprime, ni humilla, porque reconoce el precioso valor de cada hombre y la realidad humana más profunda, ese misterio de humanidad que hay en nuestro interior, "imagen de Dios", y que con la libertad puede equivocarse. Ser misericordiosos entre nosotros quiere decir sabernos humanos y buenos.

La misericordia es imprescindible para el ser humano. La redención no es solo la que deriva de la justicia[7], sino que se realiza también con la misericordia, que permite al hombre encontrar su realidad más profunda, su gran valor, que es ser hijo de Dios.

Hablar de misericordia nos recuerda las palabras error y pecado. A veces se oye decir: "Pero, ¿qué pecado he cometido para que me suceda esta

---

[6] *Magisterio*. Juan Pablo II, Carta Encíclica *Dives in misericordia* (1980) n. 2; n. 6.
[7] *Magisterio*. Cfr. Juan Pablo II, Carta encíclica *Dives in misericordia*, (1980) n. 7 (el texto en el Apéndice, n. 69, es disponible en el sitio web figlidichi.altervista.org).

desgracia?" Como si se dijese: "no me merezco este sufrimiento". En la oración del *Padrenuestro*, Jesús nos recuerda que somos pecadores, que hemos de pedir cada día a Dios Padre su misericordia. Esto nos hace más humanos, al reconocer lo que somos en el fondo: pecadores, amados y salvados por Dios, si lo queremos. Si una persona no reconoce sus pecados, si no ve la realidad y sus errores humanos, se vuelve superficial, hasta el punto de creerse un superhombre o una supermujer; y, en el fondo, no se da cuenta de que se está convirtiendo en una persona inhumana, con esa "dureza de corazón" de la que el mundo ya empieza a alardear.

Si queremos la libertad para ser justamente libres, debemos también reconocer y aceptar la posibilidad del error y del perdón. Si queremos ser libres para elegir, entonces, debemos aceptar también la dimensión de la misericordia, o sea, reconocer que somos pecadores y que tenemos necesidad de vivir la misericordia unos con otros y de la salvación de Dios. Necesitar la misericordia nos hace ser consciente de quiénes somos realmente, porque el pecado destruye a la persona, a la familia y a la sociedad. Yo diría que la misericordia es realista, porque debe contar con la propia humanidad y la de los demás.

No hay que confundirla con la debilidad ni con la indiferencia. A veces oímos decir: "Dios es bueno, lo perdona y lo excusa todo. ¿El pecado? ¡Pero no existe! ¿El infierno?..., ¡No existe tampoco! ¡Ya no existe nada! Dios es bueno, comprende y perdona a todos. ¡No tenemos que preocuparnos absolutamente de nada!". Esta es otra herejía de nuestro mundo y del secularismo de hoy: pensar que se puede construir un futuro bueno incluso con los pecados, ¡incluso sin Dios! No podemos construir el futuro sin misericordia. Muchos cristianos, a veces con la conciencia confusa y adormecida típica de hoy, no prestan atención a lo mucho que se oculta y se deja de lado esta petición del *Padrenuestro*. Han dejado de lado la grave realidad del pecado, que hoy se ha convertido en "nada". Pero, entonces, ¿por qué Jesús nos enseña a pedir a Dios en el *Padrenuestro*: "Perdona nuestras ofensas"? ¡Quiere decir que ofendemos a Dios! ¿Por qué habría Jesús de enseñarnos a pedir perdón en el Padrenuestro, haciendo que reconozcamos nuestros pecados y nuestras ofensas, si eso no fuese precisamente nuestra verdad y nuestro bien?

### Ofensas y pecados

¿Cuáles son "nuestras ofensas" y qué se quiere decir con el término *pecado*? La Exhortación apostólica *Reconciliatio et paenitentia* (Reconciliación y penitencia) de San Juan Pablo II, nos ayudará a entender este importante punto. Es fácil perder conciencia de los propios pecados y alejarse cada vez más del Señor, cayendo en la presunción de quien piensa que se basta a sí mismo.

"Como escribe el apóstol San Juan: «Si decimos que estamos sin pecado, nos engañamos a nosotros mismos y la verdad no está con nosotros. Si reconocemos nuestros pecados, Él que es fiel y justo nos perdonará los pecados» (...) *Reconocer el propio pecado*, es más, —yendo aún más a fondo en la consideración de la propia personalidad— *reconocerse pecador*, capaz de pecado e inclinado al pecado, es el principio indispensable para volver a Dios. (...) Para llevar a cabo de modo adecuado dicho ministerio penitencial, es necesario, además, superar con los «ojos iluminados» de la fe, las consecuencias del pecado, que son motivo de división y de ruptura, no sólo en el interior de cada hombre, sino también en los diversos círculos en que él vive: familiar, ambiental, profesional, social, como tantas veces se puede constatar experimentalmente, confirmando así la página bíblica sobre la ciudad de Babel y su torre"[8].

El relato bíblico del Génesis cuenta que, en un momento dado, los hombres se ponen de acuerdo llenos de soberbia para construir una torre que se alza hacia el cielo: un proyecto en el que, de hecho, había una gran soberbia. San Juan Pablo II, en su Exhortación apostólica, proseguía analizándolo así: "Afanados en la construcción de lo que debería ser a la vez símbolo y centro de unidad, aquellos hombres vienen a encontrarse más dispersos que antes, confundidos en el lenguaje, divididos entre sí, e incapaces de ponerse de acuerdo.

¿Por qué falló aquel ambicioso proyecto? ¿Por qué «se cansaron en vano los constructores»? Porque los hombres habían puesto como señal y garantía de la deseada unidad solamente una obra de sus manos olvidando la acción del Señor. Habían optado por la sola dimensión horizontal del trabajo y de la vida social, no prestando atención a aquella vertical con la que se hubieran encontrado enraizados en Dios, su Creador y Señor, y orientados hacia Él como fin último de su camino.

Ahora bien, se puede decir que el drama del hombre de hoy —como el del hombre de todos los tiempos— consiste precisamente en su carácter babélico. (...) En cuanto ruptura con Dios el pecado es el acto de desobediencia de una criatura que, al menos implícitamente, rechaza a aquel de quien salió y que la mantiene en vida; es, por consiguiente, un acto suicida. Puesto que con el pecado el hombre se niega a someterse a Dios, también su equilibrio interior se rompe y se desatan dentro de sí contradicciones y conflictos. Desgarrado de esta forma el hombre provoca casi inevitablemente una ruptura en sus relaciones con los otros hombres y con el mundo creado. (...) Por consiguiente, se puede hablar de pecado personal y social. Todo pecado es *personal* bajo un aspecto; bajo otro aspecto, todo pecado es *social*, en cuanto y debido a que tiene también consecuencias sociales"[9]. En este punto, la Exhortación Apostólica indica tres acepciones del pecado.

*Primera acepción.* "Hablar de *pecado social* quiere decir, ante todo, reconocer que, en virtud de una solidaridad humana tan misteriosa e imperceptible como real y concreta, el pecado de cada uno repercute en cierta manera en los demás. Es ésta la otra cara de aquella solidaridad que, a nivel religioso, se desarrolla en el misterio profundo y magnífico de *la comunión de los santos*, merced a la cual se ha podido decir que «toda alma que se

---

[8] *Magisterio.* Juan Pablo II, Exhortación apostólica *Reconciliatio et paenitentia* (1984) n. 13.

[9] *Magisterio.* Juan Pablo II, Exhortación apostólica *Reconciliatio et paenitentia* (1984) n. 13; n. 15.

eleva, eleva al mundo» (...) de suerte que se puede hablar de una *comunión del pecado*, por la que un alma que se abaja por el pecado abaja consigo a la Iglesia y, en cierto modo, al mundo entero. En otras palabras, no existe pecado alguno, aun el más íntimo y secreto, el más estrictamente individual, que afecte exclusivamente a aquel que lo comete. Todo pecado repercute, con mayor o menor intensidad, con mayor o menor daño en todo el conjunto eclesial y en toda la familia humana. Según esta primera acepción, se puede atribuir indudablemente a cada pecado el carácter de pecado *social*"[10].

*Segunda acepción.* "Algunos pecados, sin embargo, constituyen, por su mismo objeto, una agresión directa contra el prójimo (...) Son una ofensa a Dios, porque ofenden al prójimo. A estos pecados se suele dar el nombre de *sociales*, y ésta es la segunda acepción de la palabra. En este sentido es *social* el pecado contra el amor del prójimo, que viene a ser mucho más grave en la ley de Cristo porque está en juego el segundo mandamiento que es «semejante al primero». Es igualmente social todo pecado cometido contra la justicia en las relaciones tanto interpersonales como en las de la persona con la sociedad, y aun de la comunidad con la persona. Es *social* todo pecado cometido contra los derechos de la persona humana, comenzando por el derecho a la vida, sin excluir la del que está por nacer, o contra la integridad física de alguno; todo pecado contra la libertad ajena, especialmente contra la suprema libertad de creer en Dios y de adorarlo; todo pecado contra la dignidad y el honor del prójimo. Es *social* todo pecado contra el bien común y sus exigencias, dentro del amplio panorama de los derechos y deberes de los ciudadanos. Puede ser social el pecado de obra u omisión por parte de dirigentes políticos, económicos y sindicales, que aun pudiéndolo, no se empeñan con sabiduría en el mejoramiento o en la transformación de la sociedad según las exigencias y las posibilidades del momento histórico; así como por parte de trabajadores que no cumplen con sus deberes de presencia y colaboración, para que las fábricas puedan seguir dando bienestar a ellos mismos, a sus familias y a toda la sociedad"[11].

Desde la óptica de la justicia, junto a los derechos no hemos de olvidar nunca también los deberes, como nos recuerda Benedicto XVI en la Exhortación apostólica *Africae munus* (El compromiso de África): "Hoy en día, muchos de los que toman decisiones, tanto políticos como economistas, creen que no deben nada a nadie, sino sólo a sí mismos. «Piensan que sólo son titulares de derechos y con frecuencia les cuesta madurar en su responsabilidad respecto al desarrollo integral propio y ajeno. Por ello, es importante urgir una nueva reflexión sobre los deberes que los derechos presuponen, y sin los cuales éstos se convierten en algo arbitrario»"[12].

*Tercera acepción.* "La tercera acepción de *pecado social* se refiere a las relaciones entre las distintas comunidades humanas. Estas relaciones no están

---

[10] *Magisterio.* Juan Pablo II, Exhortación apostólica *Reconciliatio et paenitentia* (1984) n. 16.
[11] *Magisterio.* Juan Pablo II, Exhortación apostólica *Reconciliatio et paenitentia* (1984) n. 16.
[12] *Magisterio.* Benedicto XVI, Exhortación apostólica *Africae munus* (2011) n. 82.

siempre en sintonía con el designio de Dios, que quiere en el mundo justicia, libertad y paz entre los individuos, los grupos y los pueblos. Así la lucha de clases, cualquiera que sea su responsable y, a veces, quien la erige en sistema, es un *mal social*. Así la contraposición obstinada de los bloques de Naciones y de una Nación contra la otra, de unos grupos contra otros dentro de la misma Nación, es también un *mal social*. (...) Ahora bien la Iglesia (...) sabe y proclama que estos casos de pecado social son el fruto, la acumulación y la concentración de muchos *pecados personales*. Se trata de pecados muy personales de quien engendra, favorece o explota la iniquidad; de quien, pudiendo hacer algo por evitar, eliminar, o, al menos, limitar determinados males sociales, omite el hacerlo por pereza, miedo y encubrimiento, por complicidad solapada o por indiferencia; de quien busca refugio en la presunta imposibilidad de cambiar el mundo; y también de quien pretende eludir la fatiga y el sacrificio, alegando supuestas razones de orden superior"[13].

Este análisis que la Exhortación apostólica nos ofrece, ayuda a entender la amplitud de "nuestras ofensas", ofensas humanas hacia Dios Padre y hacia sus hijos, nuestros hermanos. El pecado es siempre un daño que requiere, en efecto, que lo reconozcamos.

## La pérdida del sentido del pecado

Hemos de preguntarnos: ¿cuáles son las causas de la pérdida del sentido del pecado en el mundo de hoy? La Exhortación apostólica *Reconciliatio et paenitentia* de San Juan Pablo II, en los nn. 17 y 18, señala al respecto una serie de importantes motivos:

- "El «secularismo», movimiento de ideas y costumbres que, por naturaleza y definición, defiende un humanismo que prescinde totalmente de Dios y se centra por completo en el culto del hacer y del producir. Embriagado así por el consumo y el placer, sin preocuparse por el peligro de «perder la propia alma», no puede menos de minar el sentido del pecado. Este último se reducirá a lo sumo a aquello que ofende al hombre". Como puede verse, aquí queda eclipsada la presencia de Dios en el mundo, en la conciencia humana y en el propio ser humano.

"En realidad, Dios es la raíz y el fin supremo del hombre y éste lleva en sí un germen divino. Por ello, es la realidad de Dios la que descubre e ilumina el misterio del hombre". De este "germen divino" habla también el documento del Concilio Vaticano II *Gaudium et spes*[14]; e igualmente la Biblia[15]. Se trata de la dimensión del espíritu humano y del alma espiritual, ya tratada anteriormente[16].

- "Se diluye este sentido del pecado en la sociedad contemporánea también a causa de los equívocos en los que se cae al aceptar ciertos resultados de la ciencia humana. Así, en base a determinadas afirmaciones de

---

[13] *Magisterio*. Juan Pablo II, Exhortación apostólica *Reconciliatio et paenitentia* (1984) n. 16.
[14] *Magisterio*. Cfr. Concilio Vaticano II, Constitución pastoral *Gaudium et spes* n. 3.
[15] *Biblia*. Cfr. Primera Carta de Juan 3, 9.
[16] Cfr. capítulo 3.

la psicología, la preocupación por no culpar o por no poner frenos a la libertad, lleva a no reconocer jamás una falta. Por una indebida extrapolación de los criterios de la ciencia sociológica se termina —como ya he indicado— con cargar sobre la sociedad todas las culpas de las que el individuo es declarado inocente". Esto sucede a causa de un mecanismo tristemente frecuente: ¡atribuir siempre la culpa a los demás!... Al actuar así, las personas se vuelven tan inmaduras y superficiales ¡qué ya ni siquiera son conscientes de sus propias responsabilidades! De este modo se complica mucho la convivencia humana.

- "A su vez, también una cierta antropología cultural, a fuerza de agrandar los innegables condicionamientos e influjos ambientales e históricos que actúan en el hombre, limita tanto su responsabilidad que no le reconoce la capacidad de ejecutar verdaderos actos humanos y, por lo tanto, la posibilidad de pecar". El influjo social, los medios de comunicación, los continuos ejemplos de los demás... Pero, ¿no es extraño que entre tanto individualismo, desparezca el individuo?

- "Disminuye fácilmente el sentido del pecado también a causa de una ética que deriva de un determinado relativismo historicista. Puede ser la ética que relativiza la norma moral, negando su valor absoluto e incondicional, y negando, consiguientemente, que puedan existir actos intrínsecamente ilícitos, independientemente de las circunstancias en que son realizados por el sujeto. Se trata de un verdadero «vuelco o de una caída de valores morales» y «el problema no es sólo de ignorancia de la ética cristiana», sino «más bien del sentido de los fundamentos y los criterios de la actitud moral»".

- "Se diluye finalmente el sentido del pecado, cuando éste —como puede suceder en la enseñanza a los jóvenes, en las comunicaciones de masa y en la misma vida familiar— se identifica erróneamente con el sentimiento morboso de la culpa o con la simple transgresión de normas y preceptos legales".

¡Tengamos presente con cuánta profundidad estos modos de pensar han penetrado en la mentalidad de hoy! De este modo el sentido de pecado en las personas ha sufrido un duro golpe y se ha debilitado la conciencia acerca de él; no existiría nada absoluto y, por tanto, tampoco ninguna norma absoluta: todo sería entonces relativo. Al final, ya nada sería pecado.

- "La pérdida del sentido del pecado es, por lo tanto, una forma o fruto de la *negación* de Dios: no sólo de la atea, sino además de la secularista. Si el pecado es la interrupción de la relación filial con Dios para vivir la propia existencia fuera de la obediencia a Él, entonces pecar no es solamente negar a Dios; pecar es también vivir como si Él no existiera, es borrarlo de la propia existencia diaria". Esto ha ocasionado una situación general de "ofuscamiento o debilitamiento del sentido del pecado" y de la necesidad del perdón[17].

La mayor parte de las veces, el mundo afirma con soberbia que la autorrealización pasa por la desobediencia a las reglas y por hacer la propia voluntad lo más posible, sin escrúpulo alguno, más allá de cualquier barrera. Al contrario, para nosotros los cristianos, la realización del hombre radica en

---

[17] *Magisterio*. Cfr. Juan Pablo II, Exhortación apostólica *Reconciliatio et paenitentia* (1984) n. 18 (el texto en el Apéndice, n. 70, es disponible en el sitio web figlidichi. altervista.org).

que las capacidades humanas retornen a la voluntad de Dios Padre, donde Dios y el hombre *"se encuentran"*. Jesús nos lo mostró durante toda su vida. Jesús presenta el regreso a Dios en la verdad, en la libertad y en el amor, como humildad y obediencia, en las que el hombre se vuelve más humano y la humanidad más verdadera y fraterna. Al ir tras la desobediencia a Dios y tras su propia soberbia y vanidad, el hombre ha perdido las raíces de su verdadera humanidad, a la que la oración del *Padrenuestro* nos llama constantemente.

Nos damos entonces cuenta de por dónde atacan la mentalidad y el espíritu del mundo para descomponer las raíces cristianas de la vida, de la familia y de la sociedad; y comprendemos también por qué quieren relegar la religión a un rincón, lejos del transcurrir de la vida. El ataque al cristianismo y a la conciencia de los cristianos parte de ahí. El análisis de San Juan Pablo II es muy útil también para comprender nuestra sociedad y ¡cómo se ha llegado a la indiferencia religiosa! En buena parte, el paso hacia esa indiferencia se ha producido olvidándose de la paternidad de Dios. Es muy importante, por eso, recomenzar tomando precisamente como punto de partida un mejor conocimiento de la oración del *Padrenuestro*. ¡Hemos de reconocerlo! ¡Existe hoy la urgente necesidad de que los fieles sean más conscientes del precioso valor del cristianismo y lo retomen! Han de hacerlo mediante una búsqueda de sus raíces profundas y verdaderas, con serenidad, con objetividad y en diálogo con el mundo a la luz de la fe y del Magisterio de la Iglesia. Para esto es imprescindible una nueva evangelización, como recuerda Benedicto XVI en la Exhortación apostólica *Verbum Domini*.[18]

## La obra de la misericordia

El pecado es algo real y su importancia no se identifica con el sentimiento que se puede experimentar. En medio de tantísimas cosas buenas y espléndidas, en el mundo está presente el misterio del mal, el *misterio de iniquidad*. Pero existe también otro misterio más grande y poderoso: el de la misericordia de Dios, de su amor por la humanidad, por todos los hombres y por cada hombre. La Divina Misericordia "es un amor más poderoso que el pecado, más fuerte que la muerte. Cuando nos damos cuenta de que el amor que Dios tiene por nosotros no se para ante nuestro pecado, no se echa atrás ante nuestras ofensas, sino que se hace más solícito y generoso; cuando somos conscientes de que este amor ha llegado incluso a causar la pasión y la muerte del Verbo hecho carne, que ha aceptado redimirnos pagando con su Sangre, entonces prorrumpimos en un acto de reconocimiento: «Sí, el Señor es rico en misericordia» y decimos incluso: «El Señor es misericordia»"[19].

Es verdaderamente grande la obra que Dios lleva a cabo por medio de su misericordia, para salir al encuentro del hombre, levantarlo, abrazarlo y donarle el perdón y "la vida verdadera". El perdón pasa por el ofrecimiento

---

[18] *Magisterio*. Cfr. Benedicto XVI, Exhortación apostólica *Verbum Domini* (2010) n. 96 (el texto en el Apéndice, n. 71, es disponible en el sitio web figlidichi.altervista.org).
[19] *Magisterio*. Juan Pablo II, Exhortación apostólica *Reconciliatio et paenitentia* (1984) n. 22.

de la vida de Jesús y se derrama después en el mundo mediante los *ministros de la misericordia*, como nos recordaba San Juan Pablo II en su libro *Don y misterio*[20]. El perdón, tan valioso como el pan "de cada día", pasa por el mundo y por el alma de las personas mediante el sacramento de la Reconciliación, generalmente llamado Confesión, que Jesús instituyó como don pascual, don de su espíritu de amor, de misericordia y de salvación: "Reciban el Espíritu Santo. A quienes les perdonen los pecados les quedarán perdonados; a quienes se los retengan les quedarán retenidos"[21]. La vida nueva de la resurrección comienza con la misericordia de Jesús, que recibimos por medio de su Iglesia. Entre Cristo y la Iglesia existen una extraordinaria comunión y unidad de vida y de misión. Esto es lo que vive la Iglesia al anunciar a Jesús, el esposo[22].

El sacerdote debe ser el hombre de Dios, el hombre de la misericordia y de la paz: su corazón y su vida deben estar tan íntimamente unidos a Cristo, que reproduzca en su vida los rasgos espirituales de Jesús Buen Pastor, como nos recordó San Juan Pablo II, en la Exhortación apostólica *Pastores dabo vobis* (Os daré pastores)[23].

Por este motivo, el sacerdote solo obtiene luz y fuerza para su ministerio en la intimidad de la oración con Dios. El Papa Emérito Benedicto XVI se lo recuerda a cada sacerdote, como recuerda también el precioso valor de toda llamada personal de Dios para estar a su servicio: "En la oración está llamado a redescubrir el rostro siempre nuevo del Señor y el contenido más auténtico de su misión. Solamente quien tiene una relación íntima con el Señor es aferrado por él, puede llevarlo a los demás, puede ser enviado. Se trata de un «permanecer con él» que debe acompañar siempre el ejercicio del ministerio sacerdotal; debe ser su parte central, también y sobre todo en los momentos difíciles, cuando parece que las «cosas que hay que hacer» deben tener la prioridad. Donde estemos, en cualquier cosa que hagamos, debemos «permanecer siempre con él»"[24].

Así como Dios bendice a una familia con el "don" de los hijos[25] para toda maternidad y paternidad, natural o adoptiva, así también Dios bendice a una comunidad precisamente mediante "el signo" de la llamada concreta

---

[20] *Magisterio*. Cfr. Juan Pablo II, *Don y misterio* (el texto en el Apéndice, n. 72, es disponible en el sitio web figlidichi.altervista.org).

[21] *Biblia*. Evangelio según Juan 20, 22-23.

[22] *Tradición*. Cfr. Isaac de Stella (1100 ca.-1169), Sermón 11, en PL. 194, 1728-1729 (el texto en el Apéndice, n. 73, es disponible en el sitio web figlidichi.altervista.org).

[23] *Magisterio*. Juan Pablo II, Exhortación apostólica *Pastores dabo vobis* (1992) n. 22 (el texto en el Apéndice, n. 74, es disponible en el sitio web figlidichi.altervista.org). En el Movimiento del Amor Familiar, los "Amigos del Esposo" constituyen un grupo de amistad sacerdotal abierto a cuantos desean ayudarse a vivir, a la luz de la Exhortación apostólica *Pastores dabo vobis* (22) de Juan Pablo II, la espiritualidad del "gran misterio" del Amor, para derramarlo en todos los apostolados, especialmente en el dirigido a las familias y a los esposos cristianos.

[24] *Magisterio*. Benedicto XVI, *Homilía en la Santa Misa de Ordenación presbiteral de los Diáconos de la Diócesis de Roma* (20 de junio de 2010).

[25] *Biblia*. Cfr. Libro de los Salmos 127, 3-5.

de hombres y mujeres a su servicio[26] para ellos mismos y para el mundo. Además, no podemos olvidar que de las buenas familias vienen también buenas vocaciones y buenos sacerdotes. Los sacerdotes tienen una dimensión humana que es instrumento de la Gracia, porque Dios obra por medio de ellos. La necesidad de la misericordia es doble: en las relaciones humanas y también en la relación con Dios, para obtener de Él la misericordia y la reconciliación y vivirlas en el mundo. Es importante vivir la misericordia también en medio de la gente y en nuestras ciudades.

¡La humanidad, las familias, las personas y la sociedad misma tienen necesidad de reconocerse necesitadas de misericordia! En efecto, sin la misericordia, se tornan áridas y se cierran en una pretensión de justicia formal, pero en el fondo pobre, porque en ella no está presente el amor de Dios por sus criaturas.

Benedicto XVI, en la Exhortación apostólica *Sacramentum caritatis* (Sacramento de la caridad) hace una llamada a la generosidad, al compromiso y a la competencia a la hora de administrar el sacramento de la Reconciliación[27]. ¡La iglesia cuida amorosamente a fin de que a nadie le falte el don de la misericordia! Porque siente su necesidad para las almas, para las personas a nivel familiar y social, comprende hasta qué punto es importante para el equilibrio personal, para la capacidad de amar, de ver la luz, de construir las relaciones de una manera sana, de curar la distorsión interior del espíritu, entre otras cosas, ante la pérdida del sentido del pecado. A este respecto, el Papa Emérito Benedicto XVI, en la Exhortación apostólica se refiere al vínculo existente entre la Eucaristía y el sacramento de la Reconciliación[28].

Hay quien, sin reflexionar, podría acercarse indignamente a la Sagrada Comunión, prestando solo oídos a sus propios deseos. Pero, en realidad, estamos ante una acción a realizar "en comunión" y que, por tanto, se debe vivir "en comunión" con Cristo y con la Iglesia. La superficialidad a la hora de acercarse a la Sagrada Comunión se debe muchas veces al hecho de no pararse a reflexionar sobre lo que el Señor piensa de nuestra vida, sobre cuáles son "nuestras ofensas", los pecados, ni desde cuánto tiempo se ha descuidado la pureza de espíritu, no viviendo el sacramento de la reconciliación.

En realidad, sin la experiencia del perdón, no podemos estar a la altura de nuestros compromisos humanos de responsabilidad y de amor: el perdón forma parte de nuestra capacidad de vida; suprimir la capacidad de ser perdonados por Dios es dejar el mundo abandonado a su propio mal, que crece en las conciencias y en la vida de los hombres, manifestándose en los

---

[26] *Magisterio*. Cfr. Benedicto XVI, *Discurso a los Obispos de la Conferencia Episcopal de Rumanía en visita "ad limina Apostolorum"* (12 de febrero de 2010) (el texto en el Apéndice, n. 75, es disponible en el sitio web figlidichi.altervista.org).

[27] *Magisterio*. Cfr. Benedicto XVI, Exhortación apostólica *Sacramentum caritatis* (2007) n. 21 (el texto en el Apéndice, n. 76, es disponible en el sitio web figlidichi. altervista.org).

[28] *Magisterio*. Cfr. Benedicto XVI, Exhortación apostólica *Sacramentum caritatis* (2007) n. 20 (el texto en el Apéndice, n. 77, es disponible en el sitio web figlidichi. altervista.org).

ambientes de trabajo y en las relaciones humanas. El perdón que Dios da no es algo puramente formal: significa que somos restablecidos en la verdad, en la vida y en la alegría que se pierde con el pecado. No recibir el perdón de Dios significa destruir el hombre, destruir las familias y las parejas, destruir la sociedad: en efecto, ¡no puede existir una sociedad *do-utdes*! ¡No puede existir simplemente un intercambio comercial! ¡No puede haber ningún intercambio de ese tipo en la relación entre hombre y mujer! ¡No puede haber permutas e intercambios funcionales en la relación entre padres e hijos! Si no vivimos la misericordia con nosotros mismos y con los demás, la vida no se sostiene y, tarde o temprano, ¡se viene abajo y se hunde en la traición o en el mal del chantaje!

¡La misericordia está hecha de verdad! ¡Y está hecha también de justicia! Pero, además, supera la aplicación de la sola justicia, porque reconoce un valor más grande, más allá de los límites históricos ocasionales y transitorios: esta es la misericordia que trae consigo el perdón y la reconciliación. El mundo no puede crecer en la justicia y en la paz sin la misericordia, porque el mundo mismo no puede ser solo fruto de la economía, del saber matemático y de una justicia legalista. La justicia, aunque sea humana e imperfecta, es necesaria para combatir la ilegalidad y los mecanismos de la ilegalidad, ya que *la ley y el derecho* están para proteger la dignidad de la persona y el bien común. Por eso, hay que promover y defender la legalidad junto con la justicia, aunque esta sea imperfecta. Pero la justicia y la legalidad, aun siendo necesarias para una convivencia ordenada y buena entre los hombres, deben tener presente también la dimensión de la misericordia humana y divina. En efecto, en nuestro mundo humano hay algo que es más grande y que debemos tener siempre presente. Este mundo humano viene de Dios: por eso Jesús nos enseña a hacer esta petición a Dios en el *Padrenuestro*: "Perdona nuestras ofensas": podemos rezar de este modo y nuestra mejor vida saldrá a la luz.

Es preciso ir a las raíces de nuestra existencia y comprender lo que es más justo para el mundo y aquello de lo que el mundo tiene más necesidad. Por eso San Pablo nos exhorta a que "se ofrezcan súplicas, peticiones, intercesiones y acciones de gracias por todas las personas, especialmente por los soberanos y autoridades, para que podamos vivir tranquilos y serenos con toda piedad y dignidad. Eso es bueno y aceptable para Dios nuestro salvador, que quiere que todos los hombres se salven y lleguen a conocer la verdad. No hay más que un solo Dios, no hay más que un mediador, Cristo Jesús, hombre, él también que se entregó en rescate por todos conforme al testimonio que se dio en el momento oportuno"[29].

Con su misericordia comprenderemos aún mejor por qué Jesús es el Salvador de toda la humanidad y qué es ese algo único e inmensamente grande, que no debe quedar oculto al mundo, que Él nos ha traído. Ese algo se expresa y se aclara en la segunda parte de esta maravillosa petición del *Padrenuestro*: "como también nosotros perdonamos a los que nos ofenden", que veremos seguidamente.

---

[29] *Biblia*. Primera Carta a Timoteo 2, 1-6.

# 12

## Como también nosotros perdonamos a los que nos ofenden

En la petición -"Perdona nuestras ofensas"- con la que dirigirnos a Dios en el *Padrenuestro*, Jesús añade una segunda parte: "como también nosotros perdonamos a los que nos ofenden". Para que nuestra oración no sea puramente formal e influya activamente en la vida personal, familiar y social, también en este caso Jesús nos enseña un *"como"*. En efecto, no podemos recibir la misericordia y el perdón de Dios de una manera automática: Dios pone una condición concreta, que es el respeto fundamental de *"como"* actuamos nosotros. Esta segunda parte, como tendremos oportunidad de ver, constituye una importante puntualización: insustituible y muy iluminadora.

Ya hemos hecho notar que la capacidad de ser libres trae también consigo el ser conscientes de la gravedad de los errores, omisiones y pecados, así como de la necesidad de pedir perdón reconociendo que somos pecadores y que, por tanto, necesitamos la misericordia. El amor misericordioso de Dios, que tanto amó al mundo[1] que se entregó a sí mismo con su perdón misericordioso, nos ayuda a comprender que este es el único modo que nosotros, que somos pecadores y fallamos, tenemos para no perder nuestra condición humana de hijos de Dios y para recuperar las energías del bien y la verdad: solo así nos encontramos a nosotros mismos y realizamos la exigencia de nuestro corazón de mantenernos "humanos" y de poder construir juntos un mundo que no sea de "piedra".

Hemos visto lo necesaria que es la misericordia para la verdad de la vida, de las personas, para la verdad de la familia y de la sociedad: en efecto, en nuestro reino humano todos tenemos necesidad de la misericordia, desde los más pequeños hasta los más mayores. La realidad del pecado nos pesa y nos gustaría escapar: desearíamos no ver, olvidar y no tener todos esos pecados... Para eso está el gran amor de Dios Padre, que hace que nos acerquemos a Él por medio de la preciosa humanidad de Jesús. Para salvarnos, Él ha cargado con nuestros pecados[2], y nos trae la salvación con la misericordia de Dios, introduciendo de nuevo en las relaciones humanas la bondad y la verdad.

---

[1] *Biblia*. Cfr. Evangelio según Juan 3, 16.
[2] *Biblia*. Cfr. Libro del Profeta Isaías 52, 13-53, 12.

## Pecados y corrupción

El pecado es un amor desordenado de sí mismo, que llamamos egoísmo; amor propio que vuelve la espalda a Dios y se rebela contra Él: en el fondo es un encerrarse en sí mismo, en una existencia autorreferencial y que se autojustifica. Este equivocado amor de sí destruye la vida, la familia y la sociedad. Por esto no somos capaces de vivir como hijos de Dios, de hacer su voluntad y de construir su reino, porque convivimos con nuestros propios pecados y ¡utilizamos los de los demás! El mundo de los pecados se difunde en los vicios y en la corrupción personal y social. El hecho de no abrirnos a Dios Padre, de quien procedemos, y de no abrirnos tampoco a los demás, aunque no queramos verlo, está dentro de nosotros y difunde el mal: ese mal que la gente lleva dentro golpea la familia y la realidad que nos rodea... El pecado moral y sus consecuencias negativas se difunden a nuestro alrededor y, con frecuencia, constituyen el trasfondo de costumbres y modos de pensar habituales, de una manera de vivir que lleva dentro esas pequeñas corrupciones que preparan las grandes.

Al principio se trata de una corrupción superficial, pero constante, que mina las conciencias y destruye la justicia y el amor, la fe religiosa y los valores humanos, y que luego provoca la gran corrupción social. En efecto, "mammón" está hecho al principio de mentiras e intrigas, de astucias y de falsedades con las que se actúa en perjuicio de otros, en una guerra en la que todo parece lícito con tal de vencer a toda costa sobre el adversario. Oportunismo, engaños, apariencias, fraudes, injusticias, violencia e intrigas: de esto está hecha la corrupción cotidiana de una vida cada vez menos civilizada, que se recubre de apariencias de progreso y de una falsa legalidad. Es esta la realidad con la que cada día tiene que enfrentarse el hombre corriente, que cada vez queda más herido; y, si no se cura de las múltiples formas de ese mal, terminará también él – como el vendedor de droga – por sembrar, tarde o temprano, una vida hecha de pequeñas o grandes corrupciones.

El *Catecismo de la Iglesia Católica* recuerda este respecto que: "El pecado crea una facilidad para el pecado, engendra el vicio por la repetición de actos. De ahí resultan inclinaciones desviadas que oscurecen la conciencia y corrompen la valoración concreta del bien y del mal. Así el pecado tiende a reproducirse y a reforzarse, pero no puede destruir el sentido moral hasta su raíz"[3]. "Los vicios pueden ser catalogados según las virtudes a que se oponen, o también pueden ser referidos a los *pecados capitales* que la experiencia cristiana ha distinguido siguiendo a san Juan Casiano y a san Gregorio Magno. Son llamados capitales porque generan otros pecados, otros vicios. Son la soberbia, la avaricia, la envidia, la ira, la lujuria, la gula, la pereza"[4].

La dimensión espiritual que tenemos, con la que Dios ha querido a cada ser humano, creado en la libertad y en el amor, es capaz de hacer el bien o el mal, mejorando con Dios o corrompiéndose. Para volver "en sí" el hombre necesita la luz, volver a Dios y a la verdad, la ternura del amor y la fuerza de

---

[3] *Magisterio. Catecismo de la Iglesia Católica*, n. 1865.
[4] *Magisterio. Catecismo de la Iglesia Católica*, n. 1866.

la gracia. San Pablo nos recuerda: "Porque Dios ha encerrado a todos en la desobediencia para apiadarse de todos"[5].

Esta es la extraordinaria misericordia que Dios tiene de nosotros: es una fuerza increíblemente poderosa, de la que el mundo tiene necesidad. Esa misericordia pasa del sacrificio redentor de Jesús a la Iglesia, y de la Iglesia a los cristianos, que la viven y dan testimonio de ella en el mundo: no como algo privado de lo que avergonzarse por los pecados confesados, sino como anuncio de salvación. En efecto, "al confesar" la misericordia de Dios, damos testimonio del inmenso y gran don que Él nos ha entregado para devolvernos nuestra imagen más verdadera y preciosa, la que más nos pertenece; para devolvernos la alegría de existir, la gratitud y la belleza de vivir renovados y de poder empezar de nuevo con Él... De hecho, Dios confía en nosotros.

## "Como" Jesús

Ahora bien, dado que la misericordia de Dios es amor gratuito, hay que preguntarse: "¿Por qué Jesús nos ha enseñado en el *Padrenuestro* a pedir el perdón de Dios para nosotros, vinculando ese perdón a la condición de un «*como*» por nuestra parte? Es importante advertir que no dice "como también nosotros debemos perdonar", sino "como también nosotros perdonamos". Esto significa que recibimos el perdón de Dios en la medida en que también nosotros "somos capaces" de vivir la misericordia con "los que nos ofenden". En efecto, si nosotros vivimos la misericordia, nuestro corazón está abierto para recibirla... Si, por el contrario, nuestro corazón está cerrado, entonces la vida no germina en nosotros y no acogemos la gracia del perdón de Dios, de la Reconciliación, y no la invertimos de nuevo en el prójimo.

"Como también nosotros". Ese *"como"* es muy revelador, es aquel *"como"* que Jesús nos recuerda tantas veces y que es fundamental porque nos abre a la dimensión más profunda de nuestra capacidad. Se trata de ese *"como"* del que ya hemos hablado anteriormente[6]. El *Catecismo de la Iglesia Católica* dice: "Este *"como"* no es el único en la enseñanza de Jesús: «Sed perfectos "como" es perfecto vuestro Padre celestial» (Mt 5, 48); «Sed misericordiosos, "como" vuestro Padre es misericordioso» (Lc 6, 36); «Os doy un mandamiento nuevo: que os améis los unos a los otros. Que "como" yo os he amado, así os améis también vosotros los unos a los otros» (Jn 13, 34). Observar el mandamiento del Señor es imposible si se trata de imitar desde fuera el modelo divino. Se trata de una participación, vital y nacida "del fondo del corazón", en la santidad, en la misericordia, y en el amor de nuestro Dios. Sólo el Espíritu que es "nuestra Vida" (Ga 5, 25) puede hacer nuestros los mismos sentimientos que hubo en Cristo Jesús (cfr. Flp 2, 1. 5). Así, la unidad del perdón se hace posible, «perdonándonos mutuamente "como" nos perdonó Dios en Cristo» (Ef 4, 32)"[7].

Esta capacidad humana no tiene su raíz en el pensamiento, en la corporeidad, en la sexualidad, en la afectividad, en el carácter o en la psique.

---

[5] *Biblia*. Carta a los Romanos 11, 32.
[6] Cfr. capítulos 8 y 9.
[7] *Magisterio. Catecismo de la Iglesia Católica*, n. 2842.

Su raíz está principalmente en la singularidad de haber sido creados "a imagen y semejanza de Dios", es decir, en el espíritu humano. Es aquí donde la misericordia de Dios entra para luego difundirse en los demás.

"Como también nosotros", pues, "perdonamos a los que nos ofenden": es una posibilidad que tenemos. Al estar animados por nuestro espíritu, también nosotros podemos hacerlo, a ejemplo de Dios Padre. Se trata de una preciosa capacidad que podemos vivir, para acoger así la misericordia de Dios, su amor misericordioso hacia nosotros y hacia los demás. O una persona vive en la misericordia y entonces es capaz de acogerla y ofrecerla, o bien está cerrada, no la vive con nadie y piensa recibirla de Dios; pero al recibirla no entra, por así decirlo, en su corazón, en su espíritu y en su vida, porque su corazón y su voluntad están cerrados. En definitiva, en nosotros y en los demás hemos de "vencer al mal con el bien", como nos recuerda San Pablo: "No te dejes vencer por el mal, por el contrario vence al mal haciendo el bien"[8]. El mal que hay en cada uno, hay que vencerlo con el bien.

No podemos apropiarnos del bien, ni tampoco del perdón que pedimos a Dios y que de Él hemos recibimos, pensando que así hemos tranquilizado a Dios o nuestra conciencia. Al contrario, estamos llamados a vivir en el amor recíproco del don: como recibimos de Dios nuestro Padre, así debe llegar también a los hermanos.

Cuando Jesús en el Evangelio habla del reino de los cielos y de la misericordia de Dios, cuenta la parábola del siervo despiadado[9], y muestra que las "deudas" de los hermanos son siempre mucho menores ¡qué las nuestras respecto a Dios! Lo que Dios quiere de nosotros es que perdonemos de corazón a nuestros hermanos, cancelando las "pequeñas deudas" que han contraído con nosotros por las injusticias u ofensas que nos han causado.

## Más que la justicia

Ciertamente "la justicia" implica comprobar la verdad de los males cometidos y este proceso no se puede eludir, como desearían algunos, porque el mal que hoy se ha hecho a uno, mañana se le podría hacer de nuevo a otro. La justicia, en efecto, hay que construirla tanto respecto a uno mismo, como respecto a los demás, pero la espiral del mal no se puede romper sirviéndose solo del "derecho". Es necesario, en cambio, practicar ese amor, típicamente cristiano, que se interesa de corazón incluso por quien se equivoca, dándole también a éste la posibilidad de rehacerse con ese bien que le ha faltado. "Perdonar" es servir al hermano: es "un don para...", a fin de que quien se ha equivocado se recupere con el bien; ese bien que quizás no ha logrado tener en su vida, pero que puede ver y encontrar de nuevo en quien le perdona. Perdonar no es decir: "no pasa nada". No quiere decir padecer el mal aceptándolo o sin darle importancia, sino afrontarlo con fortaleza para que circule el bien, dedicándose a los hermanos y sirviéndoles, incluso cuando

---

[8] *Biblia*. Carta a los Romanos 12, 21.
[9] *Biblia*. Cfr. Evangelio según Mateo 18, 23-35.

obran mal y hacen sufrir. Es preciso "oponerse" al mal mediante la resistencia del bien: es necesario detenerlo, purificarlo y curar al hombre, para que ya curado, resplandezca en la luz.

Este es el modo que Jesús nos ha enseñado para vencer el mal: tomarlo sobre nosotros, como hizo Él, y ¡sanarlo con el bien de la misericordia! La misericordia es poderío, no es debilidad y tampoco se limita a una justicia igualitaria: es ese "algo más" del que el mundo tiene necesidad para ser un mundo humano, familia de los hijos de Dios. Jesús nos dice: «Amen a sus enemigos»[10]. Benedicto XVI comentó de la siguiente manera esta importante exhortación de Jesús: "Pero, ¿cuál es el sentido de esas palabras? ¿Por qué Jesús pide amar a los propios enemigos, o sea, un amor que excede la capacidad humana? En realidad, la propuesta de Cristo es realista, porque tiene en cuenta que en el mundo hay *demasiada* violencia, *demasiada* injusticia y, por tanto, sólo se puede superar esta situación contraponiendo un *plus* de amor, un *plus* de bondad. Este «*plus*» viene de Dios: es su misericordia, que se ha hecho carne en Jesús y es la única que puede «desequilibrar» el mundo del mal hacia el bien, a partir del pequeño y decisivo «mundo» que es el corazón del hombre. (...) El amor a los enemigos constituye el núcleo de la «revolución cristiana», revolución que no se basa en estrategias de poder económico, político o mediático. La revolución del amor, un amor que en definitiva no se apoya en los recursos humanos, sino que es don de Dios que se obtiene confiando únicamente y sin reservas en su bondad misericordiosa. Esta es la novedad del Evangelio, que cambia el mundo sin hacer ruido. Este es el heroísmo de los «pequeños», que creen en el amor de Dios y lo difunden incluso a costa de su vida"[11].

Solo este don de Jesús – la misericordia – "un *plus* de amor, un *plus* de bondad" puede renovar realmente la historia, introduciendo una novedad. La cristiandad ha hecho conocer al mundo el perdón, dando así nuevas energías de bien a la humanidad. Por tanto, no dejemos que nos confundan los defectos y los graves escándalos del mundo, ni tampoco aquellos en los que han estado implicados algunos cristianos o incluso algunos eclesiásticos. El enemigo se ha infiltrado por todas partes para confundir a los hombres y separarlos de Dios y de la Iglesia. Solo una "fe" verdadera, vivida en la caridad, aleja a Satanás y a los que obran la iniquidad. ¡No dejemos que el mal y el desánimo nos paralicen! Los pecados y escándalos de unos pocos no pueden cubrir el inmenso bien que durante veinte siglos ha hecho una multitud innumerable de cristianos, que han vencido el mal con el bien.

Podemos decir, en definitiva, que el amor misericordioso es un modo de existir, el más importante, el más necesario, como el pan. Después del pan material -"Danos hoy nuestro pan"-, la necesidad más profunda de los seres humanos es ser amados y perdonados, aprendiendo de Dios Padre a ofrecer a nuestra vez el perdón. "Danos hoy nuestro pan de cada día y perdona nuestras ofensas como también nosotros perdonamos": este es también nuestro bien, porque si no anulamos el mal que hemos recibido, ese mal permanece dentro

---

[10] *Biblia*. Evangelio según Lucas 6, 27.
[11] *Magisterio*. Benedicto XVI, *Ángelus* (18 de febrero de 2007).

y nos deforma, originando el "corazón de piedra". En efecto, si el mal se afronta haciendo otro mal similar a la ofensa recibida, el mal seguirá existiendo y se trasformará en venganza, en rencor, en envidia, se manifestará en la cerrazón y en el desprecio, se propagará en forma de odio o de deseos de otro mal, que continuará circulando, difundiéndose... y ¡que retornará de nuevo multiplicado! Entonces, el hombre, herido así por el mal de los hermanos, ya no es un hombre que lleva consigo la justicia y la paz, sino que, por el contrario, siembra venganza y destrucción. Aunque sienta que quiere restablecer el derecho y a pesar de ello, al estar herido, muchas veces se equivoca en el *"como"* del bien que desea hacer y realiza el mal. Con frecuencia, a causa de esto llega a enfermar. De hecho, muchas enfermedades proceden de esta falta de amor no recibido, o bien de un mal sufrido o de la falta de amor no ofrecido con el perdón.

Como Dios, nuestro Padre, vence el mal con el bien, también nosotros podemos y debemos vivir de este modo, pues de lo contrario cada día morimos un poco por dentro como personas, como familias y como sociedad. Esta es la razón por la cual, una vez encontrada y aclarada la verdad y la justicia, es tan importante saber perdonar: debemos vivir fundamentalmente de misericordia, para nuestra vida y para nuestro verdadero bienestar, un bienestar espiritual que repercute sobre la vida entera.

El ser humano, para poder apreciar y recibir la misericordia, debe poder ser capaz de ofrecerla, como Jesús nos dice: "del mismo modo que ustedes juzguen se los juzgará. La medida que usen para medir la usarán con ustedes"[12]. Recogeremos lo que hemos sembrado. "Felices los misericordiosos, porque serán tratados con misericordia"[13]: en la medida en que la vivimos, somos capaces de respirarla y de gozar de ella, de acogerla y de ofrecerla de nuevo. Un corazón libre es capaz de perdonar, como nos recuerda la Carta de Santiago: "Ustedes deben hablar y actuar como quienes van a ser juzgados por la ley de los hombres libres. Será despiadado el juicio del que no tuvo misericordia, pero los misericordiosos no tienen porque temer al juicio"[14].

## Los dos ladrones

La imagen de Jesús en la cruz con los dos ladrones junto a Él, puede ayudarnos a entender todo esto. "Uno de los malhechores crucificados lo insultaba diciendo: « ¿No eres tú el Mesías? Sálvate a ti y a nosotros»"[15]. Este reprendía e insultaba al enviado, a Jesús, el Cristo de Dios, en lugar de acogerlo; de esa manera quedaba encerrado en su pecado y en el desorden de su vida. "Pero el otro, respondiéndole e increpándolo, le decía: «¿No tienes temor de Dios, tú, que sufres la misma pena? Lo nuestro es justo, recibimos la paga de nuestros delitos; pero él, en cambio, no ha cometido ningún crimen»"[16].

---

[12] *Biblia.* Evangelio según Mateo 7, 2.
[13] *Biblia.* Evangelio según Mateo 5, 7.
[14] *Biblia.* Carta de Santiago 2, 12-13.
[15] *Biblia.* Evangelio según Lucas 23, 39.
[16] *Biblia.* Evangelio según Lucas 23, 40-41.

El buen ladrón, así lo llamamos, defiende a Jesús: precisamente en eso se manifiesta su misericordia, que le hace capaz de oponerse al mal y a la injusticia que ve en el otro y capaz también de decir la verdad sobre la condena que ellos padecían: «Nosotros, en verdad, lo estamos justamente, porque recibimos el justo pago de lo que hicimos; en cambio, este no ha hecho nada malo". Éste tiene misericordia y defiende al justo castigado injustamente, a Jesús en la cruz. Hay que destacar su amor y su confianza: "Y decía: «Jesús, cuando llegues a tu reino, acuérdate de mí »"[17]. Esta era su oración El buen ladrón, en primer lugar, impidió con la verdad que el mal del otro ladrón, que se enfadaba contra Dios y contra los hombres, se extendiese. Luego, defendió a Jesús. Y entonces rezó poniéndose en manos de la misericordia del mismo Jesús: "acuérdate de mí cuando llegues a tu reino". Jesús le respondió con una frase maravillosa: "Te aseguro que hoy estarás conmigo en el paraíso"[18]. Tuvo fe, se puso en manos de la misericordia de Jesús, pero antes él mismo había tenido misericordia hacia Jesús. En la medida en que nuestro corazón está abierto y obra con misericordia, está entonces preparado para recibir la misericordia de Dios ¡mil veces más!

Es fundamental vencer el mal con el bien. Como dijo una vez San Juan Pablo II: "a la vez que pedimos perdón, perdonamos"[19]. Se trata de erradicar el mal del mundo: este es el poder de la misericordia. Humanamente, en el momento en el que uno ha sido herido, humillado y pisoteado por la injusticia y el mal, no sabría dónde encontrar la fuerza para hacer el bien. Pero con la ayuda de Jesús y con la fuerza del Espíritu Santo, es posible encontrar en Él nuevas energías para el bien, más aún, es necesario para poder romper la *espiral del mal*. El *Catecismo de la Iglesia Católica* dice al respecto: "No está en nuestra mano no sentir ya la ofensa y olvidarla; pero el corazón que se ofrece al Espíritu Santo cambia la herida en compasión y purifica la memoria transformando la ofensa en intercesión"[20].

"Ahora bien, lo temible es que este desbordamiento de misericordia no puede penetrar en nuestro corazón mientras no hayamos perdonado a los que nos han ofendido. El Amor, como el Cuerpo de Cristo, es indivisible; no podemos amar a Dios a quien no vemos, si no amamos al hermano, a la hermana a quien vemos (cfr. 1 Jn 4, 20). Al negarse a perdonar a nuestros hermanos y hermanas, el corazón se cierra, su dureza lo hace impermeable al amor misericordioso del Padre; en la confesión del propio pecado, el corazón se abre a su gracia"[21].

La capacidad de perdonar implica una curación. En relación con esto, Benedicto XVI, en su libro *Jesús de Nazaret*, dice: "El perdón cuesta algo, ante todo al que perdona: tiene que superar en su interior el daño recibido, debe como cauterizarlo dentro de sí, y con ello renovarse a sí mismo, de modo

---

[17] *Biblia*. Evangelio según Lucas 23, 42.
[18] *Biblia*. Evangelio según Lucas 23, 43.
[19] *Magisterio*. Cfr. Juan Pablo II, *Angelus* (12 marzo 2000) (el texto en el Apéndice, n. 78, es disponible en el sitio web figlidichi.altervista.org).
[20] *Magisterio. Catecismo de la Iglesia Católica*, n. 2843.
[21] *Magisterio. Catecismo de la Iglesia Católica*, n. 2840.

que luego este proceso de transformación, de purificación interior, alcance también al otro, al culpable, y así ambos, sufriendo hasta el fondo el mal y superándolo, salgan renovados"[22].

El proceso de purificación es necesario cada vez que se experimenta el mal y para esto hace falta la ayuda de Dios. No es posible hacerlo solos. No es posible hacerlo si uno se encuentra solo y es débil.

## Por qué la justicia no basta

Pero hay que preguntarse: ¿qué hacemos con la injusticia? ¿Qué pasa con la justicia pisoteada? La injusticia por el mal sufrido debe ser de algún modo quemada, purificada, no solo en quien la padece, sino también en el culpable. Por este motivo es necesario reconocerla con amor a la verdad y afrontarla, como nos recuerda la Carta encíclica *Dives in misericordia*: "Cristo subraya con tanta insistencia la necesidad de perdonar a los demás que a Pedro, el cual le había preguntado cuántas veces debería perdonar al prójimo, le indicó la cifra simbólica de «setenta veces siete», queriendo decir con ello que debería saber perdonar a todos y siempre. Es obvio que una exigencia tan grande de perdonar no anula las objetivas exigencias de la justicia. La justicia rectamente entendida constituye por así decirlo la finalidad del perdón. En ningún paso del mensaje evangélico el perdón, y ni siquiera la misericordia como su fuente, significan indulgencia para con el mal, para con el escándalo, la injuria, el ultraje cometido. En todo caso, la reparación del mal o del escándalo, el resarcimiento por la injuria, la satisfacción del ultraje son condición del perdón"[23]. Hay que decir con claridad que el perdón y la misericordia no son un "salvoconducto" para otro mal, una " indulgencia para con el mal" o "el ultraje cometido".

El perdón debe tener en cuenta la justicia y no puede ignorar la responsabilidad, porque también el otro debe reparar el mal hecho y renovar su propia vida. No cabe, por tanto, dejar al otro en el pecado, en el error, en el engaño, con el peligro de que continúe haciéndose daño a sí mismo y causando nuevas víctimas. Ahora bien, el hombre, para reconocer el mal en sí mismo, no solo tiene necesidad de la justicia, sino también del perdón.

No obstante, el mundo se pregunta: "¿Qué necesidad hay en el fondo de la misericordia? ¿No es suficiente la acción de la justicia? ¿No es esta la única solución a los males sociales"? Yo diría que esta es una solución materialista, ingenua y ciega que no tiene en cuenta la historia, como nos recuerda la Encíclica *Dives in misericordia* de San Juan Pablo II, al decir: "La experiencia del pasado y de nuestros tiempos demuestra que la justicia por sí sola no es suficiente y que, más aún, puede conducir a la negación y al aniquilamiento de sí misma, si no se le permite a esa forma más profunda que es el amor plasmar la vida humana en sus diversas dimensiones. Ha sido ni más ni menos la experiencia histórica la que entre otras cosas ha llevado a formular esta aserción: *summum ius, summa iniuria*. Tal afirmación no disminuye el valor

---

[22] *Magisterio*. Benedicto XVI, *Jesús de Nazaret*, cap. 5, La Esfera de los Libros, Madrid 2007, p. 195.

[23] *Magisterio*. Juan Pablo II, Carta encíclica *Dives in misericordia* (1980) n. 14.

de la justicia ni atenúa el significado del orden instaurado sobre ella; indica solamente, en otro aspecto, la necesidad de recurrir a las fuerzas del espíritu, más profundas aún, que condicionan el orden mismo de la justicia"[24] .

"La auténtica misericordia es por decirlo así la fuente más profunda de la justicia. Si ésta última es de por sí apta para servir de «árbitro» entre los hombres en la recíproca repartición de los bienes objetivos según una medida adecuada el amor en cambio, y solamente el amor, (también ese amor benigno que llamamos «misericordia») es capaz de restituir el hombre a sí mismo. (…). La igualdad introducida mediante la justicia se limita, sin embargo al ámbito de los bienes objetivos y extrínsecos, mientras el amor y la misericordia logran que los hombres se encuentren entre sí en ese valor que es el mismo hombre, con la dignidad que le es propia"[25]. Así, la "justicia igualitaria" -«ojo por ojo, diente por diente»- es una justicia demasiado limitada para el hombre, que es "más grande" que las leyes que hace y cuyos derechos van mucho más allá de cuanto se puede medir. Al final, la "justicia igualitaria" es cada vez más una utopía, en comparación con el modo en que se han dilatado las relaciones a causa de la globalización. Hoy más que nunca se percibe la necesidad de una justicia más amplia: la del amor. De ese modo, el amor y la misericordia agrandan los corazones y la conciencia en vista de una justicia más grande.

## Para una justicia más grande

En definitiva, la justicia es necesaria, pero no hay necesidad solo de justicia humana, porque el hombre está hecho "a imagen y semejanza" de Dios. Si se olvida esta verdad, se causa daño a las personas, a las familias, a los hijos, a la sociedad. Al contrario, para construir una humanidad íntegra, buena, verdadera y solidaria es indispensable tener en cuenta la necesidad de la misericordia y no solo de la justicia. Como dijo San Juan Pablo II, en la XXXV Jornada Mundial de la Paz: "No hay paz sin justicia, no hay justicia sin perdón"[26]. "El mundo de los hombres puede hacerse cada vez más humano, únicamente si introducimos en el ámbito multiforme de las relaciones humanas y sociales, junto con la justicia, el «amor misericordioso» que constituye el mensaje mesiánico del evangelio"[27] .

Este es el Evangelio para el mundo, el Evangelio que debe tocar la vida[28]. Del Evangelio tiene necesidad el mundo y, por eso, precisamente nosotros, los cristianos, hemos de ser portadores de la misericordia y dar testimonio de ella. La oración del *Padrenuestro* nos hace pues más humanos y más cercanos a cada hombre. Esta oración de Jesús, donada al corazón y a la conciencia de

---

[24] *Magisterio.* Juan Pablo II, Carta encíclica *Dives in misericordia* (1980) n. 12.

[25] *Magisterio.* Juan Pablo II, Carta encíclica *Dives in misericordia* (1980) n. 14.

[26] *Magisterio.* Juan Pablo II, *Mensaje para la Celebración de la XXXV Jornada Mundial de la Paz* (8 de diciembre de 2001).

[27] *Magisterio.* Cfr. Juan Pablo II, Carta encíclica *Dives in misericordia*, (1980) n. 14 (el texto en el Apéndice, n. 79, es disponible en el sitio web figlidichi.altervista.org).

[28] *Magisterio.* Cfr. Juan Pablo II, Carta encíclica *Evangelium vitae* (1995) n. 2; (el texto en el Apéndice, n. 80, es disponible en el sitio web figlidichi.altervista.org).

todos, facilita el camino de la historia y de la humanidad y nos hace crecer como hermanos, capaces de una justicia más verdadera y más grande, para una esperanza que crece.

Junto a la justicia y dentro de ella, hay necesidad también del amor misericordioso. El mundo tiene necesidad de la misericordia[29] para ser salvado. Aspectos que se olvidan, pero a los que el *Padrenuestro* hace referencia: "perdona nuestras ofensas, como nosotros perdonamos a los que nos ofenden" Ahora comprendemos mejor el alcance del *Padrenuestro*, que Jesús ha confiado y entregado a la humanidad. La misericordia, que es tan necesaria para las personas, para la vida familiar y para construir una sociedad humana, constituye un mandato para la Iglesia[30], y, por eso, tal exhortación está presente en los Documentos de la Iglesia.

Llegados a este punto, al constatar las numerosas citas del Magisterio, cabe preguntarse: ¿cuál es el valor de estos Documentos, que afirman verdades declaradas en el pasado y que son también válidas para el futuro?

Las Encíclicas y los demás Documentos del Magisterio de la Iglesia nos orientan en la búsqueda, porque son precisamente palabras que realmente vale la pena considerar y que nos comprometen a revisar nuestra vida para volver a encontrar la profundidad de nuestras raíces cristianas. Estos Actos del Magisterio tienen valor siempre. Todos estos Actos hacen siempre referencia a la Sagrada Biblia, a la Escritura, que es la Palabra de Dios, así como también a la Tradición de la Iglesia: son para nosotros una continua profundización y una confirmación, aquella confirmación que Jesús encargó a Pedro que llevase a cabo: "Fortalece a tus hermanos"[31]. Ellos acompañan a la Iglesia y a la humanidad en el proceso histórico[32]. Por eso hacemos referencia a los Documentos del Magisterio del Papa. "El Papa, en cuanto Obispo de Roma, que tiene la suprema responsabilidad sobre los cristianos católicos"[33] es un gran don de Jesús a la humanidad. Los cristianos, desde el principio, fueron conscientes de la importancia de la verdad revelada por Jesús, como recuerda San Pablo: "te escribo estas cosas (...) para que sepas cómo comportarte en la casa de Dios, que es la Iglesia del Dios vivo, columna y base de la verdad"[34].

La oración del *Padrenuestro* es un gran faro de luz que atraviesa la historia pasada y futura, que acompaña nuestra vida personal y social, abriéndola a la más grande esperanza.

El Magisterio de la Iglesia y todos los creyentes han sentido siempre predilección por esa oración, porque nos ayuda a comprender y a amar a Dios,

---

[29] *Magisterio*. Cfr. Juan Pablo II, *Memoria e identidad*, La Esfera de los libros, Madrid, 2005, pp. 64-65 (el texto en el Apéndice, n. 81, es disponible en el sitio web figlidichi.altervista.org).

[30] *Magisterio*. Cfr. Juan Pablo II, Carta encíclica *Dives in misericordia*, (1980) n. 15 (el texto en el Apéndice, n. 82, es disponible en el sitio web figlidichi.altervista.org).

[31] *Biblia*. Evangelio según Lucas 22, 32.

[32] *Magisterio*. Cfr. *Catecismo de la Iglesia Católica*, n. 95.

[33] *Magisterio*. Benedicto XVI, *Discurso en el Parlamento Federal*, Reichstag de Berlín. Viaje Apostólico a Alemania (22 de septiembre de 2011).

[34] *Biblia*. Primera Carta a Timoteo 3, 15.

rico en perdón, y a vivir la fe y el amor al prójimo. El mundo, en efecto, tiene necesidad de nuestra oración y de la fuerza de la misericordia, que, junto con la justicia, se torna capacidad de amor y de luz para un mundo mejor. No vaya a suceder que, por no haber llevado culpablemente la misericordia al mundo, el mundo padezca la desorientación de una justicia cerrada en sí misma. Es necesario iluminar a la humanidad, dar calor a los corazones, orientar las relaciones, purificándolas con la misericordia evangélica.

Esta es también la tarea del testimonio: de ese testimonio de perdonarnos y de perdonar, exigiendo también la reparación a quienes han errado. Por eso, la poderosa imagen del *Crucifijo*, llena de humanidad, es el signo de la misericordia y también de la justicia, porque Jesús Redentor tomó sobre sí nuestros pecados, "cargó con nuestros dolores"[35] y ofensas. Jesús nos ha dado un ejemplo que muestra la necesidad de la reparación y, por tanto, de la justicia. Ser hombres de paz y de amor quiere decir ser también hombres de misericordia, capaces de difundir la bondad en el mundo. Seremos juzgados por el amor, por la misericordia, en una palabra: por la bondad. Solo la bondad entrará en el paraíso, solo la bondad soportará el fuego del Amor de Dios, solo la bondad estará bien con Dios: "Vengan benditos de mi Padre a recibir el reino preparado para ustedes desde la creación del mundo. Porque tuve hambre y me dieron de comer, tuve sed y me dieron de beber, era emigrante y me recibieron, estaba desnudo y me vistieron, estaba enfermo y me visitaron, estaba encarcelado y me vinieron a ver"[36]. Por eso necesitamos del mundo de Dios y de su Espíritu de Santidad y de Amor, del "pan del perdón", porque sin él, morimos en nuestro interior, morimos en el amor: toda amistad se apaga, todo amor se rompe, toda vida cae en el olvido.

---

[35] *Biblia*. Cfr. Libro de Isaías 53, 1-12.
[36] *Biblia*. Evangelio según Mateo 25, 34-36.

# 13

# No nos dejes caer en la tentación (I).

En la segunda parte del *Padrenuestro* han aparecido las dos peticiones sobre el pan: la relativa al pan del cuerpo y la relativa al pan del espíritu y del corazón, así como la necesidad de una y otra para la vida "humana".

Hay que pararse a pensar que si el *Padrenuestro* hubiese sido inventado por los hombres y fuese solo humano, podría terminar aquí. Para el desarrollo de nuestra vida y para construir la ciudad de los hombres, ¿no serían suficientes el "pan" y el amor de bondad y misericordia, de modo que todos viviéramos y conviviéramos en paz? ¿Por qué entonces Jesús nos pone delante otras dos condiciones para realizar su reino y hacer su voluntad? Jesús, verdadero Dios y verdadero hombre, nos confía, en efecto, una sexta petición, presente en el *Padrenuestro*: "No nos dejes caer en la tentación".

Dios es Padre y llama a todos los hombres a colaborar con Él y a construir juntos "su reino" y "el bien de la vida sobre la tierra", así, Jesús nos lleva de nuevo al Padre y a su reino con un pasaje fundamental: "¡No nos dejes caer en la tentación!", que significa "¡no dejes que nos equivoquemos!", no permitas que seamos engañados con falsas seguridades, con apariencias que pueden seducirnos; no permitas que andemos vagando en la oscuridad, no permitas que seamos turbados, confundidos y abrumados por la tentación, ya que podríamos convertir toda nuestra vida en un error y perderlo todo, ¡ la vida humana y la vida eterna!

Esta petición que Jesús nos entrega nos ayuda a reconocer aquello que somos y que con frecuencia olvidamos o deseamos olvidar: somos tentados. Es un hecho real y el amor de Jesús por nosotros quiere que lo recordemos, de modo que volvamos con amor al amor a Dios. Después del pecado original, dentro de la libertad que tenemos, se ha echado a perder la relación de amor y de confianza: en su lugar ha entrado la tentación. Para volver a la condición inicial es necesario pasar por ahí, para ser conscientes de la tentación y, con la libertad, rechazarla, pidiendo ayuda a Dios Padre.

De este modo, Jesús nos señala, en el *Padrenuestro*, *el camino del retorno*, siendo bien conscientes, con libertad y ¡con confianza en Dios Padre! Después de haber abierto de nuevo nuestro corazón con la misericordia y el perdón, llega el momento de levantarse nuevamente, el momento de recomenzar. La oración del *Padrenuestro* reconduce todo al Amor y a la Comunión con Dios Padre, en la verdad tanto de Dios como del hombre. Es una oración en la que nosotros confiamos en Dios, poniéndonos en sus manos, para que nos ayude no solo a vivir y a sobrevivir, sino también a colaborar con Él, que nos llama a ser felices con Él. Él, que es Padre nuestro, nos considera como hijos y quiere que podamos gozar con Él en su reino, que crece ya en la tierra. El reino de Dios, su Reinado, es un reino que solo se impone mediante la luz de la verdad, para que crezca en la libertad y en el amor. El hombre, "seducido" por el mal, se da cuenta de que podría construir también otra cosa, no solo distinta, sino también contraria a ese reino. En efecto, cualquier pasión que se convierte en un ídolo para el hombre, lo empuja a construir un "principado" y a perder el reino de Dios. En cuanto hijo, ha recibido de Dios algunas cualidades que hacen factible esta terrible posibilidad. Esta es la tentación contra Dios. Pero puede también llevar a cabo un proyecto grande, hermoso y bueno, colaborando con libertad y fielmente con su Dios. Esta es la fidelidad a Dios, de la que el hombre nunca se arrepentirá.

## ¿Sometidos a prueba para crecer o tentados para la destrucción?

¿Cómo se presenta esta "tentación" que se interpone a la realización del reino de Dios, a su voluntad y, en definitiva, a nuestra verdadera felicidad, así como al futuro del mundo? Es necesario profundizar en ella. ¿En qué sentido puede el ser humano ser "seducido" y perderse?

Es una preocupación de aquellos que aman. El Papa Pablo VI, en una audiencia general, exhortaba así: "La vida cristiana es un drama, en el que el bien y el mal se entrelazan y se oponen continuamente, confiriendo al mundo la característica de una lucha permanente. (...) El Señor ha querido incluirlo en la fórmula oficial, por decirlo así, de nuestra oración a Dios Padre, haciendo que invoquemos siempre su ayuda para que nos defienda de una continua amenaza que acecha nuestro caminar en el tiempo: la tentación. (...) No es de extrañar, entonces, si el nivel de auténtica humanidad de nuestra sociedad se degrada en la medida en que avanza en esta pseudo-madurez moral, en esta insensibilidad respecto a la diferencia entre el bien y el mal, y si la Escritura nos advierte con amargura que «todo el mundo (en este sentido deteriorado al que nos estamos refiriendo) yace bajo el poder del maligno» (1 Jn 5, 19). (...) Estemos vigilantes, Hermanos e Hijos queridísimos, para que el mundo, que no es según Dios, no nos seduzca, no nos infunda una engañosa concepción de la vida y no nos haga perder el sentido de sus verdaderos valores. Permanezcamos con Cristo para ser partícipes de la victoria que Él nos anuncia y nos promete: «¡tened confianza! Yo he vencido al mundo» (Jn 16, 33)"[1].

El Señor a través del Papa y de la Iglesia fiel, nos hace sus llamamientos y nos acompaña a lo largo de la historia.

Gracias a esto podemos comprender que el Señor conduce la historia a reencontrar en la oración del *Padrenuestro* las raíces cristianas más profundas de la vida, de la familia y de la sociedad. También esto forma parte del amor

---

[1] *Magisterio*. Pablo VI, *Audiencia General* (23 de febrero de 1977).

de Dios que llama a todo hombre a la revelación de quién es y de cuál es su porvenir.

Consideremos además que la tentación forma parte de nuestra vida. El *Catecismo de la Iglesia Católica* nos recuerda: "Pedimos a nuestro Padre que no nos «deje caer» en ella. Traducir en una sola palabra el texto griego es difícil: significa «no permitas entrar en», «no nos dejes sucumbir a la tentación». «Dios ni es tentado por el mal ni tienta a nadie» (St 1, 13), al contrario, quiere librarnos del mal. Le pedimos que no nos deje tomar el camino que conduce al pecado"[2].

"El Espíritu Santo nos hace *discernir* entre la prueba, necesaria para el crecimiento del hombre interior en orden a una «virtud probada», y la tentación que conduce al pecado y a la muerte. También debemos distinguir entre «ser tentado» y «consentir» en la tentación"[3]. Consentir a la tentación con una libre elección es lo único que engendra el pecado en nosotros.

Jesús, precisamente por ser hombre y haber asumido la realidad humana, fue tentado en el desierto y así nos lo dicen los Evangelios. El Papa Emérito Benedicto XVI, en su libro *Jesús de Nazaret*, reclama nuestra atención cuando dice: "Dios no nos tienta. De hecho, Santiago nos dice: «Cuando alguien se ve tentado, no diga que Dios lo tienta; Dios no conoce la tentación al mal y no tienta a nadie» (1, 13). (...) La tentación viene del diablo, pero la misión mesiánica de Jesús incluye la superación de las grandes tentaciones que han alejado a los hombres de Dios y los siguen alejando. (...) Para madurar, para pasar cada vez más de una religiosidad de apariencia a una profunda unión con la voluntad de Dios, el hombre necesita la prueba (...) necesita pasar por purificaciones, transformaciones, que son peligrosas para él y en las que puede caer, pero que son el camino indispensable para llegar a sí mismo y a Dios. El amor es siempre un proceso de purificación, de renuncias, de transformaciones dolorosas en nosotros mismos y, así, un camino hacia la madurez. (...) En este sentido ha interpretado San Cipriano la petición. Dice: cuando pedimos «no nos dejes caer en la tentación», expresamos la convicción de que «el enemigo no puede hacer nada contra nosotros si antes no se lo ha permitido Dios; de modo que todo nuestro temor, devoción y culto se dirija a Dios, puesto que en nuestras tentaciones el Maligno no puede hacer nada si antes no se le ha concedido la facultad para ello» (*De dom. or.* 25)"[4].

El hombre puede vencer al Maligno y la tentación con ayuda de la gracia de Dios[5], como nos recuerda el Apóstol Juan. "Jóvenes, les escribo a ustedes porque han vencido al Maligno"[6]. Es verdad que toda tentación deriva en su origen del Maligno, pero no siempre directamente de él, como afirma el Apóstol Santiago: "Cada uno es tentado por el propio deseo que lo arrastra y

---

[2] *Magisterio. Catecismo de la Iglesia Católica*, n. 2846.

[3] *Magisterio. Catecismo de la Iglesia Católica*, n. 2847.

[4] *Magisterio.* Benedicto XVI, *Jesús de Nazaret*, cap. 5, La Esfera de los Libros, Madrid 2007, pp. 197-200.

[5] *Biblia.* Cfr. Primera Carta a los Corintios 10, 13.

[6] *Biblia.* Primera Carta de Juan 2, 13.

seduce. Después el deseo concibe y da a la luz un pecado, el pecado madura y engendra muerte"[7].

## ¿Cómo procede la tentación?

¿Cómo se produce este proceso en el corazón del hombre? ¿Cómo es posible que el hombre, teniendo inteligencia, libertad y dignidad derivadas de la "imagen de Dios", se deje confundir y desviar tan fácilmente por el mal? ¿Cómo tiene lugar el mecanismo mediante el cual el hombre se corrompe progresivamente a la hora de elegir? La Palabra de Dios revela el proceso del corazón del hombre. Es Jesús quien nos lo revela en el Evangelio: "Tanto amó Dios al mundo, que entregó a su Hijo único, para que quien crea en él no muera, sino tenga vida eterna"[8]. Este es el amor de Dios por nosotros: Él quiere que tengamos la vida para siempre, la vida de Dios. Pero en el hombre, aunque Dios lo ame tanto, está presente la ambigüedad: " El juicio consiste en esto: que la luz vino al mundo, y los hombres prefirieron las tinieblas a la luz. Y es que sus acciones eran malas. Quien obra mal detesta la luz y no se acerca a la luz, para que no delate sus acciones. En cambio el que obra conforme a la verdad se acerca a la luz para que se vea claramente que todo lo hace de acuerdo con la voluntad de Dios"[9]. ¡El hombre siente la tentación de amar más las tinieblas que la luz de la verdad! Cabe preguntarse el por qué.

Nos dice el texto de la Palabra de Dios: «Porque sus obras eran malas». Cuando el hombre comienza a construir estructuras injustas, inicuas, y a comportarse con maldad para defender el resultado de su sistema, termina por amar más las tinieblas que cubren las mentiras y el mal llevado a cabo, de modo que permanezca oculto y no se pierda. Por medio de la maldad, el hombre mantiene el robo y la posesión de lo que ha obtenido.

En el capítulo 3 del Libro del Génesis, aparece descrita con un lenguaje y unas imágenes concretas la maldad inicial de la caída de Adán y Eva: ellos quieren algo de Dios, sin Dios, yendo contra Dios, y, por tanto, robándoselo. Se consuma el robo," los malos deseos de la naturaleza humana, la codicia de los ojos y el orgullo de las riquezas"[10] de la que habla la Primera Carta de San Juan Apóstol: "Y el mundo pasa con sus codicias; pero quien cumple la voluntad de Dios permanece por siempre"[11]. "Pasa" porque se destruye y "pasa su concupiscencia", porque "la apariencia de este mundo se está acabando"[12]:

---

[7] *Biblia.* Carta de Santiago 1, 14-15.
[8] *Biblia.* Evangelio según Juan 3, 16.
[9] *Biblia.* Evangelio según Juan 3, 19-21.
[10] *Biblia.* Primera Carta de Juan 2, 16.
[11] *Biblia.* Primera Carta de Juan 2, 17. [NdR Codicias. La versión oficial de la Biblia de la Conferencia Episcopal Española (aprobada en 2008) no usa el término "codicias" y prefiere el término de "concupiscencia". La versión oficial de La Biblia de Nuestro Pueblo, América Latina de Luis Alonso Schöker, utiliza el término "codicias"; no obstante, mantenemos el término "concupiscencia" para evidenciar su conexión con el pecado, así como el autor lo ha querido subrayar en el original].
[12] *Biblia.* Primera Carta a los Corintios 7, 31.

es necesario aguardar un mundo nuevo que Dios Padre prepara para sus hijos, en el que ya no reina el egoísmo.

El hombre, para mantener su "pequeño principado" y la posesión, prefiere la oscuridad, prefiere ocultar, y no va a la luz porque no puede servirse de ella. Es la tentación de hoy y de siempre, la de crearse "principados" y no edificar el reino de Dios, porque se quiere algo que pertenezca a uno mismo, al individuo, a la "propia" familia o a la sociedad. Y por eso no se acepta el Evangelio de la Luz y de la Verdad, y de aquí nace la oposición a la religión. El impío dice: "¡No puedo servirme de la religión para mis intereses!"

Mientras Dios nos habla de amor, de darnos a su Hijo y con Él todos los demás dones, el hombre está dispuesto a escuchar y a recibir de Dios. Pero el hombre corrompido por el pecado y por el egoísmo no piensa tanto en el reino de Dios, como en su "pequeño principado", que quiere arrancar del reino: «Pues todo el que obra el mal detesta la luz, y no se acerca a la luz, para no verse acusado por sus obras». Esta expresión significa que el hombre corrompido hace cualquier cosa para que sus obras no sean desenmascaradas y no ser acusado, con la consiguiente pérdida de aquello que ha "tomado" y "robado". Por eso no va a la luz. Y viceversa, "quien obra la verdad se acerca a la luz". "Obra la verdad" no porque es suya; la realiza porque la ve: el hombre ve aquello que es verdadero y aquello que es justo y lo pone por obra, sin apropiarse de ello, ¡porque la verdad y el bien existen antes que él! El hombre, entonces, no construye su principado, sino la verdad del reino, que es bondad, justicia y luz. La pone por obra construyéndola porque la recibe como don de Dios y está en comunión con Dios.

El hombre que está en la luz realiza la vida en la medida en que capta su misterio y su verdad. No construye la vida en un laboratorio, diciendo que es suya, sino que lleva a término aquello que ya existe como "don" recibido de Dios.

El que obra la verdad se acerca a la luz, porque ve claramente que "todo lo hace de acuerdo con la voluntad de Dios"[13]. No están hechas por el hombre y para el hombre, sino que "están hechas *según* Dios": existen ya en Dios y pertenecen a Él. Las cosas, la verdad, la bondad, la justicia, los valores fundamentales existen en Dios: el hombre los descubre y, entonces, no tiene dificultades para mostrar a todos que su vida, su familia, su trabajo, su aportación a la construcción de la sociedad están hechos según Dios: esto quiere decir construir el reino de Dios. Esta es la gran diferencia entre quien recibe la vida como un don, descubriendo la verdad de la vida y dando gloria a Dios al vivirla, y quien, en cambio, se apodera de ella ocultamente, la gestiona impunemente como algo "propio", y la mantiene como algo robado. Se trata pues de una tentación interior y oculta en el hombre.

Por eso, en cambio, Jesús nos enseña en el *Padrenuestro* a distinguirla, reconociendo que somos tentados, poniéndonos en manos de Dios y pidiendo permanecer en ellas. En efecto, hemos de ser bien consciente de qué es lo que construimos y de qué futuro nos espera. Llegados a este punto es interesante examinar siete tentaciones que se hacen presentes en nuestro tiempo.

---

[13] *Biblia*. Evangelio según Juan 3, 21.

## Siete tentaciones

La *primera tentación* es aquella fundamental, que ya encontramos en el capítulo 7, al comentar Génesis 3. Habiendo sido creados a "imagen y semejanza"[14] de Dios, la primera tentación para los hombres es la de querer ocupar el lugar de Dios. Bajo la influencia del pecado original, esa tentación se presenta como tentación de vivir como si Dios no existiese, construyendo entonces la propia vida, la familia, la sociedad y, en definitiva, todo, ignorando la religión y la relación con Dios.

Esa dinámica comporta tres grados. El primero es la *indiferencia*, por la cual Dios ¡no sería importante! La cuestión de la relación con Dios ha pasado a ser algo indiferente para la gente y para nuestro mundo. No interesa, y muchos no piensan en ella. ¡La indiferencia es terrible! El segundo grado es la *irreligiosidad*. Ponerse ante Dios se considera algo "inútil", por lo que se empieza a contestar la religión y a ir contra ella, afirmando que los recursos económicos y humanos deben emplearse en actividades más constructivas, más útiles. El tercer grado es el *ateísmo*: Dios no existe y uno se cierra en la oposición. Esta es la tentación más grande: no tomar en serio a Dios.

La *segunda tentación* del mundo contemporáneo es aquella que puede reconducirse a la imagen del "barril" de vino. Lo que se quiere es estar llenos de sí mismos, satisfechos, y por eso se buscan todas las satisfacciones que llenen la vida. El hombre se queda solo con su "yo" y se produce una especie de exaltación de sí mismo, un autoincensarse, una especie de fijación sobre sí mismo, que es una actitud típica del narcisista.

Parece que hoy día son muchas las personas narcisistas y es muy difícil razonar con ellas, porque están "llenas de sí"; aunque, en realidad, están "vacías de espíritu". Esas personas tratan de llenarse con una existencia marcada por el hedonismo, caracterizada por los vicios capitales de los que ya hemos hablado en el capítulo anterior. De la tentación se ha pasado pues a una opción de vida, la del vicio. Pero no la califican como "viciosa"; es más, ¡ellos la consideran "natural"!

Hay que preguntarse como se han desarrollado en el mundo de hoy la primera y la segunda tentación. ¿Como han sido asimiladas por las nuevas generaciones? ¿Por qué muchos adultos, incluso cristianos, no se dan cuenta de eso y ante la tentación permanecen tan pasivos? Aquí radica el punto neurálgico de la tercera tentación.

La *tercera tentación* es una muy fuerte, la del *relativismo*[15], sobre todo por la falta de vinculación entre Verdad-Bien-Libertad, de la que habla con preocupación el Magisterio de la Iglesia en la Carta encíclica *Veritatis Splendor* (El esplendor de la verdad), de San Juan Pablo II, donde se afirma: "Y lo que es aún más grave: el hombre ya no está convencido de que sólo en la verdad puede encontrar la salvación. La fuerza salvífica de la verdad es contestada y se confía sólo a la libertad, desarraigada de toda objetividad, la tarea de decidir

---

[14] *Biblia*. Cfr. Libro del Génesis 1, 26.

[15] *Magisterio*. Cfr. Juan Pablo II, Carta encíclica *Veritatis Splendor* (1993) n. 84; (el texto en el Apéndice, n. 83, es disponible en el sitio web figlidichi.altervista.org).

autónomamente lo que es bueno y lo que es malo. Este relativismo se traduce, en el campo teológico, en desconfianza en la sabiduría de Dios, que guía al hombre con la ley moral. A lo que la ley moral prescribe se contraponen las llamadas situaciones concretas, no considerando ya, en definitiva, que la ley de Dios es *siempre* el único verdadero bien del hombre"[16].

Cuando el hombre piensa que la verdad ya no existe y que, por tanto, no debe hallarla, sucede que quiere crearla él mismo, estableciendo que está bien y qué está mal: el hombre alejado de Dios y sin Dios pasa así a ser "creador y árbitro del bien y del mal". Esta es su loca pretensión. Esta es, en el fondo, la consecuencia del pecado original y de la tentación satánica[17]. La preocupación por este relativismo está muy presente en el Magisterio y en la conciencia de los cristianos. En su viaje Apostólico a Camerún y Angola, el Papa Emérito Benedicto XVI, tratando de este tema, dijo: "En efecto, frente a un relativismo difuso que no reconoce nada como definitivo, y tiende más bien a tomar como criterio último el yo personal y los propios caprichos, nosotros proponemos otra medida: el Hijo de Dios, que es también verdadero hombre. Él es la medida del verdadero humanismo. El cristiano de fe adulta y madura no es alguien que sigue la ola de la moda y las últimas novedades, sino quien vive profundamente arraigado en la amistad de Cristo. Esta amistad nos abre a todo lo que es bueno, y nos da el criterio para discernir entre la verdad y el error"[18].

Dios es Bien Absoluto, únicamente Él es la Fuente, el fundamento del bien; en Él es donde el hombre tiene su raíz más profunda, la raíz de la vida. El hombre no puede apoderarse de eso para vivir "fuera", apartado de Dios, porque en ese momento moriría. La tentación del engaño satánico, en la que la humanidad ha caído, ha sido pues la de pretender decidir, lejos de Dios, lo que está bien y lo que está mal.

Una vez que se deja de lado a Dios, ya no hay objetividad en la verdad, en lo que verdaderamente es bueno y lo que verdaderamente es malo. Sin Dios, el hombre queda a merced de esta terrible tentación de controlar él mismo todo, de inventar él mismo la verdad y el bien, tanto para sí mismo como para el mundo. La capacidad creativa del hombre llega hasta tal punto que, en un gran engaño, termina por caer en dos tremendos errores. El primero, el de poder decidir respecto a lo absoluto, cuando, en cambio, ni siquiera acepta reconocer lo que él mismo es, un ser relativo. El segundo, al contrario, el que lleva al hombre a pensar que, siendo él tan relativo, ni siquiera le es posible reconocer la existencia de Dios, ¡el Absoluto!

Es verdad que el hombre está hecho a "imagen y semejanza" de Dios, que es Absoluto; pero la capacidad del hombre para comprender a Dios nunca puede prescindir de la comunión con Él, pues de otra manera cae prisionero de estos dos grandes errores. Solo se puede afirmar de manera lógica a Dios y al hombre, en cuanto creado a imagen de Dios, si se reconoce la dimensión

---

[16] *Magisterio*. Juan Pablo II, Carta Encíclica *Evangelium vitae* (1993) n. 84.

[17] *Biblia*. Cfr. Libro del Génesis 3.

[18] *Magisterio*. Benedicto XVI, *Discurso en el encuentro con los Obispos de Angola y Santo Tomé*. Viaje Apostólico a Camerún y Angola (20 de marzo de 2009).

absoluta de Dios y la dimensión relativa del hombre. Viceversa, si se niega el ser Absoluto de Dios, el hombre cae o bien en la nada de la autodestrucción nihilista: "nada tiene valor, nada es verdadero y seguro"; o bien en la exaltación insensata: "tiene valor, fuerza y sentido solo lo que hace el hombre, que crea lo que quiere".

La tercera tentación lleva por tanto a caer en la soberbia y en los mayores errores, nos aleja de Dios y de su sabiduría, que es, en cambio, la única vía para poder conocerlo y amarlo sin perdernos. Somos "pequeños", pero "poderosos" porque en nuestra pequeñez hay una grandeza extraordinaria, que para manifestarse en bien del hombre y de la sociedad necesita de la relación con Dios. Por eso, Jesús nos ha enseñado a rezar en el *Padrenuestro*: "no nos dejes caer en la tentación", "no nos abandones en la tentación", no nos sueltes de tus manos.

La *cuarta tentación* hace referencia al hombre que no quiere escuchar la Palabra de Dios y no cree en la *vida eterna*, sino solo en la vida de esta tierra y, en consecuencia, ¡tampoco cree en un Juicio final! No obstante, Dios sigue hablando, pero para "el necio" ¡es como no escuchar! La Sagrada Escritura nos advierte: "¡Qué magníficas son tus obras, Señor, qué insondables tus pensamientos! El ignorante no lo entiende, ni el necio lo comprende"[19]. En cambio, "Conoce el Señor los pensamientos humanos y sabe que sólo son un soplo"[20].

Ahora bien, Dios nos ha hablado y continúa hablándonos con su Palabra: "No busquen la muerte con una vida extraviada ni se atraigan la perdición con las obras de sus manos; Dios no hizo la muerte ni goza destruyendo a los vivientes. Todo lo creó para que existiera; las criaturas del mundo son saludables: no hay en ellas veneno de muerte ni el Abismo impera en la tierra. Porque la justicia es inmortal. Los impíos llaman a la muerte con obras y palabras, creyéndola su amiga, se perdieron por ella; y han hecho con ella un pacto, porque son dignos de formar parte de ella"[21]. De esta manera, los impíos "Se dijeron, razonando equivocadamente: «La vida es corta y triste, y la muerte del hombre, irremediable; no se sabe de nadie que haya regresado del Abismo. Nacimos casualmente y luego pasaremos como quien no existió»"[22].

El juicio de Dios sobre ellos es que no razonan bien, sino que "razonan equivocadamente"; es como una locura de la mente y del corazón a la que siguen sus obras malvadas: "Atropellemos al justo que es pobre, no nos apiademos de la viuda, ni respetemos las canas venerables del anciano, que sea nuestra fuerza la norma de la justicia, porque está visto que la debilidad no sirve para nada"[23]. Cegados, perdido el corazón y la mente, van contra Cristo: "declara que conoce a Dios y dice que él es hijo del Señor"[24]. "Proclama dichoso el final del justo, y se gloria de tener por Padre a Dios. Vamos a ver si es verdad

---

[19] *Biblia*. Libro de los Salmos 92, 6-7.
[20] *Biblia*. Libro de los Salmos 94, 11.
[21] *Biblia*. Libro de la Sabiduría 1, 12-16.
[22] *Biblia*. Libro de la Sabiduría 2, 1-2a.
[23] *Biblia*. Libro de la Sabiduría 2, 10-11.
[24] *Biblia*. Libro de la Sabiduría 2, 13.

lo que dice: comprobando como es su muerte; si el justo ese es hijo de Dios, él lo auxiliará y lo arrancará de las manos de sus enemigos. Lo someteremos a tormentos despiadados, para apreciar su paciencia y comprobar su resistencia, lo condenaremos a muerte deshonrosa, pues dice que hay alguien que cuida de él"[25]. Este es uno de los pasajes proféticos referidos a Jesús.

Y esta es la respuesta de la Palabra de Dios que aparece en el Libro de la Sabiduría: "Así discurren, y se engañan, porque los ciega su maldad; no conocen los secretos de Dios, no esperan el premio de la virtud ni valoran el galardón de una vida intachable. Dios creó al hombre para la inmortalidad y lo hizo imagen de su propio ser; pero la muerte entró en el mundo por la envidia del Diablo y sus seguidores tienen que sufrirla"[26]. Dios permite la muerte pero no la quiere: por eso, Jesús Resucitado ha prometido y traído la resurrección. Dios no quiere la muerte del pecador, del malvado, sino que "cambie de conducta y viva"[27], y " a nadie mandó pecar ni enseñó mentiras a los embusteros"[28]. Y, tras la resurrección, en los Hechos de los Apóstoles está escrito: "Ahora bien, Dios, pasando por alto la época de la ignorancia, manda ahora a todos los hombres en todas partes a que se arrepientan; porque ha señalado una fecha para juzgar con justicia al mundo por medio de un hombre que él designó para esto. Y a este hombre lo ha acreditado ante todos resucitándolo de la muerte. "[29] .

Con mucha frecuencia se olvida la vida eterna que nos espera a todos y el Juicio final con la segunda venida de Jesús Glorioso. Una tentación muy extendida es pensar, pues, que nuestra vida es solo esta terrenal. Son muchos los que caen en esta tentación e inducen a otros a caer en ella. Se olvida también que a la vida, aquí en la tierra, siempre le falta algo; al menos, una parte de justicia... ¿Habrá de quedar esta aspiración insatisfecha?

---

[25] *Biblia*. Libro de la Sabiduría 2, 16b-20.
[26] *Biblia*. Libro de la Sabiduría 2, 21-24.
[27] *Biblia*. Cfr. Libro del Profeta Ezequiel 33, 11.
[28] *Biblia*. Libro del Eclesiástico 15, 20.
[29] *Biblia*. Hechos de los Apóstoles 17, 30-31.

# 14

# No nos dejes caer en la tentación (II)

En medio del actual sucederse de acontecimientos, conflictos, ideas e intereses, se abre paso una *quinta tentación* que parece pasar inadvertida: es la *superficialidad* de quien dice: "Pero, a mí, ¿qué me importa profundizar, comprender? Lo importante es vivir" "¡Vive la vida! Comprender la vida es demasiado complicado: cada uno dice lo que le parece. Todos tienen razón. Todos están equivocados. ¡Saber no sirve!". Llegados a este punto, las personas dan primacía al obrar y a un saber solo informativo. Se toma así un mal atajo, sin ir nunca al fondo, de modo que al final uno ya no es capaz de elegir en orden a construir de verdad una vida consistente. La superficialidad se ve alimentada por la *pereza* o bien por la *desconfianza* de alcanzar la verdad: si acaso la gente está dispuesta a relacionarse e intercambiar opiniones. De todas formas, incluso para dialogar con otras culturas y con otras religiones es necesario conocer bien primero la propia, examinando las raíces cristianas. En cambio, se opta por el camino más fácil y menos costoso. La Primera Carta de Pedro recuerda a los cristianos: "No teman ni se inquieten, sino honren a Cristo como Señor de sus corazones. Estén siempre dispuestos a defenderse si alguien les pide explicaciones de su esperanza"[1].

En medio de la superficialidad del mundo de hoy, no se lucha, no se usa el pico para llegar a la roca de la que nos habla Jesús, sobre la cual construir bien la casa[2]. Nos contentamos con apoyar la casa sobre la arena, de manera precaria: entonces, cualquier iniciativa es solo un intento..., incluida la vida misma, porque se ha vuelto mediocre[3].

La superficialidad afecta también a la relación con Dios y con su Palabra: no se considera en serio y en profundidad lo que Dios nos dice. Al final, la fe se convierte en una opinión. Es la superficialidad del mundo de hoy. Esta es otra manifestación de la voluntad de ocultar, o sea, de no llegar nunca a la luz, de no "acercarse a la luz", de no creer en la luz, de no amarla, porque no se ama la verdad. Nos abandonamos a la pereza y a la indolencia.

La *sexta tentación* del mundo es la de los *falsos profetas*, gente que atrae y cae bien: más o menos exaltados, con algunas ideas, en distintos ámbitos.

---

[1] *Biblia*. Primera Carta de Pedro 3, 14-15.
[2] *Biblia*. Cfr. Evangelio según Mateo 7, 24-27.
[3] *Biblia*. Cfr. Libro del Génesis 25, 29-34.

Son las falsas voces que se separan de la verdad de Dios y nos inducen a la tentación. Jesús en el Evangelio nos advierte: "Surgirán muchos falsos profetas que engañarán a muchos. Y, al crecer la maldad, se enfriará el amor de muchos. Pero el que aguante hasta el fin se salvará "[4]. "Cuídense de los falsos profetas que se acercan disfrazados de ovejas y por dentro son lobos rapaces. Por sus frutos los reconocerán"[5].

Existen los falsos profetas y surgirán otros nuevos. ¡La historia está llena de ellos! Como consecuencia, la *desconfianza* se extiende y no se lleva a cabo el bien que se podría hacer. Esta es también una grave tentación, ya que "por miedo" se paraliza el bien que cabría hacer y la justicia que se debe practicar; se cae en la esterilidad, sin frutos que presentar a Dios, como el siervo "perezoso" del Evangelio en la parábola de los talentos[6], o en la del juez deshonesto[7] que no quería que le molestasen. La fe cristiana es necesaria precisamente para esto, para tener más fuerza, más empuje, más grandeza de ánimo y de corazón, evitando así caer en la *tibieza* y luego en el reproche de Dios[8]. La confianza en Dios ha de sostener a los cristianos para estar presentes en el mundo activamente y con propuestas, de modo que sirvan como verdadero ejemplo y animación de las realidades temporales. En su Viaje Apostólico al Reino Unido, el Papa Emérito Benedicto XVI afirmó la necesidad de ser en la sociedad de hoy signo de luz y de claridad en la labor de evangelización[9].

La *séptima tentación* brota al constatar que el *mal prospera* y se ve reforzado. El malvado, nos dice la Escritura, "pues Dios lo destruirá con su mirada, al descubrir su abominable delito. Las palabras de su boca son maldad y traición, es incapaz de ser sensato y de obrar bien. Acostado planea el crimen, se obstina en el camino, no rechaza la maldad"[10]. La gente ve que el mal crece junto con los malvados e inicuos y se abren paso el desánimo y la perplejidad. Parece que Dios está ausente y, a veces, se pierde la esperanza, porque, a causa de la prosperidad de los malvados, el mal parece ser más fuerte que el bien. Muchos pierden por esto la fe en Dios y sin la esperanza cristiana se dejan invadir por el mal y se envilecen. Algunos se adaptan a ese mal general y sucumben.

El hombre necesita de la Palabra de Dios como del pan, pues de otra manera muere por dentro. Dios tiene la respuesta sobre la realidad del mal que existe en el mundo y que tanto lo atormenta. El corazón de cada uno tiene necesidad de esta respuesta para no sucumbir y adecuarse al mal. Una primera respuesta de Dios se encuentra en uno de los Salmos de la Biblia, que aquí recojo, en el que se habla de una persona turbada por la presencia

---

[4] *Biblia.* Evangelio según Mateo 24, 11-13.
[5] *Biblia.* Evangelio según Mateo 7, 15-16a.
[6] *Biblia.* Cfr. Evangelio según Mateo 25, 14-30.
[7] *Biblia.* Cfr. Evangelio según Lucas 18, 1-8.
[8] *Biblia.* Cfr. Libro del Apocalipsis 2, 4-5; 3, 15-16.
[9] *Magisterio.* Cfr. Benedicto XVI, *Homilía en la Santa Misa en Bellahouston Park en Glasgow.* Viaje apostólico al Reino Unido (16 de septiembre de 2010) (el texto en el Apéndice, n. 84, es disponible en el sitio web figlidichi.altervista.org).
[10] *Biblia.* Libro de los Salmos 36, 3-5.

del mal en el mundo, expuesta a muchos ejemplos negativos que la rodean. Desconsolada, se dirige a Dios, que le responde dándole espiritualmente una luz particular: "¡Qué bueno es Dios para el justo, oh Israel, para los limpios de corazón! Pero yo a punto estuve de tropezar, mis piernas casi llegaron a vacilar, porque envidiaba a los perversos viendo prosperar a los malvados. Para ellos no hay sinsabores, sano y robusto está su cuerpo; no pasan las fatigas de los mortales ni son vejados por los humanos. Y es que su collar es el orgullo y se visten un traje de violencia. Sus ojos brillan de felicidad, de presunción desborda su corazón. Insultan, hablan con malicia, altivamente hablan de opresión. Su boca se eleva contra el cielo y su lengua se pasea por la tierra"[11].

Es un lenguaje fuerte, que muestra cuanto gritan los malvados, imponiéndose con prepotencia y violencia. "Ellos dicen: « ¿va a saberlo Dios, se va a enterar el Altísimo? Así son los malvados, que, despreocupados del Eterno, aumentan sus riquezas. Entonces, ¿purifiqué en vano mi corazón y me lavé las manos como inocente, aguanté afrentas todo el día y fui castigado cada mañana? Si hubiera dicho: Hablaré como ellos, habría traicionado el linaje de tus hijos. Meditaba yo para entenderlo, pero me resultaba muy difícil. Hasta que entré en el santuario de Dios y comprendí el destino de ellos. Es verdad: los pones en el resbaladero, y los empujas a la ruina; ¡Qué pronto se convierten en horror y acaban consumidos de espanto! Como un ensueño al despertar, Señor, al levantarte desprecias su figura. Cuando mi corazón se amargaba, cuando me torturaba en mi interior, yo era un necio y un ignorante, era sólo un animal ante ti. Pero yo siempre estaré contigo: me tomas de la mano derecha, me guías según tus planes y me llevas a un destino glorioso"[12].

Dios responde al hombre para que no sucumba ante la tentación. Es esta una respuesta conmovedora. Él promete y cumple, exhorta al hombre y lo reconforta. Además hay que tener en cuenta que el hombre tiene también un enemigo, el diablo, que tienta precisamente con el mal que está presente en el mundo. Esta es una gran tentación para el hombre, que lo atrae y lo desorienta. Pero la respuesta más completa de Dios al mal del mundo es la misma vida de Jesús. Él asumió por nuestra causa la realidad de mal presente en la vida humana en todas sus manifestaciones y nos mostró como superarlo y vencerlo. En el Evangelio, Jesús se encuentra, en cuanto hombre, con las tres tentaciones de Satanás. De hecho, el problema de la presencia del mal es central en la vida humana y ahí se concentra mayormente la tentación humana y la "provocación" de Satanás, porque *reviste* de bien la tentación. Con mucha frecuencia se trata de desafíos.

## Las tres tentaciones satánicas

¿Cómo nos tienta entonces el diablo? Jesús tuvo que enfrentarse "al enemigo" del hombre, al diablo, para mostrarnos cuáles son las principales tentaciones para el hombre y como rechazarlas. Es muy ilustrativo, a este

---

[11] *Biblia*. Libro de los Salmos 73, 1-9.
[12] *Biblia*. Libro de los Salmos 73, 11-24.

respecto, lo que el Papa Emérito Benedicto XVI nos confía en su libro *Jesús de Nazaret*, cuando dice: "Aquí aparece claro el núcleo de toda tentación: apartar a Dios que, ante todo lo que parece más urgente en nuestra vida, pasa a ser algo secundario, o incluso superfluo o molesto. Poner orden en nuestro mundo por nosotros solos, sin Dios, contando únicamente con nuestras propias capacidades, reconocer como verdaderas sólo las realidades políticas y materiales, y dejar a Dios de lado como algo ilusorio, ésta es la tentación que nos amenaza de muchas maneras. (...) Finge mostrarnos lo mejor: abandonar por fin lo ilusorio y emplear eficazmente nuestras fuerzas en mejorar el mundo. (...) Lo real es lo que se constata: poder y pan. Ante ello, las cosas de Dios aparecen irreales, un mundo secundario que realmente no se necesita.

La cuestión es Dios: ¿es verdad o no que Él es el real, la realidad misma? ¿Es Él mismo el Bueno, o debemos inventar nosotros mismos lo que es bueno? La cuestión de Dios es el interrogante fundamental que nos pone ante la encrucijada de la existencia humana"[13]. En ese mismo libro de Benedicto XVI, sigue un comentario de las tres tentaciones descritas en el Evangelio de Mateo, que iremos considerando.

## Ataque a la fe

Detengámonos en la *primera tentación de Jesús*. "«Si eres Hijo de Dios, di que estas piedras se conviertan en panes» (Mt 4, 3). Así dice la primera tentación: «Si eres Hijo de Dios...»; volveremos a escuchar estas palabras a los que se burlaban de Jesús al pie de la cruz: «Si eres Hijo de Dios, baja de la cruz» (Mt 27, 40). (...). Aquí se superponen la burla y la tentación: para ser creíble, Cristo debe dar una prueba de lo que dice ser. (...)

Y esta petición se la dirigimos también nosotros a Dios, a Cristo y a su Iglesia a lo largo de la historia: si existes, Dios, tienes que mostrarte. Debes despejar las nubes que te ocultan y darnos la claridad que nos corresponde. Si tú, Cristo, eres realmente el Hijo y no uno de tantos iluminados que han aparecido continuamente en la historia, debes demostrarlo con mayor claridad de lo que lo haces. Y, así, tienes que dar a tu Iglesia, si debe ser realmente la tuya, un grado de evidencia distinto del que en realidad posee"[14].

Benedicto XVI prosigue su análisis del texto evangélico y señala: "¿Qué es más trágico, qué se opone más a la fe en un Dios bueno y a la fe en un redentor de los hombres que el hambre de la humanidad? El primer criterio para identificar al redentor ante el mundo y por el mundo, ¿no debe ser que le dé pan y acabe con el hambre de todos? (...) ¿No es el problema de la alimentación del mundo y, más general, los problemas sociales, el primero y más auténtico criterio con el cual debe confrontarse la redención? (...) El marxismo ha hecho precisamente de este ideal —muy comprensiblemente— el centro de su promesa de salvación: habría hecho que toda hambre fuera saciada y que «el

---

[13] *Magisterio*. Benedicto XVI, *Jesús de Nazaret*, cap. 2, La Esfera de los Libros, Madrid 2007, pp. 52-53.
[14] *Magisterio*. Benedicto XVI, *Jesús de Nazaret*, cap. 2, La Esfera de los Libros, Madrid 2007, pp. 54-55.

desierto se convirtiera en pan». «Si eres Hijo de Dios...»: ¡qué desafío! ¿No se deberá decir lo mismo a la Iglesia? Si quieres ser la Iglesia de Dios, preocúpate ante todo del pan para el mundo, lo demás viene después. (...) Jesús no es indiferente al hambre de los hombres, a sus necesidades materiales, pero las sitúa en el contexto adecuado y les concede la prioridad debida"[15].

La respuesta de Jesús al tentador y también a todos los que pueden tentar sobre este delicado punto, sobre el que con frecuencia el mundo lanza el desafío es esta: «No sólo de pan vive el hombre, sino de toda palabra que sale de la boca de Dios»[16]. Benedicto XVI, en su libro *Jesús de Nazaret*, dice sobre este punto: "Cuando no se respeta esta jerarquía de los bienes, sino que se invierte, ya no hay justicia, ya no hay preocupación por el hombre que sufre, sino que se crea desajuste y destrucción también en el ámbito de los bienes materiales. Cuando a Dios se le da una importancia secundaria, que se puede dejar de lado temporal o permanentemente en nombre de asuntos más importantes, entonces fracasan precisamente estas cosas presuntamente más importantes. No sólo lo demuestra el fracaso de la experiencia marxista.

Las ayudas de Occidente a los países en vías de desarrollo, basadas en principios puramente técnico-materiales, que no sólo han dejado de lado a Dios, sino que, además, han apartado a los hombres de Él con su orgullo del sabelotodo, han hecho del Tercer Mundo el *Tercer Mundo* en sentido actual. Estas ayudas han dejado de lado las estructuras religiosas, morales y sociales existentes y han introducido su mentalidad tecnicista en el vacío. Creían poder transformar las piedras en pan, pero han dado piedras en vez de pan. (...) No se puede gobernar la historia con meras estructuras materiales, prescindiendo de Dios. Si el corazón del hombre no es bueno, ninguna otra cosa puede llegar a ser buena. Y la bondad de corazón sólo puede venir de Aquel que es la Bondad misma, el Bien. (...) En este mundo hemos de oponernos a las ilusiones de falsas filosofías y reconocer que no sólo vivimos de pan, sino ante todo de la obediencia a la palabra de Dios. Y sólo donde se vive esta obediencia nacen y crecen esos sentimientos que permiten proporcionar también pan para todos"[17].

Se comprende así que la respuesta que Jesús da al tentador es mucho más fuerte y profunda de cuanto se pudiese pensar y toca el corazón de todo hombre para que se venza el hambre en el mundo. Solo creciendo con la Palabra de Dios[18] puede el hombre hacer que madure un amor fraterno y universal, de modo que se socorra con justicia a todos los pueblos a todos los hombres. "Recurriendo" solo al pan material, con todos sus medios humanos, la humanidad no llegará nunca al "reino" de Dios, sino solo a unos "principados",

---

[15] *Magisterio*. Benedicto XVI, *Jesús de Nazaret*, cap. 2, La Esfera de los Libros, Madrid 2007, pp. 55-57.

[16] *Biblia*. Evangelio según Mateo 4, 4.

[17] *Magisterio*. Benedicto XVI, *Jesús de Nazaret*, cap. 2, La Esfera de los Libros, Madrid 2007, pp. 57-59.

[18] *Magisterio*. Cfr. Benedicto XVI, *Jesús de Nazaret*, cap. 2, La Esfera de los Libros, Madrid 2007, pp. 60-61 (el texto en el Apéndice, n. 85, es disponible en el sitio web figlidichi.altervista.org).

en lucha unos con otros, mientras que alimentándonos en obediencia a la Palabra de Dios "nacen y crecen estos sentimientos que permiten también procurar pan para todos".

De nuevo es Benedicto XVI quien nos recuerda que "el hombre cae con frecuencia en la ilusión de poder «transformar las piedras en pan». Después de haber dejado a un lado a Dios, o haberlo tolerado como una elección privada que no debe interferir con la vida pública, ciertas ideologías han buscado organizar la sociedad con la fuerza del poder y de la economía. La historia nos demuestra, dramáticamente, cómo el objetivo de asegurar a todos desarrollo, bienestar material y paz prescindiendo de Dios y de su revelación concluyó dando a los hombres piedras en lugar de pan. El pan, queridos hermanos y hermanas, es «fruto del trabajo del hombre», y en esta verdad se encierra toda la responsabilidad confiada a nuestras manos y nuestro ingenio; pero el pan es también, y ante todo, «fruto de la tierra», que recibe de lo alto sol y lluvia: es don que se ha de pedir, quitándonos toda soberbia y nos hace invocar con la confianza de los humildes: «Padre (...), danos hoy nuestro pan de cada día» (Mt 6, 11). El hombre es incapaz de darse la vida a sí mismo, él se comprende sólo a partir de Dios: es la relación con él lo que da consistencia a nuestra humanidad y lo que hace buena y justa nuestra vida. En el *Padrenuestro* pedimos que sea santificado *Su* nombre, que venga *Su* reino, que se cumpla *Su* voluntad. Es ante todo el primado de Dios lo que debemos recuperar en nuestro mundo y en nuestra vida, porque es este primado lo que nos permite reencontrar la verdad de lo que somos; y en el conocimiento y seguimiento de la voluntad de Dios donde encontramos nuestro verdadero bien. Dar tiempo y espacio a Dios, para que sea el centro vital de nuestra existencia"[19].

### El ataque a la Iglesia

Vamos a profundizar en la *segunda tentación de Jesús* retomando, como hasta ahora, el libro *Jesús de Nazaret* de Benedicto XVI. Escribe el Papa: "El diablo cita la Sagrada Escritura para hacer caer a Jesús en la trampa. Cita el Salmo 91, 11s (...): «Porque a sus ángeles ha dado órdenes para que te guarden en tus caminos; te llevarán en sus palmas, para que tu pie no tropiece en la piedra» (...) El diablo muestra ser un gran conocedor de las Escrituras, sabe citar el Salmo con exactitud; (...) el diablo se presenta como teólogo, añade Joachim Gnilka. Vladimir Soloviev toma este motivo en su *Breve relato del Anticristo*: el Anticristo recibe el doctorado *honoris causa* en teología por la Universidad de Tubinga; es un gran experto en la Biblia. (...) La interpretación de la Biblia puede convertirse, de hecho, en un instrumento del Anticristo. No lo dice solamente Soloviev, es lo que afirma implícitamente el relato mismo de la tentación. A partir de resultados aparentes de la exegesis científica se han escrito los peores y más destructivos libros de la figura de Jesús, que desmantelan la fe"[20].

---

[19] *Magisterio*. Benedicto XVI, *Homilía en la Santa Misa al final del XXV Congreso Eucarístico Nacional Italiano* en Ancona (11 de septiembre de 2011).

[20] *Magisterio*. Benedicto XVI, *Jesús de Nazaret*, cap. 2, La Esfera de los Libros, Madrid 2007, pp. 59-60.

El Señor nos recuerda la presencia y la actuación del *Anticristo* en algunos pasajes de la Sagrada Escritura, como en la Primera Carta del Apóstol Juan: "Hijos míos, estamos en la última hora. Han oído que ha de venir el Anticristo; en realidad ya han venido muchos anticristos, y eso nos demuestra que es la última hora. Salieron de entre nosotros, pero no eran de los nuestros. Si hubieran sido de los nuestros, habrían permanecido con nosotros. Así mostraron que no eran de los nuestros"[21].

En relación con esos "resultados aparentes de la exegesis", antes mencionados y que se han usado para "desmantelar" la fe, entendemos mejor la situación de cuantos, sin la necesaria preparación y sin una fe suficientemente profunda y bien arraigada, se han aventurado, casi sin darse cuenta, en una falsa cultura científica de interpretación de la Biblia, y, al final, han creído más en sí mismos y en el pensamiento dominante que en el Dios vivo y en las promesas divinas ya cumplidas en la historia o que deben aún realizarse. De este modo, a pesar de declararse "creyentes", han abandonado la fe segura de la Iglesia y se han llenado de hipótesis teológicas "a la altura de los tiempos" oscuros... y de hipotéticas consideraciones: y así, seguros de su docto saber propio, se han convertido en "los sabios" y han dejado de ser verdaderos pastores o se han convertido en pastores de sus propios razonamientos, que hablan en nombre propio, y no de Cristo, el verdadero Maestro[22].

Muchos fieles y muchos sacerdotes han caído en este *laberinto ideológico* y deambulan en su interior, sirviendo principalmente a su instinto de investigación y de creatividad y a sus propias ideas. Ideas de las que se jactan, sin darse cuenta de que son prisioneros de una cultura que pasa y que se alejan de la fe segura y de la Iglesia, que permanece fiel. En ocasiones, la falta o la pérdida de toda relación con Dios Padre influye sobre estos posicionamientos. Quizás se han perdido la fe y la oración, sobre todo la del *Padrenuestro*. En efecto, la ausencia del valor de la paternidad, repercute también en la Iglesia. Lo que debería crecer más en la Iglesia y en la vida eclesial es precisamente la dimensión de la *paternidad espiritual*. Como siempre, quedarse solo en la "fraternidad" a la larga conduce a la ambición, a planteamientos individualistas y de parte y a fáciles enfrentamientos. Nuestras estructuras no deberían nunca dejar de lado las estructuras fundamentales creadas por Dios en la naturaleza humana, sino tomarlas como presupuesto. Esto estaba muy claro desde el principio de la Iglesia, como nos muestran las cartas de San Ignacio[23]. Las estructuras antropológicas fundamentales de la persona humana son sucesivamente las de ser hijos, esposos, padres, hermanos y amigos.

El ataque a la Iglesia y a su obra no es solo de fuera, sino también *de dentro*. Operarios que "desmantelan la fe de los fieles" pensando con presunción y con *soberbia espiritual*, o a veces por *ignorancia*, que construyen, y mejor que los demás, en un espacio que a ellos les parece libre, pero que no advierten que

---

[21] *Biblia*. Primera Carta de Juan 2, 18-19.
[22] *Biblia*. Cfr. Evangelio según Mateo 23, 9-10.
[23] *Tradición*. Cfr. San Ignacio, (...-107), *Ignacio de Antioquía / Cartas*, en *Fuentes Patrísticas 1*, Ciudad Nueva, Madrid 1991, pp. 102-189.

está ocupado, porque no tienen ojos para ver a Dios, ni corazón para escuchar lo que dice la Iglesia.

Hoy se habla incluso de "relativismo" en el ámbito teológico y también de una visión "secularista" que quiere reinterpretar las Sagradas Escrituras: es "el mundo" que quiere invadir y adulterar la fe cristiana y ¡solo la "cristiana"! Todo eso produce en los fieles, en primer lugar, una cierta inseguridad y escepticismo y conduce, luego, a la indiferencia respecto a las certezas de la fe. Siguiendo estas *falsas doctrinas* y estos falsos profetas con ideas extravagantes, los fieles con frecuencia se hallan en pastos áridos, sin caminos, con ideas confusas. De este modo, se han paralizado muchos recursos espirituales a fin de que no diesen fruto en la Iglesia y en el mundo.

Todavía hoy, como en el pasado, hay quienes prefieren reforzar las alianzas ideológicas hasta el punto de traicionar la fe cristiana y el Evangelio, introduciendo una nueva visión del Cristianismo que lo transforma, para lograr "que el supuesto mensaje de Jesús sea de nuevo aceptable", como denuncia Benedicto XVI en su libro *Jesús de Nazaret*[24]. El Papa, ante estos modernos intentos, que resultan preocupantes, afirma: "por encima de todo destaca un punto: Dios ha desaparecido, quien actúa ahora es solamente el hombre. El respeto por las «tradiciones» religiosas es sólo aparente. En realidad, se las considera como una serie de costumbres que hay que dejar a la gente, aunque en el fondo no cuenten para nada. La fe, las religiones, son usadas para fines políticos. Cuenta solo la organización del mundo. La religión interesa solo en la medida en que puede ayudar a esto. La semejanza entre esta visión postcristiana de la fe y de la religión con la tercera tentación resulta inquietante"[25].

## El "criterio del conjunto"

Para salir del laberinto ideológico y también para no caer dentro de él, es siempre válido para todos el *"criterio del conjunto"*: tanto dentro de la Sagrada Escritura, la Biblia, considerada en el conjunto de sus libros; como en la doctrina de la fe, que implica la necesidad de mantener unidos los tres pilares de la Sagrada Escritura, del Magisterio de la Iglesia y de la Tradición de la Iglesia. En efecto, los tres están entrelazados y unidos y cada uno tiene necesidad de los otros[26]. Estos tres pilares, a lo largo de dos mil años de historia, no los ha construido la sabiduría del pensamiento humano, algo que es imposible, dado el gran lapso de tiempo transcurrido, sino por "la demostración del poder del Espíritu"[27]: son un signo para quien ama la verdad, un signo en la historia de la presencia de Dios, que nunca abandona a su Iglesia, la Iglesia de Jesús y con ella a toda la humanidad.

---

[24] *Magisterio*. Cfr. Benedicto XVI, *Jesús de Nazaret*, cap. 3, La Esfera de los Libros, Madrid 2007, p. 80.

[25] *Magisterio*. Benedicto XVI, *Jesús de Nazaret*, cap. 3, La Esfera de los Libros, Madrid 2007, p. 82.

[26] *Magisterio*. Cfr. Concilio Vaticano II, Constitución pastoral *Dei Verbum* nn. 8-10.

[27] *Biblia*. Primera Carta a los Corintios 2, 4.

La *Sagrada Escritura* es la base, la *Tradición* es como su expresión realizada, pero es el *Magisterio* el que une y permite que la Sagrada Escritura con la Tradición de la fe perduren y se encarnen en la historia.

La pérdida total de la tradición humana compromete, en efecto, la libertad misma y el bien para la humanidad: construir el "después" presupone siempre que haya "un antes". El hombre en efecto no puede prescindir de su carácter histórico y mortal, y si quiere construir y evolucionar, debe reconocer la necesidad de utilizar conocimientos, experiencias y habilidades adquiridas por otros. *Desarrollo* y *tradición* deberían formar parte juntamente del progreso humano.

La Tradición de la Iglesia no consiste solo en un elenco de cosas que hay que creer, sino que manifiesta el sentido de la realidad divina, la interpretación de los textos de la revelación bíblica, ya que: "La *Tradición* recibe la palabra de Dios, encomendada por Cristo y el Espíritu Santo a los Apóstoles, y la transmite íntegra a los sucesores; para que ellos, iluminados por el Espíritu de la verdad, la conserven, la expongan y la difundan fielmente en su predicación (...)"[28]. Si bien es preciso distinguir la Tradición Apostólica de las "tradiciones" teológicas, disciplinares, litúrgicas o devocionales nacidas en el transcurso del tiempo en las Iglesias locales[29], se trata de un sentimiento profundo que la Iglesia tiene y que ha dado vida a la "Tradición cristiana" de las diversas "tradiciones", a un sentido íntimo que existe en la vida de los fieles, en los gestos y usos cristianos, en los ritos y en la liturgia[30].

Para comprender y vivir fielmente la plenitud del Cristianismo, es preciso conjugar Sagrada Escritura y Tradición como dos instrumentos unidos y necesarios para recibir esa plenitud. Y esta es la misión del Magisterio de la Iglesia.

Jesús, de modo particular, ha dado a la Iglesia para su misión fiel el don del Espíritu Santo con la promesa: «cuando venga él, el Espíritu de la verdad, los guiará hasta la verdad plena»[31]. Pero, de manera específica, a Pedro y a sus sucesores dice: «Pero yo he rezado por ti para que no falle tu fe. Y tú, una vez convertido, fortalece a tus hermanos»[32]. Por esta razón lo que el Papa afirma y escribe es decisivo.

Por lo que se refiere a la investigación teológica, ésta ha de ser libre y valiente, además de docta; pero sus resultados, como sucede también en el ámbito científico, no pueden ser aceptados de inmediato. La doctrina de la fe madura también mediante los estudios y la investigación y hay que dar gracias a Dios por ello. Precisamente por esto, para nosotros, cristianos católicos, la fidelidad al Magisterio de la Iglesia es indispensable: mientras el Magisterio de la Iglesia no las haya reconocido y hecho suyas, las hipótesis teológicas no deben sustituir ni ofuscar cuanto es necesario creer y vivir en la Iglesia, en

---

[28] *Magisterio. Catecismo de la Iglesia Católica*, n. 81.
[29] *Magisterio. Catecismo de la Iglesia Católica*, n. 83.
[30] *Magisterio.* Cfr. *Catecismo de la Iglesia Católica*, n. 83.
[31] *Biblia.* Evangelio según Juan 16, 13.
[32] *Biblia.* Evangelio según Lucas 22, 32.

unidad de doctrina, de afectos y de vida[33]. De hecho, Jesús nos ha pedido y confiado la unidad en el amor para que el mundo crea[34].

## Servir a Dios y no servirse de Dios

La Iglesia está muy atenta, como debe ser, a la "pureza" de la fe y a la fidelidad al mandato recibido de Jesucristo. Verdad y caridad son los pilares de la vida cristiana. En efecto, fe y amor están unidos. Así nos lo advierte la Sagrada Escritura: "Quien enseña otra cosa y no se atiene a las palabras saludables de nuestro Señor Jesucristo y a una enseñanza religiosa, es un vanidoso que no entiende nada, un enfermo de disputas y controversias de palabras. De ahí brotan envidias, discordias, insultos, sospechas malignas, discusiones interminables propias de personas corrompidas mentalmente, ajenas a la verdad, que piensan que la religión es una fuente de riqueza"[35]. Muchas veces "ideas religiosas distorsionadas" han turbado a pastores y fieles.

Solo la fidelidad a las tres fuentes – Sagrada Escritura, Tradición y Magisterio – permite a cada uno permanecer establemente unido a las raíces cristianas. Solo aceptando "todo en conjunto" podemos captar la verdad parcial que siempre es verdadera en un todo. De este principio tan importante habla Benedicto XVI a propósito de los enfoques interpretativos[36]. En último término, para rechazar y vencer la segunda tentación se precisa el amor a la Palabra de Dios y a la fidelidad de la Iglesia, que garantiza la integridad y veracidad de la fe.

Así pues, si queremos saber responder a las tentaciones y vencerlas, hemos de escuchar a Dios. Para escuchar a Dios hemos de acoger y considerar "toda" la palabra de Dios en su conjunto, y no dejarnos engañar por quien "usa" una parte, un trocito. El que verdaderamente "escucha a Dios", no instrumentaliza una parte, una frase de la Palabra de Dios, de la Biblia, como sí lo hace, en cambio, quien la "usa" pretendiendo así servirse de Dios.

## Satanás en lugar de Dios

Consideremos, por último, la *tercera tentación de Jesús*. Comentando esta última tentación, Benedicto XVI escribe: "El diablo conduce al Señor en una visión a un monte alto. Le muestra todos los reinos de la tierra y su esplendor, y le ofrece dominar sobre el mundo. ¿No es justamente ésta la misión del Mesías? ¿No debe ser Él precisamente el rey del mundo que reúne toda la tierra en un gran reino de paz y bienestar? Al igual que en la tentación

---

[33] *Biblia*. Cfr. Carta a los Efesios 4, 1-4.

[34] *Biblia*. Cfr. Evangelio según Juan 17, 21.

[35] *Biblia*. Primera Carta a Timoteo 6, 3-5.

[36] *Magisterio*. Cfr. Benedicto XVI, *Jesús de Nazaret*, cap. 3, La Esfera de los Libros, Madrid 2007, pp. 86-87(el texto en el Apéndice, n. 86, es disponible en el sitio web figlidichi.altervista.org).

del pan, hay otras dos notables escenas equivalentes en la vida de Jesús: la multiplicación de los panes y la Última Cena; lo mismo ocurre también aquí"[37].

Esta tentación, dice Benedicto XVI en su libro, asume siempre formas nuevas en el curso de la historia humana[38]. "Pero Jesús nos dice también lo que objetó a Satanás, lo que dijo a Pedro y lo que explicó de nuevo a los discípulos de Emaús: ningún reino de este mundo es el Reino de Dios, ninguno asegura la salvación de la humanidad en absoluto. El reino humano permanece humano, y el que afirme que puede edificar el mundo según el engaño de Satanás, hace caer el mundo en sus manos.

Aquí surge la gran pregunta que nos acompañará a lo largo de todo este libro: ¿qué ha traído Jesús realmente, si no ha traído la paz al mundo, el bienestar para todos, un mundo mejor? ¿Qué ha traído?

La respuesta es muy sencilla: a Dios. Ha traído a Dios. (...) Jesús ha traído a Dios y, con Él, la verdad sobre nuestro origen y nuestro destino; la fe, la esperanza y el amor. Sólo nuestra dureza de corazón nos hace pensar que esto es poco. Sí, el poder de Dios en este mundo es un poder silencioso, pero constituye el poder verdadero, duradero. La causa de Dios parece estar siempre como en agonía. Sin embargo, se demuestra siempre como lo que verdaderamente permanece y salva. Los reinos de la tierra, que Satanás puso en su momento ante el Señor, se han ido derrumbando todos. Su gloria, su *doxa*, ha resultado ser apariencia. Pero la gloria de Cristo, la gloria humilde y dispuesta a sufrir, la gloria de su amor, no ha desaparecido ni desaparecerá.

En la lucha contra Satanás ha vencido Jesús: frente a la divinización fraudulenta del poder y del bienestar, frente a la promesa mentirosa de un futuro que, a través del poder y la economía, garantiza todo a todos, Él contrapone la naturaleza divina de Dios, Dios como auténtico bien del hombre. Frente a la invitación a adorar el poder, el Señor pronuncia unas palabras del Deuteronomio, el mismo libro que había citado también el diablo: «Al Señor tu Dios, adorarás y a él sólo darás culto» (Mt 4, 10; cf. Dt 6, 13)"[39]. En las palabras de Benedicto XVI captamos una gran verdad sobre Jesús, la más importante: "Ha traído a Dios: ahora conocemos su rostro, ahora podemos invocarlo. Ahora conocemos el camino que debemos seguir como hombres en este mundo"[40]. Esta es la respuesta que el mundo necesita para escoger el bien y la verdad. Esta es la realidad que constituye la Iglesia y su misión en el mundo.

Jesús, tentado en el desierto, combate en favor nuestro contra el diablo, siempre con la Palabra de Dios. Lo que Jesús nos ha enseñado, nosotros tenemos que seguir haciéndolo en nuestra vida. Lo que vence a Satanás es la

---

[37] *Magisterio*. Benedicto XVI, *Jesús de Nazaret*, cap. 2, La Esfera de los Libros, Madrid 2007, pp. 63-64.

[38] *Magisterio*. Cfr. Benedicto XVI, *Jesús de Nazaret*, cap. 2, La Esfera de los Libros, Madrid 2007, pp. 64-69 (el texto en el Apéndice, n. 87, es disponible en el sitio web figlidichi.altervista.org).

[39] *Magisterio*. Benedicto XVI, *Jesús de Nazaret*, cap. 2, La Esfera de los Libros, Madrid 2007, pp. 69-70.

[40] *Magisterio*. Benedicto XVI, *Jesús de Nazaret*, cap. 2, La Esfera de los Libros, Madrid 2007, p. 70.

Palabra de Dios, no la palabra humana. Ahora bien, para poder hacerlo, hemos de ser conscientes de que cada hombre y la humanidad en su conjunto son tentados por el Maligno y por sus obras. Con la Palabra de Dios se vencen las tentaciones presentes en el mundo y que se están difundiendo a través de los medios de comunicación, golpeando a los individuos, a las familias y a las sociedades, especialmente a los jóvenes y a los más pequeños. Solo iluminados y sostenidos por la Palabra de Dios y por la obra que Cristo, con su gracia, ha hecho y está haciendo en el mundo, abriendo los ojos a la fe y el corazón al amor de la oración del *Padrenuestro*, podemos construir un mundo nuevo, apartándolo de su absurda pretensión de salvarse por sí mismo.

Pero, para volver a introducirnos de lleno en el proyecto de Dios, en la comunión con Él y en su eterna felicidad, no basta ser salvados de las tentaciones, sino que es necesaria otra petición, la séptima, que resulta fundamental: "Líbranos del mal". Es la última petición que Jesús nos enseña a dirigir a Dios Padre en el *Padrenuestro* y también la más necesaria.

# 15

# Y líbranos del mal (I)

Hemos constatado que existen límites para llevar a cabo todo el bien que querríamos hacer y para suprimir todo el mal que nos amenaza: forman parte de nuestra humanidad y debemos admitirlo con valentía, viviendo en la verdad. Con gran realismo antropológico e histórico, la séptima y última petición de la oración del *Padrenuestro* nos lleva a pedir "líbranos del mal". En efecto, solo Dios nos libra y nos librará de cualquier mal, sea del tipo que sea.

Con el término "mal" nos referimos ciertamente a todo aquello que conmueve nuestra vida y nos hace sufrir. Pero no se trata solo de eso. "Mal" puede ser la alteración de la naturaleza, del universo; para nosotros es el dolor del cuerpo, el sufrimiento, la enfermedad y la muerte. Sin embargo, hoy en día, a causa de una visión naturalista, todo esto se considera parte de la evolución natural.

"Mal" es además el mal interior, de la psique, que se manifiesta en la desazón expresada en los sentimientos y en los sufrimientos causados por conflictos afectivos o por desórdenes que desde fuera no se ven, pero que trastornan por dentro. Pero también estas situaciones pueden ser "leídas" hoy día como fases de un proceso de maduración útil y necesaria, cuyo desarrollo se deja en manos de la responsabilidad personal.

## El mal espiritual

Por "mal" se puede entender también la enfermedad del espíritu: el mal moral y el mal propiamente espiritual. Es el más profundo, el más radical y difícil de reconocer. Es el primero al que el hombre se acostumbra, porque no lo ve y, en un primer momento, no lo siente. Más tarde, se manifiesta como un cáncer, porque se extiende y puede llevar a la "muerte". Ese mal es expresión de una "vida desordenada" y no vivida en la caridad, porque el hombre se acostumbra a todo, incluso a estar ciego..., como dice Jesús: « Son ciegos y guían a otros ciegos»[1]. Es verdad que uno ve siempre lo que él mismo es, que "uno ve en función de lo que tiene en el corazón". El malvado "se hace la ilusión

---

[1] *Biblia*. Evangelio según Mateo 15, 14.

de que su culpa no será descubierta ni aborrecida"[2]. ¡Al final no la encuentra porque vive en la oscuridad! Sucede como con el polvo, que solo se ve a la luz del sol. Podemos ver el mal en la medida en que tenemos la luz de Dios, en que estamos ante el amor sin límites de Dios Creador y Padre.

El mal es ausencia de bien y, por tanto, para ver el mal hacen falta la luz y la verdad del Bien. Y, al contrario, no hace falta el mal para ver el bien, como teorizan algunos con el fin de justificar la presencia del mal en el mundo, como si hubiese que destinarle un espacio para conservarlo. El hombre gozaría perfectamente del bien aunque el mal no existiese, porque procede del Bien, de Dios, y ha sido creado para el bien y para la felicidad eterna. Las personas interiormente sanas no necesitan del mal para poder apreciar que están bien.

Solo Dios puede librarnos del *mal*, porque el hombre se acostumbra, aunque sufra por dentro: por eso se habitúa a no escuchar la parte buena y luminosa que Dios ha puesto dentro de él, con "su imagen", con su espíritu. A veces, escucha su llamada y siente nostalgia, como el hijo de la parábola del Evangelio[3], que comienza a reencontrarse cuando se "levanta" y sale de sí mismo: es preciso "levantar" la mirada y elevar nuestra vida hacia Dios Padre, hacia su rostro impreso en el Hijo Jesucristo.

La historia humana conserva, aun en medio de errores y atrocidades, una cierta grandeza y atractivo: en ella está presente Dios, que actúa para realizar la *plenitud de vida y de sentido* de los seres humanos. Ese sentido de la vida, al igual que su valor, Dios se los comunica a los creyentes con la fe y les ayuda a vivir inteligentemente, con amor, con esperanza y con lucidez. De hecho, el sentido y el significado de la vida no pueden estar determinados solo por la economía o por la técnica. En ocasiones, cuando se sufre muy intensamente o durante mucho tiempo, puede suceder que una persona esté tan abrumada por un peso que la despersonaliza, que le parezca que la vida carece de valor y esperanza. Con su esfuerzo personal, por un lado, y el auxilio de la luz y la fuerza necesarias, por otro, cualquier hombre puede escapar de su propio mal. Pero, ¿cómo explicarle la presencia del mal? Intentemos profundizar en la cuestión.

Ante todo, hemos de afirmar una verdad fundamental: el mal absoluto no existe, no hay un dios del mal. Hay un único Dios, Creador de todas las cosas y Creador de los seres humanos, hechos "a su imagen y semejanza"[4]. Pero entonces, ¿por qué nuestra historia personal, familiar y social está llena de mal? ¿Qué son realmente estas alteraciones y desórdenes del mundo, que ha salido de las manos buenas de Dios? ¿Qué necesidad había de un mundo en estas condiciones?

Puesto que el mal absoluto no existe, el mal es un bien que se ha pervertido a causa de la rebelión contra Dios. En efecto, sin la comunión con Dios, que es la Fuente, el bien del hombre se convierte en rebelión, soberbia, desobediencia y, finalmente, en locura y muerte. El mal, por tanto, es un bien

---

[2] *Biblia*. Libro de los Salmos 36, 3. Así como en la versión oficial de la Biblia de la Conferencia Episcopal Española (aprobada en 2008).

[3] *Biblia*. Cfr. Evangelio según Lucas 15, 11-32.

[4] *Magisterio*. Cfr. Libro del Génesis 1, 26.

desordenado que se aparta de su fuente y de su finalidad: para existir apela a un bien, pero lo deforma y lo pervierte según su propia utilidad. Es difícil combatirlo, precisamente porque muchas veces se disfraza de bien y oculta su perversión.

¿Por qué rezar para ser librados del mal? ¿Por qué estar esperando a que Dios nos libre? ¿No se favorece de este modo la pasividad? ¿No podemos librarnos nosotros con nuestras fuerzas, con el progreso, con nuestra inteligencia, actuando racionalmente, usando la voluntad y todos los medios que Dios y el progreso ponen en nuestras manos?

## Solo Dios puede librarnos del mal

Dios quiere el progreso, que las cosas mejoren y nos veamos libres de cuanto nos causa mal. Lo quiere también por medio de nuestra cooperación, hecha de inteligencia, voluntad, ciencia, técnica y todos los demás medios que Él nos ha dado. Sin embargo, solo Dios puede librarnos del mal sin hacernos daño. Nosotros podemos librarnos de los *males*, de los diversos sufrimientos y enfermedades, gracias al progreso de la ciencia y a los avances tecnológicos, cada vez mayores en campos como la neurociencia, la cibernética y la informática. ¡Cuántos logros y cuántas conquistas en todos los campos! Pero del "mal" y "del Maligno" solo Dios puede librarnos: por eso pedimos "Líbranos del mal".

Únicamente Dios puede librarnos del mal mediante el bien y sin causarnos daño, porque existe un límite humano a la liberación. La oración del *Padrenuestro* confirma esta realidad que Jesús nos enseñó en el Evangelio con la parábola del trigo y la cizaña: "Les contó otra parábola: El reino de los cielos es como un hombre que sembró semilla buena en su campo. Pero, mientras la gente dormía, vino su enemigo y sembró cizaña en medio del trigo, y se fue. Cuando el tallo brotó y aparecieron las espigas, también apareció la cizaña. Fueron entonces los sirvientes y le dijeron al dueño: Señor, ¿no sembraste semilla buena en tu campo? ¿De dónde le viene la cizaña? Les contestó: Un enemigo lo ha hecho. Le dijeron los sirvientes: ¿Quieres que vayamos a arrancarla? Les contestó: No; porque, al arrancarla, van a sacar con ella el trigo. Dejen que crezcan juntos hasta la cosecha. Cuando llegue el momento, diré a los cosechadores: Arranquen primero la cizaña, y en atados échenla al fuego; luego recojan el trigo y guárdenlo en mi granero»"[5].

El mundo viene de las manos y del corazón de Dios, que lo ha creado bueno y lleno de diversidad. Pero el enemigo, el Maligno, explica Jesús, "entró y sembró la cizaña" que, creciendo, crea un desorden tal que puede hacer peligrar la vida misma del trigo. Los hombres desearíamos ir al campo y de algún modo arrancar la cizaña; Jesús nos advierte que solo Dios, al final de los tiempos, puede llevarlo a cabo, porque hacerlo ahora destruiría también el trigo. Nosotros somos ese trigo. Aquí vemos la delicadeza y el poder de Dios que quiere que triunfe el bien, pero quiere igualmente que no quede en

---

[5] *Biblia*. Evangelio según Mateo 13, 24-30; cfr., 13, 36-43.

parte anulado al destruir el mal. En efecto, "un fin bueno no justifica que se usen medios malos".

Cuántas decisiones se toman hoy de ese modo: ateniéndose a un valor al que se apela, como el derecho a la salud, se llega a pisar, a destruir incluso, la vida de un embrión humano, ¡el inicio de una vida humana! O bien, para defender un cierto derecho, se falta a la caridad, ofendiendo y apagando un pequeño bien, una llamita[6] ¡en una persona débil!

El bien y el mal se entrelazan y se confunden en esta vida; no siempre es fácil distinguirlos, pero por los frutos comprendemos la diferencia entre uno y otro: el trigo es fruto de esa semilla que brota y crece con el poder que Dios le ha dado y de ese modo, cumple su voluntad. Es sustento para los hombres y, por eso mismo, les sirve para desarrollar su vida. También la cizaña crece, divide, se abre espacio con prepotencia, se manifiesta con riqueza y gloria, pero es engañosa, porque no sirve para la vida de los hombres. También el mal, representado por la cizaña, crece, ocupa un espacio, se manifiesta con poder, riqueza y gloria, como nos recuerda el salmo 74: "No olvides el clamor de tus enemigos, el tumulto creciente de los rebeldes contra ti" (v. 23).

El mal, pues, se extiende y puede crecer con fuerza en la historia, entre otras cosas, porque el enemigo lo usa muchas veces disfrazándolo de libertad y de bienestar para llegar al poder. Pedimos que Dios intervenga: "y líbranos del mal". Este "y" nos hace ver que no basta huir de las tentaciones, hay que pedir además a Dios que nos libre del mal en sí mismo.

Existe, en efecto, un poder que destruye y corrompe, que se opone al bien del hombre; de este "mal" pedimos a Dios que nos libre. Sabemos que Dios nos librará. Manifestamos así nuestra fe en la salvación de Jesucristo: "En ningún otro se encuentra la salvación"[7]. "Porque él los arrancó del poder de las tinieblas y los hizo entrar al reino de su Hijo querido, por quien obtenemos el rescate, el perdón de los pecados"[8].

Todos son llamados a la salvación: para todos existe la posibilidad de la salvación y se da siempre en Cristo Jesús. Todo hombre, precisamente porque lleva en sí "la imagen y la semejanza", aunque esté oculta por el pecado, aspira a la salvación total y por eso busca la justicia. Los que sin culpa no conocen a Jesucristo pueden lograr la salvación cuando buscan sinceramente a Dios y con la ayuda de su gracia se esfuerzan por cumplir su voluntad, que reconocen en sus propias conciencias[9].

En la Carta encíclica *Spe salvi*, Benedicto XVI dice: "Dios existe, y Dios sabe crear la justicia de un modo que nosotros no somos capaces de concebir y que, sin embargo, podemos intuir en la fe. Sí, existe la resurrección de la carne. Existe una justicia. Existe la «revocación» del sufrimiento pasado, la reparación que restablece el derecho. Por eso la fe en el Juicio final es ante todo y sobre todo esperanza, esa esperanza cuya necesidad se ha hecho evidente

---

[6] *Biblia*. Cfr. Libro del Profeta Isaías 42, 3; Evangelio según Mateo 12, 20.
[7] *Biblia*. Hechos de los Apóstoles 4, 12a.
[8] *Biblia*. Carta a los Colosenses 1, 13-14.
[9] *Magisterio*. Cfr. Pablo VI, *Homilía en la Santa Misa de clausura del Año de la Fe* (30 de junio de 1968).

precisamente en las convulsiones de los últimos siglos. Estoy convencido de que la cuestión de la justicia es el argumento esencial o, en todo caso, el argumento más fuerte en favor de la fe en la vida eterna. (...) Sólo en relación con el reconocimiento de que la injusticia de la historia no puede ser la última palabra en absoluto, llega a ser plenamente convincente la necesidad del retorno de Cristo y de la vida nueva. (...) Sólo Dios puede crear justicia. Y la fe nos da esta certeza: Él lo hace. La imagen del Juicio final no es en primer lugar una imagen terrorífica, sino una imagen de esperanza; quizás la imagen decisiva para nosotros de la esperanza"[10].

Jesús ha venido por todos los hombres, para que «tengan vida y la tengan en abundancia»[11]: debemos dejar a Dios el espacio imprescindible para que libere nuestra vida y nuestra historia y para reconocer el mal de la cizaña.

Ocho son las liberaciones que realmente necesitamos.

## Primera liberación: del engaño

Jesús, que es «el camino, la verdad y la vida»[12] viene a librarnos del engaño, porque el hombre, a diferencia de los animales, necesita de la revelación de la verdad para vivir, como el mismo Jesús nos ha dicho: «la verdad los hará libres»[13].

Esto nos invita a pensar. Los animales, una vez que dan la vida a sus crías, no necesitan más. En cambio, el ser humano, además de conservar su vida, necesita también de la revelación: ¿quién soy?, ¿quién eres?, ¿por qué la vida?, ¿de dónde vengo?, ¿qué futuro me espera? Desde pequeño uno pregunta quiénes son los padres de mamá y papá, y también los padres de los abuelos. Y luego pregunta: "Y a Dios, ¿quién lo ha hecho?" Aunque es aún pequeño, el niño quiere llegar hasta el misterio de la vida: "A Dios nadie lo ha hecho. ¡Dios existe desde siempre!" En efecto, Dios no solo "tiene" vida, sino que Dios "es" la vida.

Además de la vida, el hombre necesita la revelación y esto muestra que posee algo especial: el espíritu humano. Por eso, en el transcurso de la historia, Dios envió a los profetas y después envió su Palabra, el Verbo, que por nosotros los hombres se hizo hombre. La historia nos lo muestra: su Presencia es una Presencia interior y discreta[14], que no llama la atención, ni se impone mediante una evidencia aplastante.

Dios se manifiesta con amor y humildad y se presenta ante la libertad y la capacidad de conocer del hombre. Si actuase de otro modo, el hombre se vería abrumado por Dios. Y Dios no tiene necesidad de imponerse para convencer al hombre, porque no trata de doblegarlo. ¿Para que serviría una humanidad doblegada y sometida por su Absoluto Poder? El corazón del hombre, que Dios Padre busca, es su amor atento, vigilante y abierto a Él, porque solo este

---

[10] *Magisterio.* Benedicto XVI, Carta encíclica *Spe Salvi* (2007) n. 43-44.
[11] *Biblia.* Evangelio según Juan 10, 10.
[12] *Biblia.* Evangelio según Juan 14, 6.
[13] *Biblia.* Evangelio según Juan 8, 32b.
[14] *Biblia.* Cfr. Libro del Apocalipsis 3, 20.

amor a Dios puede hacer crecer al hombre y volverlo capaz de encontrar y recibir a Dios "como él es"[15].

Si para nosotros y para toda la humanidad hubiese sido mejor otra cosa, Dios habría obrado de otro modo: si se da a conocer como un Dios "escondido", no es solo porque sigue siendo Otro distinto a nosotros, el Dios misterioso, sino porque ama al hombre. En efecto, el bien del hombre es poder buscar a Dios y recibirlo con amor, dilatando su capacidad de amar día tras día, hasta que "Dios será todo para todos"[16]. Respondiendo a los apóstoles que preguntan: "Señor, ¿qué ha sucedido para que te reveles a nosotros y no al mundo?", Jesús dice: "Si alguien me ama cumplirá mi palabra, mi Padre lo amará, vendremos a él y habitaremos en él"[17]. Jesús ha venido pues para abrir de nuevo el corazón de los hombres al don de la Trascendencia, al don de Dios Padre: «Vayan por todo el mundo proclamando la Nueva Noticia a toda la humanidad»[18]. La fe cristiana únicamente puede ser propuesta en la libertad y en el amor, no puede ser impuesta. Para vivir necesitamos del *amor a la verdad* de la que estamos hechos.

El hombre debe también defenderse de la violencia y de las intrigas que manipulan y esconden la verdad, que crean mentira y oprimen con violencia: basta pensar a la tortura en el mundo y a los medios para oprimir y coaccionar la libertad de conciencia y el respeto a las personas. Pensemos en esa necesidad que tienen algunos de ensombrecer, por envidia, el bien que resplandece en otros: las personas malvadas o malignas no soportan la luz y el bien y tratan de cubrirlo y ensombrecerlo con la envidia, los chismorreos y la falsedad. Pensemos en los medios de comunicación en su conjunto, cuando por intereses económicos o de parte están dispuestos a manipular la verdad, para responder con una "información dirigida" a las pasiones más bajas. ¿No es un vil engaño fomentar a través de los medios de comunicación la fecundación asistida para que nazcan seres humanos, ocultando a la opinión pública que los óvulos fecundados, que son embriones humanos no implantados, son destruidos o utilizados en laboratorios? Se produce así la destrucción de muchos embriones, de ¡vidas humanas inocentes! Muchos caen en las redes del mal sin saberlo y se acostumbran a ellas. La "información dirigida" crea una opinión de masa, una mentalidad y, sin darse cuenta, también un acostumbramiento al mal y a la injusticia que golpea a las víctimas. Es esta una técnica del mal ante la que pedimos al Señor "Líbranos del mal".

Como recordaba San Juan Pablo II en la Encíclica *Dives in misericordia*: "El hombre tiene precisamente miedo de ser víctima de una opresión que lo prive de la libertad interior, de la posibilidad de manifestar exteriormente la verdad de la que está convencido, de la fe que profesa, de la facultad de obedecer a la voz de la conciencia que le indica la recta vía a seguir. Los medios técnicos a disposición de la civilización actual, ocultan, en efecto, no sólo la posibilidad de una auto-destrucción por vía de un conflicto militar, sino

---

[15] *Biblia*. Cfr. Primera Carta de Juan 3, 2.

[16] *Biblia*. Cfr. Primera Carta a los Corintios 15, 28.

[17] *Biblia*. Evangelio según Juan 14, 22-23.

[18] *Biblia*. Evangelio según Marcos 16, 15.

también la posibilidad de una subyugación «pacífica» de los individuos, de los ambientes de vida, de sociedades enteras y de naciones"[19].

Es pues necesario encontrar el modo de defenderse de la creciente manipulación de la información, cada vez más reducida y plegada a fines utilitaristas. Sería bueno amar más a la Iglesia, que trabaja incesantemente por la paz: también los medios de comunicación podrían manifestar un mayor respeto y aprecio por la labor de amor y de paz que la Iglesia realiza en el mundo. En efecto, el respeto hacia todos, la reconciliación y el amor son el único camino para la paz en la tierra.

Jesús viene a liberarnos del acomodamiento y de la manipulación para devolvernos el amor por la verdad que Dios conoce enteramente y a la que nos ha destinado a nosotros, sus hijos.

Así pues, la primera liberación que Jesús lleva a cabo es la liberación de todo engaño y del poder de Satanás, el "padre de la mentira"[20], como lo llama Jesús.

## Segunda liberación: de la injusticia

La injusticia consiste en que el mal, muy difundido en la sociedad y en la convivencia entre los hombres, se hace visible. San Juan Pablo II, en la Encíclica *Dives in misericordia,* denunció lo difícil que resulta en el mundo de hoy desvincularse de las situaciones de injusticia: "Un mecanismo defectuoso está en la base de la economía contemporánea y de la civilización materialista, que no permite a la familia humana alejarse, diría yo, de situaciones tan radicalmente injustas"[21]. Como las injusticias perduran, se busca la protección de "mammón", del dinero y del poder, pero la experiencia demuestra que de ese modo las mismas injusticias aumentan y con ellas la corrupción. Dios, por el contrario, ama la justicia y quiere que también nosotros la amemos y la pongamos en práctica.

Desórdenes, malestar social, deshonestidad, fraudes y robos, pequeñas y grandes violencias, deshumanizan cada vez más la vida, hasta el punto de mover a las personas a encerrarse en el egoísmo y en una falta de valores y de ideales. Hay que tener la valentía de poner fin a las injusticias. Para impedir las injusticias tenemos que aplicar el derecho, respetar la legalidad, difundir el bien que hemos de practicar a nuestro alrededor y también acudir a la oración que hace madurar el corazón de las personas.

Hemos de procurar que este mundo sea más justo. Esta es también una tarea primordial de la política, como recordó Benedicto XVI en su visita al Parlamento Federal, durante su Viaje Apostólico a Alemania: "La política debe ser un compromiso por la justicia y crear así las condiciones básicas para la paz. Naturalmente, un político buscará el éxito, sin el cual nunca tendría la posibilidad de una acción política efectiva. Pero el éxito está subordinado al criterio de la justicia, a la voluntad de aplicar el derecho y a la comprensión

---

[19] *Magisterio.* Juan Pablo II, Carta encíclica *Dives in misericordia* (1980) n. 11.
[20] *Biblia.* Evangelio según Juan 8, 44.
[21] *Magisterio.* Juan Pablo II, Carta encíclica *Dives in misericordia* (1980) n. 11.

del derecho. (...) «Quita el derecho y, entonces, ¿qué distingue el Estado de una gran banda de bandidos?», dijo en cierta ocasión San Agustín. (...) Servir al derecho y combatir el dominio de la injusticia es y sigue siendo el deber fundamental del político. En un momento histórico, en el cual el hombre ha adquirido un poder hasta ahora inimaginable, este deber se convierte en algo particularmente urgente. El hombre tiene la capacidad de destruir el mundo. Se puede manipular a sí mismo. Puede, por decirlo así, hacer seres humanos y privar de su humanidad a otros seres humanos. (...) Para gran parte de la materia que se ha de regular jurídicamente, el criterio de la mayoría puede ser un criterio suficiente. Pero es evidente que en las cuestiones fundamentales del derecho, en las cuales está en juego la dignidad del hombre y de la humanidad, el principio de la mayoría no basta"[22].

Una sana relación con Dios y con su sabiduría hace crecer el amor por la justicia y por la honestidad... Rezar diciendo "Líbranos del mal" es un modo de expresar este amor y, al mismo tiempo, un compromiso de colaborar para construir, en lo que de nosotros depende, un mundo más justo. Pedimos así al Señor que nos libre del mal y, a la vez, que nos enseñe a desear el bien de todos: sin Dios, cada uno termina por cerrarse en su propio interés y se convierte en un soberbio y un presuntuoso. Mientras una sociedad acepta la deshonestidad y las trampas para eludir la legalidad, que favorecen la mala vida y la irreligiosidad, está minada por dentro; e, igualmente, una religiosidad que no sea auténtica, sino llena de doblez, termina por ser hipocresía y facilita que haya personas que ¡practican su religión y, al mismo tiempo, se comportan deshonestamente! Por esto, los hipócritas y los que se comportan vilmente no soportan la coherencia de la vida cristiana. La plaga de la falta de coherencia, al igual que la doblez, debe dejar paso a una fe viva y auténtica, como nos recuerda el Apóstol Santiago: "Lo mismo pasa con la fe que no va acompañada con obras, está muerta del todo (...) ¿Tú crees que existe Dios? ¡Muy bien! también los demonios lo creen y tiemblan de miedo ¿Quieres comprender hombre necio que la fe sin obras es estéril?"[23].

## Tercera liberación: del abuso y del delito

La mayor parte de las veces abuso y delito están escondidos en el comportamiento del hombre y se nutren silenciosamente de las pasiones y del rencor, de la prepotencia y la venganza. Tenemos necesidad de Dios. La Encíclica *Evangelium vitae* de San Juan Pablo II nos hace pensar sobre su grave realidad, cuando dice: "Hay un aspecto aún más profundo que acentuar: la libertad reniega de sí misma, se autodestruye y se dispone a la eliminación del otro cuando no reconoce ni respeta *su vínculo constitutivo con la verdad*"[24].

Y nuevamente: "Si la promoción del propio yo se entiende en términos de autonomía absoluta, se llega inevitablemente a la negación del otro,

---

[22] *Magisterio*. Benedicto XVI, *Discurso en el Parlamento Federal*, Reichstag de Berlín. Viaje Apostólico a Alemania (22 de septiembre de 2011).
[23] *Biblia*. Carta de Santiago 2, 14-20.
[24] *Magisterio*. Juan Pablo II, Carta Encíclica *Evangelium vitae* (1995) n. 19.

considerado como enemigo de quien defenderse. De este modo la sociedad se convierte en un conjunto de individuos colocados unos junto a otros, pero sin vínculos recíprocos: cada cual quiere afirmarse independientemente de los demás, incluso haciendo prevalecer sus intereses. Sin embargo, frente a los intereses análogos de los otros, se ve obligado a buscar alguna forma de compromiso, si se quiere garantizar a cada uno el máximo posible de libertad en la sociedad. Así, desaparece toda referencia a valores comunes y a una verdad absoluta para todos; la vida social se adentra en las arenas movedizas de un relativismo absoluto. Entonces *todo es pactable, todo es negociable*: incluso el primero de los derechos fundamentales, el de la vida"[25].

Es preciso pensar como hombres y como cristianos. La vida viene profundamente alterada por un mismo tirano que se presenta y reaparece bajo diversas formas con "mammón", sin que la gente se dé cuenta: en un determinado momento, la vida enferma y partiendo del engaño se va cayendo cada vez más en diversas injusticias y, luego, más abajo aún, hasta llegar al abuso y al delito. La oración del *Padrenuestro* nos sirve de refugio, nos protege en el amor y en la verdad, cuando pedimos a Dios Padre que nos "libre del mal", incluso de "estos males" que la sociedad y el modo común de pensar pueden encubrir.

## Los principios "no negociables"

¿Cuáles son estos principios "no negociables"? Al haberse vuelto todo negociable, todo convencional, todo se ha vuelto también relativo, una cuestión de opinión... Y así, se han multiplicado los abusos y los delitos. La Iglesia para oponerse con fuerza al intento de hacer negociables los valores relativos al "bien integral de la persona", ha establecido por vez primera y con mucha claridad algunos límites, ha mostrado la necesidad de que haya algunas "líneas rojas". Son las líneas rojas de nuestra humanidad, de nuestra verdad, del respeto a la vida, a las personas y a su "dignidad humana", a la familia y también a la familia humana, que debe construir el valor de la paz en la tierra a través de la justicia. Sobre estos puntos no se puede transigir: el futuro en la tierra pasa por aquí. La oración del *Padrenuestro*, al pedir "Líbranos del mal", hace que estemos atentos a los valores y también a estos males, para que los evitemos y ayudemos a otros a evitarlos.

En noviembre de 2002, la "Congregación para la Doctrina de la Fe" publicó la *Nota doctrinal sobre algunas cuestiones relativas al compromiso y la conducta de los católicos en la vida política*. Este documento fue aprobado por el entonces Papa, San Juan Pablo II, siendo Prefecto de la Congregación el Cardenal Joseph Ratzinger. La Nota Doctrinal no contiene reflexiones teóricas, sino normas que iluminan y vinculan la conciencia y que constituyen un deber moral para todos los cristianos, incluidos aquellos que se consideran "católicos adultos": no debemos participar en las obras del mal, de las que el Señor nos quiere libres. El amor a la verdad y la libertad de conciencia deben pues ir juntos.

---

[25] *Magisterio.* Juan Pablo II, Carta Encíclica *Evangelium vitae* (1995) n. 20.

El lector encontrará en el Apéndice en el sitio web figlidichi.altervista.org esta importante Nota Doctrinal[26], que en su n. 4 desciende a algunos de los particulares a los que nos estamos refiriendo.

Por su parte, la Encíclica *Evangelium vitae* de San Juan Pablo II, al tratar en el n. 20 del valor de la vida humana que la mentalidad del mundo pone en tela de juicio, afirmaba: "Es lo que de hecho sucede también en el ámbito más propiamente político o estatal: el derecho originario e inalienable a la vida se pone en discusión o se niega sobre la base de un voto parlamentario o de la voluntad de una parte —aunque sea mayoritaria— de la población. Es el resultado nefasto de un relativismo que predomina incontrovertible: el «derecho» deja de ser tal porque no está ya fundamentado sólidamente en la inviolable dignidad de la persona, sino que queda sometido a la voluntad del más fuerte. De este modo la democracia, a pesar de sus reglas, va por un camino de totalitarismo fundamental. El Estado deja de ser la «casa común» donde todos pueden vivir según los principios de igualdad fundamental, y se transforma en *Estado tirano*, que presume de poder disponer de la vida de los más débiles e indefensos, desde el niño aún no nacido hasta el anciano, en nombre de una utilidad pública que no es otra cosa, en realidad, que el interés de algunos"[27]. Es lo que está sucediendo en el mundo actual, a través de los grandes programas de poder económico – como denunciaba el propio San Juan Pablo II[28] – y también con la ayuda de falsos cristianos o de personas que entienden mal los derechos o el mismo Evangelio, o que toman de él solo la parte que les interesa. Solo Dios puede librarnos de la presunción de este mal.

## Las tres dimensiones de la vida

Por eso, Jesús dice en el Evangelio: "separados de mí no pueden hacer nada"[29] y "el que no recoge conmigo desparrama"[30]. De hecho, hemos de reconocer que, así como cualquier cosa que existe puede delimitarse mediante las tres dimensiones del espacio y del tiempo, así también la vida tiene tres dimensiones propias, que manifiestan su valor, además del tiempo, que es la cuarta. La vida tiene una *"plenitud"*, que es su extensión; un *"significado"* al que remite el cuerpo, al igual que toda la naturaleza con sus raíces; y tiene un *"sentido"*, que indica su desarrollo. Se trata de las tres *dimensiones del valor* de la vida humana: la plenitud, el significado y el sentido, que muestran la necesidad de volver a encontrar las raíces de esa misma vida humana. Es

---

[26] *Magisterio*. Cfr. Congregación para la Doctrina de la Fe, *Nota doctrinal sobre algunas cuestiones relativas al compromiso y la conducta de los católicos en la vida política*, n. 4 (24 de noviembre de 2002) (el texto en el Apéndice, n. 88, es disponible en el sitio web figlidichi.altervista.org).

[27] *Magisterio*. Juan Pablo II, Carta Encíclica *Evangelium vitae* (1995) n. 20.

[28] *Magisterio*. Cfr. Juan Pablo II, *Memoria e identidad*, La Esfera de los libros, Madrid, 2005, pp. 64-65 (el texto en el Apéndice, n. 89, es disponible en el sitio web figlidichi.altervista.org).

[29] *Biblia*. Evangelio según Juan 15, 5.

[30] *Biblia*. Evangelio según Lucas 11, 23.

entonces cuando se habla con seriedad de la vida y de lo que verdaderamente somos, abandonando un modo de hablar superficial, abstracto o seductor.

Ama la vida quien no sostiene el *"reduccionismo"* de la vida que va en contra de su *plenitud*. El "mundo" y "mammón" tratan de difundir e imponer el reduccionismo porque la realidad *"fragmentada"* "se compra y se vende mejor", mientras que una realidad preciosa y única no puede ser objeto de comercio, como sucede precisamente con cada vida humana, que es preciosa y única.

Ama la vida quien no va contra el *significado* que la naturaleza nos ofrece: la manipulación de la naturaleza, en efecto, quiere atribuir nuevos significados a la vida, de modo que ya no habría que descubrir ningún significado verdadero en la naturaleza humana, ni en la corporeidad y sexualidad humana, ni tampoco una "palabra" que Dios Creador nos dirige por medio de ella.

Ama la vida quien no esconde la dimensión trascendente y la realidad del espíritu, porque no esconde el *sentido* más profundo de la vida; de otro modo, ¿qué sentido tendrían ya "el vivir" y "el morir"?

Dios quiere librarnos del abuso y del delito por el amor de la vida, que él confía al hombre, a la familia y a la comunidad humana. Ya en 1976, Joseph Ratzinger escribía: "En el desdén del propio cuerpo se desintegra el hombre desde su raíz, juntamente con el mismo ser, que ya no es para él creación sino *lo establecido* y, por consiguiente, lo que se ha de aniquilar. (...) Cuando se difama la existencia, la familia, la paternidad y la maternidad humanas como obstáculo a la libertad, cuando se declaran inventos de los dominadores la reverencia, la obediencia, la fidelidad, la paciencia la bondad, la confianza, y se enseña a los niños el odio, la desconfianza, la desobediencia como las verdaderas virtudes del hombre liberado, entonces entran en juego el creador y su creación. (...) Pues allí donde se calumnia la totalidad de lo real, donde el creador es mofado, corta el hombre sus propias raíces. Comenzamos a reconocer eso muy palpablemente a un nivel bastante inferior: en la cuestión del medio ambiente"[31]. Se trata de redescubrir el derecho que deriva de la naturaleza misma, "aquello que es justo por naturaleza"[32]. Se trata de un punto esencial que abarca muchos aspectos de la cultura de hoy. Benedicto XVI, en su Discurso en la visita al Parlamento Federal durante el Viaje Apostólico a Alemania, destacó su importancia[33].

---

[31] *Magisterio*. Joseph Ratzinger, *El Dios de Jesucristo*, Ediciones Sígueme, Salamanca 1979, p. 43-44.

[32] *Magisterio*. Cfr. Joseph Ratzinger, *El Dios de Jesucristo*, Ediciones Sígueme, Salamanca 1979, p. 45 (el texto en el Apéndice, n. 90, es disponible en el sitio web figlidichi.altervista.org).

[33] *Magisterio*. Cfr. Benedicto XVI, *Discurso en el Parlamento Federal*, Reichstag de Berlín. Viaje Apostólico a Alemania (22 de septiembre de 2011) (el texto en el Apéndice, n. 91, es disponible en el sitio web figlidichi.altervista.org).

**También la naturaleza nos habla**

El hombre ha perdido de vista que la naturaleza es una fuente de derecho y nos señala límites que no podemos negar y traspasar, sino que somos movidos a aceptar por amor a la propia vida humana, precisamente para no perder y destruir la vida misma, "deshumanizándonos".

El Papa Emérito Benedicto XVI, en su Discurso a la ONU en 2008, quiso recordar a propósito de la *Declaración Universal de Derechos Humanos*, que: "El documento fue el resultado de una convergencia de tradiciones religiosas y culturales, todas ellas motivadas por el deseo común de poner a la persona humana en el corazón de las instituciones, leyes y actuaciones de la sociedad, y de considerar a la persona humana esencial para el mundo de la cultura, de la religión y de la ciencia. (...) Estos derechos se basan en la ley natural inscrita en el corazón del hombre y presente en las diferentes culturas y civilizaciones. Arrancar los derechos humanos de este contexto significaría restringir su ámbito y ceder a una concepción relativista, según la cual el sentido y la interpretación de los derechos podrían variar, negando su universalidad en nombre de los diferentes contextos culturales, políticos, sociales e incluso religiosos. Así pues, no se debe permitir que esta vasta variedad de puntos de vista oscurezca no sólo el hecho de que los derechos son universales, sino que también lo es la persona humana, sujeto de estos derechos"[34].

**La destrucción del hombre**

La Iglesia, que es profética y está en la vanguardia, ¡quiere evitar otras catástrofes! Con la petición "Líbranos del mal", la oración del *Padrenuestro* acompaña nuestra vida y nuestros esfuerzos para vencer con Dios cualquier mal, incluidos los males modernos mediante los que el diablo realiza la muerte pasando por la soberbia. A este respecto, Joseph Ratzinger, en su libro *El Dios de Jesucristo*, decía: "La humanización del hombre y su conocimiento de Dios son inseparables precisamente porque el hombre es *la imagen* de Dios. Algo ocurre a esa imagen cuando se destruye la condición humana. La abolición de la paternidad y de la maternidad, que algunos trasferirían de buen grado a la probeta, o al menos reducirían a un momento biológico irrelevante para el hombre en cuanto hombre, lleva consigo la abolición de la filiación, que debería dar lugar a la igualdad plena ya desde el principio. Eso constituye el programa propio de una *hybris* que quiere sacar al hombre de su marco biológico y al mismo tiempo lo esclaviza a este; lo que afecta a las raíces de la condición humana y a las raíces de la capacidad de pensar en Dios: si Dios no se refleja en una imagen, tampoco se puede pensar en él"[35].

---

[34] *Magisterio.* Benedicto XVI, *Discurso en el encuentro con los miembros de la Asamblea General de las Naciones Unidas*, Nueva York. Viaje Apostólico a los Estados Unidos de América (18 de abril de 2008).
[35] *Magisterio.* Joseph Ratzinger, *El Dios de Jesucristo*, Ediciones Sígueme, Salamanca 1979, p. 30-31.

Este es precisamente el itinerario que hoy se está recorriendo en las llamadas civilizaciones, desde la manipulación del hombre al ateísmo: ¿no es parte esto del *proyecto satánico* que, sirviéndose de la *soberbia* y la *arrogancia* humana, se organiza para apoderarse de la vida humana y alejarla cada vez más de la "imagen y semejanza" de Dios en vista del Anticristo?[36] El "enemigo" con todas sus fuerzas se dirigirá cada vez más contra el comienzo de la vida y contra los pequeños: solo el amor a Jesucristo y a la Virgen María podrá salvarlos. ¡El Señor nos ordena resistir! "Sean sobrios, estén siempre alertas, porque su adversario el Diablo, como león rugiendo, da vueltas buscando [a quien] devorar. Resístanlo firmes en la fe"[37].

### El "hombre de la impiedad"

El *"Anticristo"* está al servicio de Satanás, del diablo. Se trata, en efecto, como dice la Escritura, "el Hombre sin ley, el destinado a la perdición, el Rival que se levanta contra todo lo que lleva el nombre de Dios o es objeto de culto, hasta llegar a instalarse en el santuario de Dios, proclamándose Dios (...) Entonces se revelará el Impío, al que destruirá el Señor [Jesús] con el aliento de su boca y anulará con la manifestación de su venida. El Impío se presentará, por acción de Satanás, con toda clase de milagros, señales y falsos prodigios; con toda clase de engaños perversos para los que se pierden porque no aceptaron para salvarse el amor a la verdad. Por eso les enviará Dios un poder seductor que los haga creer la mentira; así serán juzgados los que, en vez de creer la verdad, prefirieron la injusticia"[38]. Este será el final del proyecto satánico.

### La bestia

Como escribía Joseph Ratzinger en su libro *El Dios de Jesucristo*: "El Apocalipsis habla del adversario de Dios, de la bestia. La bestia, el poder adverso, no lleva un nombre, sino un número. 666 es su número, dice el vidente (Ap 13, 18). Es un número y hace de uno un número. Los que hemos vivido el mundo de los campos de concentración sabemos a qué equivale eso: su horror se basa precisamente en que borra el rostro, en que cancela la historia, en que hace de los hombres números, piezas recambiables de una gran máquina. Uno es lo que es su función, nada más. Hoy hemos de temer que los campos de concentración fuesen solamente un preludio; que el mundo, bajo la ley universal de la máquina, asuma en su totalidad la estructura de campo de concentración. Pues si sólo existen funciones, entonces el hombre no es tampoco nada más. Las máquinas que él ha montado le imponen ahora su propia ley. Debe llegar a ser legible para la computadora, y eso solo es posible

---

[36] *Biblia*. Cfr. Segunda Carta a los Tesalonicenses 2, 3-12; Primera Carta de Juan 2, 18-23.
[37] *Biblia*. Primera Carta de Pedro 5, 8-9.
[38] *Biblia*. Cfr. Segunda Carta a los Tesalonicenses 2, 3-4.8-12.

si es traducido al lenguaje de los números. Todo lo demás carece de sentido en él. Lo que no es función no es nada. La bestia es número y convierte en número. Dios, en cambio, tiene un nombre y nos llama por nuestro nombre. Es persona y busca a la persona. Tiene un rostro y busca nuestro rostro. Tiene un corazón y busca nuestro corazón. No somos nosotros para él función en una maquinaria cósmica, sino que son justamente los suyos los faltos de función. Nombre equivale a aptitud para ser llamado, equivale a comunidad"[39].

Todo esto llama en causa a la conciencia, que es el instrumento con el que podemos aprobar el bien y rechazar el mal con sus "estructuras de pecado"[40]. Estas estructuras están particularmente radicadas alrededor del tráfico de armas, de drogas y de otras realidades, que explotan al hombre, especialmente interesadas en la mafia y en la mala vida. El mal "del abuso y del delito" se consolida en algunas "estructuras de pecado" y ¡crece por medio de ellas! Y crece en las "tinieblas". Una cosa es la reserva y el secreto y otra cosa es amar "la oscuridad", como en la sectas y en cualquier tipo de mafia. Ese es el lugar en el que Satanás encuentra alimento: mentira, robo, muerte, son parte de él, puesto que él ha elegido permanecer en las tinieblas, en el lugar opuesto a la luz, al amor y a la vida.

Con los abusos y delitos que los impíos defienden y cometen, crecen en el mundo, junto al trigo bueno, la tiranía y la cizaña. La Iglesia, tratando de cumplir con fidelidad la voluntad de Dios y su reino, a la vez que acompaña a la humanidad a lo largo de la historia, señala la verdadera libertad y el verdadero amor a cada hombre. Para esto hace falta un renovado compromiso, a fin de que la conciencia de cada uno se despierte al bien y a la justicia. La oración del *Padrenuestro*, con la petición "Líbranos del mal", nos ayuda a amar el bien y a rechazar el mal, para que no nos perdamos en el mal, en la confusión que hoy vive en las conciencias y en la sociedad, como nos recordaba San Juan Pablo II[41].

Nosotros debemos mantener en el mundo la conciencia fiel a los valores primordiales que hay que defender y sostener, gracias a la luz que recibimos de Cristo Jesús y de su Espíritu. Las generaciones futuras podrán llegar a tener muchos medios, pero el bien y el mal resultarán todavía más confusos. Los cristianos deben cumplir su parte en bien del hombre, de la familia y de la sociedad.

## Cuarta liberación: de la condenación eterna

Así pues, para volver a encontrar una vida de amor y de justicia, de fraternidad y de humanidad, hace falta un despertar: una *conciencia nueva* de los hombres de buena voluntad, de los hombres que creen en el bien verdadero y en la verdad del bien. Es necesaria una mayor presencia de los cristianos en

---

[39] *Magisterio.* Joseph Ratzinger, *El Dios de Jesucristo*, Ediciones Sígueme, Salamanca 1979, p. 24.

[40] *Magisterio. Catecismo de la Iglesia Católica*, n. 1869.

[41] *Magisterio.* Cfr. Juan Pablo II, Carta encíclica *Evangelium vitae* (1995) n. 24 (el texto en el Apéndice, n. 92, es disponible en el sitio web figlidichi.altervista.org).

la sociedad y también una oración más intensa y más fuerte, como Jesús nos confió en el *Padrenuestro* mediante ese "Líbranos del mal...". Todos tenemos, en cierta medida, una responsabilidad que Dios nos ha confiado por medio de la libertad y de la conciencia. Hay un tribunal divino. La secularización y el ateísmo han llevado a pensar que no existe, pero en realidad nadie podrá sustraerse al juicio. El tribunal es la verdad misma que nos llama, la verdad más grande y mejor que existe: el Sumo amor de Dios. La Palabra de Dios nos recuerda: "Todos hemos de comparecer ante el tribunal de Cristo, para recibir el pago de lo que hicimos, el bien o el mal mientras estábamos en el cuerpo"[42].

Hemos sido creados en el Amor mismo de Dios en Cristo Jesús, para amar y ser amados en la felicidad eterna. Jesús nos recuerda en el Evangelio que seremos juzgados por el amor verdadero[43]. "La resurrección de todos los muertos, «de los justos y de los pecadores» (Hch 24, 15), precederá al Juicio final. Esta será «la hora en que todos los que estén en los sepulcros oirán su voz [...] y los que hayan hecho el bien resucitarán para la vida, y los que hayan hecho el mal, para la condenación» (Jn 5, 28-29). Entonces, Cristo vendrá «en su gloria acompañado de todos sus ángeles [...] Serán congregadas delante de él todas las naciones, y él separará a los unos de los otros, como el pastor separa las ovejas de las cabras. Pondrá las ovejas a su derecha, y las cabras a su izquierda [...] E irán éstos a un castigo eterno, y los justos a una vida eterna» (Mt 25, 31. 32. 46)"[44]. La Escritura nos habla del Juicio final: "Todos hemos de comparecer ante el tribunal de Dios. (...) Cada uno de nosotros tendrá que rendir cuenta de sí mismo ante Dios"[45].

Así, San Policarpo exhortaba a los cristianos a llevar una vida ejemplar: "Así pues, sirvámosle con temor y toda piedad, tal como nos lo mandó Él, los apóstoles que nos evangelizaron y los profetas que anunciaron de antemano la venida de nuestro Señor. Seamos celosos del bien, apartándonos de los escándalos, de los falsos hermanos y de los que llevan con hipocresía el nombre del Señor, los cuales engañan a hombres frívolos. Pues todo el que no confiese que Jesucristo ha venido en carne, es un anticristo; y el que no confiese el testimonio de la cruz, *es del diablo*; y el que tuerza las palabras del Señor para satisfacer sus propias pasiones y niegue la resurrección y el juicio, ese es el primogénito de Satanás. Por tanto, abandonando la vanidad de la muchedumbre y las falsas doctrinas, volvámonos a la palabra que nos fue transmitida desde el principio"[46].

## El amor que entra en el paraíso

Por esto Dios nos hace crecer en el amor: sólo con el amor de los sentidos no se entra en el paraíso, porque el cuerpo muere; hace falta un amor más

---

[42] *Biblia*. Segunda Carta a los Corintios 5, 10.

[43] *Biblia*. Cfr. Evangelio según Mateo 25, 31-46; 5, 25-26.

[44] *Magisterio. Catecismo de la Iglesia Católica*, n. 1038.

[45] *Biblia*. Carta a los Romanos 14, 10.12.

[46] *Tradición*. San Policarpo (69-155), *Carta a los Filipenses*, en *Fuentes Patrísticas 1*, Ciudad Nueva 1991, pp. 219-221.

elevado, el amor del corazón capaz de hacer el bien, como nos recuerda Jesús en el Evangelio, exhortándonos a realizar obras de amor y de misericordia[47].

Somos seres dotados de libertad, pero tenemos también una gran responsabilidad. La oración del *Padrenuestro*, que nos hace pedir a Dios Padre "Líbranos de mal", nos prepara para compartir con Dios su juicio de salvación, porque durante la vida quisimos alejar todo mal. La gente, en cambio, olvida o aleja de su pensamiento el juicio final, cuando más bien debería alejar el mal...

Llega el momento del juicio y de rendir cuentas: "Nuestro Señor nos advierte que estaremos separados de Él si omitimos socorrer las necesidades graves de los pobres y de los pequeños que son sus hermanos (cf. Mt 25, 31-46). Morir en pecado mortal sin estar arrepentido ni acoger el amor misericordioso de Dios, significa permanecer separados de Él para siempre por nuestra propia y libre elección. Este estado de autoexclusión definitiva de la comunión con Dios y con los bienaventurados es lo que se designa con la palabra «infierno»"[48].

"Jesús habla con frecuencia de la «gehenna» y del «fuego que nunca se apaga» (cf. Mt 5,22.29; 13,42.50; Mc 9,43-48) reservado a los que, hasta el fin de su vida rehúsan creer y convertirse, y donde se puede perder a la vez el alma y el cuerpo (cf. Mt 10, 28). Jesús anuncia en términos graves que «enviará a sus ángeles [...] que recogerán a todos los autores de iniquidad, y los arrojarán al horno ardiendo» (Mt 13, 41-42), y que pronunciará la condenación: «¡Alejaos de mí malditos al fuego eterno!» (Mt 25, 41)"[49]. También Benedicto XVI nos lo recuerda con aprensión y con amor pastoral: "Jesús vino para decirnos que quiere que todos vayamos al paraíso, y que el infierno, del que se habla poco en nuestro tiempo, existe y es eterno para los que cierran el corazón a su amor. (...) Nuestro verdadero enemigo es el apego al pecado, que puede llevarnos al fracaso de nuestra existencia"[50].

## ¿Cómo se puede hablar del infierno?

Ahora bien, ¿cómo es posible hablar del infierno cuando Dios es Bondad y Amor? ¿Cómo puede existir el infierno si Dios quiere que todos se salven y tiene una misericordia infinita para con todos? Muchas personas ante estas preguntas se quedan bloqueadas: las bloquea la presencia del mal sobre la tierra, pero también el pensamiento del cielo. Es necesario profundizar en la cuestión.

El amor mismo es fuego de amor; lo es ya el amor humano y mucho más Dios, que es inmensamente Amor y Verdad y, por tanto, también Sumo Bien y Suma Justicia. Él se convierte así en una barrera para los que no han amado y no quieren amar; resulta insuperable para quien no quiere amar, ni perdonar, ni ser perdonado por el Amor de la misericordia. Por eso, Jesús dice en el Evangelio: "Les aseguro que a los hombres se les pueden perdonar todos

[47] *Biblia*. Cfr. Evangelio según Mateo 25, 34-46.
[48] *Magisterio. Catecismo de la Iglesia Católica*, n. 1033.
[49] *Magisterio. Catecismo de la Iglesia Católica*, n. 1034.
[50] *Magisterio*. Benedicto XVI, *Homilía en la Santa Misa durante la Visita pastoral a la Parroquia romana de Santa Felicidad e Hijos, Mártires* (25 de marzo de 2007).

los pecados y las blasfemias que pronuncien. Pero el que blasfeme contra el Espíritu jamás tendrá perdón; será culpable para siempre"[51]. Todos los pecados serán perdonados, excepto uno: el pecado contra el Espíritu Santo; es decir contra el amor y la misericordia con la que Dios quiere donarse a la humanidad y a cada persona. El pecado contra el Espíritu Santo constituye el rechazo del Amor Misericordioso de Dios, como afirma la Carta encíclica *Dominum et Vivificantem* (El Señor que da la vida)[52] de San Juan Pablo II.

## Una clave para comprender

Pero, ¿dónde ir cuando lo único que existirá será sólo el Amor Absoluto de Dios y Dios "será todo para todos"?[53]. Lo que es amor, complacencia y felicidad eterna para quienes han amado y aman a Dios, se vuelve infierno para otros, es decir, imposibilidad, "en el odio", del amor mismo. Este es el infierno que "quema". "Nunca una vida manchada podrá contemplar el esplendor de la luz verdadera, pues aquello mismo que constituirá el gozo de las almas limpias será el castigo de las que estén manchadas"[54], decía San León Magno.

La salvación que Jesús nos ha revelado y nos ha traído es también *salvación del fuego del infierno*. Jesús nos ha hablado claramente de esto en el Evangelio, en diversas ocasiones y con ejemplos: «El Hijo del Hombre enviará a sus ángeles que recogerán de su reino todos los escándalos y los malhechores; y los echarán al horno de fuego. Allí será el llanto y el crujir de dientes. Entonces, en el reino de su Padre, los justos brillarán como el sol. El que tenga oídos que escuche»[55].

Jesús ha querido avisarnos de todas las formas posibles[56]. La Biblia nos recuerda: " Dios se asoma desde el cielo hacia los hijos de los hombres, para ver si hay alguno sensato alguien que busque a Dios"[57]. La posibilidad de la condenación eterna hay que considerarla con seriedad, precisamente porque tiene una lógica.

San Pablo habla de esto con viva conmoción y aprensión: "Muchos —se lo decía frecuentemente y ahora se lo digo llorando— viven como enemigos de la cruz de Cristo: su destino es la perdición, su dios es el vientre, su honor lo que es vergonzoso, su mentalidad es terrena"[58]. En la Carta a los Romanos escribe: "Desde el cielo se revela la ira de Dios contra toda clase de hombres impíos e injustos que por su injusticia esconden la verdad. Porque lo que se puede conocer de Dios lo tienen a la vista, ya que él mismo se lo ha dado a

---

[51] *Biblia*. Evangelio según Marcos 3, 28-29.
[52] *Magisterio*. Cfr. Juan Pablo II, Carta encíclica *Dominum et vivificantem*, (1986) n. 46 (el texto en el Apéndice, n. 93, es disponible en el sitio web figlidichi.altervista.org).
[53] *Biblia*. Cfr. Primera Carta a los Corintios 15, 28.
[54] *Tradición*. Cfr. San León Magno (400 ca-461), *Homilía* 95, 8-9, en PL. 54, 465-466.
[55] *Biblia*. Evangelio según Mateo 13, 41-43.
[56] *Biblia*. Cfr. Evangelio según Mateo 11, 23; 13, 49-50; Evangelio según Lucas 13, 28; 16, 27-31; Evangelio según Marcos 9, 43-48.
[57] *Biblia*. Libro de los Salmos 53, 3.
[58] *Biblia*. Carta a los Filipenses 3, 18-19.

conocer (...);Por tanto no tienen excusa; ya que, aunque conocieron a Dios, no le dieron gloria ni gracias, sino que se extraviaron con sus razonamientos, y su mente ignorante quedó a oscuras. Alardeaban de sabios, resultaron necios. (...)

Por eso Dios dejó que fueran dominados por sus malos deseos, que degradaban sus propios cuerpos. Como cambiaron la verdad de Dios por la mentira, veneraron y adoraron la criatura en vez del Creador —bendito por siempre, amén. Por eso los entregó Dios a pasiones vergonzosas. Sus mujeres sustituyeron las relaciones naturales con otras antinaturales. Lo mismo los hombres: dejando la relación natural con la mujer, se encendieron en deseo mutuo, cometiendo infamias hombres con hombres y recibiendo en su persona la paga merecida por su extravío.Y como no se preocuparon por reconocer a Dios, él los entregó a una mente depravada, para que hicieran lo que no es debido. Están repletos de injusticia, maldad, codicia, malignidad; están llenos de envidia, homicidios, discordias, fraudes, perversión; son difamadores, calumniadores, enemigos de Dios, soberbios, arrogantes, fanfarrones, ingeniosos para el mal, rebeldes con sus padres, sin juicio, desleales, crueles, despiadados. Y, aunque conocen el veredicto de Dios, que declara dignos de muerte a los que hacen estas cosas, no sólo las practican, sino que aprueban a los que las hacen"[59]. ¡Son páginas muy fuertes, que nos invitan a reflexionar sobre cosas que suceden actualmente!

Son palabras de la Sagrada Escritura, son Palabra de Dios, que interpela el corazón y la mente del hombre. Dios respeta la libertad y la responsabilidad del hombre, pero el hombre no respeta su misterio, sus raíces, cuando "no juzga conveniente prestar reconocimiento a Dios".

San Pablo, en la Segunda Carta a Timoteo dice: "Has de saber que en los últimos tiempos se presentarán situaciones difíciles. Los hombres serán egoístas y amigos del dinero, fanfarrones, arrogantes, injuriosos, desobedientes a los padres, ingratos, no respetarán la religión, incapaces de amar, implacables, calumniadores, incontrolados, inhumanos, hostiles a lo bueno, traidores y atrevidos, vanidosos, más amigos del placer que de Dios; aunque aparentarán ser muy religiosos, pero rechazarán sus exigencias. ¡Apártate de esa gente!"[60]. Los hombres corrompidos se engañan unos a otros y caen en las trampas del mismo mal que aman, porque, como dice la Biblia, el malvado;"Cavó una zanja y la ahondó y cayó en la fosa que excavó"[61].

Hay que rezar "y para que nos veamos libres de gente malvada y perversa ya que no todos tienen fe. El Señor, que es fiel, los fortalecerá y protegerá del Maligno"[62]. Es preciso defenderse del mal en todas sus formas, frente a las personas que no son buenas y que no aman a Dios y rezar por esto: "No me arrastres con los malvados, ni con los malhechores: saludan con la paz al prójimo y con malicia en el corazón"[63]. Jesús, en la petición del *Padrenuestro* "Líbranos del mal", quiere enseñarnos también esto.

---

[59] *Biblia*. Carta a los Romanos 1, 18-19.20-22.24-32.
[60] *Biblia*. Segunda Carta a Timoteo 3, 1-5.
[61] *Biblia*. Libro de los Salmos 7, 16.
[62] *Biblia*. Segunda Carta a los Tesalonicenses 3, 2-3.
[63] *Biblia*. Libro de los Salmos 28, 3.

## La posibilidad de la condenación eterna

El engaño más grande, el de un corazón corrompido, es capaz de crear la mayor tragedia, la de la *condenación eterna*, como nos confirma la Sagrada Escritura: "¿No saben que los injustos no heredarán el reino de Dios? No sigan engañándose: ni inmorales ni idólatras ni adúlteros ni afeminados ni homosexuales ni ladrones ni avaros ni borrachos ni calumniadores ni explotadores heredarán el reino de Dios"[64]. Todo engaño y todo egoísmo quedarán fuera del paraíso: «Fuera quedarán los invertidos, hechiceros, lujuriosos, asesinos, idólatras, los que aman y practican la mentira»[65]. «En cambio, los cobardes y desconfiados, los depravados y asesinos, los lujuriosos y hechiceros, los idólatras y embusteros de toda clase tendrán su lote en el foso de fuego y azufre ardiente –que es la muerte segunda»[66].

Llegados a este punto cabe preguntarse: ¿por qué el infierno tiene que ser eterno? ¿Por qué el castigo habría de durar para siempre? ¿Cómo es posible que Dios no pueda "sacarnos de ahí"? Lo que sabemos es que, en esa situación, el hombre odiaría la salvación. Si se viese la situación desde la parte de nuestra realidad humana, se podría decir que "el condenado" continuaría odiando la salvación y la misericordia como hizo durante años y años en la tierra, ¡sin hacer nada por su alma! Si se viese la situación desde la parte de Dios, que es Amor, se podría decir: "pues precisamente porque Dios es Amor". El amor quema y hace todo semejante a sí mismo, como dos llamas que se unen en una única llama. Cuando "Dios será todo para todos"[67] solamente existirá el Amor de Dios en cada uno y cada uno en Dios, en una comunión de vida eterna, puesto que el espíritu es inmortal. Quien conoce el amor humano sabe que una de sus características es que no tiene fin, como Dios mismo nos ha revelado en la Sagrada Escritura: "Sus dardos son dardos de fuego, llamaradas divinas. Las aguas torrenciales no podrán apagar el amor, ni extinguirlos los ríos"[68].

Si el amor del alma se rebelase, convirtiéndose en *odio*, en rechazo de Dios y de su Amor, como es el odio satánico, ¿qué haría entonces el alma que no ama a Dios estando en un contacto tan cercano con la luz del Amor, que es Dios Absoluto? ¿Qué haría, sino arder a causa del amor que odia? Ardería con un odio permanente. Si uno elige no amar a Dios y rechazarlo, ¿dónde irá lejos de Él, si "Dios será todo para todos"?[69]. Ardería, pero no de amor, sino de atroz sufrimiento: la misma llama de amor que une en la alegría de Dios a todas las almas espirituales, esa misma llama de amor sería fuego que devora eternamente para la voluntad de quien "no quiere amar ni ser amado". Por esto la muerte, como el suicidio mismo, no es nunca la solución de la vida: solo el amor lo es, es la única solución.

---

[64] *Biblia*. Primera Carta a los Corintios 6, 9-10.
[65] *Biblia*. Libro del Apocalipsis 22, 15.
[66] *Biblia*. Libro del Apocalipsis 21, 8.
[67] *Biblia*. Cfr. Primera Carta a los Corintios 15, 28.
[68] *Biblia*. Libro del Cantar de los Cantares 8, 6-7.
[69] *Biblia*. Cfr. Primera Carta a los Corintios 15, 28.

Si el odio es lo opuesto del amor y Dios es amor, ¿a dónde podría uno ir lejos de Dios, si sólo Dios Amor se manifestará? El infierno, llegados a este punto, tiene una tremenda lógica. Hay quien podría objetar que, puesto que existe el bien y el amor, sería insoportable ver y saber que alguien está en el infierno... Cierto. A menos, sin embargo, que no sea el mismo inmenso amor: amado por los santos y odiado por los condenados, que no lo quieren, "teniendo cada uno lo que quiere, lo que ama, lo que odia". La gloria de Dios será la plena manifestación de su Amor en todos, como dice la Biblia: "Sí, triturarás la cólera humana, protegerás a los que sobrevivan a tu cólera"[70]. Porque dice el Salmista: "¡Tú eres terrible!, ¿quién se mantendrá ante ti cuando estás enojado? Desde el cielo proclamarás la sentencia; la tierra se asustará y enmudecerá, cuando te levantes, oh Dios, para juzgar, para salvar a los oprimidos del mundo"[71].

En definitiva, así como existe el paraíso, porque Dios que es Amor vive de felicidad eterna, así también, dado que Él respeta la libertad del ser humano y no puede obligar a nadie a amarlo sinceramente, existe la terrible posibilidad de encontrarse en la situación contraria: el infierno. Se trata de una opción "sin vuelta atrás" que podría verificarse tanto sobre la tierra como en la eternidad. Por eso, Jesús nos ha revelado con insistencia, en muchas ocasiones, la existencia y la posibilidad concreta del infierno. Pero más veces todavía y de todas las formas posibles, con gestos y palabras, nos ha invitado y animado a volver a *"amar a Dios"* y a *"amar al prójimo"*.

Dios no "manda" a nadie al infierno: sería el hombre el que elegiría un estado definitivo de auto-exclusión. Es verdad que Jesús usa en el Evangelio, como sucede en la parábola de los invitados a las bodas[72] y en la del juicio final[73], algunas imágenes en las que es Dios quien aleja y expulsa del reino, como había sucedido en el paraíso terrenal[74]; pero de ese modo, Jesús quiere hacernos comprender la gravedad de la situación, recordando "la indignación"[75] de Dios que es inmenso Amor. Sería siempre ese mismo Amor, cuando el hombre lo odiase, el que se experimentaría como un Amor que "aleja". Por eso, como nos recuerda el *Catecismo de la Iglesia Católica*: "Morir en pecado mortal sin estar arrepentido ni acoger el amor misericordioso de Dios, significa permanecer separados de Él para siempre por nuestra propia y libre elección"[76].

Se puede estar en el infierno por no querer la misericordia, ni aceptarla o por rechazarla y odiarla: en último término se concreta en no amar a Dios que es Amor y "arder" de odio, en oposición a Él. ¿Qué nos queda, en efecto, sin Jesús y su misericordia? Demos gracias a Dios porque, librándonos del pecado, de la muerte y del infierno ha abierto de nuevo para nosotros las puertas de la vida y del amor del paraíso para esa "felicidad" para la que hemos

---

[70] *Biblia*. Libro de los Salmos 76, 11.
[71] *Biblia*. Libro de los Salmos 76, 8-10.
[72] *Biblia*. Cfr. Evangelio según Mateo 22, 11-13.
[73] *Biblia*. Cfr. Evangelio según Mateo 25, 41.
[74] *Biblia*. Cfr. Libro del Génesis 3, 23-24.
[75] *Biblia*. Cfr. Carta a los Romanos 1, 18.
[76] *Magisterio*. *Catecismo de la Iglesia Católica*, n. 1033.

sido creados. La petición «y líbranos del mal» nos hacer crecer día a día a fin de que nuestro corazón ame lo que agrada a Dios y rechace lo que Él odia, el mal que nos hace daño.

En el próximo capítulo veremos las restantes cuatro liberaciones, indispensables para la vida humana, prometidas por Dios y que pedimos en la rica y profunda oración del *Padrenuestro*.

# 16

# Y líbranos del mal (II)

Hemos visto las primeras cuatro liberaciones del mal. Ahora examinaremos las restantes, que hacen referencia al aspecto más oscuro del mal: el pecado.

## Quinta liberación: del pecado

El pecado es algo espiritual, pero no por eso menos real que la injusticia, el abuso y el delito; estos últimos son constatables con mayor facilidad, como hemos visto anteriormente, mientras que el alcance y la gravedad del pecado hay que buscarlos con mayor profundidad.

Dios quiere nuestra realización y nuestro bien, pero siempre a la luz de la verdad. Cuando el hombre, para vivir en libertad, suprime de su horizonte cotidiano la presencia de Dios, falsea la realidad misma y traiciona la verdad de la vida. Se habla de pecado cuando el hombre ya no reconoce quién es él y quién es Dios. El pecado es una *ruptura* de la relación entre el hombre y Dios. Es "dar la espalda a Dios", rebelándose contra Él y perdiéndolo todo. Y ahí radica su gravedad y su falta de sentido. Por este motivo, cuanto más se acerca el hombre a Dios y más lo reconoce como tal, más consciente se hace también de "su pecado" y de hasta qué punto ha caído en las tinieblas.

El pecado no es una idea o un sentimiento, sino un hecho real, que se puede captar y comprender precisamente a la luz de Dios, que ha venido para librar al ser humano de la oscuridad del pecado y conducirlo a su luz, en la verdad y en el más pleno amor. La liberación del pecado hace que la vida sea más libre y más humana.

El pecado se infiltra en la conciencia humana hasta el punto de dejar a las personas trastocadas: con frecuencia enfadadas, cerradas en sí mismas y tristes. El mal del pecado es causa de tristeza porque, al avanzar, cierra el corazón, lo corrompe, le hace perder de vista el amor y la alegría y lo priva de esperanza, hasta hacer que prefiera la oscuridad. Esto se debe a que el mal siempre oscurece una parte de la verdad y del bien y, por tanto, hace que disminuyan la alegría y la esperanza. Cuanto más avanza el pecado, más quema el terreno de nuestra verdadera vida, pues es siempre una falta de amor, un "no" a Dios, un mal para todos.

Como recordaba San Juan Pablo II: "El rechazo del amor paterno de Dios y de sus dones de amor está siempre en la raíz de las divisiones de la humanidad"[1]. "Dios es fiel a su designio eterno incluso cuando el hombre, empujado por el Maligno y arrastrado por su orgullo, abusa de la libertad que le fue dada para amar y buscar el bien generosamente, negándose a obedecer a su Señor y Padre; continúa siéndolo incluso cuando el hombre, en lugar de responder con amor al amor de Dios, se le enfrenta como a un rival, haciéndose ilusiones y presumiendo de sus propias fuerzas, con la consiguiente ruptura de relaciones con Aquel que lo creó. A pesar de esta prevaricación del hombre, Dios permanece fiel al amor"[2].

¡Qué poderío el de Dios! Es siempre un Padre bueno y misericordioso: perdona todo y a todos. No pasemos por alto sus llamadas, mientras estamos a tiempo. Dios – como decía San Juan Pablo II – "no cierra el corazón a ninguno de sus hijos. Él los espera, los busca, los encuentra donde el rechazo de la comunión los hace prisioneros del aislamiento y de la división, los llama a reunirse en torno a su mesa en la alegría de la fiesta del perdón y de la reconciliación. Esta iniciativa de Dios se concreta y manifiesta en el acto redentor de Cristo que se irradia en el mundo mediante el ministerio de la Iglesia"[3]. A ella, en efecto, le confía Jesús resucitado su Espíritu de misericordia y el perdón para todo el mundo[4].

La misericordia no es un sentimiento de buenismo que justifica la huida de las propias responsabilidades, sino que consiste en una reconstrucción que solo Dios puede llevar a cabo, como hemos visto anteriormente[5]. Jesús ha confiado su misericordia a la Iglesia y a sus ministros, como nos recuerda el Apóstol Pablo: "Y todo es obra de Dios, que nos reconcilió con él por medio de Cristo y nos encomendó el ministerio de la reconciliación. Es decir, Dios estaba, por medio de Cristo, reconciliando el mundo consigo, sin tener en cuenta los pecados de los hombres, y confiándonos el mensaje de la reconciliación. Somos embajadores de Cristo y es como si Dios hablase por nosotros. Por Cristo les suplicamos: Déjense reconciliar con Dios"[6].

Entre las obras que suscita el enemigo, como lo llama Jesús[7], están los ataques externos: los pecados contra la fe, contra la Iglesia y su obra. Pero hay ataques que se producen también dentro de la Iglesia, por los pecados de sus hijos; por eso, la Iglesia debe combatir el pecado fuera y dentro de ella: la Iglesia está hecha de santos y de pecadores y, por tanto, el amor, la conversión y la reparación de los pecados operan juntamente en ella. Algunos, en lugar de sentirse disgustados por los pecados que cometen los hijos de la Iglesia, parece que se alegran. Esto resulta desconcertante porque muestra

---

[1] *Magisterio.* Juan Pablo II, Exhortación apostólica *Reconciliatio et paenitentia* (1984) n. 10.

[2] *Magisterio.* Juan Pablo II, Exhortación apostólica *Reconciliatio et paenitentia* (1984) n. 10.

[3] *Magisterio.* Juan Pablo II, Exhortación apostólica *Reconciliatio et paenitentia* (1984) n. 10.

[4] *Biblia.* Cfr. Evangelio según Juan 20, 20-23.

[5] Cfr. capítulos 11 y 12.

[6] *Biblia.* Segunda Carta a los Corintios 5, 18-20.

[7] *Biblia.* Cfr. Evangelio según Mateo 13, 39.

que su corazón alberga al Maligno. ¿No participan así en la labor de Satanás? Deberían más bien sentirse disgustados por los hermanos que caen en graves errores y pecados, y por quienes han sufrido sus consecuencias. Pero quizás no se sienten hermanos, aunque lo sean.

Pedir en el *Padrenuestro* "Líbranos del mal", nos hace ser más conscientes de los males presentes en el mundo y prestarles más atención, sin consentirlos, y nos empuja también a reparar el mal hecho a nuestros hermanos. Jesús nos recuerda: "Con quien tienes pleito busca rápidamente un acuerdo, mientras vas de camino con él. Si no, te entregará al juez, el juez al comisario y te meterán en la cárcel"[8]. Cuánto menos nos sentimos hermanos, más aumenta el mal y con el mal el pecado. Deberíamos estar muy atentos a no renegar, ya en esta tierra, del perdón y de la misericordia.

## Sexta liberación: del Maligno

La palabra "mal" puede ser traducida también con el término "Maligno". En su libro *Jesús de Nazaret*, comentando la oración del *Padrenuestro*, Benedicto XVI afirma: "En las traducciones recientes del *Padrenuestro*, «el mal» del que se habla puede referirse al «mal» impersonal o bien al «Maligno». En el fondo, ambos significados son inseparables. (...) Cuando hayas perdido a Dios, te habrás perdido a ti mismo; entonces serás tan sólo un producto casual de la evolución (...). Los males pueden ser necesarios para nuestra purificación, pero el mal destruye. Por eso pedimos desde lo más hondo que no se nos arranque la fe que nos permite ver a Dios, que nos une a Cristo. Pedimos que, por los bienes, no perdamos el Bien mismo; y que tampoco en la pérdida de bienes se pierda para nosotros el Bien, Dios; que no nos perdamos nosotros: ¡líbranos del mal!"[9].

La cercanía de Dios aleja del Maligno. Y, al contrario, cuánto más se aleja el hombre de Dios y se cierra en sí mismo y en el disfrute de la vida, sin comprender ni amar a Dios como tal, hasta el punto de olvidar el misterio profundo de su alma, creada y querida por Dios "a su imagen y semejanza", tanto más queda el hombre a merced de las fuerzas de Satanás que tienden a aislarlo. Hemos de recordar que las fuerzas de mal tienden a transformar las relaciones de los cristianos con Dios en algo que hay que despreciar y excluir. El demonio existe, es un ser, no un "mal" entendido en sentido filosófico o psicológico. En cambio, para obtener la estima y la aprobación de los hombres, algunos han querido fantasiosamente presentarlo y enseñarlo de esa manera, apartándose así de la fe de la Iglesia, aunque sin decirlo abiertamente. Cuando en nombre del respeto y de la tolerancia se renuncia a la verdad, ocultándola, es entonces cuando comienza y empieza a producirse poco a poco la manipulación: esto quiere decir dejar campo libre al que engaña y a los que engañan. Ahí empieza el declive de la libertad y del derecho.

---

[8] *Biblia*. Evangelio según Mateo 5, 25.
[9] *Magisterio*. Benedicto XVI, *Jesús de Nazaret*, cap. 5, La Esfera de los Libros, Madrid 2007, pp. 202-203.

Jesús se hizo hombre para librarnos del Maligno: "El Hijo de Dios apareció para destruir las obras del diablo"[10]. Existen pues las obras del diablo con todas sus maquinaciones: la enfermedad, las tentaciones, las vejaciones, la posesión, y la muerte misma son aniquiladas por Jesús con su palabra y sus milagros. Jesús, cuyo nombre significa "Dios salva", vino a salvarnos del Diablo y de sus malas obras, que son contrarias a Dios, a nuestra vida, al amor, a la verdad y a la libertad. En efecto, con la libertad podemos amar, pero Satanás no quiere el amor, sino que lo odia y odia también la libertad que nos hace "semejantes" a Dios: por eso el mal y el Maligno usan la imposición, la amenaza, la opresión, el miedo y el chantaje.

Jesús también nos pone en guardia contra la insensata pretensión de otro padre distinto... El *Padrenuestro* comienza precisamente con la invocación a Dios, Padre nuestro, con quien hemos de reencontrarnos; y, en último término, nos hace rezar para vernos libres de la falsedad de ese otro padre, que es el "padre de la mentira"[11], decidido a ocupar el lugar de Dios y a instaurar el reino de las tinieblas, del odio y de la muerte.

## La actuación del Maligno

En el Evangelio, Jesús dice del Diablo: «Él era homicida desde el principio; no se mantuvo en la verdad, porque no hay verdad en él. Cuando dice mentiras, habla su lenguaje, porque es mentiroso y padre de la mentira»[12]. Satanás quiere construir un reino de mentiras, un reino camuflado, pero no tiene el poder suficiente para realizar ese proyecto: sus acciones son solo una vana oposición, una "burda imitación" de aquello que en Dios es plenamente verdadero.

De hecho, nadie que quiera vivir puede separarse de Dios, que es Fuente de la existencia de todo lo creado, incluido el mismo Satanás, que ha elegido vivir "en oposición" y odio hacia Dios, que es Amor: el Maligno quiere esconderse en las tinieblas y en la "no vida" y, como desprecia toda vida, difunde la muerte y la rebelión contra Dios.

Pero al oponerse con odio a Dios, confirma, aun sin quererlo, que Dios es Dios, de modo que se ve obligado a darle gloria, en contra de su propio querer. El mal no puede pues disminuir, ofuscar o afectar al bien del paraíso, sino que puede "sólo reconocerlo".

Jesús llama a Satanás "padre de la mentira", porque la engendra: la mentira es precisamente la oposición a la Verdad, que es Dios. Quienes se oponen a la verdad y a la búsqueda de la verdad no quieren pertenecer a Dios. Y, al contrario, los que "aman la verdad" entran en la verdadera relación con Dios. El que ama la verdad encuentra a Dios. El problema de la humanidad, hoy como siempre, es el del amor a la verdad; cuando no se ama la verdad, se prefieren la mentira, el engaño y el abuso hasta llegar al crimen, que señalan

---

[10] *Biblia.* Primera Carta de Juan 3, 8b.
[11] *Biblia.* Cfr. Evangelio según Juan 8, 44b.
[12] *Biblia.* Evangelio según Juan 8, 44b.

las distintas etapas de incremento de gravedad en los pecados de los hombres. Es la creciente *escalada* de pecados según el proyecto y la obra de Satanás.

Jesús califica a Satanás como "homicida desde el principio"[13] porque quiere la destrucción de la vida, la muerte bajo cualquier forma, especialmente allí donde está la "imagen de Dios", por medio del homicidio y del suicidio. El temor de que "la cultura de la muerte" avance es un temor fundado, como nos advertía San Juan Pablo II. En efecto, en algunos países se ha aceptado esta "cultura de la muerte" como si fuese una forma de tolerancia, mientras que en realidad es el resultado del abuso presente en la subcultura de unos pocos, un "brazo" del proyecto satánico. ¿No es, en efecto, un triunfo suyo que muchos ancianos sean empujados "democráticamente" a poner fin a su vida, vivida quizás con una gran dedicación hacia los demás, pero a la que al final se priva de todo valor, con la "solución" del suicidio? ¿No lo es también que la vida de muchos fetos y embriones humanos sea destruida con total impunidad, o que ocultamente se use a estos indefensos seres para experimentar como conejillos de India "deshumanizados", o incluso que sean "sacrificados" en ritos satánicos con total desprecio y odio de la vida humana? Es más, ¿por qué se da esa terrible impiedad en los ritos satánicos, sino es para ultrajar la vida humana "imagen de Dios" presente desde la concepción y, por eso mismo, preciosa a los ojos de Dios? La insensatez y la perversión se dan por partida doble: primero el materialismo ateo ignora el valor de esos pequeños seres humanos y ¡luego los usa el satanismo!

¿No es suficiente esta crueldad con la que se trata a tantos seres humanos para ver la actuación del diablo, del "enemigo"[14] de Dios y del hombre? ¿No bastaba con la cultura de la guerra de los siglos anteriores para denunciar la actuación satánica y para volver todos al *Padrenuestro* sin necesidad de llegar a la actual cultura de la muerte, alimentada por el terrorismo y por el mal oculto?

¡Padre nuestro, Padre bueno, "Líbranos del mal"! Pero hemos de preguntarnos: ¿realmente queremos que Dios nos libre del mal? De nosotros depende entenderlo y quererlo. El bien o el mal crecen dentro de nosotros, en el alma, porque en nosotros hay una realidad espiritual que debería decidirse por Dios.

Siendo "hijos", buscamos nuestras raíces, buscamos un padre: por eso Jesús nos advierte de que no nos dejemos engañar por el "padre de la mentira", que se presenta con apariencias de libertad y democracia. Al principio parece que hay libertad y bien, pero luego se descubren los gérmenes de la perversión y de la muerte.

## La liberación con el exorcismo

Solo Dios Padre nos libra del Maligno, al que llamamos el demonio, el diablo, Satanás o el enemigo. Jesús ha dado a su Iglesia el poder de librar del diablo, de modo que quien no sabe hablar del demonio, no sabe hablar de la

---

[13] *Biblia.* Evangelio según Juan 8, 44b.
[14] *Biblia.* Cfr. Evangelio según Mateo 13, 39.

verdadera realidad humana, ni tampoco del Evangelio... Muchos cristianos no creyentes o "cristianos débiles" eluden esta realidad, pensando que es un mito. Pero, para entender que Satanás existe y actúa, ¿no es suficiente todo el mal que hay en el mundo? ¿No basta la historia para verlo? Y, sobre todo, ¿no basta Jesús, que con su obra de liberación enseñó a la Iglesia como combatirlo? La Iglesia lucha contra Satanás y contra sus obras, por medio de la oración del exorcismo, según el poder y el encargo recibidos de Jesús...

El diablo, cuando no encuentra el amor a la verdad y a Dios, quiere entrar a perturbar al hombre; al diablo hay que echarlo fuera en nombre de Jesús y como Jesús ha ordenado: «expulsen a los demonios»[15]. Así pues, el poder de Jesús es el que, por la fe, nos libra del maligno.

En una entrevista sobre el demonio, un sacerdote amigo mío que es exorcista, decía lo siguiente: "El demonio, un ser que vive y es espiritual, no es un invento de las religiones para que los hombres "se porten bien"; mueve a los hombres al pecado y a apartarse de Dios, siembra odio, divisiones, confusión y discordia. Quien niega la existencia del demonio se coloca fuera de lo que enseñan la Biblia y la Iglesia. Es un ser real, vivo, espiritual, muy inteligente y privado de cuerpo, porque es puro espíritu. El demonio procura introducirse poco a poco en el entramado de la existencia para traer división, confusión, rebelión, sufrimiento y para alejarnos de Dios. Para actuar eficazmente necesita ocultarse y necesita del anonimato; la mayor parte de las veces su labor no se hace notar, sino que es sutil y continua. Allí donde reinan el egoísmo, el odio, la violencia, la división, la corrupción... el demonio está presente. Su poder es limitado, su actuación está siempre subordinada a lo que Dios permite y nunca supera nuestras fuerzas. El demonio es un vencido y sólo es fuerte con los débiles. Una buena relación con el Señor, una vida de oración constante y fiel, la frecuencia de sacramentos, la Confesión y la Comunión, la Palabra de Dios, el rezo del Rosario, son medios seguros y poderosos que nos defienden del mal y del Maligno".

## La victoria de la Paz y del Amor

El futuro, al que ante todo debe mirar el creyente, no está marcado principalmente por la victoria sobre el Maligno, sino por el amor, la paz y por la alegría del corazón de Dios, que es nuestro verdadero y definitivo futuro[16]: el paraíso es nuestro futuro, el futuro de la humanidad. La fuerza del cristiano se encuentra, en efecto, en el amor y en la paz que Dios tiene y da: es en el Bien donde está la fuerza para combatir el mal y no solo en la contraposición a él. No es el odio el que nos empuja a luchar, sino el amor, y, más concretamente, el amor al Señor, ¡el amor con el que somos amados por Él!

De hecho, el Cristianismo no es la religión del resentimiento, sino del amor y de la paz que están en Dios. Por eso, María Santísima, la Madre de Jesús, comienza el Magnificat[17] con palabras de alegría y de paz:

---

[15] *Biblia.* Evangelio según Mateo 10, 8.
[16] *Biblia.* Cfr. Evangelio según Lucas 10, 17-20.
[17] *Magisterio.* Cfr. Juan Pablo II, Carta Encíclica *Redemptoris mater* (1987) nn. 36-37.

"María dijo:

*"Mi alma canta la grandeza del Señor,*
*mi espíritu festeja a Dios, mi salvador»"[18].*

El *Compendio del Catecismo de la Iglesia Católica* nos recuerda: "¿Por qué concluimos suplicando «Y líbranos del mal»? El mal designa la persona de Satanás, que se opone a Dios y que «engañaba a todo el mundo» (Ap 12, 9). La victoria sobre el diablo ya fue alcanzada por Cristo; pero nosotros oramos a fin de que la familia humana sea liberada de Satanás y de sus obras. Pedimos también el don precioso de la paz y la gracia de la espera perseverante en el retorno de Cristo, que nos librará definitivamente del Maligno"[19].

## El Proyecto satánico

En la Primera Carta del Apóstol Juan se habla de los hijos de Dios y de los hijos del diablo[20]. Los hijos de diablo son aquellos que le sirven y no aman la verdad, sino la mentira; son aquellos a los que se oculta su padre que solo al final se mostrará en su "principado", el de "mammón", hecho de riqueza, placer, poder oculto y tinieblas. Al final, cuando se haya impuesto como dominador en su intento de ocupar el lugar de Dios, él se mostrará en su verdadera identidad de "padre de la mentira" y "pervertidor", que ellos habrán servido "al no practicar la justicia" y "odiar"[21] a los hermanos.

Reflexionemos. La convicción, extendida en muchos, de que no se debe buscar "ni padre, ni amo" porque cada uno se basta a sí mismo, es un gran engaño: detrás siempre hay alguien que mueve los hilos y quiere orientar nuestra vida real lejos de la verdad. Ante esta constante tentación, Jesús nos muestra precisamente nuestras auténticas raíces, que están en la vida de Dios Padre: una casa no se sostiene sobre la arena, sino que necesita cimientos[22]. Una vida sin el "Padre nuestro", sin una causa y un fin, es algo absurdo, una locura. Y la locura conduce a la autodestrucción. Por ahí pasa el *proyecto satánico*.

Además, decir "no hace falta ningún padre, ni amo: cada uno es libre y va a lo suyo..." es un engaño, porque primero se hace todo lo posible por quitar a Dios Padre del horizonte vital y del corazón de los hombres, y luego alguno ocupa su lugar... dirigiendo a personas débiles mediante un poder oculto: de tipo económico (los intereses ocultos de las multinacionales y de los grupos de presión financieros), político, ideológico, cultural (la dictadura cultural), científico-tecnológico, o mediante el poder de las sectas u otros poderes que llegarán...

También esto es parte del proyecto satánico: negar la realidad del espíritu en el hombre, dando vida a una antropología atea, de modo que el hombre se aleje de Dios, y su lugar sea ocupado por una vaga dimensión espiritual

---

[18] *Biblia.* Evangelio según Lucas 1, 46-47.
[19] *Magisterio. Catecismo de la Iglesia Católica: Compendio,* n. 597.
[20] *Biblia.* Cfr. Evangelio según Lucas 16, 8; Primera Carta de Juan 3, 10.
[21] *Biblia.* Cfr. Primera Carta de Juan 2, 11.
[22] *Biblia.* Cfr. Evangelio según Mateo 7, 21-27.

de paz y bienestar, de tolerancia y serenidad. Así sucede, por ejemplo, en el *New Age*, en el cual no se menciona la existencia de Dios, ni a Dios Padre, ni a Jesucristo y que se presenta más bien como una especie de *religiosidad atea*. De este modo, lo que se ha suprimido de la visión cristiana de la vida, luego se retoma y se adapta; pero al haber excluido a Dios, se utiliza de modo perverso, primero con miras al *espiritismo* y después al *satanismo*. La Palabra de Dios nos recuerda: "Piensa el necio en su interior: Dios no existe. Se han corrompido, odiosa es su conducta, no hay quien obre bien"[23].

El diablo tiene su proyecto y el hombre necio, que no escucha a Dios, se deja engañar, pensando quizás que es más listo ¡qué el propio diablo! Del demonio solo Dios puede librarnos: "El Hijo de Dios se apareció – dice la Escritura – para destruir las obras del Diablo"[24].

## La victoria de Cristo Jesús

Nosotros sabemos que Cristo ha vencido sobre él. Se trata de una guerra espiritual. No es una guerra del hombre, ni contra el hombre; no es algo humano, sino una lucha contra los espíritus del mal, que se han rebelado contra Dios.

Nosotros también tomamos parte en ella: Jesús ganó la guerra y a nosotros nos corresponde vencer las batallas en la lucha cotidiana contra el mal y contra todas sus potencias y sus maquinaciones, hasta el combate final que Cristo tendrá contra el demonio, como nos recuerda la Palabra de Dios en la Biblia: " Porque no estamos luchando contra seres de carne y hueso, sino contra las autoridades, contra las potestades, contra los soberanos de estas tinieblas, contra las fuerzas espirituales del mal"[25].

Con Jesús podemos y debemos vencer al Maligno: "Por tanto, tomen las armas de Dios para poder resistir el día funesto y permanecer firmes a pesar de todo. Cíñanse con el cinturón de la verdad, vistan la coraza de la justicia, calcen las sandalias del celo para propagar la Buena Noticia de la paz. Tengan siempre en la mano el escudo de la fe, en el que se apagarán los dardos incendiarios del maligno. Pónganse el casco de la salvación, y empuñen la espada del Espíritu, que es la Palabra de Dios"[26].

## La lucha contra el mal y las tinieblas

Esta es pues la lucha contra el mal y las tinieblas de la que habla Jesús en el Evangelio de Mateo, cuando dice: «No piensen que he venido a traer paz a la tierra. No vine a traer paz, sino espada»[27]; es decir, la lucha contra el mal, contra

---

[23] *Biblia*. Libro de los Salmos 14, 1.
[24] *Biblia*. Cfr. Primera Carta de Juan 3, 8.
[25] *Biblia*. Carta a los Efesios 6, 12.
[26] *Biblia*. Carta a los Efesios 6, 13-17.
[27] *Biblia*. Evangelio según Mateo 10, 34.

Satanás, para librar al hombre y a la humanidad entera. Este es el servicio que la Iglesia sigue llevando a cabo fielmente, unida a Jesús y realizando sus obras.

Aquí puede ser útil recordar algunos pasajes del Magisterio de la Iglesia. Pablo VI señalaba que "El mal no es solamente una deficiencia, sino una eficiencia, un ser vivo, espiritual, pervertido y pervertidor. Terrible realidad. Misteriosa y pavorosa. (...) Es el enemigo número uno, es el tentador por excelencia. Sabemos también que este ser oscuro y perturbador existe de verdad (...); es el enemigo oculto que siembra errores e infortunios en la historia humana. (...) Él es «el homicida desde el principio... y padre de toda mentira», como lo define Cristo (cfr. Jn 8, 44-45). (...) Piensan algunos encontrar en los estudios psicoanalíticos y psiquiátricos o en experiencias espiritistas, hoy excesivamente difundidas por muchos países, una compensación suficiente. (...) «Sabemos, escribe el evangelista san Juan, que somos (nacidos) de Dios, y que todo el mundo está puesto bajo el Maligno» (1 Jn 5, 19)"[28].

También San Juan Pablo II se expresaba así en una Audiencia General: "El diablo (satanás) y los otros demonios «han sido creados buenos por Dios pero se han hecho malos por su propia voluntad». (...) Rechazando la verdad conocida sobre Dios con un acto de la propia libre voluntad, satanás se convierte en «mentiroso» cósmico y «padre de la mentira» (Jn 8, 44). Por esto vive la radical e irreversible negación de Dios y trata de imponer a la creación, a los otros seres creados a imagen de Dios, y en particular a los hombres, su trágica «mentira sobre el Bien» que es Dios. (...) Como efecto del pecado de los progenitores, este ángel caído ha conquistado en cierta medida el dominio sobre el hombre (...). La acción de Satanás consiste ante todo en tentar a los hombres para el mal, influyendo sobre su imaginación y sobre las facultades superiores para poder situarlos en dirección contraria a la ley de Dios. (...) La habilidad de Satanás en el mundo es la de inducir a los hombres a negar su existencia en nombre del racionalismo y de cualquier otro sistema de pensamiento"[29].

Del mismo modo, Benedicto XVI nos pone en guardia respecto a la obra del diablo, recordándonos que la "Iglesia no siempre es sólo don de Dios y divina, sino también muy humana: «Se meterán entre vosotros lobos feroces» (Hech 20, 29). La Iglesia siempre está amenazada; siempre existe el peligro, la oposición del diablo, que no acepta que en la humanidad se encuentre presente este nuevo pueblo de Dios, que esté la presencia de Dios en una comunidad viva. Así pues, no debe sorprendernos que siempre haya dificultades, que siempre haya hierba mala en el campo de la Iglesia. Siempre ha sido así y siempre será así. Pero debemos ser conscientes, con alegría, de que la verdad es más fuerte que la mentira, de que el amor es más fuerte que el odio, de que Dios es más fuerte que todas las fuerzas contrarias a Él"[30].

No hay que tener miedo de Satanás porque Jesús lo ha vencido y con Jesús somos vencedores, como dice el Apóstol San Juan: "Jóvenes, les escribo

---

[28] *Magisterio*. Pablo VI, *Audiencia General* (15 de noviembre de 1972).

[29] *Magisterio*. Juan Pablo II, *Audiencia General* (13 de agosto de 1986).

[30] *Magisterio*. Benedicto XVI, *Lectio Divina en el Encuentro con los Párrocos de la Diócesis de Roma* (10 de marzo de 2011).

a ustedes porque han vencido al Maligno"[31]. El diablo, como hemos visto antes, se vence con Jesús. El mismo Jesús nos indica que más bien hemos de temer a Dios, es decir, tratar a Dios como Dios[32], porque en último término con quien hemos de entrar en relación es con Él y con su amor.

## Séptima liberación: de la muerte

Dios no sólo "tiene" vida, sino que "es la Vida". Dios no quiere la muerte, no ha creado la muerte[33]: Señor, amigo de la vida[34] y por eso nos librará de la muerte. Antes de restituir la vida a su amigo Lázaro, que llevaba muerto cuatro días, Jesús nos muestra con su llanto todo el dolor que siente ante el drama de la muerte[35]. Después del primer pecado radical, el pecado original, Dios dejó en la humanidad "la consecuencia", el signo de la muerte, manifestación externa de la gravedad del pecado que ha herido nuestra vida[36], pero que no se ve, porque es algo interior.

Dios Padre entregó a la humanidad a su Hijo Jesús[37] para hacernos pasar de la muerte a la vida para siempre, a la vida de la resurrección. Jesús, viviendo toda nuestra condición humana hasta la muerte en la cruz y superándola con su resurrección, nos dona así su vida de Resucitado: quiere nuestra total liberación, nuestra condición de "resucitados" en Él. Sabemos "convencidos de que quien resucitó al Señor Jesús, nos resucitará a nosotros con Jesús y nos llevará con ustedes a su presencia (...) Sabemos que, si esta tienda de campaña, nuestra morada terrenal, es destruida, tenemos una vivienda eterna en el cielo, no construida por manos humanas, sino por Dios"[38].

La muerte de Jesús, a pesar de ser humana, es única[39], no es una muerte más: su muerte, al igual que su resurrección, es "según las escrituras", según lo que Dios había ya anunciado a lo largo de los siglos en las Sagradas Escrituras. Su resurrección es también un acontecimiento histórico, pero un acontecimiento único que supera el tiempo y el espacio de los hombres. El estudio de las profecías acerca de su nacimiento, muerte y resurrección impresiona mucho y ha sido motivo de conversión para multitud personas. Jesús denuncia con amargura la dureza del corazón humano que se cierra a ese divino acontecimiento de la resurrección: "Si no escuchan a Moisés ni a los profetas, aunque un muerto resucite no le harán caso"[40]. ¡Precisamente el

---

[31] *Biblia*. Primera Carta de Juan 2, 13.
[32] *Biblia*. Cfr. Evangelio según Mateo 10, 28.
[33] *Biblia*. Cfr. Libro de la Sabiduría 1, 13.
[34] *Biblia*. Cfr. Libro de la Sabiduría 11, 26.
[35] *Biblia*. Cfr. Evangelio según Juan 11, 1-44.
[36] *Biblia*. Cfr. Libro del Génesis 3, 3.
[37] *Biblia*. Cfr. Evangelio según Juan 3, 16.
[38] *Biblia*. Segunda Carta a los Corintios 4, 14.5, 1.
[39] *Magisterio*. Cfr. Joseph Ratzinger, *El Dios de Jesucristo*, Ediciones Sígueme, Salamanca 1979, pp. 89-90 (el texto en el Apéndice, n. 94, es disponible en el sitio web figlidichi.altervista.org).
[40] *Biblia*. Evangelio según Lucas 16, 31.

acontecimiento de la resurrección marca la historia antes y después de Cristo! No hemos de olvidarlo.

Ahora bien, ¿qué hemos de entender cuando hablamos de la resurrección? Ciertamente no se trata de una especie de "despertar" de un estado singular, como, por ejemplo, de un proceso de hibernación. No se trata de revivir el cuerpo, haciendo simplemente que vuelva de nuevo a la vida. Benedicto XVI, en la segunda parte del libro *Jesús de Nazaret*, dice a este respecto: "Efectivamente, si la resurrección de Jesús no hubiera sido más que el milagro de un cadáver reanimado, no tendría para nosotros en última instancia interés alguno. No tendría más importancia que la reanimación, por la pericia de los médicos, de alguien clínicamente muerto. Para el mundo en su conjunto, y para nuestra existencia, nada hubiera cambiado. El milagro de un cadáver reanimado significaría que la resurrección de Jesús fue igual que la resurrección del joven de Naín (cfr. Lc 7,11-17), de la hija de Jairo (cfr. Mc 5,22-24.35-43 par.) o de Lázaro (cfr. Jn 11,1-44). De hecho, éstos volvieron a la vida anterior durante cierto tiempo para, llegado el momento, antes o después, morir definitivamente. (...) En la resurrección de Jesús se ha alcanzado una nueva posibilidad de ser hombre, una posibilidad que interesa a todos y que abre un futuro, un tipo nuevo de futuro para la humanidad"[41].

Llegados a este punto, es posible entonces hablar de *"metahistoria"*, de una historia distinta a nuestro modo de existir y de la que habla la Biblia[42]. Mientras que la historia humana es el transcurrir de la existencia en las cuatro dimensiones de espacio y tiempo que conocemos, la *metahistoria* consiste en vivir más allá de la historia, en otras dimensiones que nos resultan inalcanzables, las del Absoluto de Dios. Esto permite que la historia humana encuentre su sentido y que la vida de cada uno pueda salir del "engaño del final". La mitología del pasado es un fallido intento que muestra la aspiración del hombre hacia esas otras fronteras, soñadas e imaginadas. Hoy en día, las hipótesis acerca de otros "mundos y modos" diferentes del humano se asoman en la fantasía colectiva y también en la investigación científica. El gran error del mundo actual es no tomarse en serio y con agradecimiento el don que Jesucristo nos trajo, el de introducirnos – mediante la fe cristiana y la gracia que obra en los sacramentos – en la *metahistoria* con el don de *Su* resurrección, que ofrece a la humanidad. Por esto, una fe no es igual a otra y la *fe cristiana* es única. La resurrección es la superación del pecado y de la muerte para vivir de otro modo, según el modo de Dios. Ningún profeta de ninguna otra religión ha resucitado jamás: Jesucristo es el único Resucitado, el primero de la nueva humanidad[43]. "Creer en Dios", con la venida de Cristo, quiere decir creer que Dios es capaz, para nuestro bien, de hacer que resucitemos de la muerte de esa manera que nos es desconocida[44]. "Nosotros hemos conocido y hemos

---

[41] *Magisterio.* Benedicto XVI, *Jesús de Nazaret*, 2ª parte, cap. 9, La Esfera de los Libros, Madrid 2011, pp. 283-284.

[42] *Biblia.* Cfr. Carta a los Romanos 8, 18-25; Libro del Apocalipsis 21, 1.

[43] *Biblia.* Cfr. Carta a los Colosenses 1, 18; Carta a los Filipenses, 3, 20-21.

[44] *Biblia.* Cfr. Evangelio según Marco 9, 10.

creído en el amor que Dios nos tuvo"[45]. La hoy muy extendida subcultura, al haber oscurecido la fe en Dios, intenta desdramatizar la muerte y por eso mismo también el *suicidio*, que se intenta convertir en derecho, para buscar después una falsa esperanza en la *reencarnación*[46], que es hija de la cultura pre-cristiana. El don de Jesucristo nada tiene que ver con la visión de la llamada *budeidad*, ni de la *energía cósmica* ni de la *"energía crística"*[47]. Al perderse la fe en Jesús, el desarrollo de la cultura está destinado a retroceder: los hombres están dispuestos incluso a pensar en un alma que vaga de un sitio a otro para poder reencarnarse con vistas a la purificación, viviendo en otro cuerpo o en un animal (!), con tal de no creer en la resurrección de Jesucristo y en el poder de Dios ¡qué hace resurgir de la muerte! En cambio, solo Dios puede purificar la vida del hombre, hecho "a su imagen". La reencarnación no purifica a nadie, porque lo que libra la propia vida de los pecados no es el sufrimiento que uno padecería al pasar de un cuerpo a otro. Lo que purifica la vida y el sufrimiento mismo es el amor que vivimos, que procede de Dios: tenemos necesidad de Jesús Crucificado, para vivir con amor el sufrimiento y la muerte misma, para pasar por ella y superarla junto con Él.

## Dos insidias

Si no aceptamos a Jesucristo, el único que ha vencido la muerte y la ha superado, se presentan dos grandes tentaciones.

En efecto, la existencia de la muerte puede dar lugar a ideas irreales e ilusorias, como la de la reencarnación, originaria de la filosofía oriental, presente en las técnicas del yoga y afirmada por el New Age y por el espiritismo, que pretenden tranquilizar a todos mediante el engaño: la vida del espíritu se desarrollaría de un modo "natural", "naturalmente divino", pero sin necesitar realmente a Dios Persona ni a Jesucristo redentor, "al no querer pasar con Él de la muerte a la resurrección" y al reino de Dios Padre. Esta primera tentación conduce a un pensamiento filosófico precristiano que deja siempre para otro momento el problema de la "muerte", sin afrontarlo realmente.

La otra tentación, al contrario, es la de vivir la vida "aferrándose a la vida" e ignorando la muerte, como si esta no existiese, ni formase parte de la vida humana. Por este camino el hombre encuentra otras dos graves insidias:

– la exacerbación del bienestar, "embriagándose" de él hasta el punto de olvidar la realidad humana de la muerte y, en consecuencia, volverse inhumano.

– la desesperación de quien se acerca a la muerte sin la esperanza y el consuelo de encontrar el rostro de Dios Padre.

En el primer caso, crece el miedo a la muerte y uno se aferra a la vida, consumiéndola y siendo cada vez más víctima del propio miedo: no se vive en el bien, en el amor y en la luz; se vive bajo el miedo a sufrir, a encontrarse

---

[45] *Biblia.* Primera Carta de Juan 4, 16.
[46] *Magisterio.* Cfr. *Catecismo de la Iglesia Católica,* n. 1013.
[47] *Magisterio.* Cfr. Pontificio Consejo de la Cultura, *Jesucristo, portador de agua viva.* Una reflexión cristiana sobre el "New Age" (2003) nn. 2.3.4; 3.3; 7.2.

mal y a morir. Esta es una técnica satánica[48] porque mueve a amoldarse a "mammón" y a eludir el sufrimiento y las dificultades, sustituyendo el amor por el dinero, con el convencimiento de que la riqueza permite resolver cualquier problema... Nos deshumanizamos y nos volvemos injustos, desvergonzados, violentos y agresivos. Nos volvemos tremendamente materialistas y perdemos la perspectiva de nuestra más profunda y verdadera realidad. Caemos así en la terrible insidia de "mamón", de quien Jesús vino a librarnos.

En el segundo caso, crecen el sentimiento de vacío y la desesperación a causa de un mundo que carecería de sentido. También esta es una terrible insidia de Satanás, porque parecen faltar la luz de la inteligencia y la verdad y bondad de la vida, que se presenta sin sentido, sin amor y sin Dios, hasta hacer caer a los hombres en el túnel de la desesperación y en el suicidio, anticipando su propia muerte.

En ambos casos, se trata de una vida de la que se huye, como de Dios, para terminar viviendo en el miedo y en el terror.

Por eso, Dios se manifiesta en la historia y con su Palabra, para dar al hombre la esperanza[49] de poder curarse y encontrar de nuevo el misterio y el sentido de la vida humana.

Las seguridades y las riquezas se perderán con la muerte y la muerte solo será vencida con Jesucristo porque, como dice la Palabra de Dios, "El último enemigo que será destruido será la muerte"[50]. Un día ya no habrá muerte. Entonces, los creyentes serán realmente consolados por Dios mismo, como Él ha prometido: Él, en efecto, "Les secará las lágrimas de los ojos. Ya no habrá muerte ni pena ni llanto ni dolor. Todo lo antiguo ha pasado"[51].

Se trata de la vida en plenitud y del modo de existir que Jesús resucitado mostró a la Iglesia naciente[52]: esta es la liberación de la muerte. Jesús respondió así a Marta en la muerte de su hermano: "Jesús le dijo: «Yo soy la resurrección y la vida: quien cree en mí, aunque muera, vivirá; y quien vive y cree en mí, no morirá para siempre. ¿Lo crees?». Le contestó: «Sí, Señor: yo creo que tú eres el Mesías, el Hijo de Dios, el que había de venir al mundo»"[53]. Bastaría solo esta certeza para amar a Jesús. Él es el Señor de la vida y de la vida eterna. Ningún profeta ha dicho jamás: "Porque voy a prepararles un lugar"[54].

## Octava liberación: de los cataclismos cósmicos

Dios nos recuerda: "La apariencia de este mundo se está acabando"[55]. Se trata del "fin del mundo", de este mundo. Escrito bajo la inspiración del Espíritu Santo, como todos los libros de la Biblia, el Libro del Apocalipsis,

---

[48] *Biblia.* Cfr. Carta a los Hebreos 2, 14-15.
[49] *Biblia.* Cfr. Evangelio según Mateo 11, 28.
[50] *Biblia.* Primera Carta a los Corintios 15, 26.
[51] *Biblia.* Libro del Apocalipsis 21, 4.
[52] *Biblia.* Cfr. Primera Carta a los Corintios 15, 1-34.
[53] *Biblia.* Evangelio según Juan 11, 25-26.
[54] *Biblia.* Evangelio según Juan 14, 2.
[55] *Biblia.* Primera Carta a los Corintios 7, 31.

especialmente destinado a consolar a los cristianos que sufren en el mundo, nos avisa: "Vi un cielo nuevo y una tierra nueva. El primer cielo y la primera tierra habían desaparecido, el mar ya no existe"[56]. Dios prepara "unos cielos nuevos y una tierra nueva"

## El fin del mal

Ya en el Antiguo Testamento Dios anuncia que hay "un término" para el mal, consolando así al profeta Habacuc, que le dirige una oración llena de angustia: "Tus ojos, puros para contemplar el mal, no soportan la opresión. ¿Por qué, pues, ves a los traidores y callas, cuando el malvado se traga al justo? (...) Aguantaré de pie en mi guardia, me mantendré erguido en la muralla y observaré a ver qué me responde, cómo replica a mi demanda. Me respondió el Señor: «Escribe la visión y grábala en tablillas, que se lea de corrido; pues la visión tiene un plazo, pero llegará a su término sin defraudar. Si se atrasa, espera en ella, pues llegará no tardará. Mira, el altanero no triunfará; pero el justo por su fe vivirá»"[57]. Dios promete aquí de manera elocuente el final del mal.

Pero, con Jesús, nosotros "esperamos un cielo nuevo y una tierra nueva en los que habitará la justicia"[58]. La humanidad está en las manos de Dios: Él es nuestro futuro y nos librará del cataclismo que, tarde o temprano, se producirá. Se comprende entonces la importancia de tener buenas y profundas raíces y de saber redescubrirlas. Se producirá la liberación de la escena de este mundo en orden a un mundo nuevo. En la Biblia leemos la promesa de que la creación "será liberada de la esclavitud de la corrupción para obtener la gloriosa libertad de los hijos de Dios. Sabemos que hasta ahora la humanidad entera está gimiendo con dolores de parto"[59]. Toda la naturaleza será pues reconducida hacia Dios. En efecto, la voluntad de Dios es "que el universo, lo celeste y lo terrestre, alcanzaran su unidad en Cristo"[60]. Gracias a la obra de Cristo Mesías, las asechanzas de la naturaleza y de los animales dejarán de existir[61].

Hay que reconocer que Dios ha puesto *un término al mal* y que cada vez que decimos "Líbranos del mal", nos armamos de valor y fuerza para participar activamente, como hijos de Dios, en la liberación de todos los males, alcanzada por Jesús con su victoria. Al mismo tiempo, ponemos nuestra confianza en Dios Padre, conscientes de que, al final, con la segunda venida de Jesús a la tierra, Él intervendrá, librándonos y poniendo "término" a la obra del mal y a "todo mal".

---

[56] *Biblia*. Libro del Apocalipsis 21, 1.
[57] *Biblia*. Libro del Profeta Habacuc 1, 13; 2, 1-4.
[58] *Biblia*. Segunda Carta de Pedro, 3, 13.
[59] *Biblia*. Carta a los Romanos 8, 21-22.
[60] *Biblia*. Carta a los Efesios 1, 10.
[61] *Biblia*. Cfr. Libro de Isaías 11, 1-9.

### La verdadera gran esperanza

Ese mismo "final" de la obra del mal será anunciado en el Magnificat por María Santísima, por la Virgen María, Madre de Jesús, que viendo proféticamente realizada la obra definitiva del Salvador, exclama con alegría:

> "Despliega la fuerza de su brazo,
> dispersa a los soberbios en sus planes,
> derriba del trono a los poderosos y
> eleva a los humildes, colma de bienes
> a los hambrientos y
> despide vacío a los ricos"[62].

La fe alimenta esta *esperanza final* que los cristianos ofrecen al mundo junto a su colaboración para construirla. En la oración del *Padrenuestro*, al tiempo que rezamos para que Dios Padre nos libre del mal, confiando en su regreso, nuestro corazón se abre también al compromiso de construir, de modo que el Señor, a su vuelta, nos encuentre trabajando en favor de su reino. "Sólo que, cuando llegue el Hijo del Hombre, ¿encontrará esa fe en la tierra?"[63]. La esperanza, la verdadera esperanza, nunca defrauda y la petición "Líbranos del mal" nos tiene que servir para recordar que el mundo necesita esa esperanza, la esperanza verdadera y completa, que solo Dios puede dar.

En la Encíclica *Spe salvi*, Benedicto XVI invita a reflexionar sobre el peligroso intento de sustituir la esperanza en el reino de Dios con la esperanza en el "reino del hombre", y dice: "Así, la esperanza bíblica del reino de Dios ha sido reemplazada por la esperanza del reino del hombre, por la esperanza de un mundo mejor que sería el verdadero «reino de Dios». Esta esperanza parecía ser finalmente la esperanza grande y realista, la que el hombre necesita. (...) Pero a lo largo del tiempo se vio claramente que esta esperanza se va alejando cada vez más. Ante todo se tomó conciencia de que ésta era quizás una esperanza para los hombres del mañana, pero no una esperanza para mí. (...) También resultó evidente que ésta era una esperanza contra la libertad, porque la situación de las realidades humanas depende en cada generación de la libre decisión de los hombres que pertenecen a ella. Si, debido a las condiciones y a las estructuras, se les privara de esta libertad, el mundo, a fin de cuentas, no sería bueno, porque un mundo sin libertad no sería en absoluto un mundo bueno. Así, aunque sea necesario un empeño constante para mejorar el mundo, el mundo mejor del mañana no puede ser el contenido propio y suficiente de nuestra esperanza"[64].

¡El hombre, para vivir en el bien, no tiene necesidad solo del reino humano, sino también del reino de Dios! A las nuevas generaciones no se les puede

---

[62] *Biblia*. Evangelio según Lucas 1, 51-53.
[63] *Biblia*. Evangelio según Lucas 18, 8.
[64] *Magisterio*. Benedicto XVI, Carta Encíclica *Spe Salvi* (2007) n. 30.

negar y ocultar esta profunda necesidad. El hombre busca un Porvenir como busca un Padre: como busca su Fuente y también su futuro.

Y de ahí la importancia de volver a encontrar a Dios, nuestro Padre, y de volver a la oración del *Padrenuestro*. El mundo en su conjunto busca una esperanza. Las nuevas generaciones, un poco desilusionadas, no saben qué les puede deparar el futuro. Esta es la crisis de esperanza de muchos jóvenes, que están en el corazón del Papa y de la Iglesia[65]. ¿Quien hay en la escena mundial realmente capaz de proponer nuevos caminos o soluciones? ¿Qué modelo económico y político podría garantizar el bien común para todos? También el mundo de la economía y de las multinacionales, de la industria y las finanzas, debería abrirse a Dios y ponerse al servicio de las auténticas necesidades de cada hombre y de toda la humanidad, sin servirse de vicios y defectos, ni multiplicarlos.

¿Qué deben, entonces, aportar los cristianos a la construcción de un futuro global y sostenible en la tierra? Muchas personas se han visto arrastradas por la ideología marxista y por el comunismo. A este respecto, en la Encíclica *Spe salvi*, Benedicto XVI dice: "El error de Marx no consiste sólo en no haber ideado los ordenamientos necesarios para el nuevo mundo; en éste, en efecto, ya no habría necesidad de ellos. (...) Ha olvidado que la libertad es siempre libertad, incluso para el mal. Creyó que, una vez solucionada la economía, todo quedaría solucionado. Su verdadero error es el materialismo: en efecto, el hombre no es sólo el producto de condiciones económicas y no es posible curarlo sólo desde fuera, creando condiciones económicas favorables. (...) Todos nosotros hemos sido testigos de cómo el progreso, en manos equivocadas, puede convertirse, y se ha convertido de hecho, en un progreso terrible en el mal. Si el progreso técnico no se corresponde con un progreso en la formación ética del hombre, con el crecimiento del hombre interior (cfr. Ef 3,16; 2 Co 4,16), no es un progreso sino una amenaza para el hombre y para el mundo"[66].

La Iglesia afronta todas estas importantes y graves cuestiones no de un modo político, sino tomando parte en el debate social y político; acercándose a cada hombre y a todas las realidades humanas; purificando, sin embargo, todo reino humano, religioso o civil; llevando la bondad del Evangelio y la caridad de Cristo que está en el mundo, tanto de cara a las necesidades de esta tierra en el tiempo presente, como de cara a "un cielo nuevo y una tierra nueva"[67] en la eternidad.

En efecto, nada ni nadie puede colmar la gran esperanza que el hombre necesita, como nos recuerda Benedicto XVI: "La experiencia demuestra que las cualidades personales y los bienes materiales no son suficientes para asegurar esa esperanza que el ánimo humano busca constantemente. Como he escrito en la citada Encíclica *Spe salvi*, la política, la ciencia, la técnica, la economía o

---

[65] *Magisterio.* Cfr. Benedicto XVI, *Mensaje para la XXIV Jornada Mundial de la Juventud* (22 de febrero de 2009) (el texto en el Apéndice, n. 95, es disponible en el sitio web figlidichi.altervista.org).

[66] *Magisterio.* Benedicto XVI, Carta encíclica *Spe Salvi* (2007) n. 21-22.

[67] *Biblia.* Segunda Carta de Pedro, 3, 13.

cualquier otro recurso material por sí solos no son suficientes para ofrecer la *gran esperanza* a la que todos aspiramos. Esta esperanza «sólo puede ser Dios, que abraza el universo y que nos puede proponer y dar lo que nosotros solos no podemos alcanzar» (n. 31). Por eso, una de las consecuencias principales del olvido de Dios es la desorientación que caracteriza nuestras sociedades, que se manifiesta en la soledad y la violencia, en la insatisfacción y en la pérdida de confianza, llegando incluso a la desesperación. Fuerte y clara es la llamada que nos llega de la Palabra de Dios: «Maldito quien confía en el hombre, y en la carne busca su fuerza, apartando su corazón del Señor. Será como un cardo en la estepa, no verá llegar el bien» (Jr 17,5-6)"[68]. Nunca nos arrepentiremos de haber escuchado a Dios, confiando en Él.

El "Líbranos del mal" se transforma en un compromiso concreto de liberación social y de evangelización de los hermanos, como afirmaba San Juan Pablo II, en 1999, ante los Obispos de Canadá[69]. La liberación social y la evangelización para ser auténticas necesitan del anuncio de la verdadera, gran esperanza a la que se refiere la Encíclica *Spe salvi*[70], como nos recuerda el Papa Emérito Benedicto XVI.

Dios, nuestro Padre, Padre de la luz, de la belleza, de la bondad, de la verdad y del amor, está delante de todos; es Dios, Padre de la Vida, de la Verdad y del Amor, Señor de la historia que llama a todos junto a Sí. Este es el sentido de las Celebraciones Litúrgicas de la Iglesia católica, que son públicas, visibles por todos y están abiertas a todos. Esto también es un signo de luz y de amor para quien sepa verlo; permanece como una llamada que la misericordia de Dios dirige a la humanidad. Para nosotros, cristianos, nuestro encuentro con Dios se produce delante del mundo entero, porque es "para todo el mundo". Es preciso no olvidar el precioso valor de lo que Jesús nos ha donado y quiere donar continuamente a toda la humanidad.

En la invocación "Líbranos del mal" no solo late el anhelo de vernos libres de todo mal, sino también el anhelo de la esperanza de una vida feliz y plena para un futuro seguro y completo, de un mundo nuevo, ¡del reino de Dios para nosotros! Esta es también la belleza y la grandeza de la oración del *Padrenuestro*. Hay que redescubrir la riqueza de las raíces cristianas y hacer que las generaciones futuras la conozcan.

Los cristianos estamos especialmente comprometidos con el testimonio de la vida y del Evangelio glorioso de Cristo[71], indispensable para cada uno de nosotros y para el mundo con el fin de volver a encontrar a Dios y de construir un mundo bueno. Para permanecer firmes en el bien que está presente en el

---

[68] *Magisterio.* Cfr. Benedicto XVI, *Mensaje para la XXIV Jornada Mundial de la Juventud* (22 de febrero de 2009).

[69] *Magisterio.* Cfr. Juan Pablo II, *Discurso a los Obispos de la Conferencia Episcopal de Canadá (Región de Ontario)* (4 de mayo de 1999) (el texto en el Apéndice, n. 96, es disponible en el sitio web figlidichi.altervista.org).

[70] *Magisterio.* Cfr. Benedicto XVI, Carta encíclica *Spe Salvi* (2007) n. 27; n. 31 (el texto en el Apéndice, n. 97, es disponible en el sitio web figlidichi.altervista.org).

[71] *Biblia.* Cfr. Segunda Carta a los Corintios 4, 4.

mundo, así como para vencer el mal, que también está presente, necesitamos de la presencia de Jesucristo y de su Santo Espíritu, que lleva a plenitud la historia en la verdad y en el bien. Jesús nos recuerda: "En el mundo tendrán que sufrir; pero tengan valor: yo he vencido al mundo"[72].

---

[72] *Biblia.* Evangelio según Juan 16, 33b.

# 17

# La traición

El tema de la traición nos atrae porque, por un lado, nos impacta y nos asusta, pero, por otro lado, despierta nuestra curiosidad. ¿Por qué somos tan sensibles ante este tema? ¿Qué es lo que nos evoca la palabra "traición"? Quizás no nos gustaría que alguien nos traicionase y traicionase nuestra confianza. La simple idea y la posibilidad de que podemos ser traicionados crea en nosotros inseguridad, porque las relaciones humanas solo se pueden construir si se fundan en una confianza creíble. Esto nos ayuda a comprender que hay muchas cosas en la vida que quedan en manos de la libertad y, por tanto, dependen necesariamente de una relación de confianza. La palabra "traición" nos induce a pensar en una situación de inseguridad y de inestabilidad. En la base no está sólo algo que se busca y se quiere, sino también algo que se teme y que mina la relación de serena confianza.

Todas las relaciones humanas, con los amigos, entre compañeros, las de los enamorados y los novios, las de los esposos, las relaciones entre padres e hijos y entre hermanos, todas ellas implican una relación de confianza y libertad. En realidad, no podemos construir toda nuestra vida sobre la base de la actividad económica y del interés, porque hacen falta la confianza y la libertad; y esto es verdad porque en el hombre habita un gran misterio: el de ser a "imagen y semejanza"[1] de Dios. En efecto, solo así puede el ser humano vivir la belleza del amor y de la libertad, de la amistad y de la solidaridad.

Es en el centro de nuestra vida interior, antes que en la exterior, donde se dan el drama y el desgarro de la traición. Por eso somos tan sensibles a esta palabra: en el fondo estamos hechos de amor y de confianza. Pero estamos hechos también de algo que puede traicionar ese amor y esa confianza: la libertad. En efecto, con el don de la libertad, que nos hace ser personas, ¡podemos también traicionar!

La oración del *Padrenuestro* es una plegaria maravillosa que nos muestra el camino para recuperar nuestra identidad, nuestra relación con Dios y la fraternidad entre nosotros. En el *Padrenuestro*, Jesús nos enseña a volver a lo esencial y verdadero, para escapar de la "traición fundamental", de manera que la humanidad entera, los hombres y las mujeres, dejen de traicionarse y de hacer crecer la espiral de desunión y destrucción que la traición origina.

---

[1] *Biblia*. Cfr. Libro del Génesis 1, 26.

El pecado, en efecto, ha entrado en la vida humana ofuscando la confianza, el amor y la libertad. Hace falta valentía para admitirlo.

¿Quién cree realmente en el amor y en el amor de Dios?

Con el pecado ya no se cree tanto en el amor como en el interés,

en la confianza como en el temor,

en el premio como en la astucia,

en la bondad como en el beneficio,

en la inocencia como en el interés,

en la justicia como en la prepotencia.

Esta es la corrupción existente en el alma y que se manifiesta en el cuerpo: esta es la muerte del amor, que se manifiesta en la muerte del cuerpo. Este es el pecado que habita en el ser humano y lo aleja de Dios: está al acecho dentro del hombre, que siente más curiosidad por las cosas malas que por las cosas buenas.

Pero el hombre se cansa del mal y vuelve a buscar la luz y el bien, siente dentro de sí el hambre del bien y de la esperanza, siente que el amor puede vencer día tras día al mal que lo amenaza y que lo empuja a traicionar la vida. Y sin saberlo ¡"espera a Dios"!

## La necesidad de la revelación

Venimos de Dios y tenemos una constante necesidad de la verdad que nos hace "personas". Es interesante que mientras los animales viven tranquilos y en su misma vida tienen todo lo que necesitan, en la vida de los seres humanos no sucede eso: además de la vida y a lo largo de toda su vida, ya desde pequeños, los seres humanos quieren saber... la verdad y ¡buscan la "revelación"! Los seres humanos no tienen sólo modelos exteriores que les atraen, sino que tienen dentro un impulso que les mueve, no solo para crecer física y culturalmente, sino hacia algo que ignoran y no conocen: es la búsqueda del por qué de la vida, de su sentido y de qué hacer con ella. Son las preguntas existenciales: para qué vivir, para qué morir, para qué casarse, para que amar; y estas preguntas necesitan durante la vida y más allá de la vida, de la respuesta de una "revelación". Queremos conocer la historia, la nuestra y la de los demás, porque es algo esencial para nosotros, ya que estamos hechos de historia y buscamos su significado. Esto se debe a la dimensión espiritual de los seres humanos. A los animales les basta conservar la vida, aparearse y tener cachorros. Los seres humanos, en cambio, además de admitir las necesidades de la vida biológica, necesitamos asumir la historia de nuestro vivir, de nuestro estar juntos y proyectar nuestro futuro. Revelación y verdad constituyen una parte esencial de lo que necesitamos para vivir humanamente y con dignidad.

Somos sensibles a la verdad, porque hemos sido creados "a imagen y semejanza" del Dios vivo y verdadero. Si, por ejemplo, nos fijamos en una pareja de novios o de esposos, podremos constatar lo sensibles que son a la verdad entre ellos, para poder construir su relación y su futuro. Si un niño, en la relación con sus padres, experimenta que éstos le han mentido, su confianza puede venirse abajo y alterar así su desarrollo normal. La mentira rompe los vínculos entre las personas, es un duro golpe para nuestra mente, para nuestra psique y para nuestro corazón y predispone nuestra libertad.

La dinámica de la traición pasa precisamente por la mentira, que enseguida se hace evidente: "no es verdad lo que me has dicho". Entonces la relación se viene abajo. La vida humana no avanza a golpe de instinto, como en las relaciones entre los animales, sino con la libertad de amar, en la que básicamente estamos supeditados a la verdad o a la mentira. En el fondo, ¿qué hay más grande que el amor? Un amor verdadero. ¿Qué quiere en el fondo el amor? La verdad. Sin verdad, el amor no puede ser un amor verdadero. Sin la verdad no podemos ser realmente "humanos". En esta base de la libertad, de la confianza y del amor, típicamente antropológica, se va introduciendo la experiencia de la "traición". Dios ha querido mostrarnos, en la Biblia, el itinerario de la traición de los seres humanos.

## La primera traición

La traición empieza desde lejos y dentro del hombre, con el pecado.

En efecto, en las raíces de la historia de la humanidad hay un episodio de traición que relata la Sagrada Escritura, en el capítulo 3 del Génesis, donde se habla de la traición de nuestros primeros padres. Desde entonces, el hombre, si no tiene una conciencia vigilante, puede incurrir en la traición casi sin darse cuenta, porque sus facultades están de algún modo alteradas a causa del pecado original, ese primer pecado que cometieron el hombre y la mujer.

## El primer efecto

Eva, al elegir pecar por primera vez, hace propia la mentira, la propuesta de traición y la rebelión. Decide así alejarse de Dios que es Santo. El primer efecto del pecado será la pérdida de Dios y de la santidad de la vida humana. Al alejarse del Creador, la mujer elige tomar aquello que es de Dios, en lugar de vivir amorosamente para Dios en su reino, donde Él la puso junto con Adán: Satanás la movió a actuar contra Dios, sin Dios, a pesar de Dios. La rebelión y la desobediencia a la relación fundamental con Dios constituyen el pecado original: no querer pertenecer a Dios, vivir al margen de la relación con Él, a pesar de haber sido creados por Dios a su "imagen y semejanza" en el amor; huir de la relación con Dios, para crear otra realidad al margen. También Adán participa de hecho en esta terrible ruptura con Dios, que es el Amor. De ese modo, en lugar de ser libres dentro de esa relación de amor, quieren ser libres al margen de ella: en esto consiste la traición.

Y, en efecto, tras haber creído en la mentira de Satanás, se rompe su confianza en Dios: Adán y Eva ya no sienten el amor y la verdad de Su existencia, sino que ¡se esconden de Él! Lo cual – bien pensado – es bastante absurdo. El pecado supone introducirse en el absurdo, donde la lógica del pensamiento se trastoca, se "invierte": es lógico esconderse por miedo[2]; pero

---

[2] *Biblia.* Cfr. Libro del Génesis 3, 8-10.

ellos se esconden sin lógica alguna, porque se esconden de Dios... ¡y eso es imposible! Nace así en los seres humanos el miedo, que es mucho más amplio que el experimentado por los animales. Piden a la tierra que los cubra y morirán así "cubiertos" por la tierra..., a menos que decidan fiarse de nuevo de Dios, para que los lleve de vuelta a la Luz, a la Belleza, al Bueno, al Santo y al Justo. Será necesaria toda la bondad de Dios, que enviará a su Hijo e incluso lo entregará hasta la muerte, para demostrar al hombre su amor, con el que quiere que se salve.

## El segundo efecto

El segundo efecto del pecado y de la traición vino dado por la ruptura interior del ser humano: su vida pasó a ser una vida completamente desorientada. El hombre perdió la integridad de sus energías fundamentales: las energías sexuales, psíquicas, afectivas, mentales y todas las demás energías del corazón y del espíritu, dejaron de estar integradas y quedaron disgregadas y en desorden. Por esto la muerte entró en la vida humana, esa muerte del hombre que Dios nunca habría querido para él. Dios, como nos dice la Sagrada Escritura, "no hizo la muerte"[3]. Con el pecado original se produjo la disgregación celular, psíquica, afectiva y espiritual: el hombre, creado como un ser dotado de integridad, perdió su unidad e igualmente la mujer. El ser humano tiene muchas dimensiones, pero están desunidas. Así, hay quien se refugia en la dimensión sólo espiritual; hay quien está sometido a la dependencia sexual y su uso; hay quien se deja arrebatar por las satisfacciones corporales o el bienestar material; quien se esconde en la dimensión exclusivamente afectiva y quiere construirse su mundo; hay quien se defiende con la seguridad que da poseer casas, bienes y propiedades y otros con la seguridad del pensamiento y la fantasía.

En definitiva, hay mil manifestaciones de una vida que traiciona, porque el hombre, al traicionar el misterio de la relación con Dios, se ha traicionado a sí mismo, ha traicionado su propio misterio y se encuentra ahora dividido "en muchos pedacitos", de los que procura satisfacer uno al menos. En ese "pedacito" está "prisionero", porque ya no consigue salir fácilmente de ahí para abrirse a la luz. Todo ser humano lleva dentro de sí la aspiración a la vida y a la integridad, pero experimenta la condición opuesta[4].

Fracturas y conflictos internos y externos, sufrimientos y sin sentidos, pecados y traiciones, forman parte de la existencia humana. Hemos perdido, en cambio, aquella unidad que es nuestra paz, nuestra alegría: la paz, a la que aspiramos todos, es la felicidad; es precisamente la capacidad de unificar en armonía todas nuestras disposiciones, todas las dimensiones con las que hemos sido creados por Dios. Para esto hace falta volver a encontrar a Dios en la fe y en el amor de Cristo Jesús.

---

[3] *Biblia*. Libro de la Sabiduría 1, 13.
[4] *Biblia*. Cfr. Carta a los Romanos 7, 18-23.

Algunos, encerrados en su "pedacito", no hacen ya ningún esfuerzo por dejar que Dios los libere, ni por entrar por la puerta estrecha[5], que les permitiría "pertenecer" a la vida plena y completa que Dios ofrece. Quienes obran así no piden que se les libere de la prisión en la que se encuentran, que más bien debe ser "reconocida" como una libre opción que han hecho, sea cuál sea, con todos los derechos – también los religiosos – y culpan injustamente a la Iglesia de no ceder estos derechos, como si le perteneciesen. Fiel a Jesucristo, en efecto, la Iglesia no puede cambiar o inventarse derechos que no existen. Éstos parecen tratar a la Iglesia como si fuese más una mera Organizaciòn a la que dirigirse, que la Familia de los hijos de Dios.

La oración del *Padrenuestro* nos reconduce[6] por etapas a reencontrar el camino para recuperar nuestra existencia profunda con Dios, la santidad y nuestra misma condición humana, hecha de amor y de fraternidad. El *Padrenuestro* nos permite redescubrir el camino a casa, es "la oración del retorno" a la casa del Padre. Nosotros le importamos. Él es la Verdad que nos salva de la mentira, de la rebelión, del pecado, de la traición y de la muerte.

Será necesario el don de Dios y de Jesús, el don del Espíritu Santo, para santificarnos y hacer que gradualmente volvamos a encontrar la santidad y la integridad.

Será necesario que Jesús tome sobre sí nuestros pecados y pague en su persona. Solo así, viendo sus espinas, viendo en qué estado lo hemos dejado, "cómo hemos dejado al hombre" – «Aquí tienen al hombre»[7] – cada uno podrá abrir los ojos y darse cuenta de que está contemplando la imagen de su propio mal, porque Jesús crucificado es la fotografía de la humanidad, de las atrocidades de las que la humanidad es capaz respecto de quien es la Belleza, la Bondad, la Verdad y la Justicia. El Crucificado nos habla del inmenso amor de Dios por nosotros y, a la vez, del terrible mal que se puede manifestar en hombres y mujeres a causa del pecado: dentro de nosotros hay cosas que no son buenas; ofendemos a quien es pobre, a quien es pequeño, a quien es humilde a quien ama. Ofendemos y hacemos daño: no es pues verdad que solo hacemos el bien. Jesús es como la fotografía de nuestra humanidad, ha tomado sobre sí nuestra humanidad, nuestros pecados, nuestro sentido de destrucción y de traición, hasta el punto de hacérnoslo patente.

Este es el amor de Jesús por nosotros: Él nos rescata y nos hace ver que, en su misericordia, Él mismo es más fuerte que el pecado y que el desgarrador mal que la humanidad lleva dentro de sí y es capaz de hacer. Es lo que se pone de relieve de manera emblemática con Judas.

## Judas

Antes que en la acción externa, la traición se consuma ya interiormente y se dirige contra la verdad y el bien que habitan dentro de nosotros. Veamos qué sucede en la traición de Judas. Judas escuchó la predicación de Jesús y vio

---

[5] *Biblia*. Cfr. Evangelio según Mateo 7, 14.
[6] *Biblia*. Cfr. Evangelio según Juan 10, 14-18.
[7] *Biblia*. Evangelio según Juan 19, 5.

muchos de sus milagros: ¿cómo es posible entonces que haya traicionado a Jesús? Y ¿por qué Jesús eligió entre los doce apóstoles a alguien como Judas? Jesús no "necesita" la traición de Judas, no necesita nuestros pecados, porque Dios no nos usa. Así pues, aunque no hubiese existido el pecado, ni hubiese sido necesario redimir a la humanidad, ¡Jesús habría manifestado de todas formas su amor por nosotros! Pero, dado que nuestra condición humana "está" en el pecado, Jesús se ha encontrado con ella y la ha elegido para redimirla: por eso eligió "también" a Judas en el número de los apóstoles. Así pues, Judas representa la condición humana de todos.

Todos nos sentimos atraídos por Judas, porque a Judas, de algún modo, todos lo llevamos dentro. Se trata de ese "veneno" del pecado, simbolizado por la serpiente, que está dentro de nuestra humanidad pero que, en el fondo, no es del todo "nuestro": querríamos suprimirlo de la sociedad, de las familias, de nuestros hijos y amistades. Pero, ¿cómo hacerlo? Veamos la trayectoria de Judas.

¿Qué tiene Judas de particular? ¿Por qué, de una forma u otra, nunca mejora, sino que siempre cae más bajo? Los acontecimientos lo hacen empeorar, en lugar de mejorar. ¿Qué le sucedió a Judas? La comparación con Pedro puede ayudarnos a entenderlo. Pedro quería de verdad a Jesús y se preocupaba por Él con gran entusiasmo. Pero en un determinado momento, cuando le acusan de formar parte del grupo de los apóstoles, comienza a renegar de Jesús por miedo: "No, yo no soy uno de sus discípulos"[8]; una vez, dos veces, tres veces, por miedo, un miedo que contradice su amor. Ahora bien, precisamente por el amor que tenía a Jesús, se arrepiente y más tarde el mismo Jesús le preguntará: "¿Me quieres más que éstos?"[9]. Jesús le preguntará por su amor tres veces, como tres veces había caído Pedro: por debilidad y por miedo. Quería seguir a Jesús, pero a su manera, quizás a causa del miedo de tener que seguirlo a la cárcel. Pero Pedro se arrepiente y sigue amando a Jesús y por eso mismo recibirá la fuerza para seguir a Jesús en todas partes.

Judas, en cambio, no amaba a Jesús y aunque estaba cerca de Él, amaba algo distinto. Tomaba de Jesús aquello que le interesaba. Jesús lo había llamado junto a sí, como a los demás apóstoles, y le había confiado "su amor por los pobres", junto con la bolsa para los pobres[10], de la que, sin embargo, Judas robaba: "porque era un ladrón; y, como llevaba la bolsa, robaba de lo que ponían en ella"[11]. Se servía del amor de Jesús por los pobres para lograr su objetivo; se hacía pasar por capaz de recoger "para los pobres", pero no los amaba. Por tanto, la traición pasa primero por la mentira y, luego, siempre por el robo. Judas al caer de la tarde estaba relajado, "satisfecho" como tantas personas que se van tranquilas a la cama, pero con los pecados sobre su conciencia.

¿Robar era en Judas solo un vicio o utilizaba las cosas ajenas para un "plan" que tenía? No lo sabemos. Pero lo sucedido con Judas resulta emblemático

---

[8] *Biblia*. Cfr. Evangelio según Juan 18, 15-27.
[9] *Biblia*. Evangelio según Juan 21, 15.
[10] *Biblia*. Cfr. Evangelio según Juan 12, 6.
[11] *Biblia*. Evangelio según Juan 12, 6.

para todos. Judas, antes que por fuera, es "ladrón" por dentro. No respeta a Jesús, sino que se sirve de Jesús. No amaba a Jesús, sino que amaba lo que Jesús hacía; pero no precisamente porque lo hacía Jesús, sino porque al atraer a las masas, su "bolsa" se llenaba. Jesús mantiene a Judas a su lado, dándole ejemplo, porque quiere estar cerca del hombre incluso cuando peca, con vistas a redimirlo. Cuando Judas pregunta a Jesús por la identidad de aquel que lo iba a traicionar, en lugar de denunciarlo ante los demás apóstoles, Jesús le mostrará una vez más su amor y su disponibilidad, ofreciéndole como signo de amistad un trozo de pan untado[12]. ¡Jesús es el verdadero compañero de nuestra vida! Siempre y en todas partes, hasta el final... Por desgracia fue Judas el que decidió "terminar con todo": ¿pensaba quizás que Jesús no le habría perdonado como hizo con Pedro?

¿Por qué Judas no se convirtió? Cuando Jesús hablaba, Judas no escuchaba, sino que calculaba cuánto podría robar de la bolsa, a la vista de las muchas personas que llegaban. Judas no quiere seguir el proyecto de Dios, sino que quiere seguir "su" propio proyecto: se ama a sí mismo más que a Dios. Esta es la traición. Judas entregará a Jesús a los Judíos por treinta monedas de plata[13] y, por eso, se pone de acuerdo con ellos. "Al que yo bese, ese es: arréstenlo"[14]. Judas se sirve de un gesto de afecto por dinero, por ambición, para su proyecto. Jesús llama a su conciencia: "Amigo, ¿a qué has venido?"[15] y le hace ver que se está sirviendo del amor, del afecto y de su confianza, ¡para traicionar! Judas está convencido de que hace lo correcto y, una vez más, no escucha.

Esta es la insensatez que ha entrado en el ser humano con el pecado: piensa que puede hacer muchas cosas buenas ¡traicionando! La psicología, la física, la química y las neurociencias se detienen aquí: no son capaces de explicar las razones profundas del espíritu humano y de la libertad del hombre.

Jesús dirá la verdad a Judas, pero Judas no escuchará la verdad. ¿Por qué? Porque él nunca en su vida tuvo amor a la verdad; apagó el amor a la verdad, ya que no le interesaba y deseaba seguir aquello que quería. ¿A qué se muestra sensible? A la pérdida de lo que él deseaba. Una vez arrestado Jesús, Judas se da cuenta de que Jesús no hace un milagro, no se impone para desbaratar a todos, como quizás él esperaba, porque no había visto en los milagros de Jesús el amor a todo hombre. Solo había visto en los milagros lo que él quería ver: el poder y la capacidad de hacer crecer la bolsa de la que robaba. No conoce el amor de Dios, no conoce la verdad del proyecto de Dios; durante años se negó a conocer la Palabra de Dios y el "como" de Dios. Judas quiere servirse de Jesús, quiere realizar su proyecto sirviéndose también de Jesús, pero las cosas no suceden como él pensaba. Entonces el proyecto de su traición se viene abajo. Una vez más, los pensamientos del hombre que no sigue a Dios se engañan, como dice la Biblia: "Conoce el Señor los pensamientos humanos

---

[12] *Biblia*. Cfr. Evangelio según Mateo 26,25; Juan 13, 26.
[13] *Biblia*. Cfr. Evangelio según Lucas 22, 47-48.
[14] *Biblia*. Evangelio según Mateo 26, 48.
[15] *Biblia*. Cfr. Evangelio según Mateo 26, 49-50.

y sabe que sólo son un soplo"[16]. Y también: "Más vale escuchar la reprensión de un sabio que escuchar la alabanza de un necio"[17].

Se va cayendo así en la autodestrucción, que a lo largo de la historia ha dado lugar a suicidios de personas con importantes responsabilidades sociales. Entonces, Satanás reaparece nuevamente y empuja a Judas a la autodestrucción y al suicidio. El programa satánico avanza gradualmente: la mentira, la traición, el robo, la desesperación, la autodestrucción, el homicidio y la muerte. El proceso satánico termina con el homicidio o el suicidio.

Cabe llegar al arrepentimiento y al rechazo de la propia historia perversa, pero para salvarse ¡siempre hace falta Jesús, con su misericordia! Judas, de hecho, "se arrepintió y devolvió las treinta monedas"[18], un dinero que debía servir a su amor propio y no al amor de Dios y del prójimo. Cuando el proyecto se viene abajo, ese amor propio se convierte en rechazo de uno mismo y de lo que se ha hecho. Y, entonces, con el amor desordenado se viene abajo también la vida que, al no poder ya realizarse y no tener otros valores fuertes, se convierte en autodestrucción, mediante el suicidio[19].

Hay un amor equivocado a uno mismo que llega a transformarse en traición a uno mismo. Se traiciona porque la vida ha sido traicionada. La traición se manifiesta a tres niveles: el primero es el que se define como "desintegración", es decir el hombre ya no es íntegro y eso hace que sus sucesivas decisiones también carezcan de integridad.

La primera traición se supera recuperando la autenticidad de la persona. La curación consistirá en hacerse con las riendas de la propia vida en todas sus dimensiones, espiritual, afectiva, física y sexual, cultural, mental, histórica, ambiental, y revisarlas para armonizarlas, quitando falsedades y ambigüedades. Es un proceso de autenticidad para encontrar de nuevo las raíces y la unidad del ser humano. Hoy, en cambio, lo que se propone es la realización de una parte de uno mismo: los viajes, la carrera, el trabajo; pedacitos con los que una persona pueda volverse dominante y sentirse satisfecha. Esta exacerbación de la realización humana es una traición muy golosa para la economía, porque así el mercado puede vender muchos "productos" útiles para que cada uno realice una parte de sí mismo. Esa parte de sí mismo, idolatrada, se convierte en el todo. Esta es la traición deshumanizadora, organizada y propuesta en la sociedad.

## La traición de la pareja

El segundo nivel de traición es la disgregación de la pareja y de la familia: de aquello que es, precisamente, la palabra dada, la palabra de pertenencia mutua "en el don sincero de persona a persona".

No se puede ofrecer en don la unidad conyugal, la unidad de las personas, si primero no se recupera la autenticidad personal. En efecto, la mayoría de

---

[16] *Biblia*. Libro de los Salmos 94, 11.
[17] *Biblia*. Libro del Eclesiastés 7, 5.
[18] *Biblia*. Cfr. Evangelio según Mateo 27, 3.
[19] *Biblia*. Cfr. Evangelio según Mateo 27, 5.

las personas actualmente han sido educadas para poseer y disfrutar, para lo que resulta útil. Entonces, los dos no conseguirán fácilmente juntar sus vidas sin utilizarse uno al otro como piezas que se encajan: deben donarse la vida y no saben por dónde empezar a donarla.

Este es el problema de hoy: ¿qué se donan el hombre y la mujer? ¿Sus intereses comunes? ¿Hasta qué punto se sostienen? Aquí aparece el miedo a casarse, el miedo a amarse, el miedo a traer hijos al mundo. Se bloquea la vida misma. "¿Tendré posibilidades económicas para poder llegar a cumplir los deseos de mi hijo?" "¿Cuánto tiempo lograremos estar juntos?" La pareja entra en crisis porque la primera "traición" está en las raíces. No se puede engañar a la vida humana, porque el engaño no funcionará. Si traicionas a la vida, la vida te traiciona. Hemos querido servirnos de la vida sin respetarla. El hombre traiciona la misión que Dios le ha confiado de gobernar la naturaleza en el nombre de Dios[20]: la explota manipulándola y la naturaleza, en un determinado momento, deja de funcionar como debería.

Si no nos amamos a nosotros mismos, respetando el modo como Dios nos ha hecho, tampoco podemos amar a los demás: no podemos amar la familia, si no nos comportamos en sintonía con la verdad profunda. Las relaciones estarán también marcadas por el utilitarismo y no habrá donación recíproca, en comunión, de la vida de uno a otro, ni tampoco de la vida a otros, a los niños, en nombre del verdadero amor. ¡A menos que no sean niños de los que servirse para la ambición personal! Por esto, el futuro de los niños ¡corre peligro! En efecto, se desearán hijos a medida. El coche, el piso, la ropa, los elegimos según nuestros propios gustos; y así puede llegar a suceder también con los hijos... Otra traición fundamental, no sólo de la vida personal, sino también de la vida de los hijos, que pasan a ser como nuevos esclavos.

En realidad, la pareja con raíces bien arraigadas en la "roca" advierte, en camino con Dios, la belleza y la grandeza de la vida, tiene capacidad de amor y de don "a imagen de Dios", para la vida de otros seres humanos capaces de amar. Este misterio de la vida como "don", que supera la simple vida "de los dos", queda confiado a su amor.

La traición de la realidad personal, ignorada y pisoteada, hace que se traicione también la realidad, el don y el misterio al cual es llamada la pareja. Pisoteando el sacramento del Matrimonio del que son ministros, pisotean el don y el compromiso del amor y también de la fe. En esto consiste el adulterio[21]. Sería mejor verificar la autenticidad del vínculo y del sacramento antes de cualquier nueva elección. Pero, para hacer eso, es necesario sentir que se pertenece a algo más grande que ese "pedacito" propio, que se ha conquistado o perdido en la vida, es necesario sentirse comunidad cristiana, sentirse "Iglesia".

También la economía ha conducido a satisfacer alguna necesidad, ese propio "pedacito" de vida. Estamos educando a nuestros hijos de esta manera, a elegir un "pedacito". No importa que ese pedacito atente contra otros: se

---

[20] *Biblia*. Cfr. Libro del Génesis 1, 28 ss.
[21] *Biblia*. Cfr. Evangelio según Mateo 19, 3-9; Evangelio según Marcos 10, 11-12.

quiere y punto. Incluso dentro de la familia, cada uno termina por ir "a lo suyo", sirviéndose de la familia, pero sin descubrir la misión que ésta tiene.

En esto consiste la traición de la familia, en que cada uno roba la vida cuando el misterio es ocultado, manipulado o fragmentado, para tomar solo lo que interesa y obtener lo que se desea, lo que cada uno ha decidido "tener", a fin de que la vida llegue a ser como el sueño o la realización que se tiene en mente: pero no el misterio de la vida, no el misterio de la pareja y de la familia. Aquí es donde está la traición. Existe una "cultura de la traición", como existe también una "cultura de la muerte", que habitualmente la gente no percibe. Por eso, redescubrir la raíces cristianas de la persona, de la familia y de la sociedad es esencial para volver a saber quiénes somos y qué futuro quiere Dios para nosotros.

## La traición de la sociedad

Veamos, por último, la traición de la sociedad. El hecho de que el proceso de maduración y autenticidad de la vida personal, al igual que de la vida de pareja y de su misión social, no se haya producido, ha traído como consecuencia una pérdida de rumbo también en la sociedad: a nivel individual no se busca algo bueno para luego compartirlo en la vida social, sino que el objetivo es servirse de los demás para sacar el mayor provecho personal de las distintas situaciones que se vayan presentando. El egoísmo personal se transforma en egoísmo social, egoísmo del más fuerte, del más astuto, por parte de quien tiene más posibilidades y más amistades "útiles".

El egoísmo vivido en la familia pasa a ser el egoísmo de las familias presente en la vida social; e incluso es peor cuando la sociedad misma se convierte en lugar y medio para la delincuencia, para la proliferación de la criminalidad y la mafia en sus distintas formas: prostitución, drogas, tráfico de armas, explotación y tráfico de personas. Entonces, también el derecho y el amor a la justicia terminan por desaparecer tarde o temprano... El derecho pasa a ser derecho de unos pocos. No se busca el bienestar para todos: "de todo el hombre y para todos los hombres", como ya hemos visto.

Más aún, nos juntamos en grandes grupos económicos para sostener nuestros intereses egoístas. En los grandes centros comerciales encontramos de todo: el bienestar está a disposición con facilidad, tanto en invierno como en verano; la gente coincide allí; es libre y puede hacer de todo; son como pequeñas ciudades a escala humana, donde todos pueden encontrar respuestas a sus necesidades y demandas, pero donde solo tenemos en cuenta lo que se ve y se puede comprar y vender.

Todo el mundo usa de todo, pero sin que nadie sepa quiénes somos y a dónde vamos: el mundo se está organizando sin dimensión espiritual, sin Dios Padre, sin que sepamos quiénes somos y a dónde vamos. Nos juntamos y nos emparejamos: casi como un mundo de animales humanizados, o un mundo humano hecho de "animales de bien"... Que las personas, incluidos los jóvenes, se suiciden o que, como sucede en algunos países, la gente pueda ir a una farmacia a pedir la muerte, ¿no da qué pensar a nadie? La vida social, que debería estar al servicio del misterio de la persona y del misterio de la pareja, se pone, en cambio, al servicio de intereses egoístas, de una vida y una cultura de la especulación y de la ganancia a toda costa.

Pero, ¿qué es lo que le falta a este proyecto humano de bienestar para todos, con miles de recursos y con cantidad de oportunidades de realización diferentes? Le falta esa dimensión que la humanidad está olvidando de manera programática, la verdadera dimensión espiritual; de este modo, han desaparecido también el proyecto conjunto y el bien común. El desarrollo se convierte en ambición y poderío económico que es fuente de explotación y al que hay que explotar: se utiliza por entero esta vida y todos sus recursos, los de todos, para dar a todos de comer lo que desean. Lo importante es que todos estén contentos, bien alimentados como cerditos..., porque así resultan útiles, de modo que sea posible satisfacer el egoísmo de cada uno, o, mejor todavía, el "egoísmo de masa".

Ya no son el amor y el bien los que mueven las cosas, sino el amor de uno mismo, el amor interesado, el amor que construye sobre el interés – do ut des, te doy si me das – no sobre el bien y en la verdad. Por eso nuestras sociedades y el mundo entero se vuelven cada vez más áridos, sin amor, sin espiritualidad, sin Dios. Ya no es una humanidad, una sociedad que revela la verdad al hombre y lo ayuda. Es una sociedad que lo utiliza y por eso le hace retroceder. ¡Una utilización recíproca y democrática! La globalización, la red financiera mundial y el desarrollo económico "virtual" están poniendo gravemente en crisis el modelo de desarrollo social.

¿Quién ha tomado las riendas del proyecto común? Nada más y nada menos que "Comefuegos", como en el cuento de Pinocho, que está oculto detrás del telón moviendo los hilos de sus marionetas. Nosotros sabemos que existe el enemigo, como lo llama Jesús[22], que quiere ocupar el lugar de Dios y para ellos se sirve de "gregarios", de espíritus y también de seres humanos, de los distintos "Comefuegos", que juegan con fuego, o de los diferentes tiranos de turno. Han apartado a Dios de la sociedad, para ponerse ellos en el lugar de Dios...

Así pues, el tercer nivel de traición se produce en la sociedad cuando ésta no vive su servicio al bien común y al bien de todos los ciudadanos: la sociedad entonces ¡se traiciona a sí misma! Al final, la vida social ya no está al servicio de todos los ciudadanos, sino solo de aquellos que "triunfan" dentro del sistema. No está al servicio de todo el hombre, sino solo de aquella "parte" del hombre que resulta útil para el engranaje económico, político y social. En el fondo, es una sociedad insaciable, que vive solo de la ambición, y en la que el proyecto individual o de unos pocos se convierte en la aspiración máxima. Al final, resulta que, por comodidad y por llegar a compromisos, somos capaces de aceptar el mal. La tarea de los cristianos en esta sociedad es volver a resaltar, con respeto, con libertad y con solidaridad, la importancia y alcance de los valores. Estamos llamados a superar la traición insuflando nuevas energías y nuevas esperanzas en servicio de la ciudad de los hombres y en favor del reino de Dios.

---

[22] *Biblia*. Cfr. Evangelio según Mateo 13, 39.

¿Hacia dónde estamos yendo? Dependerá de nosotros. El camino cuesta abajo es la autodestrucción. La traición de la vida lleva a la vida que traiciona: en la persona se manifiesta con el suicidio; en la pareja se proponen el adulterio y las "nuevas experiencias" para hacer la vida agradable... De ese modo aparecen la traición recíproca y la desunión de las familias que trae graves consecuencias para los hijos: ¿cuál de esos hijos creerá ya en una familia estable y feliz? Sigue luego la disgregación y la destrucción de la sociedad se convierte en destrucción de los seres humanos con la muerte y el homicidio, como la historia tantas veces nos ha mostrado. Hoy se destruyen el significado y el sentido de la vida. Es algo que está empezando.

En el caso de los embriones humanos, por ejemplo, eso ya está sucediendo: se habla de millones y millones de vidas que cada año se destruyen. Se hace ya publicidad de distintas formas para animar a abortar. ¿No es todavía un aborto masivo, aunque se induzca democráticamente a la gente a eliminar 40 millones de vidas cada año? "Si la vida del otro te molesta, elimínala...". Es como las limpiezas étnicas, pero de otro tipo. Nos recuerda a Hitler...: un proyecto de destrucción para ser mejores. Y así, el día de mañana, se asesinará para lograr un futuro mejor en el mundo. ¿Qué futuro? Si la tierra es ésta, si no hay otra solución, si no hay paraíso alguno..., se quiere entonces construir una tierra superior. No una raza superior, como decía Hitler, sino una sociedad superior... ¿Por qué traer al mundo hijos enfermos que no podrán vivir mucho tiempo? ¿Y un anciano que ya no produce nada? ¿Vamos a permitir que el dinero en lugar de servir para construir buenos parques para los niños, que crecen sanos, se destine a ancianos en decrepitud? El problema será cada vez en mayor medida la vida misma, en su fase inicial y final: de la concepción a su término. Precisamente por esto, la llamada de la Iglesia se ha hecho acuciante en estos años, para retomar el camino del amor verdadero y del verdadero servicio a la vida. La oración del *Padrenuestro* nos lo recuerda constantemente en todas sus fases.

La traición, de suyo, lleva a la destrucción de la vida en la misma sociedad que la defiende, la propone y la lleva a cabo con el consentimiento de los propios ciudadanos y con los medios económicos que éstos facilitan. En verdad, la palabra "traición" quiere apelar a la conciencia con una llamada para que los seres humanos sepan detenerse y convertirse, acogiendo la victoria sobre el mal que nos es ofrecida por Jesús.

"Judas, ¿con un beso entregas al Hijo del Hombre?"[23]. ¡Esto es lo que sucede! La traición se cubre y se camufla de afecto y de bien, como hizo Judas. Satanás, el enemigo, el artífice de toda "traición de la vida" se sirve del bien para causar el mal: y así, ¡Judas traiciona mediante un beso! ¡Con el dinero del marido o de la mujer se traiciona al cónyuge! Con su dedicaciòn "miope" apego a los hijos, ese padre o madre traiciona su misión. Con el afecto egoísta los padres traicionan a sus hijos y los hijos se traicionan a sí mismos y sus padres. Así, con una "bonita mordaza de vivos colores y muchos derechos", pero sin saber de dónde nacen, la sociedad traiciona a los ciudadanos, a los seres humanos: incluso con algo bonito y agradable que atrae, fascina e impacta,

---

[23] *Biblia*. Evangelio según Lucas 22, 48.

porque la traición siempre se nos viene encima. Por eso es tan letal: entra en las casas, entra en el corazón, entra en el cuerpo, entra en la economía, entra en la política. La traición supone siempre una desunión contraria a la vida social, a Dios y a uno mismo.

Pero la misma palabra "traición" se nos presenta también como una llamada de atención en la nueva evangelización, porque ayuda a darse cuenta y a ser conscientes de lo que sucede. Es la misma llamada que Jesús dirigió a Judas: para que nos detengamos y nos demos cuenta, antes de la muerte y de la destrucción, de cómo podemos intervenir e impedir el mal. Es una importante invitación que podemos asumir y, en cuanto cristianos, poner ante los corazones, ante las inteligencias y ante las conciencias, tanto a nivel personal, como de las parejas y de la entera sociedad.

En efecto, todos podemos amarnos y ayudarnos porque nos encontramos en la misma situación, en una gran aldea global; y todos haríamos bien en escuchar más, sin huir de las responsabilidades, pensando que somos los más listos, como pensó Judas, que no escuchó la llamada de Jesús.

Jesús sigue buscándonos con su amor y sigue llamando a nuestra puerta[24], insistiendo muchas veces en su llamada: "Pero, cuando llegue el Hijo del Hombre, ¿encontrará esa fe en la tierra?"[25]. Dios nos reprende para atraernos de nuevo hacia sí: "Esto haces, ¿y voy a callarme? ¿Crees que soy como tú? Te acusaré, litigaré contigo. Entiendan bien esto, los que olvidan a Dios"[26]. "No busquen la muerte con una vida extraviada"[27]. "A los que amo yo los reprendo y corrijo"[28].

Las enseñanzas del *Padrenuestro* nos ayudan a superar los obstáculos y salir de la traición personal, familiar y global. En efecto, " El Señor se confía a sus fieles y les revela lealmente su alianza"[29] . En el comienzo de la sabiduría, como Dios nos recuerda en la Biblia, es respetar al Senor está el santo "temor de Dios"[30]: para nosotros es algo bueno, que nos conviene, ya que "El temor del Señor es un don del Señor, pues se asienta sobre los caminos del amor"[31]. De hecho ese "santo temor de Dios" no es el miedo a algo que nos supera y que desconocemos: significa, en cambio, tener presente que Dios – al que sí conocemos – es verdaderamente nuestro Padre y que podemos volver a Él y a todo su Bien, a su poder de amor, con Jesucristo, nuestro Señor y Salvador. Todos lo vemos y lo gozamos ya, cuando vemos que alguien vuelve y se arrepiente de su traición.

---

[24] Biblia. Cfr. Libro del Apocalipsis 3, 20.

[25] *Biblia*. Evangelio según Lucas 18, 8.

[26] *Biblia*. Libro de los Salmos 50, 21-22.

[27] *Biblia*. Libro de la Sabiduría 1, 12.

[28] *Biblia*. Libro del Apocalipsis 3, 19.

[29] *Biblia*. Libro de los Salmos 25, 14.

[30] *Biblia*. Cfr. Libro del Eclesiástico 1, 14. Así como en la versión oficial de la Biblia de la Conferencia Episcopal Española (aprobada en 2008).

[31] *Biblia*. Libro del Eclesiástico 1, 12. Así como en la versión oficial de la Biblia de la Conferencia Episcopal Española (aprobada en 2008).

¡Cuántas parejas y cuántas familias salvadas! Cuántas acciones sociales se han purificado de la "traición" volviendo a ser genuino servicio de ayuda para el verdadero bienestar de los ciudadanos. ¡Cuánta preciosa solidaridad ha enseñado a muchos la verdadera humanidad! Como nos recordaba San Juan Pablo II en la Carta Encíclica *Dominum et vivificantem*: "El hombre vive en Dios y de Dios: vive «según el Espíritu» y «desea lo espiritual»"[32].

Para salir de la traición hace falta volver de corazón a la verdadera sabiduría. Eso es lo que lleva a cabo la oración del *Padrenuestro*.

---

[32] *Magisterio*. Cfr. Juan Pablo II, Carta encíclica *Dominum et vivificantem*, (1986) n. 58 (el texto en el Apéndice, n. 98, es disponible en el sitio web figlidichi.altervista.org).

# Conclusión

Dios nos espera en la oración, Dios nos espera entre los hombres. Venimos del Bien Supremo y del Supremo Amor de Dios y ésta es también nuestra raíz más profunda y nuestra verdadera meta. Solo dentro de este horizonte podemos seguir siendo humanos y no perdernos, estando bien arraigados en la realidad de nuestra vida.

Con el mal se pierde el sentido de la vida y, poco a poco, las conciencias se van oscureciendo: no solo decaen los ideales y se difumina la distinción entre el bien y el mal, sino que se produce también un ofuscamiento de la mente y una incapacidad de la libertad; en una palabra, a un acostumbramiento a la barbarie, al gusto por el placer, primero, y por la destrucción, despúes.

Alejándonos de Dios, raíz y sustento de la vida de todo ser humano, ¡nada bueno podemos esperar para la humanidad en su conjunto! El retorno de la humanidad al amor de Dios no puede traerle más que beneficios.

Es tarea de todos los hombres de buena voluntad y especialmente de los cristianos "firmes" en la raíz, ponerse manos a la obra para dar nuevamente alimento a la planta, antes de que las naciones y el planeta entero estén sembrados de frutos de muerte en los pensamientos, en los sentimientos, en los programas y en las actuaciones.

A los cristianos que viven en comunión con Dios Padre nuestro y con el Señor Jesucristo, les corresponde ponerse, juntamente con todos los hombres de buena voluntad, al servicio de la vida, de la familia y de la sociedad, con ese amor a la verdad que es Jesucristo, antes de que sea demasiado tarde, como Dios nos recuerda en la Biblia:

> "antes de que se rompa el hilo de plata,
> y se destroce la copa de oro
> y se quiebre el cántaro en la fuente
> y se caiga la cuerda al pozo"[1].

Es el amor lo que mueve a la Iglesia, ese amor que recibe del Señor y que es capaz de difundir: "Esto es amor a los hombres que desea todo bien verdadero a cada uno y a toda la comunidad humana, a toda familia, nación, grupo social; a los jóvenes, los adultos, los padres, los ancianos, los enfermos: es amor a todos, sin excepción. Esto es amor, es decir, solicitud apremiante para garantizar a cada uno todo bien auténtico y alejar y conjurar el mal. (...)

---

[1] *Biblia*. Libro del Eclesiastés 12, 6.

Por muy fuerte que pueda ser la resistencia de la historia humana; por muy marcada que sea la heterogeneidad de la civilización contemporánea; por muy grande que sea la negación de Dios en el mundo, tanto más grande debe ser la proximidad a ese misterio que, escondido desde los siglos en Dios, ha sido después realmente participado al hombre en el tiempo mediante Jesucristo"[2].

El pastor acompañará siempre a su rebaño, incluso cuando este, dejando de escucharlo, llegase a desbarrar y a encaminarse a otra parte. A pesar de eso, la voz del pastor seguiría mostrándose cercana a la humanidad desorientada. Esta es la "oveja perdida" de la que habla Jesús en el Evangelio[3] como perdidos están también los individuos, el amor humano, las familias y la sociedad, por haber abandonado el camino de Dios.

Cristo Jesús sale al encuentro de todo hombre y de todo el hombre, sale al encuentro de toda la humanidad, recordando que: *"como está escrito:*

*Ningún ojo vio, ni oído oyó,*
*Ni mente humana concibió*
*lo que Dios preparó para quienes lo aman.*

A nosotros nos lo ha revelado Dios por medio del Espíritu; porque el Espíritu lo escudriña todo, incluso las profundidades de Dios. ¿Quién puede conocer lo más íntimo del hombre sino el espíritu humano dentro de él? Del mismo modo nadie conoce lo propio de Dios si no es el Espíritu de Dios. Ahora bien, nosotros hemos recibido no el espíritu del mundo, sino el Espíritu de Dios, que nos hace comprender los dones que Dios nos ha dado"[4].

El sentido del bien y el verdadero sentido de la vida crecen precisamente mediante una sincera relación con Dios. Jesús nos lo enseñó con la insuperable oración del *Padrenuestro*, por medio de la cual nos dirigimos a Dios. Nuestro amor a Dios y a toda la humanidad crece precisamente en la oración. Cuando se reza, las cosas cambian. "La oración es don del Espíritu que nos hace hombres y mujeres de esperanza, y rezar mantiene el mundo abierto a Dios (cfr. Enc. *Spe salvi*, 34) (...) Sobre estas mismas huellas del pueblo de la esperanza – formado por los profetas y por los santos de todos los tiempos – nosotros continuamos avanzando hacia la realización del Reino, y en nuestro camino espiritual nos acompaña la Virgen María, Madre de la Esperanza. Ella, que encarnó la esperanza de Israel, que donó al mundo el Salvador y permaneció, firme en la esperanza, al pie de la cruz, es para nosotros modelo y apoyo. Sobre todo, María intercede por nosotros y nos guía en la oscuridad de nuestras dificultades hacia el alba radiante del encuentro con el Resucitado"[5]. Este es el sentido de sus apariciones y de sus mensajes, llenos de amor, para que el mundo se salve.

---

[2] *Magisterio*. Juan Pablo II, Carta encíclica *Dives in misericordia* (1980) n. 15.
[3] *Biblia*. Cfr. Evangelio según Lucas 15, 1-7.
[4] *Biblia*. Primera Carta a los Corintios 2, 9-12.
[5] *Magisterio*. Benedicto XVI, *Mensaje para la XXIV Jornada Mundial de la Juventud* (22 de febrero de 2009).

Sobre la tierra no solo están los signos de la presencia de Jesús[6] y de su reino, para quien quiera verlos con un corazón purificado, sino que está también presente el don de la Palabra de Dios. En efecto, Él nos consuela y nos anima con su palabra, la Biblia, donde nos muestra ya realizado en el amor aquello que nos promete y que se vivirá en plenitud en el paraíso: la unión de Dios con la humanidad en las "bodas eternas".

> *"«¡Aleluya ya reina el Señor,*
> *Dios, [nuestro] Todopoderoso!*
> *Alegrémonos, regocijémonos*
> *y demos gloria a Dios.*
> *porque ha llegado la boda del Cordero,*
> *y la novia está preparada.*
> *La han vestido de lino puro,*
> *resplandeciente*
> *– el lino son las obras buenas de los santos –».*
> *Me dijo: «Escribe: "Dichosos los convidados a las bodas del Cordero."».*
> *Y añadió: «Son palabras auténticas de Dios»"[7].*

Toda la humanidad, al igual que cada uno, está pues en camino hacia el Amor que es luz y vida.

Después de haber entendido, rezado y vivido la Oración del *Padrenuestro*, la oración de Jesús para nosotros y para toda la humanidad, las palabras finales con las que nos dirigimos a Dios en la oración deben ser como las de los primeros cristianos y como las últimas del Libro del Apocalipsis, con las que termina la Biblia: "¡Ven, Señor Jesús!"[8].

---

[6] *Biblia*. Cfr. Evangelio según Mateo 28, 20.
[7] *Biblia*. Libro del Apocalipsis 19, 6-9.
[8] *Biblia*. Libro del Apocalipsis 22, 20.

# Bibliografía

## Documentos del Magisterio

La reproducción de los textos del Magisterio, sea en papel, sea electrónicos, de propiedad de la LEV (© Librería Editora Vaticana) presente en este volumen, fue autorizada por la Casa Editora.

- CATECISMO DE LA IGLESIA CATÓLICA, Asociación de Editores del Catecismo, Madrid 1992.
- CATECISMO DE LA IGLESIA CATÓLICA, *Compendio*, Asociación de Editores del Catecismo, Madrid 2005.
- CONCILIO VATICANO II, Constitución pastoral sobre la Iglesia en el mundo contemporáneo *Gaudium et spes*, 1965.
- CONCILIO VATICANO II, Constitución dogmática sobre la Divina Revelación *Dei Verbum*, 1965.
- CONCILIO VATICANO II, Constitución dogmática sobre la Iglesia *Lumen Gentium*, 1964.
- CONCILIO VATICANO II, Declaración sobre la educación cristiana *Gravissimum educationis*, 1965.
- **Cartas Encíclicas**
- BENEDICTO XVI, *Caritas in veritate*, Ciudad del Vaticano 2009.
- BENEDICTO XVI, *Spe salvi*, Ciudad del Vaticano 2007.
- BENEDICTO XVI, *Deus caritas est*, Ciudad del Vaticano 2005.
- JUAN PABLO II, *Evangelium vitae*, Ciudad del Vaticano 1995.
- JUAN PABLO II, *Veritatis splendor*, Ciudad del Vaticano 1993.
- JUAN PABLO II, *Redemptoris Mater*, Ciudad del Vaticano 1987.
- JUAN PABLO II, *Dominum et vivificantem*, Ciudad del Vaticano 1986.
- JUAN PABLO II, *Laborem exercens*, Ciudad del Vaticano 1981.
- JUAN PABLO II, *Dives in misericordia*, Ciudad del Vaticano 1980.
- JUAN PABLO II, *Redemptor hominis*, Ciudad del Vaticano 1979.

## Exhortaciones Apostólicas

- BENEDICTO XVI, *Africae Munus*, Ciudad del Vaticano 2011.
- BENEDICTO XVI, *Sacramentum caritatis*, Ciudad del Vaticano 2007.
- JUAN PABLO II, *Pastores dabo vobis*, Ciudad del Vaticano 1992.
- JUAN PABLO II, *Redemptoris Custos*, Ciudad del Vaticano 1989.
- JUAN PABLO II, *Reconciliatio et paenitentia*, Ciudad del Vaticano 1984.
- JUAN PABLO II, *Familiaris Consortio*, Ciudad del Vaticano 1981.

## Cartas Apostólicas

- JUAN PABLO II, *Tertio millennio adveniente*, Ciudad del Vaticano 1994.
- JUAN PABLO II, *Mulieris dignitatem*, Ciudad del Vaticano 1988.

## Cartas

- BENEDICTO XVI, *Carta al Presidente del Consejo pontificio para la familia con vistas al VII Encuentro mundial de las Familias*, Libreria Editrice Vaticana, Ciudad del Vaticano 2010.
- BENEDICTO XVI, *Carta Pastoral a los Católicos de Irlanda*, Libreria Editrice Vaticana, Ciudad del Vaticano 2010.
- BENEDICTO XVI, *Carta a la Diócesis y a la ciudad de Roma sobre la tarea urgente de la educación*, Libreria Editrice Vaticana, Ciudad del Vaticano 2008.
- BENEDICTO XVI, *Carta a los Obispos, Presbíteros, Personas Consagradas y Fieles Laicos de la Iglesia Católica en la República Popular China*, Libreria Editrice Vaticana, Ciudad del Vaticano 2007.
- JUAN PABLO II, Carta a las Familias *Gratissimam sane*, Libreria Editrice Vaticana, Ciudad del Vaticano 1994.

## Mensajes

- BENEDICTO XVI, *Mensaje para la Celebración de la XLV Jornada Mundial de la Paz*, Libreria Editrice Vaticana, Ciudad del Vaticano 2011.
- BENEDICTO XVI, *Mensaje"Urbi et Orbi"- Navidad de 2011*, Libreria Editrice Vaticana, Ciudad del Vaticano 2011.
- BENEDICTO XVI, *Mensaje para la 98ª Jornada Mundial del Emigrante y del Refugiado*, Libreria Editrice Vaticana, Ciudad del Vaticano 2011.
  Benedicto XVI, *Mensaje para la Celebración de la XLIV Jornada Mundial de la Paz*, Libreria Editrice Vaticana, Ciudad del Vaticano 2010.
- BENEDICTO XVI, *Mensaje para la Celebración de la XXIV Jornada Mundial de la Paz*, Libreria Editrice Vaticana, Ciudad del Vaticano 2009.
- BENEDICTO XVI, *Mensaje para la Celebración de la XLII Jornada Mundial de la Paz*, Libreria Editrice Vaticana, Ciudad del Vaticano 2008.
- JUAN PABLO II, *Mensaje para la Celebración de la XXXV Jornada Mundial de la Paz*, Libreria Editrice Vaticana, Ciudad del Vaticano 2001.

- Juan Pablo II, *Mensaje dirigido a los participantes en la Plenaria de la Academia Pontificia de Ciencias*, Libreria Editrice Vaticana, Ciudad del Vaticano 1996.
- LOS DISCURSOS, LAS HOMILÍAS, LAS AUDIENCIAS Y LOS ÁNGELUS DE LOS PONTÍFICES SE PUEDEN CONSULTAR EN LA WEB INSTITUCIONAL DE LA SEDE DEL VATICANO: www.vatican.va

## Monografías

- Benedicto XVI (Joseph Ratzinger), *Jesús de Nazaret*, La Esfera de los Libros, Madrid 2007.
- Benedicto XVI (Joseph Ratzinger), *Jesús de Nazaret: Desde la entrada en Jerusalén hasta la resurrección*. Segunda parte, La Esfera de los Libros, Madrid 2011.
- Juan Pablo II, *Don y Misterio* (disponible en la página Web de la Santa Sede: <<http://www.vatican.va/archive/books/gift_mystery/index_sp.htm>> [fecha de consulta: 7/07/2014]).
- Juan Pablo II, *Memoria e identidad. Conversaciones al filo de dos milenios*, La Esfera de los libros, Madrid, 2005.
- Juan Pablo II, *Hombre y mujer los creó: Catequesis sobre el amor humano*, Ediciones Cristiandad, Madrid 2000.
- Ratzinger, Joseph, *El Dios de Jesucristo. Meditaciones sobre Dios uno y trino*, Ediciones Sígueme, Salamanca 1979.
- Isaac de Stella, *Sermón 11*, en *Patrología Latina* 194.
- Stein, Edith (Santa Teresa Benedicta de la Cruz), *Ser Finito y Ser Eterno. Ensayo de una ascensión al sentido del ser*, Fondo de Cultura Económica, México D.F. 1994.
- San Agustín, *Las Confesiones*, Biblioteca de Autores Cristianos, Madrid 2010.
- San Agustín, *Obras de San Agustín, VII, Sermones (1°)*, Biblioteca de Autores Cristianos, Madrid 1981.
- San Alfonso María de Ligorio, *Práctica del amor a Jesucristo*, Editorial Rialp, Madrid 1992.
- San Atanasio, *Epístolas a Serapión sobre el Espíritu Santo*, Introducción, traducción y notas de Carmelo Granado, Editorial Ciudad Nueva, Madrid 2007.
- San Bernardo de Claraval, *Obras completas de San Bernardo, VI, Sermones varios*, Biblioteca de Autores Cristianos, Madrid 1988.
- San Bernardo de Claraval, *Obras completas de San Bernardo, V, Sermones sobre el Cantar de los Cantares*, Biblioteca de Autores Cristianos, Madrid 1987.
- Santa Catalina de Siena, *Obras de Santa Catalina de Siena, El diálogo*, Biblioteca de Autores Cristianos, Madrid 1980.
- San Cipriano, *La unidad de la Iglesia; el Padrenuestro; a Donato*, Editorial Ciudad Nueva, Madrid 1991.

- SAN FRANCISCO DE ASÍS, *San Francisco de Asís: sus escritos*, edición preparada por J.R. de Legísima y L. Gómez Canedo, Biblioteca de Autores Cristianos, Madrid 1976.
- SAN IGNACIO DE ANTIOQUÍA, *Ignacio de Antioquía / Cartas*, en *Fuentes Patrísticas 1*, Ciudad Nueva, Madrid 1991.
- SAN JUAN CRISÓSTOMO, *Homilías. Homilía antes de partir en exilio*, Patrología Griega 52.
- SAN JUAN MARIA VIANNEY, *Catéchisme sur la prière:* A. Monnin, Esprit du Curé d'Ars, Parigi 1899.
- SAN GREGORIO MAGNO, *La Regla Pastoral*, Introducción, traducción y notas de Alejandro Holgado Ramírez y José Rico Pavés, Editorial Ciudad Nueva, Madrid 1993.
- SAN IRENEO DE LYON, *Contra las herejías: (Adversus haereses). Libro III*, traducción de Jesús Garitaonandia Churruca, Apostolado Mariano, Sevilla 1994.
- SAN LEÓN MAGNO, *Homilía 95*, en *Patrología Latina 54*.
- SAN MASSIMILIANO M. KOLBE, *Scritti*, ENMI, 2009.
- SAN POLICARPO, *Carta a los Filipenses,* introducción, traducción y notas de Juan José Ayán Calvo, en *Fuentes Patrísticas 1*, Ciudad Nueva, Madrid 1991.
- SANTA TERESA DEL NIÑO JESÚS, *Historia de un alma*, Editorial Monte Carmelo, Burgos 1995.
- DOCUMENTACIÓN INTERNACIONAL FIAMC, *40 años de Encíclica Humanae Vitae*, Filardo, 21 de noviembre de 2009 (se puede consultar en la siguiente página Web: <http://www.fiamc.org/fiamc/04texts/ehmann/HumanaeEs80T.pdf> [30 de mayo de 2014]).

Printed in the United States
By Bookmasters